TABLEAUX SYNOPTIQUES

DES

[illegible]TS DE L'ENREGISTREMENT

ET

DES IMPOTS

[illegible]ONT LA PERCEPTION EST AUTORISÉE EN FRANCE

PAR

FERDINAND ORY

> Les revenus de l'État sont une portion que chacun donne de son bien pour avoir la sûreté de l'autre ou pour en jouir agréablement.
>
> MONTESQUIEU (*Esprit des lois*).

> « L'enregistrement n'est pas seulement un impôt, sa formalité a aussi un but moral qui intéresse la société tout entière, car c'est une précaution que l'on doit prendre pour procurer aux actes et stipulations une date certaine, prévenir les antidates et enfin, permettre de reconstituer un écrit égaré ou perdu. »
>
> DUCHATEL, au Conseil des Cinq cents, (6 fructidor an VII).

PARIS

CHEZ L'AUTEUR

3, RUE DE LA GRANDE-CHAUMIÈRE, 3

1878

TABLEAUX SYNOPTIQUES

DES

DROITS DE L'ENREGISTREMENT

ET

DES IMPOTS

DONT LA PERCEPTION EST AUTORISÉE EN FRANCE

PAR

FERDINAND ORY

Les revenus de l'État sont une portion que chacun donne de son bien pour avoir la sûreté de l'autre ou pour en jouir agréablement.

MONTESQUIEU (*Esprit des lois*).

« L'enregistrement n'est pas seulement un impôt, « sa formalité a aussi un but moral qui intéresse la « société tout entière, car c'est une précaution que « l'on doit prendre pour procurer aux actes et mu- « tations une date certaine, prévenir les antidates, « et enfin permettre de reconstituer un écrit égaré « ou perdu. »

DUCHATEL, au Conseil des Cinq cents, (6 fructidor an VII).

PARIS

CHEZ L'AUTEUR

3, RUE DE LA GRANDE-CHAUMIÈRE, 3

1878

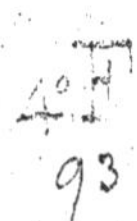

PRÉFACE

L'ouvrage que nous offrons aujourd'hui au public, fruit de plusieurs années de travail, est éminemment pratique.

En matière d'impôts, d'enregistrement, de tarifs, le public est en général incompétent devant les questions dites spéciales et techniques.

A une époque comme la nôtre où l'on doit chercher avec raison à répandre l'instruction, à vulgariser les connaissances utiles, nous avons pensé qu'un ouvrage traitant ces matières d'une façon pratique, abandonnant à d'autres la théorie et les termes techniques, s'adressant enfin plutôt aux personnes susceptibles d'acquitter l'impôt qu'à celles chargées de le réclamer, serait vu avec satisfaction.

Nous avons voulu que toute personne n'ayant aucune notion des droits fiscaux puisse connaître sans faire de calcul le droit qu'elle aurait à payer dans n'importe quelle circonstance, et que nos lecteurs puissent vérifier eux-mêmes ce qu'ils peuvent devoir et s'assurer enfin si les sommes qui leur sont réclamées sont exactes ou exagérées.

Nous avons la prétention de mettre les lois fiscales à la portée de tous.

Ce livre contient donc le résultat d'un travail sérieux.

Il est divisé en chapitres.

Les chapitres 1 et 2 concernent les droits d'enregistrement et d'hypothèque ;

Le chapitre 3. — Les droits de greffe, mise au rôle, etc., etc.

— 4. — Le timbre.

— 5. — Les amendes.

— 6. — Les contributions directes et indirectes, douanes.

— 7. — Les domaines, impôts divers, assurances, tables d'intérêts, d'annuités, de mortalité, etc., etc.

L'impôt étant la cotisation que paie chaque individu pour faire face aux dépenses publiques, le contribuable doit donc payer ce qui est légalement dû à l'État, mais pas au delà.

Ferdinand Ory.

Les personnes qui désirent consulter l'auteur sont priées de lui envoyer par écrit le point à élucider avec tous les renseignements utiles.

Cet ouvrage sera tenu au courant de la législation au moyen du journal La Revue des Impôts *que nous allons fonder.*

TABLEAUX SYNOPTIQUES

DES

DROITS DE L'ENREGISTREMENT ET DU TIMBRE

PRINCIPES GÉNÉRAUX DE L'ENREGISTREMENT

Loi du 22 frimaire an VII (12 décembre 1798) modifiée dans le texte par les lois subséquentes.

Division :

TITRE PREMIER.

DE L'ENREGISTREMENT, DES DROITS ET DE LEUR APPLICATION.

1. Les droits d'enregistrement seront perçus d'après les bases et suivant les règles déterminées par la présente.

2. Les droits d'enregistrement sont fixes, proportionnels, *ou gradués* suivant la nature des actes et mutations qui y sont assujettis.

3. Le droit fixe s'applique aux actes, soit civils, soit judiciaires ou extrajudiciaires, qui ne contiennent ni obligation, ni libération, ni condamnation, collocation ou liquidation, de sommes et valeurs, ni transmission de propriété, d'usufruit ou de jouissance de biens meubles ou immeubles. — Il est perçu au taux réglé par l'art. 68 de la présente. *Le droit fixe gradué s'applique à divers actes dont l'importance est mesurée par l'énonciation de sommes ou valeurs que ces actes constatent ou mettent en évidence* (loi du 28 février 1872).

4. Le droit proportionnel est établi pour les obligations, libérations, condamnations, collocations ou liquidations de sommes et valeurs, et pour toute transmission de propriété, d'usufruit ou de jouissance de biens meubles ou immeubles, soit entre vifs, soit par décès.— Ses quotités sont fixées par l'art. 69 ci-après. Il est assis sur les valeurs.

5. Il n'y a point de fraction de centime dans la liquidation du droit proportionnel. Lorsqu'une fraction de somme ne produit pas un centime de droit, le centime est perçu au profit de l'Etat. *Le perception du droit proportionnel suit les sommes de 20 fr. en 20 fr. inclusivement sans fraction* (loi du 27 ventôse, an IX, art. 2).

6. Cependant le moindre droit à percevoir sur un acte donnant lieu au droit proportionnel, et sur une mutation de bien par décès, sera de 0,25 centimes (Loi du 27 ventôse, an IX, art. 3).

7. Les actes civils et extrajudiciaires sont enregistrés sur les minutes, brevets ou originaux. — Les actes judiciaires reçoivent cette formalité, aussi sur les minutes. Ceux des actes de l'état civil qui sont assujettis à l'enregistrement par la présente ne seront enregistrés que sur les expéditions. — Les jugements de la police ordinaire, des tribunaux de police correctionnelle et des tribunaux criminels sont de même soumis à l'enregistrement sur les minutes (loi du 28 avril 1816, art. 38, et loi du 15 mai 1818, art. 78).

8. Il n'est dû aucun droit d'enregistrement pour les extraits, copies ou expéditions des actes qui doivent être enregistrés sur les minutes ou originaux.

9. Lorsqu'un acte translatif de propriété ou d'usufruit comprend des meubles et immeubles, le droit d'enregistrement est perçu sur la totalité du prix, au taux réglé pour les immeubles, à moins qu'il ne soit stipulé un prix particulier pour les objets mobiliers, et qu'ils ne soient désignés et estimés, article par article, dans le contrat.

10. Dans le cas de transmission de biens, la quittance donnée ou l'obligation consentie par le même acte, pour tout ou partie du prix entre les contractants, ne peut être sujette à un droit particulier d'enregistrement.

11. Mais lorsque, dans un acte quelconque, soit civil, soit judiciaire ou extrajudiciaire, il y a plusieurs dispositions indépendantes ou ne dérivant pas nécessairement les unes des autres, il est dû pour chacune d'elles, et selon son espèce, un droit particulier. La quotité en est déterminée par l'article de la présente dans lequel la disposition se trouve classée, ou auquel elle se rapporte.

12. La mutation soit d'un immeuble en propriété ou usufruit, *soit d'un fond de commerce*, sera suffisamment établie, pour la demande du droit d'enregistrement et la poursuite du payement contre le nouveau possesseur, soit par l'inscription de son nom au rôle de la contribution foncière et des payements par lui faits d'après ce rôle, soit par des baux par lui passés, ou enfin par des transactions ou autres actes constatant sa propriété ou son usufruit. *A défaut d'actes il y est suppléé par des déclarations détaillées et estimatives dans les trois mois de l'entrée en possession* (loi du 27 vent., an IX, art. 4.)

13. La jouissance à titre de ferme, ou de location, ou d'engagement, d'un immeuble, sera suffisamment établie pour la demande et la poursuite du payement des droits des baux ou engagements non enregistrés, par les actes qui la feront connaître, ou par des payements de contributions imposées aux fermiers locataires et détenteurs temporaires.

13 *bis. Lorsqu'il n'existe pas de convention écrite constatant une mutation de jouissance de biens, immeubles, il y est suppléé par des déclarations détaillées et estimatives dans les trois mois de l'entrée en jouissance. — Si la location est faite suivant l'usage des lieux, la déclaration en contiendra la mention. Les droits d'enregistrement deviendront exigibles dans les vingt jours qui suivront l'échéance de chaque terme, et la perception en sera continuée jusqu'à ce qu'il ait été déclaré que le bail a cessé ou qu'il a été résilié. En cas de déclaration insuffisante, il sera fait application des dispositions des art.* 10 *et* 39 *ci-après. — La déclaration doit être faite par le bailleur sauf son recours contre le preneur. — Ne sont pas assujetties à la déclaration, les locations verbales ne dépassant pas trois ans et dont le prix annuel n'excède pas* 100 *francs. Toutefois, si le même bailleur a consenti plusieurs*

locations verbales de cette catégorie, mais dont le prix cumulé excède 100 francs annuellement, il sera tenu d'en faire la déclaration et d'acquitter personnellement et sans recours les droits d'enregistrement. — Si le prix de la location verbale est supérieur à 100 francs, sans excéder 300 francs annuellement, le bailleur sera également tenu d'en faire la déclaration et d'acquitter les droits exigibles, sauf son recours contre le preneur. — Le droit sera exigible lors de l'enregistrement ou de la déclaration. Toutefois, si le bail est de plus de trois ans et si les parties le requièrent, le montant du droit pourra être fractionné en autant de payements égaux qu'il y aura de périodes triennales dans la durée du bail. Le payement des droits afférents à la première période sera seul acquitté lors de l'enregistrement ou de la déclaration, et celui des périodes subséquentes aura lieu dans le premier mois de l'année qui commencera chaque période.

A défaut d'enregistrement ou de déclaration dans les délais fixés le bailleur et le preneur sont tenus personnellement et sans recours, nonobstant toute stipulation contraire, d'un droit en sus, lequel ne peut être inférieur à 50 francs. — Le bailleur peut s'affranchir du droit en sus qui lui est personnellement imposé, ainsi que du versement immédiat des droits simples, en déposant dans un bureau d'enregistrement l'acte constatant la mutation, ou, à défaut d'acte, en faisant la déclaration prescrite par l'article qui précède. — Outre les délais fixés pour l'enregistrement des actes ou déclarations, un délai d'un mois est accordé au bailleur pour faire le dépôt ou la déclaration autorisés par le paragraphe qui précède. — Les dispositions du présent article ne sont pas applicables au preneur dans les cas prévus par les paragraphe 5 et 6 de l'article qui précède (loi du 23 août 1871.)

TITRE II.

DES VALEURS SUR LESQUELLES LE DROIT PROPORTIONNEL EST ASSIS, ET DE L'EXPERTISE.

14. La valeur de la propriété, de l'usufruit et de la jouissance des biens meubles, est déterminée, pour la liquidation et le payement du droit proportionnel, ainsi qu'il suit, savoir :

1° Pour les baux et locations, par le prix annuel exprimé en y ajoutant les charges imposées au preneur ;

2° Pour les créances à terme, leurs cessions et transports, et autres actes obligatoires, par le capital exprimé dans l'acte et qui en fait l'objet ;

3° Pour les quittances et tous autres actes de libération, par le total des sommes ou capitaux dont le débiteur se trouve libéré ;

4° Pour les marchés et traités, par le prix exprimé ou l'évaluation qui sera faite des objets qui en seront susceptibles;

5° Pour les ventes et autres transmissions à titre onéreux, par le prix exprimé et le capital des charges qui peuvent s'ajouter au prix;

6° Pour les créations de rentes, soit perpétuelles, soit viagères, ou de pensions, aussi à titre onéreux, par le capital constitué et aliéné;

7° Pour les cessions et transports des dites rentes ou pensions, et pour leur amortissement ou rachat, par le capital constitué quel que soit le prix stipulé pour le transport et l'amortissement;

8° Pour les transmissions entre vifs à titre gratuit, et celles qui s'opèrent par décès, par la déclaration estimative des parties, sans distraction des charges et l'*évaluation des titres et valeurs d'après le cours moyen de la bourse* par l'estimation des inventaires ou autres actes parus dans les deux années du décès, par le prix des ventes publiques faites dans ces deux années, si ce prix est supérieur aux estimations des inventaires (loi du 23 juin 1875).

9° Pour les rentes et pensions créées sans expression de capital, leurs transports et amortissements, à raison d'un capital formé de vingt fois la rente perpétuelle et de dix fois la rente viagère ou la pension, et quel que soit le prix stipulé pour le transport ou l'amortissement. — Il ne sera fait aucune distinction entre les rentes viagères et pensions créées sur une tête et celles créées sur plusieurs têtes, quant à l'évaluation. — Les rentes et pensions stipulées payables en nature seront évaluées aux mêmes capitaux, estimation préalablement faite des objets, d'après les dernières mercuriales du canton de la situation des biens, à la date de l'acte, s'il s'agit d'une rente créée pour aliénation d'immeubles, ou, dans tout autre cas, d'après les dernières mercuriales du canton où l'acte aura été passé. — Il sera rapporté, à l'appui de l'acte, un extrait certifié des mercuriales. — S'il est question d'objets dont les prix ne puissent être réglés par les mercuriales, les parties en feront une déclaration estimative. *Pour obtenir les mercuriales on forme l'année commune de la valeur des grains ou autres denrées d'après les 14 dernières années, on retranche les deux plus fortes et les deux plus faibles, la moyenne s'établit sur les dix restantes* (décret du 26 avril 1808, loi du 15 mai 1818, art. 75).

10° Pour les actes et jugements portant condamnation, collocation, liquidation ou transmission, par le capital des sommes et les intérêts et dépens liquidés;

11° L'usufruit transmis à titre gratuit s'évalue à la moitié de la valeur entière de l'objet.

15. La valeur de la propriété, de l'usufruit et de la jouissance des immeubles, est déterminée, pour la liquidation et le payement du droit proportionnel, ainsi qu'il suit, savoir :

1° Pour les baux à ferme ou à loyer, les sous-baux, cessions et subrogations des baux, par le prix annuel exprimé en y ajoutant les charges imposées au preneur. — Si le bail est stipulé payable en nature, il en sera fait une évaluation d'après les dernières mercuriales du canton de la situation des biens, à la date de l'acte, à l'appui duquel il sera rapporté un extrait certifié des mercuriales. — Il en sera de même des baux à portion de fruits, pour la part revenant au bailleur, dont la quotité sera préalablement déclarée, et sur la valeur de laquelle le droit d'enregistrement sera perçu. S'il s'agit d'objets dont la valeur ne puisse être constatée par les mercuriales, les parties en feront une déclaration estimative;

2° Pour les baux à rentes perpétuelles et ceux dont la durée est illimitée, par un capital formé de vingt fois la rente ou le prix annuel, et vingt-cinq fois si ce sont des immeubles ruraux, et les charges aussi annuelles, en y ajoutant également les autres charges en capital et les deniers d'entrée, s'il en est stipulé. — Les objets en nature s'évaluent comme ci-dessus (loi du 23 juin 1875).

3° Pour les baux à vie, sans distinction de ceux faits sur une ou sur plusieurs têtes, par un capital formé de dix fois ou douze fois et demie suivant les distinctions susétablies le prix et les charges annuelles, en ajoutant de même le montant des deniers d'entrée et des autres charges, s'il s'en trouve d'exprimés. — Les objets en nature s'évaluent pareillement, comme il est prescrit ci-dessus;

4° Pour les échanges, par une évaluation qui doit être faite en capital, d'après le revenu annuel multiplié par vingt, pour les immeubles urbains et vingt-cinq pour les immeubles ruraux sans distraction des charges (loi du 23 juin 1875);

5° Pour les engagements, par les prix et sommes pour lesquels ils sont faits (art. 2085 code civil);

6° Pour les ventes, adjudications, cessions, rétrocessions, licitations et tous autres actes civils et judiciaires portant translation de propriété ou d'usufruit à titre onéreux, par le prix exprimé en y ajoutant toutes les charges en capital, ou par une estimation d'experts, dans les cas autorisés par la présente. — Si l'usufruit est réservé par le vendeur, il sera évalué à la moitié de tout ce qui forme le prix du contrat, et le droit sera perçu sur le total, mais il ne sera dû aucun autre droit pour la réunion de l'usufruit à la propriété; cependant, si elle s'opère par un acte de cession, et que le prix soit supérieur à l'évaluation qui en aura été faite pour régler le droit de la translation de propriété, il est dû un droit, par supplément sur ce qui se trouve excéder cette évaluation. Dans le cas contraire, l'acte de cession est enregistré au droit fixe;

7° Pour les transmissions de propriété entre vifs à titre gratuit, et celles qui s'effectuent par décès, par l'évaluation qui sera faite et portée à vingt ou vingt-cinq fois le produit des biens ou le prix des baux courants, sans distraction des charges. — Il ne sera rien dû pour la réunion de l'usufruit à la propriété, lorsque le droit d'enregistrement aura été acquitté sur la valeur entière de la propriété. *Lorsque la réunion s'opère par un acte de cession il est dû un droit fixe* (loi du 28 avril 1816, art. 44);

8° Pour les transmissions d'usufruit seulement, soit entre vifs, à titre gratuit, soit par décès, par l'évaluation qui en sera portée à dix fois si ce sont des immeubles urbains et douze fois si ce sont des immeubles ruraux, le produit des biens ou le prix des baux courants, aussi sans distraction des charges. — Lorsque l'usufruitier qui aura acquitté le droit d'enregistrement pour son usufruit acquerra la nue propriété, il payera le droit d'enregistrement sur sa valeur, sans qu'il y ait lieu d'y joindre celle de l'usufruit.

16. Si les sommes et valeurs ne sont pas déterminées dans un acte ou un jugegement donnant lieu au droit porportionnel, les parties seront tenues d'y suppléer, avant l'enregistrement, par une déclaration estimative, certifiée et signée au pied de l'acte.

17. Si le prix énoncé dans un acte translatif de propriété ou d'usufruit de biens immeubles à titre onéreux paraît inférieur à leur valeur vénale à l'époque de l'aliénation, par comparaison avec les fonds voisins de même nature, la régie pourra requérir une expertise, pourvu qu'elle en fasse la demande dans l'année, à compter du jour de l'enregistrement du contrat.

17 *bis*. *Toute dissimulation dans le prix d'une vente et dans la soulte d'un échange ou d'un partage sera punie d'une amende égale au quart de la somme dissimulée, et payée solidairement par les parties, sauf à la repartir entre elles par égale part.*

La dissimulation peut être établie par tous les genres de preuves admises par le droit commun. Toutefois, l'administration ne peut déférer le serment décisoire et elle ne peut user de la preuve testimoniale que pendant dix ans, à partir de l'enregistrement de l'acte.

L'exploit d'ajournement est donné, soit devant le juge du domicile de l'un des défendeurs, soit devant celui de la situation des biens, au choix de l'administration.

La cause est portée, suivant l'importance de la réclamation, devant la justice de paix ou devant le tribunal civil. Elle est instruite et jugée comme en matière sommaire; elle est sujette à appel, s'il y a lieu. Le ministère des avoués n'est pas obligatoire ; mais les parties qui n'auraient pas constitué avoué ou qui ne seraient pas domiciliées dans le lieu où siége la justice de paix ou le tribunal seront tenues de faire élection de domicile, à défaut de quoi, toutes significations seront valablement faites au greffe. Le notaire qui reçoit un acte de vente d'échange, ou de partage est tenu de donner lecture aux parties des dispositions du présent article et de celles de l'article ci-dessus. Mention expresse de cette lecture sera faite dans l'acte, à peine d'une amende de 10 francs. Cette obligation ne concerne pas les adjudications publiques.

A défaut d'acte constatant la mutation de fonds de commerce ou de clientèle, il y est suppléé par des déclarations détaillées et estimatives faites au bureau de l'enregistrement de la situation du fonds dans les trois mois de l'entrée en possession. A défaut d'enregistrement ou de déclaration dans les délais fixés, l'ancien et le nouveau possesseur seront tenus d'un droit en sus qui ne pourra être inférieur à 50 *francs. L'insuffisance du prix de vente de fonds de commerce peut être constatée par expertise dans les trois mois de l'enregistrement ou de la déclaration. Il sera perçu un droit en sus sur le montant de l'insuffisance entre les frais d'expertise s'il y a lieu et si l'insuffisance excède un huitième.* (Loi du 25 avril 1871.)

18. La demande en expertise sera faite au tribunal civil de l'arrondissement dans l'étendue duquel les biens sont situés, par une pétition portant nomination de l'expert de l'état. — L'expertise sera ordonnée dans les dix jours de la demande. En cas de refus par la partie de nommer son expert sur la sommation qui lui aura été faite d'y satisfaire dans les trois jours, il lui en sera nommé un d'office par le tribunal. — Les experts, en cas de partage, appelleront un tiers; s'ils ne peuvent en convenir, le juge de paix du canton de la situation des biens y pourvoira. — Le procès-verbal d'expertise sera rapporté au plus tard dans le mois qui suivra la emise qui aura été faite aux experts de l'ordonnance du tribunal, ou dans le mois après l'appel d'un tiers-expert. — Les frais de l'expertise seront à la charge de l'acquéreur, mais seulement lorsque l'estimation excédera d'un huitième au moins prix énoncé au contrat.— *L'acquéreur sera tenu, dans tous les cas, d'acquitter le droit sur le supplément d'estimation, s'il a une plus-value constatée par le rapport des experts. Lorsqu'il y a lieu à expertise et que le prix exprimé ou la valeur déclarée n'excède pas* 2,000 *francs, l'expertise est faite par un seul expert nommé par toutes les parties ou en cas de désaccord par le président du tribunal sur simple requête.* (Loi du 27 ventôse, an IX = 25 août 1871.)

19. Il y aura également lieu à requérir l'expertise des revenus des immeubles transmis en propriété ou usufruit à tout autre titre qu'à titre onéreux, lorsque l'insuffisance dans l'évaluation ne pourra être établie par actes qui puissent faire connaître le véritable revenu des biens. *Dans le cas où les frais de l'expertise tomberont à la charge du redevable il y aura lieu au double droit d'enregistrement sur le supplément de l'estimation avec un minimum de* 50 fr. (Loi du 27 vent. an IX, art. 5; loi du 15 nov. 1808).

TITRE III.

DES DÉLAIS POUR L'ENREGISTREMENT DES ACTES ET DES DÉCLARATIONS.

20. Les délais pour faire enregistrer les actes publics sont, savoir : de quatre jours pour ceux des huissiers, gendarmes, gardes et *autres ayant pouvoir de faire des exploits et procès-verbaux* (loi 27 vent. an IX, art. 7 et 15); — de dix jours pour les actes des *courtiers de commerce, notaires* qui résident dans la commune où le bureau d'enregistrement est établi ; de quinze jours pour ceux des notaires qui n'y résident pas, et *pour les vérificateurs des poids et mesures;* de vingt jours pour les actes judiciaires soumis à l'enregistrement sur les minutes, et pour ceux dont il ne reste pas de minutes au greffe, ou *qui se délivrent en brevet* (loi du 21 avril 1818, art. 65); de vingt jours aussi pour les actes des administrations centrales et municipales assujettis à la formalité de l'enregistrement (loi du 15 mai 1818, art. 78; loi du 21 avril 1832, art. 34).

21. Les testaments déposés chez les notaires, ou par eux reçus, seront enregistrés dans les trois mois du décès des testateurs, à la diligence des héritiers, donataires, légataires ou exécuteurs testamentaires.

22. Les actes qui, à l'avenir, seront faits sous signature privée, et qui porteront transmission de propriété ou d'usufruit de biens immeubles, *de ventes de fonds de commerce,* et les baux à ferme ou à loyer, sous-baux, cessions et subrogations de baux, et les engagements, aussi sous signature privée *de biens de même nature* seront enregistrés dans les trois mois de leur date.—Pour ceux des actes de ces espèces qui seront passés en pays étrangers ou dans les îles ou colonies françaises où l'enregistrement n'aurait pas encore été établi, le délai sera de six mois s'ils sont faits en Europe, d'une année si c'est en Amérique, et de deux années si c'est en Asie ou en Afrique.

Les déclarations de mutations de jouissance de biens immeubles seront faites dans les trois mois de l'entrée en jouissance (loi du 27 ventôse an IX, art. 4; loi du 16 juin 1824, art. 4).

23. Il n'y a point de délai de rigueur pour l'enregistrement de tous autres actes que ceux mentionnés dans l'article précédent qui seront faits sous signature privée ou passés en pays étrangers et dans les îles et colonies françaises où l'enregistrement n'aurait pas encore été établi ; mais il ne pourra en être fait aucun usage, soit par acte public, soit en justice ou devant toute autorité constituée, qu'ils n'aient été préalablement enregistrés (loi du 28 avril 1816, art. 58, et du 18 juin 1824, art. 4).

24. Les délais pour l'enregistrement des déclarations que les héritiers, donataires ou légataires auront à passer des biens à eux échus ou transmis par décès sont, savoir :

De six mois, à compter du jour du décès, lorsque celui dont on recueille la succession est décédé en France ; — de huit mois, s'il est décédé dans toute autre partie de l'Europe ; — d'une année, s'il est mort en Amérique ; — et de deux années, si c'est en Afrique ou en Asie.—Le délai de six mois ne courra que du jour de la mise en possession, pour la succession d'un absent ; celle d'un condamné, si ses biens sont séquestrés ; celle qui aurait été séquestrée pour toute autre cause ; celle d'un défenseur de la patrie, s'il est mort en activité de service, hors de son département ; ou, enfin, celle qui serait recueillie par indivis avec l'État. Si, avant les derniers six mois des délais fixés pour les déclarations des successions de personnes décédées hors de France, les héritiers prennent possession des biens, il ne restera d'autre délai à courir, pour passer déclaration, que celui de six mois, à compter du jour de la prise de possession. *Pour les absents, le délai est de six mois, à partir du jour de l'envoi en possession* (loi du 28 avril 1816, art. 40).

25. Dans les délais fixés par les articles précédents pour l'enregistrement des actes et des déclarations, le jour de la date de l'acte, ou celui de l'ouverture de la succession, ne sera point compté. — Si le dernier jour du délai se trouve être un dimanche ou un jour de fête nationale, ces jours ne sont point comptés non plus. *Les jours de fête sont, outre le dimanche, le 1er janvier, l'Ascension, l'Assomption, la Toussaint et Noël. Les bureaux sont ouverts au public de 8 heures du matin à 4 heures du soir* (loi du 27 mai 1791).

TITRE IV.

DES BUREAUX OU LES ACTES ET MUTATIONS DOIVENT ÊTRE ENREGISTRÉS.

26. Les notaires ne pourront faire enregistrer leurs actes qu'aux bureaux dans l'arrondissement desquels ils résident.—Les huissiers et tous autres ayant pouvoir de faire des exploits, procès-verbaux ou rapports, feront enregistrer leurs actes, soit au bureau de leur résidence, soit au bureau du lieu où ils les auront faits. — Les greffiers et les secrétaires des administrations centrales et municipales feront enregistrer les actes qu'ils sont tenus de soumettre à cette formalité aux bureaux dans l'arrondissement desquels ils exercent leurs fonctions.—Les actes sous signature privée, et ceux passés en pays étrangers, pourront être enregistrés dans tous les bureaux indistinctement.

27. Les mutations de propriété ou d'usufruit par décès seront enregistrées au bureau de la situation des biens. —Les héritiers, donataires ou légataires, leurs tuteurs ou curateurs, seront tenus d'en passer déclaration détaillée et de la signer sur le registre. S'il s'agit d'une mutation, au même titre, de biens meubles, la déclaration en sera faite au bureau dans l'arrondissement duquel ils se seront trouvés au décès de l'auteur de la succession.—Les rentes et les autres biens meubles sans assiette déterminée hors du décès seront déclarés au bureau du domicile du décédé.

Les héritiers, légataires ou donataires rapporteront, à l'appui de leurs déclarations de biens meubles, un inventaire ou état estimatif, article par article, sur *papier timbré*, par eux certifié, s'il n'a pas été fait par un officier public ; cet inventaire sera déposé et annexé à la déclaration, qui sera reçue et signée sur le registre du receveur de l'enregistrement (loi du 28 avril 1816, art. 40 ; loi du 25 mars 1817, art. 78).

TITRE V.

DU PAIEMENT DES DROITS ET DE CEUX QUI DOIVENT LES ACQUITTER.

28. Les droits des actes et ceux des mutations par décès seront payés avant l'enregistrement, aux taux et quotités réglés par la présente. — Nul ne pourra en atténuer ni différer le payement sous le prétexte de contestation sur la quotité, ni pour quelque autre motif que ce soit, sauf à se pourvoir en restitution, s'il y a lieu.

29. Les droits des actes à enregistrer seront acquittés, savoir :

Par les notaires pour les actes passés devant eux ; — par les huissiers et autres ayant pouvoir de faire des exploits et procès-verbaux, pour ceux de leur ministère ; — par les greffiers, pour les actes et jugements (sauf le cas prévu par l'art. 37 ci-après) qui doivent être enregistrés sur les minutes aux termes de l'art. 7 de la présente, et ceux passés et reçus aux greffes ; — par les secrétaires des administrations centrales et municipales, pour les actes de ces administrations qui sont soumis à la formalité de l'enregistrement, sauf aussi le cas prévu par l'art. 37 ; — par les parties, pour les actes sous signature privée, et ceux passés en pays étrangers ; qu'elles auront à faire enregistrer, pour les ordonnances sur requêtes ou mémoires, et les certificats qui leur sont immédiatement délivrés par les juges, et pour les actes et décisions qu'elles obtiennent des arbitres, si ceux-ci ne les ont pas fait enregistrer ; — et par les héritiers, légataires et donataires, leurs tuteurs et curateurs, et les exécuteurs testamentaires, pour les testaments et autres actes de libéralité à cause de mort (code civil 1016).

30. Les officiers publics qui, aux termes des dispositions précédentes, auraient fait, pour les parties, l'avance des droits d'enregistrement, pourront prendre exécutoire du juge de paix de leur canton, pour leur remboursement. — L'opposition qui serait formée contre cet exécutoire, ainsi que toutes les contestations qui s'élèveraient à cet égard, seront jugées conformément aux dispositions portées par l'art. 65 de la présente, relatif aux instances poursuivies au nom de l'État.

31. Les droits des actes civils et judiciaires emportant obligation, libération ou translation de propriété ou d'usufruit de meubles ou immeubles, seront supportés par les débiteurs et nouveaux possesseurs ; et ceux de tous les autres actes le seront par les parties auxquelles les actes profiteront, lorsque, dans ces divers cas, il n'aura pas été stipulé de dispositions contraires dans les actes.

32. Les droits des déclarations des mutations par décès seront payés par les héritiers, donataires ou légataires. — Les cohéritiers seront solidaires. — L'État aura action sur les revenus des biens à déclarer, en quelques mains qu'ils se trouvent, pour le payement des droits dont il faudrait poursuivre le recouvrement.

TITRE VI.

DES PEINES POUR DÉFAUT D'ENREGISTREMENT DES ACTES ET DÉCLARATIONS DANS LES DÉLAIS, ET DE CELLES PORTÉES RELATIVEMENT AUX OMISSIONS, AUX FAUSSES ESTIMATIONS ET AUX CONTRE-LETTRES.

33. Les notaires qui n'auront pas fait enregistrer leurs actes dans les délais prescrits paieront personnellement, à titre d'amende, et pour chaque contravention, une somme de cinquante francs, s'il s'agit d'un acte sujet au droit fixe, ou une somme égale au montant du droit s'il s'agit d'un acte sujet au droit proportionnel, sans que, dans ce dernier cas, la peine puisse être au-dessous de cinquante francs. Ils seront tenus, en outre, du paiement des droits, sauf leurs recours contre les parties pour ces droits seulement (*amende réduite à 10 francs, loi du 16 juin 1824, art. 10 ; cette loi réduit les amendes, savoir : celle de 500 fr. à 50 fr., de 100 fr. à 20 fr., de 50 fr. à 10 fr., et au-dessous de 50 fr. à 5 fr.*).

34. La peine contre un huissier ou autre ayant pouvoir de faire des exploits ou procès-verbaux est, pour un exploit ou procès-verbal non présenté à l'enregistrement dans le délai, d'une somme de vingt-cinq francs (5 fr.), et de plus une somme équivalente au montant du droit de l'acte non enregistré. L'exploit ou

procès-verbal non enregistré dans le délai est déclaré nul, et le contrevenant responsable de cette nullité envers la partie. — Ces dispositions, relativement aux exploits et procès-verbaux, ne s'étendent pas aux procès-verbaux de ventes de meubles et autres objets mobiliers, ni à tout autre acte du ministère des huissiers sujet au droit proportionnel. La peine pour ceux-ci sera d'une somme égale au montant du droit sans qu'elle puisse être au-dessous de 50 fr. (10 fr.). Le contrevenant payera en outre le droit dû pour l'acte, sauf son recours contre la partie pour ce droit seulement.

35. Les greffiers qui auront négligé de soumettre à l'enregistrement dans le délai fixé les actes qu'ils sont tenus de présenter à cette formalité payeront personnellement, à titre d'amende, et pour chaque contravention, une somme égale au montant du droit. — Ils acquitteront en même temps le droit, sauf leur recours, *pour ce droit seulement*, contre la partie (loi du 28 avril 1816, art. 57 ; ord. du 22 mai 1816, art. 3).

36. Les dispositions de l'article précédent s'appliquent également aux secrétaires des administrations centrales et municipales, pour chacun des actes qu'il leur est prescrit de faire enregistrer, s'ils ne les ont pas soumis à l'enregisteement dans le délai.

37. Il est néanmoins fait exception aux dispositions des deux articles précédents quant aux jugements rendus à l'audience, qui doivent être enregistrés sur les minutes, et aux actes d'adjudications passés en séance publique des administrations, lorsque les parties n'auront pas consigné aux mains des greffiers et des secrétaires, dans le délai prescrit pour l'enregistrement, le montant des droits fixés par la loi. Dans ce cas, le recouvrement en sera poursuivi contre les parties par les receveurs ; elles supporteront en outre la peine du droit en sus. — Pour cet effet, les greffiers et les secrétaires fourniront aux receveurs d'enregistrement, dans les dix jours qui suivront l'expiration du délai, des extraits par eux certifiés des actes et jugements dont les droits ne leur auront pas été remis par les parties, à peine d'une amende de dix francs (5 fr.) pour retard et pour chaque acte et jugement, et d'être en outre personnellement contraints au payement des doubles droits (loi du 27 vent., an IX, art. 7 et 16 ; loi du 28 avril 1816, art. 38 ; ord. du 22 mai 1816, art. 2 et 3 ; loi du 25 mai 1818, art. 79).

38. Les actes sous signature privée, et ceux passés en pays étrangers dénommés dans l'art. 22 *et les mutations verbales de propriété et de jouissance, immeubles et fonds de commerce qui n'auront pas été enregistrés dans les délais déterminés, seront soumis au double droit d'enregistrement. — Minimun 50 fr. et pluralité des droits en sus. — Les testaments non enregistrés dans le délai seront soumis au double droit* (loi du 35 août 1871).

39. Les héritiers, donataires ou légataires, qui n'auront pas fait, dans les délais

prescrits, les déclarations des biens à eux transmis par décès, payeront, à titre d'amende, un demi-droit en sus du droit qui sera dû pour la mutation. — La peine pour les omissions qui seront reconnues avoir été faites dans les déclarations sera d'un droit en sus de celui qui se trouvera dû pour les objets omis, il en sera de même pour les insuffisances constatées dans les estimations des biens déclarés. — Si l'insuffisance est établie par un rapport d'expert, les contrevenants payeront en outre les frais de l'expertise. — Les tuteurs et curateurs supporteront personnellement les peines ci-dessus lorsqu'ils auront négligé de passer les déclarations dans les délais, ou qu'ils auront fait des omissions ou des estimations insuffisantes (loi du 27 vent., an IX, art. 5; loi du 18 mai 1850, art. 7). Si dans *le délai de deux années de l'enregistrement la dissimulation des sommes ou valeurs ayant servi de base à la perception du droit gradué est établi par des actes ou jugements, il sera perçu indépendamment des droits simples supplémentaires un droit en sus lequel ne pourra être inférieur à 50 francs.*

40. Toute contre-lettre faite sous signature privée qui aurait pour objet une augmentation du prix stipulé dans un acte public, ou dans un acte sous signature privée précédemment enregistré, est déclarée nulle et de nul effet. — Néanmoins lorsque l'existence en sera constatée, il y aura lieu d'exiger, à titre d'amende, une somme triple du droit qui aurait eu lieu sur les sommes et valeurs ainsi stipulées, art. 1321 Code civil. (V. art. 17 *bis*). Toute dissimulation dans le prix d'une vente, dans la soulte d'un échange ou d'un partage, est punie d'une amende égale au quart de la somme dissimulée.

TITRE VII.

DES OBLIGATIONS DES NOTAIRES, HUISSIERS, GREFFIERS, SECRÉTAIRES, JUGES, ARBITRES, ADMINISTRATEURS ET AUTRES OFFICIERS OU FONCTIONNAIRES PUBLICS, DES PARTIES ET DES RECEVEURS, INDÉPENDAMMENT DE CELLES IMPOSÉES SOUS LES TITRES PRÉCÉDENTS.

41. Les notaires, huissiers, greffiers, avoués, et les secrétaires des administrations centrales et municipales, ne pourront délivrer, en brevet, copie ou expédition, aucun acte soumis à l'enregistrement sur la minute ou l'original, ni faire autre acte en conséquence avant qu'il ait été enregistré, quand même le délai pour l'enregistrement ne serait pas encore expiré, à peine de 50 francs (10 fr.) d'amende, outre le payement du droit. — Sont exceptés les exploits et autres actes de cette nature qui se signifient à partie ou par affiches et proclamations, et les effets négociables compris sous l'art. 69 de la présente.— A l'égard des jugements qui sont assujettis à l'enregistrement il est défendu aux greffiers, sous les mêmes peines, d'en délivrer expédition, même par simple note ou extrait, aux parties ou autres intéressés, sans l'avoir fait enregistrer (loi du 28 avril 1816, art. 56 ; loi du 16 juin 1824, art. 11).

42. Aucun notaire, huissier, greffier, avoué, secrétaire ou autre officier public, ne pourra faire ou rédiger un acte en vertu d'un acte sous signature privée ou passé en pays étranger, l'annexer à ses minutes, ni le recevoir en dépôt, ni en délivrer copie, extrait ou expédition, s'il n'a été préalablement enregistré, à peine de cinquante francs d'amende (10 fr.) et de répondre personnellement du droit, sauf l'exception mentionnée dans l'article précédent. *Les notaires peuvent faire des actes en vertu et par suite d'actes sous seing privé non enregistrés, à condition que chacun de ces actes sera soumis avant ou avec lui à la formalité de l'enregistrement* (loi du 16 juin 1824, art. 11 et 13). Les inventaires, comptes, quittances, actes passés en pays étranger peuvent être enregistrés en même temps que l'acte qui les énonce.

43. Il est également défendu, sous la même peine de cinquante francs d'amende (10 fr.), à tout notaire ou greffier, de recevoir aucun acte en dépôt sans dresser acte du dépôt. — Sont exceptés les testaments déposés chez les notaires par les testateurs.

44. Il sera fait mention, dans toutes les expéditions des actes publics, civils ou judiciaires, qui doivent être enregistrés sur les minutes, de la quittance des droits, par une transcription littérale et entière de cette quittance. — Pareille mention sera faite dans les minutes des actes publics, civils, judiciaires ou extrajudiciaires, qui se feront en vertu d'actes sous signature privée ou passés en pays étranger, et qui sont soumis à l'enregistrement par la présente. — Chaque contravention sera punie par une amende de dix francs (5 fr.).

45. Tous actes judiciaires en matière civile, tous jugements en matière criminelle ou de police seront, sans exception, soumis à l'enregistrement sur les minutes ou originaux.

Les greffiers seront personnellement tenus de l'acquittement des droits dans les cas prévus par les articles 7 et 35 de la présente loi (art. 38, loi du 28 avril 1816).

Les greffiers qui délivreront des expéditions des actes et jugements assujettis au droit proportionnel seront tenus de faire mention, dans chacune de ces expéditions, de la date de l'enregistrement et du droit payé. Toute contravention sera punie d'une amende de 10 fr. (5 fr.).

46. Dans le cas de fausses mentions d'enregistrement, soit dans une minute, soit dans une expédition, le délinquant sera poursuivi par la partie publique, sur la dénonciation du préposé de la régie, et condamné aux peines prononcées pour le faux (Code pénal, art. 145, travaux forcés à temps ou à perpétuité).

47. Il est défendu aux juges et arbitres de rendre aucun jugement, et aux administrations centrales et municipales de prendre aucun arrêté en faveur de particuliers, sur des actes non enregistrés, à peine d'être personnellement responsables des droits.

48. Toutes les fois qu'une condamnation sera rendue, ou qu'un arrêt sera pris sur un acte enregistré, le jugement, la sentence arbitrale ou l'arrêté en fera mention, et énoncera le montant du droit payé, la date du payement et le nom du bureau où il aura été acquitté; en cas d'omission, le receveur exigera le droit, si l'acte n'a pas été enregistré dans son bureau, sauf restitution dans le délai prescrit, s'il est ensuite justifié de l'enregistrement de l'acte sur lequel le jugement aura été prononcé ou l'arrêté pris. *Les tribunaux devant lesquels sont produits des actes non enregistrés doivent, soit sur les réquisitions du ministère public, soit d'office, ordonner le dépôt au greffe de ces actes pour être immédiatement soumis à la formalité de l'enregistrement* (loi du 28 avril 1816, art. 57); *sont exceptées les pièces produites au Conseil d'État.*

49. Les notaires, huissiers, greffiers, et les secrétaires des administrations centrales et municipales tiendront des répertoires à colonnes sur lesquels ils inscriront, jour par jour, sans blanc ni interligne, et par ordre de numéros, savoir :

1° Les notaires, tous les actes et contrats qu'ils recevront, même ceux qui seront passés en brevet, à peine de dix francs (5 fr.) d'amende pour chaque omission ;

2° Les huissiers, tous les actes et exploits de leur ministère, sous peine d'une amende de cinq francs pour chaque omission ;

3° Les greffiers, tous les actes et jugements qui, aux termes de la présente, doivent être enregistrés sur les minutes, à peine d'une amende de dix francs (5 *fr.*) pour chaque omission ;

4° Et les secrétaires des *mairies et préfectures*, tous les actes des administrations qui doivent aussi être enregistrés sur les minutes, à peine d'une amende de dix francs (5 *fr.*) pour chaque omission (concessions, adjudications, marchés, loi du 15 mai 1818, art. 82).

50. Chaque article du répertoire contiendra : 1° Son numéro ; 2° La date de l'acte ; 3° Sa nature ; 4° Les noms et prénoms des parties et leur domicile ; 5° L'indication des biens, leur situation et le prix, lorsqu'il s'agira d'actes qui auront pour objets la propriété, l'usufruit ou la jouissance de biens-fonds ; 6° La relation de l'enregistrement. *Les commissaires-priseurs, courtiers de commerce, les compagnies d'assurances contre l'incendie et maritimes doivent aussi tenir un répertoire* (art. 47 du décret du 14 juin 1813, *et décision du 4 novembre* 1864).

51. Les notaires, huissiers, greffiers, *commissaires-priseurs*, et les secrétaires des administrations centrales et municipales, présenteront, tous les trois mois, leurs répertoires aux receveurs de l'enregistrement de leur résidence, qui les viseront et

qui énonceront dans leur visa le nombre des actes inscrits. Cette présentation aura chaque année, dans les dix premiers jours de chacun des mois de janvier, avril, juillet et octobre, à peine d'une amende de dix francs (5 *fr.*) pour retard (loi du 5 juin 1850, art. 35 et 36).

52. Indépendamment de la représentation ordonnée par l'article précédent, les notaires, huissiers, greffiers et secrétaires seront tenus de communiquer leurs répertoires, à toute réquisition, aux préposés de l'enregistrement qui se présenteront chez eux pour les vérifier, à peine d'une amende de cinquante francs (10 *fr.*) en cas de refus. — Le préposé, dans ce cas, requerra l'assistance du maire ou de l'adjoint de la commune du lieu, pour dresser, en sa présence, procès-verbal du refus qui lui aura été fait. *Le répertoire des huissiers doit contenir en outre du nom des parties et de la date des actes, le coût déboursés défalqués, le montant du droit des transports, le timbre employé pour les copies.*

53. Les répertoires seront cotés et paraphés, savoir : ceux des notaires, huissiers et greffiers de la justice de paix par le juge de paix de leur domicile, ceux des greffiers des tribunaux par le président, et ceux des secrétaires des administrations par le président de l'administration (loi du 27 vent. an XI, art. 30 ; décr. du 14 juin 1813, art. 46).

54. Les dépositaires des registres de l'état civil, ceux des rôles des contributions, et tous autres chargés des archives et dépôts de titres publics, seront tenus de les communiquer, sans déplacer, aux préposés de l'enregistrement, à toute réquisition, et de leur laisser prendre, sans frais, les renseignements, extraits et copies qui leur seront nécessaires pour les intérêts de l'État, à peine de cinquante francs (10 fr.) d'amende pour refus constaté par procès-verbal, du préposé, qui se fera accompagner ainsi qu'il est prescrit par l'art. 32 ci-dessus chez les détenteurs et dépositaires qui auront fait refus. — Ces dispositions s'appliquent aussi aux notaires, huissiers, greffiers et secrétaires des administrations centrales et municipales, pour les actes dont ils sont dépositaires. — Sont exceptés les testaments et autres actes de libéralité à cause de mort, du vivant des testateurs. — Les communications ci-dessus ne pourront être exigées les jours de repos, et les séances dans chaque autre jour ne pourront durer plus de quatre heures, de la part des préposés, dans les dépôts où ils feront leurs recherches (loi du 15 mai 1818, art. 82). *Les sociétés, compagnies, assurances, entrepreneurs de transports et tous autres assujettis aux vérifications des agents de l'enregistrement sont tenus de représenter auxdits agents leurs livres, registres, titres, pièces de recettes, de dépense et de comptabilité afin qu'ils s'assurent de l'exécution des lois. Tout refus de communication sera constaté par procès-verbal et puni d'une amende de* 100 *à* 1000 *francs* (loi du 5 juin 1850, art. 16, 28, 35, 36, art. 22 de la loi du 23 août 1871, loi du 23 juin 1875).

55. Les maires fourniront, par trimestre, aux receveurs de l'enregistrement du

canton, les relevés, par eux certifiés, des actes de décès. Ils seront délivrés sur papier non timbré et remis dans les mois de janvier, avril, juillet et octobre, à peine d'une amende de trente francs (5 fr.) pour chaque mois de retard. Ils en retireront récépissé, aussi sur papier non timbré.

56. Les receveurs de l'enregistrement ne pourront, sous aucun prétexte, lors même qu'il y aurait lieu à l'expertise, différer l'enregistrement des actes et mutations dont les droits auront été payés aux taux réglés par la présente. Ils ne pourront non plus suspendre ou arrêter le cours des procédures en retenant des actes ou exploits; cependant, si un acte dont il n'y a pas de minute, ou un exploit contient des renseignements dont la trace puisse être utile pour la découverte des droits dus, le receveur aura la faculté d'en tirer copie et de la faire certifier conforme à l'original par l'officier qui l'aura présenté. En cas de refus, il pourra réserver l'acte pendant vingt-quatre heures seulement, pour s'en procurer une collation en forme, à ses frais, sauf répétition, s'il y a lieu. — Cette disposition est applicable aux actes sous signature privée qui seront présentés à l'enregistrement.

57. La quittance de l'enregistrement sera mise sur l'acte enregistré ou sur l'extrait de la déclaration du nouveau possesseur. — Le receveur y exprimera, en toutes lettres, la date de l'enregistrement, le folio du registre, le numéro et la somme des droits perçus. — Lorsque l'acte renfermera plusieurs dispositions opérant chacune un droit particulier, le receveur les indiquera sommairement dans sa quittance et y énoncera distinctement la quotité de chaque droit perçu, à peine d'une amende de dix francs (5 fr.) pour chaque omission. *Défense est faite d'enregistrer les actes d'aliénation de biens formant des majorats* (loi du 1er mars 1808).

58. Les receveurs de l'enregistrement ne pourront délivrer d'extraits de leurs registres que sur ordonnance du juge de paix, lorsque ces extraits ne seront pas demandés par quelqu'une des parties contractantes ou leurs ayants cause. — Il leur sera payé un franc pour recherche de chaque année indiquée, et 50 centimes par chaque extrait, outre le papier timbré; ils ne pourront rien exiger au delà (ord. du 3 oct. 1821; inst. 1005).

59. Aucune autorité publique, ni la régie, ni ses préposés, ne peuvent accorder de remise ou modération des droits établis par la présente et des peines encourues, ni en suspendre ou faire suspendre le recouvrement, sans en devenir personnellement responsable (loi du 16 juin 1824, art. 10).

TITRE VIII.

DES DROITS ACQUIS ET DES PRESCRIPTIONS.

60. Tout droit d'enregistrement perçu régulièrement en conformité de la présente ne pourra être restitué, quels que soient les événements ultérieurs, sauf les cas prévus par la présente (loi du 28 avril 1816, art. 40. 3 *mai* 1841).

61. Il y a prescription pour la demande des droits, savoir : 1° Après deux années à compter du jour de l'enregistrement, s'il s'agit d'un droit non perçu sur une disposition particulière dans un acte, ou d'un supplément de perception insuffisamment faite, ou d'une fausse évaluation dans une déclaration, et pour la constater par voie d'expertise. Les parties seront également non recevables, après le même délai, pour toute demande en restitution de droits perçus (loi du 16 juin 1824, art. 14).

2° Après trois années, aussi à compter du jour de l'enregistrement, s'il s'agit d'une omission de biens dans une déclaration faite après décès (délai porté à 5 *ans*, loi du 18 mai 1850, art. 11 ; et à 30 *ans* pour les omissions de rentes sur l'Etat, loi 8 juil. 1852, art. 26);

3° Après cinq années, à compter du jour du décès, pour les successions non déclarées (délai porté à 10 *ans*, loi du 18 mai 1850, art. 11) ; et à 30 *ans* pour les mutations par décès de rentes sur l'Etat (loi du 8 juil. 1852, art. 26). Les prescriptions ci-dessus seront suspendues par des demandes signifiées et enregistrées avant l'expiration des délais ; mais elles seront acquises irrévocablement si les poursuites commencées sont interrompues pendant une année sans qu'il y ait d'instance devant les juges compétents, quand même le premier délai pour la prescription ne serait pas expiré.

62. La date des actes sous signature privée ne pourra cependant être opposée à l'état pour prescription des droits et peines encourues, à moins que ces actes n'aient acquis une date certaine par le décès de l'une des parties ou autrement. *C. C.* 1328. *Après* 10 *ans en matière judiciaire* (loi du 22 janvier 1851), *de* 30 *et de* 10 *ans en matière de mutation, de prix de vente, ou de soulte d'échange ou de partage ou de vente de fonds de commerce* (loi du 28 février 1872).

TITRE IX.

DES POURSUITES ET INSTANCES.

63. La solution des difficultés qui pourront s'élever relativement à la perception des droits d'enregistrement avant l'introduction des instances, appartient à la régie.

64. Le premier acte de poursuite pour le recouvrement des droits d'enregistrement et le payement des peines et amendes prononcées par la présente sera une contrainte ; elle sera décernée par le receveur ou préposé de la régie ; elle sera visée et déclarée exécutoire par le juge de paix du canton où le bureau est établi, et elle sera signifiée. — L'exécution de la contrainte ne pourra être interrompue que par une opposition formée par le redevable et motivée, avec assignation, à jour fixe, devant le tribunal civil du département. Dans ce cas, l'opposant sera tenu d'élire domicile dans la commune où siége le tribunal (loi du 13 brum. an VII, art. 31 ; loi du 28 avril 1816, art. 76 ; loi du 16 juin 1824, art. 6).

65. L'introduction et l'instruction des instances auront lieu devant les tribunaux civils de département ; la connaissance et la décision en sont interdites à toutes autres autorités constituées ou administratives. — L'instruction se fera par simples mémoires respectivement signifiés. Il n'y aura d'autres frais à supporter pour la partie qui succombera que ceux du papier timbré, des significations et du droit d'enregistrement des jugements. — Les tribunaux accorderont, soit aux parties, soit aux préposés de la régie qui suivront les instances, le délai qu'ils leur demanderont pour produire leurs défenses, il ne pourra néanmoins être de plus *d'un mois*. Les jugements seront rendus dans les trois mois au plus tard, à compter de l'introduction des instances, sur le rapport d'un juge, fait en audience publique ; et sur les conclusions du commissaire du directoire exécutif ; ils seront sans appel et ne pourront être attaqués que par voie de cassation (loi du 27 vent. an IX, art. 17, 23 août 1871, art. 13, 28 *février* 1872, art. 8). V. art. 17 *bis* de la présente.

66. Les frais de poursuite payés par les préposés de l'enregistrement pour des articles tombés en non-valeur pour cause d'insolvabilité reconnue des parties condamnées leur seront remboursées sur l'état qu'ils en rapporteront à l'appui de leurs comptes. L'état sera taxé sans frais par le tribunal civil du département et appuyé des pièces justificatives.

TITRE X.

DE LA FIXATION DES DROITS.

67. Les droits à percevoir pour l'enregistrement des actes et mutations sont et demeurent fixés aux taux et quotités tarifés par les articles *ci-après.*

Droits fixes.

68. Les actes compris sous cet article seront enregistrés, et les droits payés ainsi qu'il *est établi dans les tableaux ci-après.*

Droits proportionnels.

69. Les actes et mutations compris sous cet article seront enregistrés et les droits payés suivant les quotités établies dans les tableaux qui suivent.

Droits gradués.

Les actes compris sous cet article seront désignés en un tableau spécial ci-après.

TITRE VI.

DES ACTES QUI DOIVENT ÊTRE ENREGISTRÉS ET DE CEUX QUI SONT EXEMPTS DE CETTE FORMALITÉ.

70. Seront soumis à la formalité de l'enregistrement et enregistrés en debet, gratis ou exempts de cette formalité les actes désignés plus loin.

TITRE XII.

DES LOIS PRÉCÉDENTES SUR L'ENREGISTREMENT ET DE L'EXÉCUTION DE LA PRÉSENTE.

71. Il sera établi de nouvelles bases pour l'administration de l'enregistrement par une loi particulière.—En attendant, les lois qui existent sur son organisation, sa manutention et ses frais de régie, continueront d'être exécutées.

72. La formalité de l'insinuation des donations entre vifs continuera d'être donnée dans les bureaux de recette de l'enregistrement, dans les formes et sous les peines portées par les lois subsistantes, jusqu'à ce qu'il en ait été autrement ordonné.

73. Toutes les lois rendues sur les droits d'enregistrement, et toutes dispositions d'autres lois y relatives, sont et demeurent abrogées pour l'avenir. — Elles continueront d'être exécutées à l'égard des actes faits et des mutations par décès effectuées avant la publication de la présente. — Les affaires actuellement en instance seront suivies d'après les lois en vertu desquelles elles ont été intentées. — La présente sera exécutée à compter du jour de sa publication.

CHAPITRE PREMIER

Tableau numéro 1.

Des décimes.

La loi du 6 prairial an VII a créé à titre de contributions extraordinaires la perception d'un décime par franc en sus des droits d'enregistrement, de timbre, hypothèque, droits de greffe et sur les amendes.

Cet impôt a été maintenu, a été augmenté, supprimé, rétabli ; nous donnons le tableau de toutes les modifications apportées :

10 p. 0/0, du 22 mai 1799 au 14 juillet 1855 = 1 décime
(loi du 6 prairial an VII).

20 p. 0/0, du 15 juillet 1855 au 31 décembre 1857 = 2 décimes
(loi du 14 juill. 1855).

10 p. 0/0, du 1er janvier 1858 au 1er juillet 1862 = 1 décime
(loi du 23 juill. 1857).

20 p. 0/0, du 2 juillet 1862 au 1er juillet 1864 = 2 décimes
(loi du 2 juillet 1862).

15 p. 0/0, du 2 juillet 1864 au 1er janvier 1867 = 1 décime 1/2
(loi du 2 juin 1864).

15 p. 0/0, du 1er janvier 1867 au 23 août 1871 = 1 décime sur tous les actes translatifs de propriété ou d'usufruit d'immeubles à titre onéreux, obligations et libérations hypothécaires.
(loi du 18 juillet 1866).

15 p. 0/0, du 1er janvier 1867 au 23 août 1871 = 1 décime 1/2 sur tous les autres produits.

20 p. 0/0, du 23 août 1871 au 1er janvier 1874 = 2 décimes sur les droits d'enregistrement, de timbre et d'amendes.
(loi du 23 août 1871).

25 p. 0/0, du 2 janvier 1874 à ce jour = 2 décimes 1/2 à l'exception des droits de greffe et de timbre qui restent assujettis aux 2 décimes.
(loi du 30 août 1873).

Les décimes sont perçus pour les *actes authentiques* : de la date de l'acte.
— pour les sous-seings privés : de la date de l'enregistrement et de la date de l'acte pour ceux qui doivent être enregistrés dans un délai déterminé.
— pour les actes judiciaires : de la date de la rédaction.
— pour les déclarations de successions : de la date du décès.
— pour les mutations verbales : comme pour les sous-seings privés.
— pour les amendes de contravention : du jour de la contravention.
— pour les amendes de condamnations pécunières : du jour du jugement.

Les lois et décrets sont obligatoires un jour franc après que le journal officiel, qui les contient, sera parvenu au chef-lieu de l'arrondissement (décret du 5 novembre 1870).

La perception des décimes n'a pas lieu dans les colonies françaises, mais ils sont exigibles en France lors de la perception du complément du droit d'enregistrement.

Moyens pour obtenir d'une somme composée du principal et des décimes ces deux sommes séparées :

Principal et un décime : diviser le principal et le décime réunis par 11.

Exemple	460
1.10	46
	506
divisé par	11
donne	46

Principal et un décime et demi : diviser le principal et le décime et demi par 11.50.

Exemple	460	
décime	46	69
demi	23	
	529	
divisé par	11.50	
	46	

Pour extraire le décime et demi réunis diviser par 76666, ou mieux multiplier le principal et le décime et demi réunis par 3 et diviser par 23 :

soit 529 × 3 = 1587/23 = 69.

Principal et deux décimes : diviser le principal et les deux décimes réunis par 12.

Exemple	460	
	46	96
	46	
	552/12 = 46	

Pour extraire ces deux décimes réunis, diviser par 6 :

552/6 = 92

Principal et deux décimes et demi ou un quart, diviser par 5 :

Exemple	460	
	46	115
	46	
	23	
	575/5 = 115	

Tableau numéro 2.

Actes exempts de la formalité de l'enregistrement.

1° Les actes du corps législatif et ceux du pouvoir exécutif.

2° Les actes d'administration publique non compris ceux à enregistrer gratis ou en debet.

3° Les inscriptions sur le grand-livre de la dette publique, leurs transferts et mutations, les quittances des intérêts qui en sont payés, et tous les effets de la dette publique inscrits ou à inscrire définitivement (loi du 18 juillet 1836, art. 6 ; loi du 18 mai 1850, art. 7 ; loi du 8 juillet 1875, art. 25).

4° Les rescriptions, mandats et ordonnances de payement sur les caisses publiques, leurs endossements et acquits.

Certificats de vie pour pensions viagères ou rentes sur l'État.

5° Les quittances de contributions, droits, créances et revenus payés à l'État, celles pour charges locales, et celles des fonctionnaires et employés salariés par l'État, pour leurs traitements et émoluments.

6° Les ordonnances de décharge ou de réduction, remise ou modération d'impositions, les quittances y relatives, les rôles et extraits d'iceux.

7° Les récépissés délivrés aux collecteurs, aux receveurs de deniers publics et de contributions locales, et les comptes de recettes ou gestions publiques.

8° Les actes de naissance, sépulture et mariage, reçus par les officiers de l'état civil, et les extraits qui en sont délivrés.

9° Tous les actes et procès-verbaux (excepté ceux des huissiers et gendarmes qui doivent être enregistrés, et les jugements concernant la police générale et de sûreté et la vindicte publique. Ord. du 22 mai 1816, art. 1er).

10° Les cédules pour appeller au bureau de conciliation, sauf le droit de la signification.

11° Les légalisations de signatures d'officiers publics.

12° Les affirmations de procès-verbaux des employés, gardes et agents salariés par l'État, faits dans l'exercice de leurs fonctions.

13° Les engagements, enrôlements, congés, certificats, cartouches, passeports, quittances de prêt et fournitures, billets d'étape, de subsistance et de logement, tant pour le service de terre que pour le service de mer, et tous autres actes de l'une et l'autre administration non compris dans les articles précédents. Sont exceptés de la formalité de l'enregistrement les rôles d'équipages et les engagements de matelots et gens de mer de la marine marchande et des armements en course.

14° Les passeports délivrés par l'administration publique.

15° Les endossements et acquits des billets à ordre et autres effets négociables.

16° Les actes passés en forme authentique, avant l'établissement de l'enregistrement dans l'ancien territoire de France, et ceux passés également en forme authentique, ou sous signature privée, dans les pays réunis et qui y ont acquis une date certaine suivant les lois de ces pays, ainsi que les mutations qui se sont opérées par décès avant la réunion desdits pays.

Les actes concernant l'administration du mont-de-piété sont exempts d'enregistrement (24 juin 1851).

Tableau numéro 3.

Actes à enregistrer gratis.

1° Acquisitions et échanges faits par l'État, partage de biens entre lui et les particuliers et tous autres actes faits à ce sujet.

2° Actes des huissiers et gendarmes concernant la police générale et de sûreté et la vindicte publique.

3° Actes de procédure et jugements à la requête du ministère public ayant pour objet de réparer les omissions, de faire les rectifications sur les registres de l'état civil d'actes qui intéressent les individus notoirement indigents.

4° Actes faits en vertu d'un décret établissant l'expropriation pour cause d'utilité publique.

5° Exploits et actes ayant pour objet le recouvrement de contributions directes, indirectes ou locales non excédant en total la somme de 100 fr.

6° Consentements à mariage redigés par les notaires quand l'indigence est constatée par certificat joint à l'appui.

7° Police d'assurances contre l'incendie et maritimes.

Tableau numéro 4.

Actes à enregistrer en debet.

Les actes et procès-verbaux des employés de l'enregistrement, des procureurs de République et des commissaires de police.

Actes et procès-verbaux des juges d'instruction, juges de paix, huissiers, gendarmes, gardes (autres que ceux particuliers) et généralement tous actes concernant la police ordinaire lorsqu'il n'y a pas de partie civile.

Actes et jugements intervenant sur délits.

Déclaration d'appel de jugements en matière correctionnelle lorsque l'appelant est emprisonné.

Les droits se recouvrent contre les condamnés d'après les extraits de jugement fournis aux receveurs par les greffiers.

Assignation et exploits devant les prud'hommes.

Apposition et levée de scellés d'office, ainsi que les nominations de tuteur ou subrogé tuteur d'office.

Tous actes de l'assistance judiciaire.

Tableau numéro 5.

Sont enregistrés au droit de 0.10 *p.* 0/0.

1° Cautionnements de baux (sur le prix cumulé des années de la convention).

2° Ventes en gros de marchandises aux enchères par les courtiers de commerce toutes les fois que le lot vendu excède 100 fr. (Loi du 30 mai 1863.)

Voir le tableau d'autre part.

Tableau n° 5. Le tableau n° 1 indique les époques des changements de décimes.

Unités servant à la percept. du droit fixe.	Chiffre formant l'assiette du droit proportionnel.	Droit en principal.	1 décime en sus.	Montant du droit en principal et 1 décime.	1 décime et 1/2.	Montant du droit en principal et 1 décime et 1/2.	2 décimes.	Montant du droit en principal et 2 décimes.	2 décimes et 1/2.	Montant du droit en principal et 2 décim. et 1/2.
1	2	3	4	5	6	7	8	9	10	11
	20	0.02	0.002	0.03	0.003	0.03	0.004	0.03	0.005	0.03
	40	0.04	0.004	0.05	0.006	0.05	0.008	0.05	0.010	0.05
	60	0.06	0.006	0.07	0.009	0.07	0.012	0.08	0.015	0.08
	80	0.08	0.008	0.09	0.012	0.10	0.016	0.10	0.020	0.10
1	100	0.10	0.010	0.11	0.015	0.12	0.02	0.12	0.025	0.13
	120	0.12	0.012	0.14	0.018	0.14	0.024	0.15	0.03	0.15
	140	0.14	0.014	0.16	0.021	0.17	0.028	0.17	0.035	0.18
	160	0.16	0.016	0.18	0.024	0.19	0.032	0.20	0.04	0.20
	180	0.18	0.018	0.20	0.027	0.21	0.036	0.22	0.045	0.23
2	200	0.20	0.020	0.22	0.030	0.23	0.04	0.24	0.05	0.25
	220	0.22	0.022	0.25	0.033	0.26	0.044	0.27	0.055	0.28
	240	0.24	0.024	0.27	0.036	0.28	0.048	0.29	0.06	0.30
	260	0.26	0.026	0.29	0.039	0.30	0.052	0.32	0.065	0.33
	280	0.28	0.028	0.31	0.042	0.33	0.056	0.34	0.07	0.35
3	300	0.30	0.03	0.33	0.045	0.35	0.06	0.36	0.075	0.38
	320	0.32	0.032	0.37	0.048	0.37	0.064	0.39	0 08	0.40
	340	0.34	0.034	0.38	0.051	0.40	0.068	0.41	0.085	0.43
	360	0.36	0.036	0.40	0.054	0.42	0.072	0.44	0.09	0.45
	380	0.38	0.038	0.42	0.057	0.44	0.076	0.46	0.095	0.48
4	400	0.40	0.04	0.44	0.060	0.46	0.08	0.48	0.10	0.50
	420	0.42	0.042	0.47	0.063	0.49	0.084	0.51	0.105	0.53
	440	0.44	0.044	0.49	0.066	0.51	0.088	0.53	0.11	0.55
	460	0.46	0.046	0.51	0.069	0.53	0.092	0.56	0.115	0.58
	480	0.48	0.048	0.53	0.072	0.56	0.096	0.58	0.120	0.60
5	500	0.50	0.05	0.55	0.075	0.58	0.10	0.60	0.125	0.63
	520	0.52	0.052	0.58	0.078	0.60	0.104	0.63	0.130	0.65
	540	0.54	0.054	0.60	0.081	0.63	0.108	0.65	0.135	0.68
	560	0.56	0.056	0.62	0.084	0.65	0.112	0.68	0.140	0.70
	580	0.58	0.058	0.64	0.087	0.67	0.116	0.70	0.145	0.73
6	600	0.60	0.06	0.66	0.090	0.69	0.12	0.72	8.15	0.75
	620	0.62	0.062	0.69	0.093	0.72	0.124	0.75	0.155	0.78
	640	0.64	0.064	0.71	0.096	0.74	0.128	0.77	0.16	0.80
	660	0.66	0.066	0.73	0.099	0.76	0.132	0.80	0.165	0.83
	680	0.68	0.068	0.75	0.102	0.79	0.136	0.82	0.17	0.85
7	700	0.70	0.07	0.77	0.105	0.81	0.14	0.84	0.175	0.88
	720	0.72	0.072	0.80	0.108	0.83	0.144	0.87	0.18	0.90
	740	0.74	0.074	0.82	0.111	0.86	0.148	0.89	0.185	0.93
	760	0.76	0.076	0.84	0.114	0.88	0.152	0.92	0.19	0.95
	780	0.78	0.078	0.86	0.117	0.90	0.156	0.94	0.195	0 98
8	800	0.80	0.08	0.88	0.120	0.92	0.16	0.96	0.20	1.00
	820	0.82	0.082	0.91	0.123	0.95	0.164	0 99	0.205	1.03
	840	0.84	0.084	0.93	0.126	0.97	0.168	1.01	0.210	1.05
	860	0.86	0.086	0.95	0.129	0.99	0.172	1.04	0.215	1.08
	880	0.88	0.088	0.97	0.132	1.02	0.176	1.06	0.22	1.10
9	900	0.90	0.09	0.99	0.135	1.04	0.18	1.08	0.225	1.13
	620	0.92	0.092	1.02	0.138	1.06	0.184	1.11	0.23	1.15
	940	0.94	0.094	1.04	0.141	1.09	0.188	1.13	0.235	1.18
	960	0.96	0.096	1.06	0.144	1.11	0.192	1.16	0.24	1.20
	980	0.98	0.098	1.08	0.147	1.13	0.196	1.18	0.245	1.23
10	1000	1.00	0.10	1.10	0.150	1.15	0.20	1.20	0.25	1.25
	1020	1.02	0.102	1.13	0.153	1.18	0.204	1.23	2.255	1.28
	1040	1.04	0.104	1.15	0.156	1.20	0.208	1.25	0.260	1.30
	1060	1.06	1.106	1.17	0.159	1.22	0.212	1.28	0.265	1.33
	1080	1.08	0.108	1.19	0.162	1.25	0.216	1.30	0.270	1.35
11	1100	1.10	0.11	1.21	0.165	1.27	0.22	1.32	0.275	1.38
12	1200	1.20	0.12	1.32	0.180	1.38	0.24	1.44	0.30	1.50
13	1300	1.30	0.13	1.43	0.195	1.50	0.26	1.56	0.325	1.63
14	1400	1.40	0.14	1.54	0.210	1.61	0.28	1.68	0.350	1.75
15	1500	1.50	0.15	1.65	0.225	1.73	0.30	1.80	0.375	1.88
16	1600	1.60	0.16	1.76	0.240	1.84	0.32	1.92	0.40	2.00
17	1700	1.70	0.17	1.87	0.255	1.96	0.34	2.04	0.425	2.13
18	1800	1.80	0.18	1.98	0.270	2.07	0.36	2.16	0.450	2.25
19	1900	1.90	0.19	2.09	0.285	2.19	0.38	2.28	0.475	2.38
20	2000	2.00	0.20	2.20	0.30	2.30	0.40	2.40	0.50	2 50
30	3000	3.00	0.30	3.30	0.45	3.45	0.60	3.60	0.75	3.75
40	4000	4.00	0.40	4.40	0.60	4.60	0.80	4.80	1.00	5.00
50	5000	5.00	0.50	5.50	0.75	5.75	1.00	6.00	1.25	6.25
60	6000	6.00	0.60	6.60	0.90	6.90	1.20	7.20	1.50	7.50
70	7000	7.00	0.70	7.70	1.05	8.05	1.40	8.40	1.75	8.75
80	8000	8.00	0.80	8.80	1.20	9.20	1.60	9.60	2.00	10.00
90	9000	9.00	0.90	9.90	1.35	10.35	1.80	10.80	2.25	11.25
100	10000	10.00	1.00	11.00	1.50	11.50	2.00	12.00	2.50	12.50
200	20000	20.00	2.00	22.00	3.00	23.00	4.00	24.00	5.00	25.00
300	30000	30.00	3.00	33.00	4.50	34.50	6.00	36.00	7.50	37.50
400	40000	40.00	4.00	44.00	6.00	46.00	8.00	48.00	10.00	50.00
500	50000	50.00	5.00	55.00	7.50	57.50	10.00	60.00	12.50	62.50
1000	100000	100.00	10.00	110.00	15.00	115.00	20.00	120.00	25.00	125.00

OBSERVATIONS

Le droit de cautionnement ne doit jamais excéder celui de la disposition principale.

Le droit est dû alors même que la caution paie le prix dans l'acte même du bail.

Ce droit se liquide sur toutes les clauses du bail; minimum à percevoir 0 fr. 25 en principal.

Droits fixes à 0.10.

Obligations ou lettres de gage du crédit foncier de France (décret du 18 février 1852).

Tableau numéro 6.

Sont enregistrés au droit de 0.20 *p.* 0/0.

1° Baux à ferme ou à loyer, à terme ou durée limitée : sans distration de charges.

2° Sous-baux, cessions et subrogations de baux; locations verbales.

3° Baux à pâturages et nourriture d'animaux : le droit se perçoit sur le prix cumulé des années du bail.

4° Baux à cheptel et reconnaissance de bestiaux : le droit se perçoit sur le prix exprimé dans l'acte ou à défaut d'après l'évaluation qui sera faite du bétail.

5° Baux ou conventions pour nourriture de personnes, lorsque les années sont limitées et constitutions de pension alimentaire à titre gratuit par les enfants au profit de leur père et mère.

6° Échanges d'immeubles ruraux contigus, non bâtis, acquis depuis plus de deux ans et dont la parcelle contiguë n'excède pas 50 ares.

Voir le tableau d'autre part.

Tableau n° 6.

Le tableau n° 1 indique les époques des changements de décimes.

Unités servant à la percept. du droit fixe.	Chiffre formant l'assiette du droit proportionnel.	Droit en principal.	1 décime en sus.	Montant du droit en principal et 1 décime.	1 décime et 1/2.	Montant du droit en principal et 1 décime et 1/2.	2 décimes. en sus.	Montant du droit en principal et 2 décimes.	2 décimes et 1/2.	Montant du droit en principal et 2 décim. et 1/2.
1	2	3	4	5	6	7	8	9	10	11
	20	0.04	0.004	0.05	0.006	0.05	0.008	0.05	0.01	0.05
	40	0.08	0.008	0.09	0.012	0.10	0.016	0.10	0.02	0.10
	60	0.12	0.012	0.14	0.018	0.14	0.024	0.15	0.03	0.15
	80	0.16	0.016	0.18	0.024	0.19	0.032	0.20	0.04	0.20
1	100	0.20	0.020	0.22	0.030	0.23	0.040	0.24	0.05	0.25
	120	0.24	0.024	0.27	0.036	0.28	0.048	0.29	0.06	0.30
	140	0.28	0.028	0.31	0.042	0.33	0.056	0.34	0.07	0.35
	160	0.32	0.032	0.36	0.048	0.37	0.064	0.39	0.08	0.40
	180	0.36	0.036	0.40	0.054	0.42	0.072	0.44	0.09	0.45
2	200	0.40	0.040	0.44	0.060	0.46	0.08	0.48	0.10	0.50
	220	0.44	0.044	0.49	0.066	0.51	0.088	0.53	0.11	0.55
	240	0.48	0.048	0.53	0.072	0.56	0.096	0.58	0.12	0.60
	260	0.52	0.052	0.58	0.078	0.60	0.104	0.63	0.13	0.65
	280	0.56	0.056	0.62	0.084	0.65	0.112	0.68	0.14	0.70
3	300	0.60	0.06	0.66	0.090	0.69	0.120	0.72	0.15	0.75
	320	0.64	0.064	0.71	0.096	0.74	0.128	0.77	0.16	0.80
	340	0.68	0.068	0.75	0.102	0.79	0.136	0.82	0.17	0.85
	360	0.72	0.072	0.80	0.108	0.83	0.144	0.87	0.18	0.90
	380	0.76	0.076	0.84	0.114	0.88	0.152	0.92	0.19	0.95
4	400	0.80	0.08	0.88	0.120	0.92	0.16	0.96	0.20	1.00
	420	0.84	0.084	0.93	0.126	0.97	0.168	1.01	0.21	1.05
	440	0.88	0.088	0.97	0.132	1.02	0.176	1.06	0.22	1.10
	460	0.92	0.092	1.02	0.138	1.06	0.184	1.11	0.23	1.15
	480	0.96	0.096	1.06	0.144	1.11	0.192	1.16	0.24	1.20
5	500	1.00	0.10	1.10	0.150	1.15	0.20	1.20	0.25	1.25
	520	1.04	0.104	1.15	0.156	1.20	0.208	1.25	0.26	1.30
	540	1.08	0.108	1.19	0.162	1.25	0.216	1.30	0.27	1.35
	560	1.12	0.112	1.24	0.168	1.29	0.224	1.35	0.28	1.40
	580	1.16	0.116	1.28	0.174	1.34	0.232	1.40	0.29	1.45
6	600	1.20	0.120	1.32	0.180	1.38	0.240	1.44	0.30	1.50
	620	1.24	0.124	1.37	0.186	1.43	0.248	1.49	0.31	1.55
	640	1.28	0.128	1.41	0.192	1.48	0.256	1.54	0.32	1.60
	660	1.32	0.132	1.46	0.198	1.52	0.264	1.59	0.33	1.65
	680	1.36	0.136	1.50	0.204	1.57	0.272	1.64	0.34	1.70
7	700	1.40	0.140	1.54	0.210	1.61	0.280	1.68	0.35	1.75
	720	1.44	0.144	1.59	0.216	1.66	0.288	1.73	0.36	1.80
	740	1.48	0.148	1.63	0.222	1.71	0.296	1.78	0.37	1.85
	760	1.52	0.152	1.68	0.228	1.75	0.304	1.83	0.38	1.90
	780	1.56	0.156	1.72	0.234	1.80	0.312	1.88	0.39	1.95
8	800	1.60	0.160	1.76	0.240	1.84	0.32	1.92	0.40	2.00
	820	1.64	0.164	1.81	0.246	1.89	0.328	1 97	0.41	2.05
	840	1.68	0.168	1.85	0.252	1.94	0.336	2.02	0.42	2.10
	860	1.72	0.172	1.90	0.258	1.98	0.344	2.07	0.43	2.15
	880	1.76	0.176	1.94	0.264	2.03	0.352	2.12	0.44	2.20
9	900	1.80	0.180	1.98	0.270	2.07	0.36	2.16	0.45	2.25
	920	1.84	0.184	2.03	0.276	2.12	0.368	2.21	0.46	2.30
	940	1.88	0.188	2.07	0.282	2.17	0.376	2.26	0.47	2.35
	960	1.92	0.192	2.12	0.288	2.21	0.384	2.31	0.48	2.40
	980	1.96	0.196	2.16	0.294	2.26	0.392	2.36	0.49	2.45
10	1000	2.00	0.20	2.20	0.300	2 30	0.40	2.40	0.50	2.50
	1020	2.04	0.204	2.25	0.306	2.35	0.408	2.45	0.51	2.55
	1040	2.08	0.208	2.29	0.312	2.40	0.416	2.50	0.52	2.60
	1060	2.12	0.212	2.34	0.318	2.44	0.424	2.55	0.53	2.65
	1080	2.16	0.216	2.38	0.324	2.49	0.432	2.60	0.54	2.70
11	1100	2.20	0.220	2.42	0.33	2.53	0.440	2.64	0.55	2.75
12	1200	2.40	0.240	2.64	0.36	2.76	0.480	2.88	0.60	3.00
13	1300	2.60	0.260	2.86	0.39	2.99	0.520	3.12	0.65	3.25
14	1400	2.80	0.280	3.08	0.42	3.22	0.560	3.36	0.70	3.50
15	1500	3.00	0.30	3.30	0.45	3.45	0.60	3.60	0.75	3.75
16	1600	3.20	0.32	3.52	0.48	3.68	0.64	3.84	0.80	4.00
17	1700	3.40	0.34	3.74	0.51	3.91	0.68	4.08	0.85	4.25
18	1800	3.60	0.36	3.96	0.54	4.14	0.72	4.32	0.90	4.50
19	1900	3.80	0.38	4.18	0.57	4.37	0.76	4.56	0.95	4.75
20	2000	4.00	0.40	4.40	0.60	4.60	0.80	4.80	1.00	5.00
30	3000	6.00	0.60	6.60	0.90	6.90	1.20	7.20	1.50	7.50
40	4000	8.00	0.80	8.80	1.20	9.20	1.60	9.60	2.00	10.00
50	5000	10.00	1.00	11.00	1.50	11.50	2.00	12.00	2.50	12.50
60	6000	12.00	1.20	13.20	1.80	13.80	2.40	14.40	3.00	15.00
70	7000	14.00	1.40	15.40	2.10	16.10	2.80	16.80	3.50	17.50
80	8000	16.00	1.60	17.60	2.40	18.40	3.20	19.20	4.00	20.00
90	9000	18.00	1.80	19.80	2.70	20.70	3.60	21.60	4.50	22.50
100	10000	20.00	2.00	22.00	3.00	23.00	4.00	24.00	5.00	25.00
200	20000	40.00	4.00	44.00	6.00	46.00	8.00	48.00	10.00	50.00
300	30000	60.00	6.00	66.00	9.00	69.00	12.00	72.00	15.50	75.00
400	40000	80.00	8.00	88.00	12.00	92.00	16.00	96.00	20.00	100.00
500	50000	100.00	10.00	110.00	15.00	115.00	20.00	120.00	25.00	125.00
1000	100000	200.00	20.00	220.00	30.00	230.00	40.00	240.00	50.00	250.00

OBSERVATIONS

Les baux à ferme ou à loyer, sous-baux, cessions et subrogations de baux et les engagements sous signatures privées de biens immeubles doivent être enregistrés dans les trois mois de leur date. Lorsqu'il n'existe pas de convention écrite constatant une mutation de jouissance de biens immeubles, il y est suppléé par des déclarations détaillées et estimatives faites par le bailleur dans les trois mois de l'entrée en jouissance. Si le bail est de plus de trois ans et si les parties le requièrent, le montant des droits peut être fractionné en autant de payements égaux qu'il y a de périodes triennales dans la durée du bail. Le droit dû pour chaque période sera payé dans le premier mois de l'année qui commencera chacune de ces périodes. Chaque infraction donne lieu à 50 fr. d'amende outre les décimes.

Tout ce qui fait un objet onéreux pour le preneur est un objet lucratif pour le bailleur et vient conséquemment en augmentation sur les droits à percevoir. Tels sont :

Les contributions foncières (à défaut de présentation de l'extrait du rôle les droits sont perçus sur un 1/4 en plus), faisances, eaux, plantations, curage de fossés, fosses d'aisances, puits, éclairage, concierge, etc., etc.

Les concessions temporaires de terrain dans les cimetières, faites pour 15 ans au plus et ne pouvant être renouvelées sont assujetties au droit de 0.20 p. 0/0 (décision du 12 mai 1846).

Il en est de même du marché fait par les bouchers d'une ville, avec l'octroi, pour l'entrée de leur marchandise, ainsi que pour les baux de bac, de chasse, etc., etc.

Les baux à portion de fruits sont considérés comme baux ordinaires (cassation du 8 février 1875), à défaut d'acte de bail, la location verbale d'un terrain à portion de fruits est exempte de déclaration de location.

Le preneur est tenu des droits d'enregistrement du bail.

Droits de résiliation de bail (décision du 1er septembre 1873. Jurisprudence, enregistrement 19070, droit fixe).

Minimum à percevoir pour droits d'enregistrement de bail 0.25 outre les décimes.

Les baux ayant une durée de plus de 18 ans doivent être transcrits 1.50 fixe (loi du 23 mars 1855).

Au-dessous de 18 ans, ils peuvent être transcrits au bureau des hypothèques 1.50 p. 0/0 (loi du 28 février 1872, art. 4).

Tableau numéro 7.

Sont enregistrés au droit de 0.25 *p.* 0/0.

1° Cautionnements des comptables envers l'État.
2° Bordereaux de collocations délivrés par les greffiers.

Voir le tableau ci-contre.

Tableau n° 7. Le tableau n° 1 indique les époques des changements de décimes.

Unités servant à la percept. du droit fixe.	Chiffre formant l'assiette du droit proportionnel.	Droit en principal.	1 décime en sus.	Montant du droit en principal et 1 décime.	1 décime et 1/2.	Montant du droit en principal et 1 décime et 1/2.	2 décimes en sus.	Montant du droit en principal et 2 décimes.	2 décimes et 1/2.	Montant du droit en principal et 2 décim. et 1/2.
1	2	3	4	5	6	7	8	9	10	11
	20	0.05	0.005	0.06	0.0075	0.06	0.01	0.06	0.0125	0.07
	40	0.10	0.01	0.11	0.015	0.12	0.02	0.12	0.025	0.13
	60	0.15	0.015	0.17	0.0225	0.18	0.03	0.18	0.0375	0.19
	80	0.20	0.02	0.22	0.030	0.23	0.04	0.24	0.05	0.25
1	100	0.25	0.025	0.28	0.0375	0.29	0.05	0.30	0.0625	0.32
	120	0.30	0.03	0.33	0.045	0.35	0.06	0.36	0.075	0.38
	140	0.35	0.035	0.39	0.0525	0.41	0.07	0.42	0.0875	0.44
	160	0.40	0.04	0.44	0.060	0.46	0.08	0.48	0.10	0.50
	180	0.45	0.045	0.50	0.0675	0.52	0.09	0.54	0.1125	0.57
2	200	0.50	0.05	0.55	0.075	0.58	0.10	0.60	0.125	0.63
	220	0.55	0.055	0.61	0.0825	0.64	0.11	0.66	0.1375	0.69
	240	0.60	0.06	0.66	0.090	0.69	0.12	0.72	0.150	0.75
	260	0.65	0.065	0.72	0.0975	0.75	0.13	0.78	0.1625	0.82
	280	0.70	0.07	0.77	0.105	0.81	0.14	0.84	0.175	0.88
3	300	0.75	0.075	0.83	0.1125	0.87	0.15	0.90	0.1875	0.94
	320	0.80	0.08	0.88	0.120	0.92	0.16	0.96	0.20	1.00
	340	0.85	0.085	0.94	0.1275	0.98	0.17	1.02	0.2125	1.07
	360	0.90	0.09	0.99	0.135	1.04	0.18	1.08	0.225	1.13
	380	0.95	0.095	1.05	0.1425	1.10	0.19	1.14	0.2375	1.19
4	400	1.00	0.10	1.10	0.150	1.15	0.20	1.20	0.250	1.25
	420	1.05	0.105	1.16	0.1575	1.21	0.21	1.26	0.2625	1.32
	440	1.10	0.11	1.21	0.165	1.27	0.22	1.32	0.275	1.38
	460	1.15	0.115	1.27	0.1725	1.33	0.23	1.38	0.2875	1.44
	480	1.20	0.12	1.32	0.180	1.38	0.24	1.44	0.30	1.50
5	500	1.25	0.125	1.38	0.1875	1.44	0.25	1.50	0.3125	1.57
	520	1.30	0.13	1.43	0.195	1.50	0.26	1.56	0.325	1.63
	540	1.35	0.135	1.49	0.2025	1.56	0.27	1.62	0.3375	1.69
	560	1.40	0.14	1.54	0.210	1.61	0.28	1.68	0.350	1.75
	580	1.45	0.145	1.60	0.2175	1.67	0.29	1.74	0.3625	1.82
6	600	1.50	0.15	1.65	0.225	1.73	0.30	1.80	0.375	1.88
	620	1.55	0.155	1.71	0.2275	1.78	0.31	1.86	0.3875	1.94
	640	1.60	0.16	1.76	0.240	1.84	0.32	1.92	0.40	2.00
	660	1.65	0.165	1.82	0.2475	1.90	0.33	1.98	0.4125	2.07
	680	1.70	0.17	1.87	0.255	1.96	0.34	2.04	0.425	2.13
7	700	1.75	0.175	1.93	0.2625	2.02	0.35	2.10	0.4375	2.19
	720	1.80	0.18	1.98	0.270	2.07	0.36	2.16	0.450	2.25
	740	1.85	0.185	2.04	0.2775	2.13	0.37	2.22	0.4625	2.32
	760	1.90	0.19	2.09	0.285	2.19	0.38	2.28	0.475	2.38
	780	1.95	0.195	2.15	0.2925	2.25	0.39	2.34	0.4875	2.44
8	800	2.00	0.20	2.20	0.30	2.30	0.40	2.40	0.50	2.50
	820	2.05	0.205	2.26	0.3055	2.36	0.41	2.46	0.5125	2.57
	840	2.10	0.21	2.31	0.135	2.42	0.42	2.52	0.525	2.63
	860	2.15	0.215	2.37	0.3225	2.47	0.43	2.58	0.5375	2.69
	880	2.20	0.22	2.42	0.330	2.53	0.44	2.64	0.55	2.75
9	900	2.25	0.225	2.48	0.3375	2.59	0.45	2.70	0.5625	2.82
	520	2.30	0.23	2.53	0.345	2.65	0.46	2.76	0.575	2.88
	940	2.35	0.235	2.59	0.3525	2.71	0.47	2.82	0.5875	2.94
	960	2.40	0.24	2.64	0.360	2.76	0.48	2.88	0.60	3.00
	980	2.45	0.245	2.70	0.3675	2.82	0.49	2.94	0.6125	3.07
10	1000	2.50	0.25	2.75	0.375	2.88	0.50	3.00	0.625	3.13
	1020	2.55	0.255	2.81	0.3825	2.93	0.51	3.06	0.6375	3.19
	1040	2.60	0.26	2.86	0.390	2.99	0.52	3.12	0.650	3.25
	1060	2.65	0.265	2.92	0.3975	3.05	0.53	3.18	0.6625	3.32
	1080	2.70	0.27	2.97	0.405	3.11	0.54	3.24	0.675	3.38
11	1100	2.75	0.275	3.03	0.4125	3.16	0.55	3.30	0.6875	3.44
12	1200	3.00	0.30	3.30	0.450	3.45	0.60	3.60	0.750	3.75
13	1300	3.25	0.325	3.58	0.4875	3.75	0.65	3.85	0.8125	4.07
14	1400	3.50	0.35	3.85	0.525	4.03	0.70	4.20	0.875	4.38
15	1500	3.75	0.375	4.13	0.5625	4.32	0.75	4.50	0.9375	4.68
16	1600	4.00	0.40	4.40	0.60	4.60	0.80	4.80	1.00	5.00
17	1700	4.25	0.425	4.68	0.6375	4.89	0.85	5.10	1.0625	5.53
18	1800	4.50	0.45	4.95	0.675	5.11	0.90	5.40	1.125	5.63
19	1900	4.75	0.475	5.23	0.7125	5.47	0.95	5.70	1.1875	5.94
20	2000	5.00	0.50	5.50	0.750	5.75	1.00	6.00	1.25	6.25
30	3000	7.50	0.75	8.25	1.125	8.63	1.50	9.00	1.875	9.38
40	4000	10.00	1.00	11.00	1.50	11.50	2.00	12.00	2.50	12.50
50	5000	12.50	1.25	13.75	1.875	14.38	2.50	15.00	3.125	15.63
60	6000	15.00	1.50	16.50	2.25	17.25	3.00	18.00	3.75	18.75
70	7000	17.50	1.75	19.25	2.265	20.23	3.50	21.00	4.375	21.88
80	8000	20.00	2.00	22.00	3.00	23.00	4.00	24.00	5.00	25.00
90	9000	22.50	2.25	24.75	3.375	25.88	4.50	27.00	5.625	28.13
100	10000	25.00	2.50	27.50	3.75	28.75	5.00	30.00	6.250	31.25
200	20000	50.00	5.00	55.00	7.50	57.50	10.00	60.00	12.50	62.50
300	30000	75.00	7.50	82.50	11.25	86.25	15.00	90.00	18.75	113.75
400	40000	100.00	10.00	110.00	15.00	115.00	20.00	120.00	25.00	125.00
500	50000	125.00	12.50	137.50	18.75	142.75	25.00	150.00	31.25	156.25
1000	100000	250.00	25.00	275.00	37.50	287.50	50.00	300.00	62.50	312.50

OBSERVATIONS

Le récépissé du cautionnement en espèces délivré par le Trésor est exempt de l'enregistrement.

La déclaration de privilége de second ordre (bailleur des fonds de cautionnement) ne supporte qu'un droit fixe.

Le bordereau de collocation est un extrait délivré par le greffier du tribunal civil aux créanciers colloqués du procès-verbal d'ordre du prix d'un immeuble, et est passible du droit de 0.25 p. 0/0 du montant de la créance colloquée par ce procès-verbal = minimum 1.25 (voy. droits de greffe).

Tableau numéro 8.

Sont enregistrés au droit de 0.50 *p.* 0/0.

1° Billets à ordre, lettres de change, warants et tous effets négociables.

2° Cessions d'actions et coupons d'actions mobilières des compagnies et sociétés d'actionnaires.

3° Attermoiements entre débiteurs et créanciers (exception pour ceux après faillite assujettis au droit fixe).

4° Cautionnements de sommes et objets mobiliers, garanties mobilières et indemnités de même nature. Cautionnements pour mise en liberté provisoire.

5° Jugements portant condamnation, collocation ou liquidation de sommes et valeurs mobilières, intérêts et dépens entre particuliers.

6° Adjudications en justice (voir droits de greffe).

7° Quittances, remboursements ou rachats de rentes et redevances de toute nature.

8° Retraits exercés en vertu de réméré par actes publics dans les délais stipulés ou sous seings privés présentés à l'enregistrement avant l'expiration de ces délais et tous autres actes et écrits portant libération de sommes et valeurs mobilières.

9° Exécutoire de frais et dépens (voir droits de greffe).

10° Ordres amiables et définitifs (voir droits de greffe).

11° Ouvertures de crédit hypothécaire.

12° Ventes de marchandises neuves et de meubles après faillite.

13° Assurances maritimes (sur le montant des primes et accessoires et sans que la taxe puisse dépasser 0.20 par 1,000 fr. ou fraction de 1,000 fr. du capital assuré sans décime).

Voir le tableau ci-contre.

Tableau n° 8.

Le tableau n° 1 indique les époques des changements de décimes.

Unités servant à la percept. du droit fixe.	Chiffre formant l'assiette du droit proportionnel.	Droit en principal.	1 décime en sus.	Montant du droit en principal et 1 décime.	1 décime et 1/2.	Montant du droit en principal et 1 décime et 1/2.	2 décimes, en sus.	Montant du droit en principal et 2 décimes.	2 décimes et 1/2.	Montant du droit en principal et 2 décim. et 1/2.
1	2	3	4	5	6	7	8	9	10	11
	20	0.10	0.01	0.11	0.015	0.12	0.02	0.12	0.025	0.13
	40	0.20	0.02	0.22	0.030	0.23	0.04	0.24	0.05	0.25
	60	0.30	0.03	0.33	0.045	0.35	0.06	0.36	0.075	0.38
	80	0.40	0.04	0.44	0.060	0.46	0.08	0.48	0.10	0.50
1	**100**	0.50	0.05	0.55	0.075	0.58	0.10	0.60	0.125	0.63
	120	0.60	0.06	0.66	0.090	0.69	0.12	0.72	0.150	0.75
	140	0.70	0.07	0.77	0.104	0.81	0.14	0.84	0.175	0.88
	160	0.80	0.08	0.88	0.120	0.92	0.16	0.96	0.20	1.00
	180	0.90	0.09	0.99	0.135	1.04	0.18	1.08	0.225	1.13
2	**200**	1.00	0.10	1.10	0.150	1.15	0.20	1.20	0.25	1.25
	220	1.10	0.11	1.21	0.165	1.27	0.22	1.32	0.275	1.38
	240	1.20	0.12	1.32	0.180	1.38	0.24	1.44	0.30	1.50
	260	1.30	0.13	1.43	0.195	1.50	0.26	1.56	0.325	1.63
	280	1.40	0.14	1.54	0.210	1.61	0.28	1.68	0.350	1.75
3	**300**	1.50	0.15	1.65	0.225	1.73	0.30	1.80	0.375	1.88
	320	1.60	0.16	1.76	0.240	1.84	0.32	1.92	0.40	2.00
	340	1.70	0.17	1.87	0.255	1.96	0.34	2.04	0.425	2.13
	360	1.80	0.18	1.98	0.270	2.07	0.36	2.16	0.450	2.25
	380	1.90	0.19	2.09	0.285	2.19	0.38	2.28	0.475	2.38
4	**400**	2.00	0.20	2.20	0.30	2.30	0.40	2.40	0.50	2.50
	420	2.10	0.21	2.31	0.315	2.42	0.42	2.52	0.525	2.63
	440	2.20	0.22	2.42	0.330	2.53	0.44	2.64	0.550	2.75
	460	2.30	0.23	2.53	0.345	2.65	0.46	2.76	0.575	2.88
	480	2.40	0.24	2.64	0.360	2.76	0.48	2.88	0.60	3.00
5	**500**	2.50	0.25	2.75	0.375	2.88	0.50	3.00	0.625	3.13
	520	2.60	0.26	2.86	0.390	2.99	0.52	3.12	0.650	3.25
	540	2.70	0.27	2.97	0.405	3.11	0.54	3.24	0.675	3.38
	560	2.80	0.28	3.08	0.420	3.22	0.56	3.36	0.70	3.50
	580	2.90	0.29	3.19	0.435	3.34	0.58	3.48	0.725	3.63
6	**600**	3.00	0.30	3.30	0.450	3.45	0.60	3.60	0.750	3.75
	620	3.10	0.31	3.41	0.465	3.57	0.62	3.72	0.775	3.88
	640	3.20	0.32	3.52	0.480	3.68	0.64	3.84	0.80	4.00
	660	3.30	0.33	3.63	0.495	3.80	0.66	3.96	0.825	4.13
	680	3.40	0.34	3.74	0.510	3.91	0.68	4.08	0.850	4.25
7	**700**	3.50	0.35	3.85	0.525	4.03	0.70	4.20	0.875	4.38
	720	3.60	0.36	3.96	0.540	4.14	0.72	4.32	0.90	4.50
	740	3.70	0.37	4.07	0.555	4.26	0.74	4.44	0.925	4.63
	760	3.80	0.38	4.18	0.570	4.38	0.76	4.56	0.950	4.75
	780	3.90	0.39	4.29	0.585	4.49	0.78	4.68	0.975	4 88
8	**800**	4.00	0.40	4.40	0.60	4.60	0.80	4.89	1.00	5.00
	820	4.10	0.41	4.51	0.615	4.72	0.82	4 92	1.025	5.13
	840	4.20	0.42	4.62	0.630	4.83	0.84	5.04	1.050	5.25
	860	4.30	0.43	4.73	0.645	4.95	0.86	5.16	1.075	5.38
	880	4.40	0.44	4.84	0.660	5.06	0.88	5.28	1.10	5.50
9	**900**	4.50	0.45	4.95	0.675	5.18	0.90	5.40	1.125	5.63
	620	4.60	0.46	5.06	0.690	5.29	0.92	5.52	1.150	5.75
	940	4.70	0.47	5.17	0.705	5.41	0.94	5.64	1.175	5.88
	960	4.80	0.48	5.28	0.720	5.52	0.96	5.76	1.20	6.00
	980	4.90	0.49	5.39	0.735	5.64	0.98	5.88	1.225	6.13
10	**1000**	5.00	0.50	5.50	0.750	5.75	1.00	6.00	1.25	6.25
	1020	5.10	0.51	5.61	0.765	5.87	1.02	6.12	1.275	6.38
	1040	5.20	0.52	5.72	0.780	5.98	1.04	6.24	1.30	6.50
	1060	5.30	0.53	5.83	0.795	6.10	1.06	6.36	1.325	6.63
	1080	5.40	0.54	5.94	0.810	6.21	1.08	6.48	1.35	6.75
11	**1100**	5.50	0.55	6.05	0.825	6.33	1.10	6.60	1.375	6.88
12	**1200**	6.00	0.60	6.60	0.90	6.90	1.20	7.20	1.50	7.50
13	**1300**	6.50	0.65	7.15	0.925	7.43	1.30	7.80	1.625	8.13
14	**1400**	7.00	0.70	7.70	1.05	8.05	1.40	8.40	1.75	8.75
15	**1500**	7.50	0.75	8.25	1.125	8.63	1.50	9.00	1.875	9.38
16	**1600**	8.00	0.80	8.80	1.20	9.20	1.60	9.60	2.00	10.00
17	**1700**	8.50	0.85	9.35	1.275	9.78	1.70	10.20	2.125	10.63
18	**1800**	9.00	0.90	9.90	1.35	10.35	1.80	10.80	2.250	11.25
19	**1900**	9.50	0.95	10.45	1.425	10.93	1.90	11.40	2.375	11.88
20	**2000**	10.00	1.00	11.00	1.50	11.50	2.00	12.00	2.50	12.50
30	**3000**	15.00	1.50	16.50	2.25	17.25	3.00	18.00	3.75	18.75
40	**4000**	20.00	2.00	22.00	3.00	23.00	4.00	24.00	5.00	25.00
50	**5000**	25.00	2.50	27.50	3.75	28.75	5.00	30.00	6.25	31.25
60	**6000**	30.00	3.00	33.00	4.50	34.50	6.00	36.00	7.50	37.50
70	**7000**	35.00	3.50	38.50	5.25	40.25	7.00	42.00	8.75	43.75
80	**8000**	40.00	4.00	44.00	6.00	46.00	8.00	48.00	10.00	50.00
90	**9000**	45.00	4.50	49.50	6.75	51.75	9.00	54.00	11.25	56.25
100	**10000**	50.00	5.00	55.00	7.50	57.50	10.00	60.00	12.50	62.50
200	**20000**	100.00	10.00	110.00	15.00	115.00	20.00	120.00	25.00	125.00
300	**30000**	150.00	15.00	165.00	22.50	172.50	30.00	180.00	37.50	187.50
400	**40000**	200.00	20.00	220.00	30.00	230.00	40.00	240.00	50.00	250.00
500	**50000**	250.00	25.00	275.00	37.50	287.50	50.00	300.00	62.50	312.50
1000	**100000**	500.00	50.00	550.00	75.00	575.00	100.00	600.00	125.00	625.00

OBSERVATIONS

La forme des effets de commerce est indiquée art. 110 du code de commerce. Le warant est un bulletin de gage, séparé du récépissé, de marchandises déposées dans les magasins généraux, il énonce la valeur des objets déposés et se transmet par endossement (loi du 28 mai 1858); le droit d'enregistrement du récépissé est de 1 fr. 50.

Les endossements sous seing privé sont exempts d'enregistrement.

Les effets négociables peuvent n'être présentés à l'enregistrement qu'avec les protêts.

Tout effet négociable ou non est écrit sur un timbre proportionnel (voy. obligations.)

Le droit sur les transmissions de titres nominatifs se perçoit sur la valeur négociée.

Le droit de cautionnement se perçoit indépendamment de celui que la garantie a pour objet, mais sans pouvoir l'excéder. Cautionnement de marchés avec l'État (voy. droits gradués).

Le droit de cautionnement de se présenter ou de représenter un tiers en justice en cas de mise en liberté provisoire se perçoit sur l'ordonnance du juge qui fixe le montant du cautionnement, lequel doit être versé à la caisse des dépôts et consignations.

Dans aucun cas le droit proportionnel de condamnation par jugement ne peut être inférieur à, savoir :

Pour le tribunal de paix		1.50
Pour le tribunal civil, de commerce et arbitrage	premier ressort	4.50
	dernier ressort	7.50
Pour la police correctionnelle et tribunaux criminels		1.50

Adjudication en justice, exécutoires, ordres (voy. droits de greffe).

Le droit de quittance est dû sur le total des sommes dont le débiteur se trouve libéré.

Pour les remboursements de rente il est dû sur 20 fois la rente perpétuelle, 10 fois la rente viagère.

Le droit de réalisation de crédit étant de 1 p. 0/0, il est perçu 0.50 lors de l'ouverture de ce crédit, mais lors de l'enregistrement du contrat de réalisation ou au moment de l'inscription, il n'est perçu que la différence, soit 0.50 p. 0/0.

Il est perçu 0.50 p. 0/0 sur les marchandises neuves garnissant un fonds de commerce, à condition qu'il sera stipulé pour elles un prix particulier et qu'elles seront désignées article par article dans le contrat ou la déclaration.

Le même droit est perçu pour les ventes de meubles après faillite.

Lorsqu'elles ont lieu aux enchères, il ne peut y être procédé que par un officier public ou ministériel et déclaration doit en être faite au bureau d'enregistrement du canton où la vente a lieu, minimum du droit en principal 0.25.

On peut aussi se servir de ce tableau pour le timbre d'abonnement des lettres de gage du crédit foncier de France qui est de 0.25 par 1,000 fr.

Il n'y a pas de droit fixe à 0.50.

Tableau numéro 9.

Sont enregistrés au droit fixe de 0.75.

1° Assignations et exploits devant les prud'hommes.

2° Significations d'avoués à avoués pour l'instruction des procédures devant les tribunaux de première instance.

Tableau n° 9.

Le tableau n° 1 indique les époques des changements de décimes.

Unités servant à la perception des droits fixes. 1	Droit simple. 2	1 décime. 3	Total. 4	1 décime et 1/2. 5	Total. 6	2 décimes. 7	Total. 8	2 décimes et 1/2. 9	Total. 10
1	0.75	0.075	0.83	0.1125	0.87	0.15	0.90	0.1875	0.94
2	1.50	0.15	1.65	0,225	1.73	0.30	1,80	0.375	1.88
3	2.25	0.225	2.48	0.3375	2.59	0.45	2.70	0.5625	2.82
4	3.00	0.30	3.30	0.45	3.30	0.60	3.60	0.75	3.75
5	3.75	0.375	4.13	0.5625	4.32	0.75	4.50	0,9375	4.69
6	4.50	0,45	0.50	0,675	5.18	0.90	5.40	1.125	5.63
7	5.25	0.525	5,78	0.7875	6.04	1.05	6.30	1.3125	6.57
8	6.00	0.60	6,60	0.90	6.90	1.20	7.20	1.50	7.50
9	6.75	0.675	7.43	1.0125	7.77	1.35	8.10	1,6875	8.44
10	7.50	0.75	8,25	1.125	8.63	1.50	9,00	1.875	9.38
11	8.25	0.825	9.08	1.2375	9.49	1.65	9.90	2.0625	10.32
12	9.00	0.90	9.90	1.35	10.35	1.80	10.80	2.25	11.25
13	9.75	0,975	10.73	1.3625	11.12	1.95	11.70	2.4375	12.19
14	10.50	1.05	11.55	1.575	12.08	2.10	12.60	2.625	13.13
15	11.25	1.125	12.38	1.6875	12.94	2.25	13.50	2.8125	14.07
16	12.00	1.20	13.20	1.80	13.80	2.40	14.40	3.00	15.00
17	12.75	1.275	14.03	1.925	14.68	2.55	15.30	3.1875	15.94
18	13.50	1.35	14.85	2.025	15.53	2.70	16.20	3.375	16.88
19	14.25	1.425	15.68	2.1375	16.39	2.85	17.70	3.5625	17.81
20	15.00	1.50	16 50	2,25	17.25	3.00	18.00	3,75	18.75

OBSERVATIONS

L'enregistrement des assignations et autres exploits devant les prud'hommes a lieu en debet, le recouvrement en a lieu contre les parties condamnées (loi du 7 avril 1850).

Il est dû un droit pour chaque demandeur et défendeur dans les significations à avoué.

Tableau numéro 10.

Sont enregistrés au droit de 1 p. 0/0.

1° Adjudications au rabais et marchés qui ne contiendront ni vente ni promesse de livrer des denrées ou marchandises = marchés de toutes espèces des départements et des communes.

2° Police d'assurances autres que celles contre l'incendie et maritimes.

3° Contrats, transactions, promesses de payer, arrêté de compte, billets, mandats, transports, cessions et délégations de créance à terme, reconnaissances, subrogations, dépôts de sommes chez les particuliers et tous autres actes et écrits, qui contiendront obligation de sommes, sans libéralité et sans que l'obligation soit le prix d'une transmission de meubles ou immeubles non enregistrés.

4° Réalisation de crédit hypothécaire (moins le droit de 0.50 perçu lors de l'ouverture).

5° Abandonnement pour fait d'assurances ou grosse aventure.

6° Donation et partage de valeurs mobilières faits par les ascendants, en vertu des art. 1075 et 1076 du code civil.

7° Mutation de biens meubles et immeubles en propriété ou usufruit qui auront lieu par décès en ligne directe.

Voir le tableau d'autre part.

Tableau n° 10. Le tableau n° 1 indique les époques des changements de décimes.

Unités servant à la percept. du droit fixe.	Chiffre formant l'assiette du droit proportionnel.	Droit simple.	1 décime en sus.	Montant du droit en principal et 1 décime.	1 décime et 1/2.	Montant du droit en principal et 1 décime et 1/2.	2 décimes, en sus.	Montant du droit en principal et 2 décimes.	2 décimes et 1/2.	Montant du droit en principal et 2 décim. et 1/2.
1	2	3	4	5	6	7	8	9	10	11
	20	0.20	0.02	0.22	0.03	0.23	0.04	0.24	0.05	0.25
	40	0.40	0.04	0.44	0.06	0.46	0.08	0.48	0.10	0.50
	60	0.60	0.06	0.66	0.09	0.69	0.12	0.72	0.15	0.75
	80	0.80	0.08	0.88	0.12	0.92	0.16	0.96	0.20	1.00
1	100	1.00	0.10	1.10	0.15	1.15	0.20	1.20	0.25	1.25
	120	1.20	0.12	1.32	0.18	1.38	0.24	1.44	0.30	1.50
	140	1.40	0.14	1.54	0.21	1.61	0.28	1.68	0.35	1.75
	160	1.60	0.16	1.76	0.24	1.84	0.32	1.92	0.40	2.00
	180	1.80	0.18	1.98	0.27	2.07	0.36	2.16	0.45	2.25
2	200	2.00	0.20	2.20	0.30	2.30	0.40	2.40	0.50	2.50
	220	2.20	0.22	2.42	0.33	2.53	0.44	2.64	0.55	2.75
	240	2.40	0.24	2.64	0.36	2.76	0.48	2.88	0.60	3.00
	260	2.60	0.26	2.86	0.39	2.99	0.52	3.12	0.65	3.25
	280	2.80	0.28	3.08	0.42	3.22	0.56	3.36	0.70	3.50
3	300	3.00	0.30	3.30	0.45	3.45	0.60	3.60	0.75	3.75
	320	3.20	0.32	3.52	0.48	3.68	0.64	3.84	0.80	4.00
	340	3.40	0.34	3.74	0.51	3.91	0.68	4.08	0.85	4.25
	360	3.60	0.36	3.96	0.54	4.14	0.72	4.32	0.90	4.50
	380	3.80	0.38	4.18	0.57	4.37	0.76	4.56	0.95	4.75
4	400	4.00	0.40	4.40	0.60	4.60	0.80	4.80	1.00	5.00
	420	4.20	0.42	4.62	0.63	4.83	0.84	5.04	1.05	5.25
	440	4.40	0.44	4.84	0.66	5.06	0.88	5.28	1.10	5.50
	460	4.60	0.46	5.06	0.69	5.29	0.92	5.52	1.15	5.75
	480	4.80	0.48	5.28	0.72	5.52	0.96	5.76	1.20	6.00
5	500	5.00	0.50	5.50	0.75	5.75	1.00	6.00	1.25	6.25
	520	5.20	0.52	5.72	0.78	5.98	1.04	6.24	1.30	6.50
	540	5.40	0.54	5.94	0.81	6.21	1.08	6.48	1.35	6.75
	560	5.60	0.56	6.16	0.84	6.44	1.12	6.72	1.40	7.00
	580	5.80	0.58	6.38	0.87	6.67	1.16	6.96	1.45	7.25
6	600	6.00	0.60	6.60	0.90	6.90	1.20	7.20	1.50	7.50
	620	6.20	0.62	6.82	0.93	7.13	1.24	7.44	1.55	7.75
	640	6.40	0.64	7.04	0.96	7.36	1.28	7.68	1.60	8.00
	660	6.60	0.66	7.26	0.99	7.59	1.32	7.92	1.65	8.25
	680	6.80	0.68	7.48	1.02	7.82	1.36	8.16	1.70	8.50
7	700	7.00	0.70	7.70	1.05	8.05	1.40	8.40	1.75	8.75
	720	7.20	0.72	7.92	1.08	8.28	1.44	8.64	1.80	9.00
	740	7.40	0.74	8.14	1.11	8.51	1.48	8.88	1.85	9.25
	760	7.60	0.76	8.36	1.14	8.74	1.52	9.12	1.90	9.50
	780	7.80	0.78	8.58	1.17	8.97	1.56	9.36	1.95	9.75
8	800	8.00	0.80	8.80	1.20	9.20	1.60	9.60	2.00	10.00
	820	8.20	0.82	9.02	1.23	9.43	1.64	9.84	2.05	10.25
	840	8.40	0.84	9.24	1.26	9.66	1.68	10.08	2.10	10.50
	860	8.60	0.86	9.46	1.29	9.86	1.72	10.32	2.15	10.75
	880	8.80	0.88	9.68	1.32	10.12	1.76	10.56	2.20	11.00
9	900	9.00	0.90	9.90	1.35	10.35	1.80	10.80	2.25	11.25
	920	9.20	0.92	10.12	1.38	10.58	1.84	11.04	2.30	11.50
	940	9.40	0.94	10.34	1.41	10.81	1.88	11.28	2.35	11.75
	960	9.60	0.96	10.56	1.44	11.04	1.92	11.52	2.40	12.00
	980	9.80	0.98	10.78	1.47	11.27	1.96	11.76	2.45	12.25
10	1000	10.00	1.00	11.00	1.50	11.50	2.00	12.00	2.50	12.50
	1020	10.20	1.02	11.22	1.53	11.73	2.04	12.24	2.55	12.75
	1040	10.40	1.04	11.44	1.56	11.96	2.08	12.48	2.60	13.00
	1060	10.60	1.06	11.66	1.59	12.19	2.12	12.72	2.65	13.25
	1080	10.80	1.08	11.88	1.62	12.42	2.16	12.96	2.70	13.50
11	1100	11.00	1.10	12.10	1.65	12.65	2.20	13.20	2.75	13.75
12	1200	12.00	1.20	13.20	1.80	13.80	2.40	14.40	3.00	15.00
13	1300	13.00	1.30	14.30	1.95	14.95	2.60	15.60	3.25	16.25
14	1400	14.00	1.40	15.40	2.10	16.10	2.80	16.80	3.50	17.50
15	1500	15.00	1.50	16.50	2.25	17.25	3.00	18.00	3.75	18.75
16	1600	16.00	1.60	17.60	2.40	18.40	3.20	19.20	4.00	20.00
17	1700	17.00	1.70	18.70	2.55	19.55	3.40	20.40	4.25	21.25
18	1800	18.00	1.80	19.80	2.70	20.70	3.60	21.60	4.50	22.50
19	1900	19.00	1.90	20.90	2.85	21.85	3.80	22.80	4.75	23.75
20	2000	20.00	2.00	22.00	3.00	23.00	4.00	24.00	5.00	25.00
30	3000	30.00	3.00	33.00	4.50	34.50	6.00	36.00	7.50	37.50
40	4000	40.00	4.00	44.00	6.00	46.00	8.00	48.00	10.00	50.00
50	5000	50.00	5.00	55.00	7.50	57.50	10.00	60.00	12.50	62.50
60	6000	60.00	6.00	66.00	9.00	69.00	12.00	72.00	15.00	75.00
70	7000	70.00	7.00	77.00	10.50	80.50	14.00	84.00	17.50	87.50
80	8000	80.00	8.00	88.00	12.00	92.00	16.00	96.00	20.00	100.00
90	9000	90.00	9.00	99.00	13.50	103.50	18.00	108.00	22.50	112.50
100	10000	100.00	10.00	110.00	15.00	115.00	20.00	120.00	25.00	125.00
200	20000	200.00	20.00	220.00	30.00	230.00	40.00	240.00	50.00	250.00
300	30000	300.00	30.00	330.00	45.00	345.00	60.00	360.00	75.00	375.00
400	40000	400.00	40.00	440.00	60.00	460.00	80.00	480.00	100.00	500.00
500	50000	500.00	50.00	550.00	75.00	575.00	100.00	600.00	125.00	625.00
1000	100000	1000.00	100.00	1100.00	150.00	1150.00	200.00	1200.00	250.00	1250.00

OBSERVATIONS

Le marché est une convention par laquelle une personne s'engage à faire pour une autre un ouvrage moyennant un prix que celle-ci s'oblige à payer. Dans le marché, la matière fournie devient la propriété de celui pour qui l'ouvrage se fait, et dans le bail, la chose louée reste la propriété du bailleur, l'objet du contrat étant la jouissance ou l'usage de cette chose.

Les marchés et traités réputés actes de commerce sont enregistrés provisoirement au droit fixe de 3 fr. (loi du 11 juin 1859); les marchés dont le prix doit être payé directement par le trésor public sont tarifés aux droits gradués.

Pour les cessions de créances, le droit est dû sur la somme transportée en ajoutant les intérêts échus s'ils sont compris dans la cession. Par suite de faillite ou dans les cessions ordonnées par justice, le droit est perçu sur le prix de la cession.

L'abandonnement pour fait d'assurance est l'acte par lequel l'assuré abandonne, après sinistre, à l'assureur les marchandises et objets assurés pour obtenir l'indemnité fixée par la police. Le droit est perçu sur la valeur des objets abandonnés.

La grosse aventure est un prêt d'argent à un négociant moyennant un intérêt déterminé avec engagement de la part du prêteur de courir les risques maritimes.

Les mutations par décès de biens immeubles se calculent sur le revenu des biens multiplié par 20, ou 25, si ce sont des biens ruraux.

Le droit pour les inscriptions d'hypothèque est de 1 fr. par 1,000 fr.

Pour calculer le droit de 1 p. 0/0, il faut arrondir le chiffre en 20 fr. et poser la virgule entre les dizaines et les centaines.

Exemple 230 fr., soit 240 fr.
à 1 p. 0/0 2.40

Il n'y a plus de *droits fixes* à 1 fr.

Tableau numéro 11.

Sont enregistrés au droit de 1.25 *p.* 0/0.

Donation entre vifs, en propriété ou usufruit, de biens meubles en ligne directe par contrat de mariage aux futurs.

Voir le tableau d'autre part.

Tableau n° 11. Le tableau n° 1 indique les époques des changements de décimes.

Unités servant à la percept. du droit fixe.	Chiffre formant l'assiette du droit proportionnel.	Droit simple.	1 décime en sus.	Montant du droit en principal et 1 décime.	1 décime et 1/2.	Montant du droit en principal et 1 décime et 1/2.	2 décimes en sus.	Montant du droit en principal et 2 décimes.	2 décimes et 1/2.	Montant du droit en principal et 2 décim. et 1/2.
1	2	3	4	5	6	7	8	9	10	11
	20	0.25	0.025	0.28	0.0375	0.29	0.05	0.30	0.0625	0.32
	40	0.50	0.05	0.55	0.0750	0.58	0.10	0.60	0.1250	0.63
	60	0.75	0.075	0.83	0.1125	0.87	0.15	0.80	0.1875	0.94
	80	1.00	0.10	1.10	0.1500	1.15	0.20	1.20	0.25	1.25
1	100	1.25	0.125	1.38	0.1875	1.44	0.25	1.50	0.3125	1.57
	120	1.50	0.15	1.65	0.2250	1.73	0.30	1.80	0.375	1.88
	140	1.75	0.175	1.83	0.2685	2.02	0.35	2.10	0.4375	2.19
	160	2.00	0.20	2.20	0.3000	2.30	0.40	2.40	0.50	2.50
	180	2.25	0.225	2.48	0.3375	2.59	0.45	2.70	0.5625	2.82
2	200	2.50	0.25	2.75	0.3750	2.88	0.50	3.00	0.625	3.13
	220	2.75	0.275	3.03	0.4125	3.17	0.55	3.30	0.6875	3.44
	240	3.00	0.30	3.30	0.4500	3.45	0.60	3.60	0.75	3.75
	260	3.25	0.325	3.58	0.4875	3.74	0.65	3.90	0.8125	4.07
	280	3.50	0.35	3.85	0.5250	4.03	0.70	4.20	0.875	4.38
3	300	3.75	0.375	4.13	0.5625	4.32	0.75	4.50	0.9375	4.69
	320	4.00	0.40	4.40	0.6000	4.60	0.80	4.80	1.00	5.00
	340	4.25	0.425	4.68	0.6375	4.89	0.85	5.10	1.0625	5.32
	360	4.50	0.45	4.95	0.6750	5.18	0.90	5.40	1.125	5.63
	380	4.75	0.475	5.23	0.7125	5.47	0.95	5.70	1.1875	5.94
4	400	5.00	0.50	5.50	0.7500	5.75	1.00	6.00	1.25	6.25
	420	5.25	0.525	5.78	0.7875	6.04	1.05	6.30	1.3125	6.57
	440	5.50	0.55	6.05	0.8250	6.33	1.10	6.60	1.375	6.88
	460	5.75	0.575	6.33	0.8625	6.62	1.15	6.90	1.4375	7.19
	480	6.00	0.60	6.60	0.9000	6.90	1.20	7.20	1.50	7.50
5	500	6.25	0.625	6.88	0.9375	7.19	1.25	7.50	1.5625	7.82
	520	6.50	0.65	7.15	0.9750	7.48	1.30	7.80	1.625	8.13
	540	6.75	0.675	7.43	1.0125	7.77	1.35	8.10	1.6875	8.44
	560	7.00	0.70	7.70	1.050	8.05	1.40	8.40	1.75	8.75
	580	7.25	0.725	7.98	1.087	8.34	1.45	8.70	1.8125	9.07
6	600	7.50	0.75	8.25	1.125	8.63	1.50	9.00	1.875	9.38
	620	7.75	0.775	8.53	1.162	8.92	1.55	9.30	1.9375	9.69
	640	8.00	0.80	8.80	1.200	9.20	1.60	9.60	2.00	10.00
	660	8.25	0.825	9.08	1.237	9.49	1.65	9.90	2.0625	10.32
	680	8.50	0.85	9.35	1.275	9.78	1.70	10.20	2.1250	10.63
7	700	8.75	0.875	9.62	1.312	10.07	1.75	10.50	2.1875	10.94
	720	9.00	0.90	9.90	1.350	10.35	1.80	10.80	2.25	11.25
	740	9.25	0.925	10.18	1.387	10.64	1.85	11.10	2.3125	11.57
	760	9.50	0.95	10.45	1.425	10.93	1.90	11.40	2.375	11.88
	780	9.75	0.975	10.73	1.461	11.22	1.95	11.70	2.4375	12.19
8	800	10.00	1.00	11.00	1.500	11.50	2.00	12.00	2.50	12.50
	820	10.25	1.025	11.28	1.537	11.79	2.05	12.30	2.5625	12.82
	840	10.50	1.05	11.55	1.575	12.08	2.10	12.60	2.625	13.13
	860	10.75	1.075	11.83	1.612	12.37	2.15	12.90	2.6875	13.44
	880	11.00	1.10	12.10	1.650	12.65	2.20	13.20	2.75	13.75
9	900	11.25	1.125	12.38	1.687	12.94	2.25	13.50	2.8125	14.07
	920	11.50	1.15	12.65	1.725	13.32	2.30	13.80	2.875	14.38
	940	11.75	1.175	12.93	1.762	13.52	2.35	14.10	2.9375	14.69
	960	12.00	1.20	13.20	1.800	13.80	2.40	14.40	3.00	15.00
	980	12.25	1.225	13.48	1.837	14.09	2.45	14.70	3.0625	15.32
10	1000	12.50	1.25	13.75	1.875	14.38	2.50	15.00	3.1250	15.63
	1020	12.75	1.275	14.03	1.912	14.67	2.55	15.30	3.1875	15.94
	1040	13.00	1.30	14.30	1.950	14.95	2.60	15.60	3.25	16.25
	1060	13.25	1.325	14.58	1.987	15.24	2.65	15.90	3.3125	16.57
	1080	13.50	1.35	14.85	2.025	15.53	2.70	16.20	3.375	16.88
11	1100	13.75	1.375	15.13	2.062	15.82	2.75	16.50	3.4375	17.19
12	1200	15.00	1.50	16.50	2.25	17.25	3.00	18.00	3.75	18.75
13	1300	16.25	1.625	17.88	2.43	18.68	3.25	19.50	4.0625	20.32
14	1400	17.50	1.75	19.25	2.62	20.12	3.50	21.00	4.375	21.88
15	1500	18.75	1.875	20.63	2.81	21.56	3.75	22.50	4.6875	23.44
16	1600	20.00	2.00	22.00	3.00	23.00	4.00	24.00	5.00	25.00
17	1700	21.25	2.125	23.38	3.18	24.43	4.25	25.50	5.3125	26.57
18	1800	22.50	2.25	24.75	3.37	25.87	4.50	27.00	5.625	28.13
19	1900	23.75	2.375	26.13	3.67	27.31	4.75	28.50	5.9375	29.69
20	2000	25.00	2.50	27.50	3.75	28.75	5.00	30.00	6.25	31.25
30	3000	37.50	3.75	41.25	5.62	43.12	7.50	45.00	9.375	46.88
40	4000	50.00	5.00	55.00	7.50	57.50	10.00	60.00	12.50	62.50
50	5000	62.50	6.25	68.75	9.37	71.87	12.50	75.00	15.625	78.13
60	6000	75.00	7.50	82.50	11.25	86.25	15.00	90.00	18.75	93.25
70	7000	87.50	8.75	96.25	13.12	100.62	17.50	105.00	21.875	109.38
80	8000	100.00	10.00	110.00	15.00	115.00	20.00	120.00	25.00	125.00
90	9000	112.50	11.25	113.75	16.87	129.37	22.50	135.00	28.125	140.63
100	10000	125.00	12.50	137.50	18.75	143.75	25.00	150.00	31.25	156.25
200	20000	250.00	25.00	275.00	37.50	287.50	50.00	300.00	62.50	210.50
300	30000	375.00	37.50	412.50	56.25	431.25	75.00	450.00	93.75	468.75
400	40000	500.00	50.00	550.00	75.00	575.00	100.00	600.00	125.00	625.00
500	50000	625.00	62.50	687.50	93.75	718.75	125.00	750.00	156.25	781.25
1000	100000	1250.00	125.00	1375.00	187.50	1437.50	250.00	1500.00	312.50	1512.50

OBSERVATIONS

Ce droit est dû nonobstant tous autres, notamment :
Pour immeubles transmis en ligne directe;
Pour donations faites aux futurs époux par autres personnes;
Pour donations mutuelles contenues dans le contrat;
Pour droits du contrat (voir droits gradués).
Manière de calculer ce droit à 1.25.

Exemple : 340 fr.

à 1 p. 0/0	3. 40
à 1/10 ou 10 c.	0. 34
à 1/10 ou 10 c.	0. 34
à 1/2/10 ou 5 c.	0. 17
Total.	4. 25 en principal.

Il n'y a pas de *droits fixes* à 1.25.

Tableau numéro 12.

Sont enregistrés au droit de 1.50 *p.* 0/0.

1° Actes de sociétés constatant des apports en immeubles.

2° Adjudications d'immeubles dépendant de successions acceptées aux bénéfices d'inventaire par l'acquéreur.

3° Meubles transmis à titre gratuit entre époux par contrat de mariage.

4° Donations portant partage d'immeubles faites par les ascendants en vertu des articles 1075 et 1076 du code civil.

5° Droit de transcription des actes au bureau des hypothèques.

6° Testaments portant legs d'immeubles à charge de restitution.

7° Réunion d'usufruit à la nue propriété.

Voir le tableau d'autre part.

Tableau n° 12.

Le tableau n° 1 indique les époques des changements de décimes.

Unités servant à la percept. du droit fixe.	Chiffre formant l'assiette du droit proportionnel.	Droit simple.	1 décime en sus.	Montant du droit en principal et 1 décime.	1 décime et 1/2.	Montant du droit en principal et 1 décime et 1/2.	2 décimes en sus.	Montant du droit en principal et 2 décimes.	2 décimes et 1/2.	Montant du droit en principal et 2 décim. et 1/2.
1	2	3	4	5	6	7	8	9	10	11
	20	0.30	0.03	0.33	0.045	0.35	0.06	0.36	0.075	0.38
	40	0.60	0.06	0.66	0.090	0.69	0.12	0.72	0.15	0.75
	60	0.90	0.09	0.99	0.135	1.04	0.18	1.08	0.225	1.13
	80	1.20	0.12	1.32	0.180	1.38	0.24	1.44	0.30	1.50
1	100	1.50	0.15	1.65	0.225	1.73	0.30	1.80	0.375	1.88
	120	1.80	0.18	1.98	0.270	2.07	0.36	2.16	0.45	2.25
	140	2.10	0.21	2.31	0.315	2.42	0.42	2.52	0.525	2.63
	160	2.40	0.24	2.84	0.360	2.76	0.48	2.88	0.60	3.00
	180	2.70	0.27	2.97	0.405	3.11	0.54	3.24	0.675	3.38
2	200	3.00	0.30	3.30	0.450	3.45	0.60	3.60	0.75	3.75
	220	3.30	0.33	3.63	0.495	3.80	0.66	3.96	0.825	4.13
	240	3 60	0.36	3.96	0.540	4.14	0.72	4.32	0.90	4.50
	260	3.90	0.39	4.29	0.585	4.49	0.78	4.68	0.975	4.88
	280	4.20	0.42	4.62	0.630	4.83	0.84	5.04	1.05	5.25
3	300	4.50	0.45	4.95	0.675	5.18	0.90	5.40	1.125	5.63
	320	4.80	0.48	5.28	0.720	5.52	0.96	5.76	1.20	6.00
	340	5.10	0.51	5.61	0.765	5.87	1.02	6.12	1.275	6.38
	360	5.40	0.54	5.94	0.810	6.21	1.08	6.48	1.35	6.75
	380	5.70	0.57	6.27	0.855	6.56	1.14	6.74	1.425	7.13
4	400	6.00	0.60	6.60	0.890	6.90	1.20	7.20	1.50	7.50
	420	6.30	0.63	6.93	0.945	7.25	1.26	7.56	1.575	7.88
	440	6.60	0.66	7.26	0.99	7.59	1.32	7.92	1.65	8.25
	460	6.90	0.69	7.59	1.035	7.94	1.38	8.08	1.725	8.63
	480	7.20	0.72	7.92	1.080	8.28	1.44	8.64	1.80	9.00
5	500	7.50	0.75	8.25	1.125	8.63	1.50	9.00	1.875	9.38
	520	7.80	0.78	8.58	1.170	8.97	1.56	9.36	1.95	9.75
	540	8.10	0.81	8.91	1.215	9.32	1.62	9.72	2.025	10.13
	560	8.40	0.84	9.24	1.260	9.66	1.68	10.08	2.10	10.50
	580	8.70	0.87	9.57	1.305	10.01	1.74	10.44	2.175	10.88
6	600	9.00	0.90	9.90	1.340	10.34	1.80	10.80	2.25	11.25
	620	9.30	0.93	10.23	1.395	10.70	1.86	11.16	2.325	11.63
	640	9.60	0.96	10.56	1.440	11.04	1.92	11.52	2.40	12.00
	660	9.90	0.99	10.89	1.485	11.39	1.98	11.88	2.475	12.38
	680	10.20	1.02	11.22	1.530	11.73	2.04	12.24	2.55	12.75
7	700	10.50	1.05	11.55	1.575	12.08	2.10	12.60	2.625	13.13
	720	10.80	1.08	11.88	1.620	12.42	2.16	12.96	2.70	13.50
	740	11.10	1.11	12.21	1.665	12.77	2.22	13.32	2.775	13.88
	760	11.40	1.14	12.54	1.710	13.11	2.28	13.68	2.85	14.25
	780	11.70	1.17	12.87	1.7575	13.46	2.34	14.04	2.925	14 63
8	800	12.00	1.20	13.20	1.800	13.80	2.40	14.40	3.00	15.00
	820	12.30	1.23	13.53	1.845	14.15	2.46	14.76	3.075	15 38
	840	12.60	1.26	13.86	1.890	14.49	2.52	15 12	3.15	15.75
	860	12.90	1.29	14.19	1.935	14.84	2.58	15.48	3.225	16.13
	880	13.20	1.32	14.52	1 980	15.18	2.64	15.84	3.30	16.50
9	900	13.50	1.35	14.85	2.025	15.58	2.70	16.20	3.375	16.88
	920	13.80	1.38	15.18	2.070	15.87	2.76	16.56	3.45	17.25
	940	14.10	1.41	15.51	2.115	16.22	2.82	16.92	3.525	17.63
	960	14.40	1.44	15.84	2.160	16.56	2.88	17.28	3.60	18.00
	980	14.70	1 47	16.17	2.205	16.91	2.94	17.64	3.675	18.38
10	1000	15.00	1.50	16.50	2.250	17.25	3.00	18.00	3.75	18.75
	1020	15.30	1.53	16.83	2.295	17.60	3.06	18.36	3.825	19.13
	1040	15.60	1.56	17.16	2.340	17.94	3.12	18.72	3.90	19.50
	1060	15.90	1.59	17.49	2.385	18.29	3.18	19.08	3.975	19.88
	1080	16.20	1.62	17.82	2.430	18.63	3 24	19.44	4.05	20.25
11	1100	16.50	1.65	18.15	2.475	18.98	3.30	19.80	4.125	20.63
12	1200	18.00	1.80	19.80	2.70	20.70	3.60	21.60	4.50	22.50
13	1300	19.50	1.95	21.45	2.925	22.43	3.90	23.40	4 875	24.38
14	1400	21.00	2.10	23.10	3.15	24.15	4.20	25.20	5.25	26.25
15	1500	22.50	2.25	24.75	3.37	25.87	4.50	27.00	5.625	28.13
16	1600	24.00	2.40	26.40	3.60	27.60	4.80	28.80	6.00	30.00
17	1700	25.50	2.55	28.05	3.82	29.32	5.10	30.60	6.375	31.88
18	1800	27.00	2.70	29.70	4.05	31.05	5.40	32.40	6.75	33.75
19	1900	28.50	2.85	31.35	4.27	32.77	5.70	34.20	7.125	35.63
20	2000	30.00	3.00	33.00	4.50	34.50	6.00	36.00	7.50	37.50
30	3000	45.00	4.50	49.50	6.75	51.75	9.00	54.00	11.25	56.25
40	4000	60.00	6.00	66.00	9.00	69.00	12.00	72.00	15.00	75.00
50	5000	75.00	7.50	82.50	11.25	86.25	15.00	90.00	18.75	93.75
60	6000	90.00	9.00	99.00	13.50	103 50	18.00	108.00	22.50	112.50
70	7000	105.00	10.50	115.50	17.75	122.75	21.00	126.00	26.25	131.25
80	8000	120.00	12.00	132.00	18.00	138.00	24.00	144.00	30.00	150.00
90	9000	135.00	13.50	148.50	20.25	155.25	27.50	162.00	33.75	168.75
100	10000	150.00	15.00	165.00	22.50	172.50	30.00	180.00	37.50	187.50
200	20000	300.00	30.00	330.00	45.00	345.00	60 00	360.00	75.00	375.00
300	30000	450.00	45.00	495.00	67.50	517.50	90.00	540.00	112.50	562.50
400	40000	600.00	60.00	660.00	90.00	690.00	120.00	720.00	150.00	750.00
500	50000	750.00	75.00	825.00	112.50	862.50	150.00	900.00	187.50	937.50
1000	100000	1500.00	150.00	1650.00	225.00	1725.00	300.00	1800.00	375.00	1875.00

OBSERVATIONS

Le droit de 1.50 p. 0/0 dans les actes de société est dû indépendamment du droit gradué.

Le droit de transmission entre époux est dû indépendamment de tous autres.

Dans le droit dû pour partage anticipé, le droit de transcription est compris; lors de la transcription, il ne peut être perçu que 1.50 (art. 61 de la loi du 28 avril 1816 et 23 juin 1875).

La perception du droit de donation est perçue sur le revenu des immeubles donnés, multiplié par 20, ou 25, si ce sont des immeubles ruraux.

Le droit de transcription est dû lors de l'enregistrement, lorsque le vendeur et l'acquéreur possèdent au même titre et sont indivis (loi du 28 avril 1836; voir hypothèques).

Les baux d'une durée de plus de 18 ans doivent être transcrits (loi du 23 mars 1855); au-dessous de 18 ans ils peuvent être transcrits.

Manière de calculer le droit :

Exemple : 240 fr.

à 1 p. 0/0	2.40
à 0.50	1.20
soit	3.60 en principal.

Tableau numéro 12 bis.

Droits fixes à 1 fr. 50 c.

Actes (cédules exceptées) et jugements préparatoires, interlocutoires ou d'instruction des juges de paix, certificats d'individualité, visa de pièces et poursuites préalables à l'exercice de la contrainte par corps, les oppositions à levée de scellés par comparution personnelle dans le procès-verbal.

Les ordonnances et mandements d'assigner les opposants à scellés. Procès-verbaux de description sans apposition de scellés.

Tous autres actes des juges de paix non prévus dont le droit proportionnel ne s'élèverait pas à 1.50.

Actes et jugements de la police ordinaire, des tribunaux de simple police, de police correctionnelle et des cours d'assises, soit entre particuliers, soit sur la poursuite du ministère public avec partie civile, sans condamnation de sommes et valeurs ou dont le droit proportionnel ne s'élèverait pas à 1.50 et les dépôts et décharges aux greffes desdits tribunaux, s'il y a partie civile.

État de frais taxés par le juge.

Certificat de vie et de résidence.

Protêts d'effets de commerce.

Exploits et actes ayant pour objet le recouvrement des contributions directes, indirectes ou locales, des sommes excédant au total 100 fr.

Actes et jugements des prud'hommes au-dessus de 60 fr.

Contrats d'apprentissage (loi du 28 janvier, 3 et 22 février 1851).

Certificats d'imprimeurs pour annonces de ventes judiciaires d'immeubles. — Baux de biens des hospices, demande en séparation de biens, *annonces* concernant les faillites, demande d'envoi en possession provisoire formée par le conjoint ou l'État.

Actes concernant la construction, l'entretien et la réparation des chemins vicinaux (loi du 28 février 1872).

Soumission concernant les servitudes militaires (loi du 10 avril 1853).

Tableau numéro 13.

Sont enregistrés au droit de 2 p. 0/0.

1° Baux de meubles à durée illimitée.

2° Antichrèse ou engagements d'immeubles.

3° Constitution de rente viagère (sur le capital aliéné).

4° Cessions et délégations de rentes et pensions.

5° Ventes de meubles, récoltes sur pied, coupes de bois.

6° Soultes de partage mobilier.

7° Cessions de fonds de commerce et clientèle.

8° Ventes totales ou partielles de navires à quelque titre que ce soit.

9° Transmissions d'offices.

10° Vente des domaines de l'État.

11° Jugements prononçant des dommages-intérêts, condamnations pour prix d'objets mobiliers ou marchandises (droit de titre).

12° Enfin tous actes translatifs de propriété mobilière.

Voir le tableau ci-contre.

Tableau n° 13. Le tableau n° 1 indique les époques des changements de décimes.

Unités servant à la percept. du droit fixe.	Chiffre formant l'assiette du droit proportionnel.	Droit simple.	1 décime en sus.	Montant du droit en principal et 1 décime.	1 décime et 1/2.	Montant du droit en principal et 1 décime et 1/2.	2 décimes en sus.	Montant du droit en principal et 2 décimes.	2 décimes et 1/2.	Montant du droit en principal et 2 décim. et 1/2.
1	2	3	4	5	6	7	8	9	10	11
	20	0.40	0.04	0.44	0.06	0.46	0.08	0.48	0.10	0.50
	40	0.80	0.08	0.88	0.12	0.92	0.16	0.96	0.20	1.00
	60	1.20	0.12	1.42	0.18	1.38	0.24	1.44	0.30	1.50
	80	1.60	0.16	1.76	0.24	1.84	0.32	1.92	0.40	2.00
1	100	2.00	0.20	2.20	0.30	2.30	0.40	2.40	0.50	2.50
	120	2.40	0.24	2.84	0.36	2.76	0.48	2.88	0.60	3.00
	140	2.80	0.28	3.08	0.42	3.22	0.56	3.36	0.70	3.50
	160	3.20	0.32	3.52	0.48	3.68	0.64	3.84	0.80	4.00
	180	3.60	0.36	3.96	0.54	4.14	0.72	4.32	0.90	4.50
2	200	4.00	0.40	4.40	0.60	4.60	0.80	4.80	1.00	5.00
	220	4.40	0.44	4.84	0.66	5.06	0.88	5.28	1.10	5.50
	240	4.80	0.48	5.28	0.72	5.52	0.96	5.76	1.20	6.00
	260	5.20	0.52	5.72	0.78	5.98	1.04	6.24	1.30	6.50
	280	5.60	0.56	6.16	0.84	6.24	1.12	6.72	1.40	7.00
3	300	6.00	0.60	6.60	0.90	6.90	1.20	7.20	1.50	7.50
	320	6.40	0.64	7.04	0.96	7.36	1.28	7.68	1.60	8.00
	340	6.80	0.68	7.48	1.02	7.82	1.36	8.16	1.70	8.50
	360	7.20	0.72	7.92	1.08	8.28	1.44	8.64	1.80	9.00
	380	7.60	0.76	8.36	1.14	8.74	1.52	9.12	1.90	9.50
4	400	8.00	0.80	8.80	1.20	9.20	1.60	9.60	2.00	10.00
	420	8.40	0.84	9.24	1.26	9.66	1.68	10.08	2.10	10.50
	440	8.80	0.88	9.68	1.32	10.12	1.76	10.56	2.20	11.00
	460	9.20	0.92	10.12	1.38	10.58	1.84	11.04	2.30	11.50
	480	9.60	0.96	10.56	1.44	11.04	1.92	11.52	2.40	12.00
5	500	10.00	1.00	11.00	1.50	11.50	2.00	12.00	2.50	12.50
	520	10.40	1.04	11.44	1.56	11.96	2.08	12.48	2.60	13.00
	540	10.80	1.08	11.88	1.62	12.42	2.16	12.96	2.70	13.50
	560	11.20	1.12	12.32	1.68	12.88	2.24	13.44	2.80	14.00
	580	11.60	1.16	12.96	1.74	13.34	2.32	13.92	2.90	14.50
6	600	12.00	1.20	13.20	1.80	13.80	2.40	14.40	3.00	15.00
	620	12.40	1.24	13.64	1.86	14.26	2.48	14.88	3.10	15.50
	640	12.80	1.28	14.08	1.92	14.72	2.56	15.36	3.20	16.00
	660	13.20	1.32	14.52	1.98	15.18	2.64	15.84	3.30	16.50
	680	13.60	1.36	14.96	2.04	15.64	2.72	16.32	3.40	17.00
7	700	14.00	1.40	15.40	2.10	16.10	2.80	16.80	3.50	17.50
	720	14.40	1.44	15.84	2.16	16.50	2.88	17.28	3.60	18.00
	740	14.80	1.48	16.28	2.22	17.02	2.96	17.76	3.70	18.50
	760	15.20	1.52	16.72	2.28	17.48	3.04	18.24	3.80	19.00
	780	15.60	1.56	17.16	2.34	17.94	3.12	18.72	3.90	19.50
8	800	16.00	1.60	17.60	2.40	18.40	3.20	19.20	4.00	20.00
	820	16.40	1.64	18.04	2.46	18.86	3.28	19.68	4.10	20.50
	840	16.80	1.68	18.48	2.52	19.32	3.36	20.16	4.20	21.00
	860	17.20	1.72	18.92	2.58	19.78	3.44	20.64	4.30	21.50
	880	17.60	1.76	19.36	2.64	20.24	3.52	21.12	4.40	22.00
9	900	18.00	1.80	19.80	2.70	20.70	3.60	21.60	4.50	22.50
	920	18.40	1.84	20.24	2.76	21.16	3.68	22.08	4.60	23.00
	940	18.80	1.88	20.68	2.82	21.62	3.76	22.56	4.70	23.50
	960	19.20	1.92	21.12	2.88	22.08	3.84	23.04	4.80	24.00
	980	19.60	1.96	21.56	2.94	22.54	3.92	23.52	4.90	24.50
10	1000	20.00	2.00	22.00	3.00	23.00	4.00	24.00	5.00	25.00
	1020	20.40	2.04	22.44	3.06	23.46	4.08	24.48	5.10	25.50
	1040	20.80	2.08	22.88	3.12	23.92	4.16	24.96	5.20	26.00
	1060	21.20	2.12	23.32	3.18	24.38	4.24	25.44	5.30	26.50
	1080	21.60	2.16	23.76	3.24	24.84	4.32	25.92	5.40	27.00
11	1100	22.00	2.20	24.20	3.30	25.30	4.40	26.40	5.50	27.50
12	1200	24.00	2.40	24.40	3.60	27.60	4.80	28.80	6.00	30.00
13	1300	26.00	2.60	28.60	3.90	29.90	5.20	31.20	6.50	32.50
14	1400	28.00	2.80	30.80	4.20	32.20	5.60	33.60	7.00	35.00
15	1500	30.00	3.00	33.00	4.50	34.50	6.00	36.00	7.50	37.50
16	1600	32.00	3.20	35.20	4.80	36.30	6.40	38.40	8.00	40.00
17	1700	34.00	3.40	37.40	5.10	39.10	6.80	40.80	8.50	42.50
18	1800	36.00	3.60	39.60	5.40	41.40	7.20	43.20	9.00	45.00
19	1900	38.00	3.80	41.80	5.70	43.70	7.60	45.60	9.50	47.50
20	2000	40.00	4.00	44.00	6.00	46.00	8.00	48.00	10.00	50.00
30	3000	60.00	6.00	66.00	9.00	69.00	12.00	72.00	15.00	75.00
40	4000	80.00	8.00	88.00	12.00	92.00	16.00	96.00	20.00	100.00
50	5000	100.00	10.00	110.00	15.00	115.00	20.00	120.00	25.00	125.00
60	6000	120.00	12.00	132.00	18.00	138.00	24.00	144.00	30.00	150.00
70	7000	140.00	14.00	154.00	21.00	161.00	28.00	168.00	35.00	175.00
80	8000	160.00	16.00	176.00	24.00	184.00	32.00	192.00	40.00	200.00
90	9000	180.00	18.00	198.00	27.00	207.00	36.00	216.00	45.00	225.00
100	10000	200.00	20.00	220.00	30.00	230.00	40.00	240.00	50.00	250.00
200	20000	400.00	40.00	440.00	60.00	460.00	80.00	480.00	100.00	500.00
300	30000	600.00	60.00	660.00	90.00	690.00	120.00	720.00	150.00	750.00
400	40000	800.00	80.00	880.00	120.00	920.00	160.00	960.00	200.00	1000.00
500	50000	1000.00	100.00	1100.00	150.00	1150.00	200.00	1200.00	250.00	1250.00
1000	100000	2000.00	200.00	2200.00	300.00	2300.00	400.00	2400.00	500.00	2500.00

OBSERVATIONS

Le droit sur les baux de meubles à durée illimitée se calcule sur le prix annuel multiplié par 20.

L'antichrèse est un contrat par lequel un débiteur remet à son créancier, en nantissement, une chose immobilière pour en percevoir les fruits à charge d'imputation sur les intérêts et subsidiairement sur le capital jusqu'au remboursement de la créance.

Pour les jugements le droit est dû indépendamment de tous autres.

Les ventes de meubles aux enchères publiques ne peuvent avoir lieu que par le ministère d'un officier public ayant qualité pour y procéder, il doit en faire la déclaration préalable au bureau de l'enregistrement dans le canton duquel la vente a lieu.

Sont dispensées de cette déclaration les ventes des biens de l'État et celles des effets des mont-de-piété (loi du 22 pluviôse an VII).

Manière de calculer ce droit :

Exemple : 240 fr.

à 1 0/0	2.40
à 1 0/0	2.40
Total	4.80 en principal.

Il n'y a plus de droits fixes à 2 fr.

Tableau numéro 14.

Sont enregistrés au droit de **2.25**.

Les citations de paix et significations de jugement de justice de paix (loi du 19 février 1874).

Tableau n° 14. Le tableau n° 1 indique les époques des changements de décimes.

Unités servant à la perception des droits fixes. 1	Droit simple. 2	1 décime. 3	Total. 4	1 décime et 1/2. 5	Total. 6	2 décimes. 7	Total. 8	2 décimes et 1/2. 9	Total. 10
1	2.25	0.23	2.48	0.34	2.59	0.45	2.70	0.57	2.82
2	4.50	0.45	4.95	0.68	5.18	0.90	5.40	1.13	5.63
3	6.75	0.68	7.33	1.02	7.77	1.35	8.10	1.69	8.44
4	9.00	0.90	9.90	1.35	10.35	1.80	10.80	2.25	11.25
5	11.25	1.13	12.38	1.69	12.94	2.25	13.50	2.82	14.02
6	13.50	1,35	14.85	2.03	15.53	2.70	16.20	3.38	16.88
7	15.75	1.58	17,33	2,37	18.12	3.15	18.90	3.94	19.69
8	18.00	1.80	19.80	2.70	20.70	3.60	21.60	4.50	22.50
9	20.25	2.03	22.28	3.04	23.29	4.05	24.30	5.07	25.32
10	22,50	2.25	24.75	3.38	25.88	4.50	27.00	5.63	28.13
11	24.75	2.48	27.23	3.72	28.47	4.95	29.70	6.19	30.94
12	27.00	2.70	29.70	4.05	31.05	5.40	32.40	6.80	33.80
13	29.25	2,93	32.18	4.39	33.64	5.85	35.10	7.32	36.57
14	31.50	3.15	34.65	4.73	36.23	6.30	37.80	7.88	39.38
15	33,75	3.38	37.13	5.07	38.82	6.75	40.50	8.44	42.19
16	36.00	3.60	39.60	5.40	41.40	7.20	43.20	9.00	45.00
17	38.25	3.83	42.08	5.74	43.99	7.65	45.90	9.57	47.82
18	40.50	4.05	44.55	6.08	46.58	8.10	48.60	10.13	50.63
19	42.75	4.28	47.03	6.42	49.17	8.55	51.30	10.69	53.44
20	45.00	4.50	49.50	6.75	51.75	9.00	54.00	11.25	56.25

OBSERVATIONS

Il est dû un droit par chaque demandeur ou défendeur dans les citations de justice de paix excepté les copropriétaires et cohéritiers, co-intéressés, experts et témoins qui ne seront comptés que pour une seule et même personne, soit en demandant soit en défendant, lorsque leurs qualités y seront exprimées.

Tableau numéro 15.

Sont enregistrés au droit de 2.50 *p.* 0/0.

1° Meubles transmis en ligne directe sans partage, à titre gratuit hors contrat de mariage.

2° Échanges (sur évaluation de l'une des parts en revenu multiplié par 20, depuis le 16 juin 1824 au 23 juin 1875).

Voir le tableau ci-contre.

Tableau n° 15. Le tableau n° 1 indique les époques des changements de décimes.

Unités servant à la percept. du droit fixe.	Chiffre formant l'assiette du droit proportionnel.	Droit simple.	1 décime en sus.	Montant du droit en principal et 1 décime.	1 décime et 1/2.	Montant du droit en principal et 1 décime et 1/2.	2 décimes en sus.	Montant du droit en principal et 2 décimes.	2 décimes et 1/2.	Montant du droit en principal et 2 décim. et 1/2.
1	2	3	4	5	6	7	8	9	10	11
	20	0.50	0.05	0.55	0.075	0.58	0.10	0.60	0.125	0.63
	40	1.00	0.10	1.10	0.15	1.15	0.20	1.20	0.25	1.25
	60	1.50	0.15	1.65	0.225	1.73	0.30	1.80	0.375	1.88
	80	2.00	0.20	2.20	0.30	2.30	0.40	2.40	0.50	2.50
1	100	2.50	0.25	2.75	0.375	2.88	0.50	3.00	0.625	3.13
	120	3.00	0.30	3.30	0.45	3.45	0.60	3.60	0.75	3.75
	140	3.50	0.35	3.85	0.525	4.03	0.70	4.20	0.875	4.38
	160	4.00	0.40	4.40	0.60	4.60	0.80	4.80	1.00	5.00
	180	4.50	0.45	4.95	0.675	5.18	0.90	5.40	1.125	5.63
2	200	5.00	0.50	5.50	0.75	5.75	1.00	6.00	1.25	6.25
	220	5.50	0.55	6.05	0.825	6.33	1.10	6.60	1.375	6.88
	240	6.00	0.60	6.60	0.90	6.90	1.20	7.20	1.50	7.50
	260	6.50	0.65	7.15	0.975	7.48	1.30	7.80	1.625	8.13
	280	7.00	0.70	7.70	1.05	8.05	1.40	8.40	1.75	8.75
3	300	7.50	0.75	8.25	1.125	8.63	1.50	9.00	1.875	9.38
	320	8.00	0.80	8.80	1.20	9.20	1.60	9.60	2.00	10.00
	340	8.50	0.85	9.35	1.275	9.78	1.70	10.20	2.125	10.63
	360	9.00	0.90	9.90	1.35	10.35	1.80	10.80	2.25	11.25
	380	9.50	0.95	10.45	1.425	10.93	1.90	11.40	2.375	11.88
4	400	10.00	1.00	11.00	1.50	11.50	2.00	12.00	2.50	12.50
	420	10.50	1.05	11.55	1.575	12.08	2.10	12.60	2.625	13.13
	440	11.00	1.10	12.10	1.65	12.65	2.20	13.20	2.75	13.75
	460	11.50	1.15	12.65	1.725	13.23	2.30	13.80	2.875	14.38
	480	12.00	1.20	13.20	1.80	13.80	2.40	14.40	3.00	15.00
5	500	12.50	1.25	13.75	1.875	14.38	2.50	15.00	3.125	15.63
	520	13.00	1.30	14.30	1.95	14.95	2.60	15.60	3.25	16.25
	540	13.50	1.35	14.85	2.05	15.20	2.70	16.20	3.375	16.88
	560	14.00	1.40	15.40	2.10	16.10	2.80	16.80	3.50	17.50
	580	14.50	1.45	15.95	2.175	16.68	2.90	17.40	3.625	18.13
6	600	15.00	1.50	16.50	2.25	17.25	3.00	18.00	3.75	18.75
	620	15.50	1.55	17.05	2.275	17.78	3.10	18.60	3.875	19.38
	640	16.00	1.60	17.60	2.40	18.40	3.20	19.20	4.00	20.00
	660	16.50	1.65	18.15	2.475	18.98	3.30	19.80	4.125	20.63
	680	17.00	1.70	18.70	2.55	19.55	3.40	20.40	4.25	21.25
7	700	17.50	1.75	19.25	2.625	20.13	3.50	21.00	4.375	21.88
	720	18.00	1.80	19.80	2.70	20.70	3.60	21.60	4.50	22.50
	740	18.50	1.85	20.35	2.775	21.28	3.70	22.20	4.625	23.13
	760	19.00	1.90	20.90	2.85	21.85	3.80	22.80	4.75	23.75
	780	19.50	1.95	21.45	2.925	22.43	3.90	23.40	4.875	24.38
8	800	20.00	2.00	22.00	3.00	23.00	4.00	24.00	5.00	25.00
	820	20.50	2.05	22.51	3.075	23.58	4.10	24.60	5.125	25.63
	840	21.00	2.10	23.10	3.15	24.15	4.20	25.20	5.25	26.25
	860	21.50	2.15	23.65	3.225	24.73	4.30	25.80	5.375	26.88
	880	22.00	2.20	24.20	3.30	25.30	4.40	26.40	5.50	27.50
9	900	22.50	2.25	24.75	3.375	25.88	4.50	27.00	5.625	28.13
	920	23.00	2.30	25.30	3.45	26.45	4.60	27.60	5.75	28.75
	940	23.50	2.35	25.85	3.525	27.03	4.70	28.20	5.875	29.38
	960	24.00	2.40	26.40	3.60	27.60	4.80	28.80	6.00	30.00
	980	24.50	2.45	26.95	3.675	28.18	4.90	29.40	6.125	30.63
10	1000	25.00	2.50	27.50	3.75	28.75	5.00	30.00	6.25	31.25
	1020	25.50	2.55	28.05	3.825	29.33	5.10	30.60	6.375	31.88
	1040	26.00	2.60	28.60	3.90	29.90	5.20	31.20	6.50	32.50
	1060	26.50	2.65	29.15	3.975	30.48	5.30	31.80	6.625	33.13
	1080	27.00	2.70	29.70	4.05	31.05	5.40	32.40	6.75	33.75
11	1100	27.50	2.75	30.25	4.125	31.63	5.50	33.00	6.875	34.38
12	1200	30.00	3.00	33.00	4.50	34.50	6.00	36.00	7.50	37.50
13	1300	32.50	3.25	35.75	4.875	37.38	6.50	39.00	8.125	40.63
14	1400	35.00	3.50	38.50	5.25	40.25	7.00	42.00	8.75	43.75
15	1500	37.50	3.75	41.25	5.625	43.13	7.50	45.00	9.375	46.88
16	1600	40.00	4.00	44.00	6.00	46.00	8.00	48.00	10.00	50.00
17	1700	42.50	4.25	46.75	6.375	48.88	8.50	51.00	10.625	53.13
18	1800	45.00	4.50	49.50	6.75	51.75	9.00	54.00	11.25	56.25
19	1900	47.50	4.75	52.25	7.125	52.63	9.50	57.00	11.875	59.38
20	2000	50.00	5.00	55.00	7.50	57.50	10.00	60.00	12.50	62.50
30	3000	75.00	7.50	82.50	11.25	86.25	15.00	90.00	18.75	93.75
40	4000	100.00	10.00	110.00	15.00	115.00	20.00	120.00	25.00	125.00
50	5000	125.00	12.50	127.50	18.75	143.75	25.00	150.00	31.25	156.25
60	6000	150.00	15.00	165.00	22.50	172.50	30.00	180.00	37.50	187.50
70	7000	175.00	17.50	192.50	26.25	201.25	35.00	200.00	43.75	218.75
80	8000	200.00	20.00	220.00	30.00	230.00	40.00	240.00	50.00	250.00
90	9000	225.00	22.50	247.50	33.75	258.75	45.00	275.00	56.25	281.25
100	10000	250.00	25.00	275.00	37.50	287.50	50.00	300.00	62.50	312.50
200	20000	500.00	50.00	550.00	75.00	575.00	100.00	600.00	125.00	625.00
300	30000	750.00	75.00	825.00	112.50	862.50	150.00	900.00	187.50	937.50
400	40000	1000.00	100.00	1100.00	150.00	1150.00	200.00	1200.00	250.00	1250.00
500	50000	1250.00	125.00	1375.00	187.50	1437.50	250.00	1500.00	312.50	1562.50
1000	100000	2500.00	250.00	2750.00	375.00	2875.00	500.00	3000.00	625.00	3125.00

OBSERVATIONS

Depuis le 23 juin 1875, le droit pour les échanges est de 3 fr. 50 (loi du 23 juin 1875).

Manière de calculer ce droit :

Exemple : 240 fr.

à 1 p. 0/0	2. 40
à 1 p. 0/0	2. 40
à 0.50 p. 0/0	1. 20
Total	6. 00 en principal.

Il n'y a pas de droit fixe à 2 fr. 50.

Tableau numéro 16.

Sont enregistrés au droit de 2.75 *p.* 0/0.

Immeubles transmis en ligne directe à titre gratuit, par contrat de mariage.

Voir le tableau ci-contre.

Tableau n° 16. Le tableau n° 1 indique les époques des changements de décimes.

Unités servant à la percept. du droit fixe.	Chiffre formant l'assiette du droit proportionnel.	Droit simple.	1 décime en sus.	Montant du droit en principal et 1 décime.	1 décime et 1/2.	Montant du droit en principal et 1 décime et 1/2.	2 décimes en sus.	Montant du droit en principal et 2 décimes.	2 décimes et 1/2.	Montant du droit en principal et 2 décim. et 1/2.
1	2	3	4	5	6	7	8	9	10	11
	20	0.55	0.06	0.61	0.083	0.64	0.11	0.66	0.1375	0.69
	40	1.10	0.11	1.21	0.165	1.27	0.22	1.32	0.275	1.38
	60	1.65	0.17	1.82	0.247	1.90	0.33	1.98	0.4125	2.07
	80	2.20	0.22	2.42	0.330	2.53	0.44	2.64	0.55	2.75
1	100	2.75	0.28	3.03	0.412	3.17	0.55	3.30	0.6875	3.44
	120	3 30	0.33	3.63	0.495	3.80	0.66	3.96	0.825	4.13
	140	3.85	0.39	4.24	0.577	4.43	0.77	4.62	0.9625	4.82
	160	4.40	0.44	4 84	0.66	5.06	0.88	5.28	1.10	5.50
	180	4.95	0.50	5.45	0.742	5.70	0.99	5.94	1.2375	6.19
2	200	5.50	0.55	6.05	0.824	6.33	1.10	6.60	1.375	6.88
	220	6.05	0 61	6.66	0.907	6.96	1.21	7.26	1.5125	7.57
	240	6.60	0.66	7.26	0.98	7.58	1.32	7.92	1.65	8.25
	260	7.15	0.72	7.87	1.072	8.23	1.43	8.58	1.7875	8.94
	280	7.70	0.77	8.47	1.155	8.86	1.54	9.24	1.925	9.63
3	300	8.25	0.83	9.08	1.237	9.49	1.65	9.90	1.0625	10.32
	320	8.80	0.88	9.68	1.320	10.12	1.76	10.56	2.20	11.00
	340	9.35	0.94	10.29	1.402	10.76	1.87	11.22	2.3375	11.69
	360	9.90	0.99	10.89	1.485	11.39	1 98	11.88	2.475	12.38
	380	10.45	1.05	11.50	1.567	12.02	2.09	12.54	2.6125	13.07
4	400	11.00	1.10	12.10	1.65	12.65	2.20	13.20	2.75	13.75
	420	11.55	1.16	12.71	1.732	13.29	2.31	13.86	2.8875	14.44
	440	12.10	1.21	13.31	1.815	13.92	2.42	14.52	3.025	15.13
	460	12.65	1.27	13.92	1.797	14.55	2 53	15.18	3.1625	15.82
	480	13.20	1.32	14.52	1.980	15.18	2.64	15.84	3.30	16.50
5	500	13.75	1.38	15.13	2.062	15.82	2.75	16.50	3.4375	17.19
	520	14.30	1.43	15.73	2.145	16.45	2.86	17.16	3.575	17.88
	540	14.85	1.49	16.34	2.227	17.08	2.97	17.82	3.7125	18 57
	560	15.40	1.54	16.94	2.31	17.71	3.08	18.48	3.85	19.25
	580	15.95	1.60	17.55	2.392	18.35	3.19	19.14	3.9875	19.94
6	600	16.50	1.65	18.15	2 475	18.98	3.30	19.80	4.125	20.63
	620	17.05	1.71	18.76	2,557	19.61	3.41	20,46	4.2625	21 32
	640	17.66	1.77	19.43	2.640	20.30	3.52	21.18	4.415	22.08
	660	18.15	1.82	19.97	2.722	20.88	3.63	21.78	4.5375	22 69
	680	18.70	1.87	20.57	2 805	21.51	3.74	22.44	4.675	23 38
7	700	19.25	1.93	21.18	2.881	22.14	3.85	23.10	4.8125	24.07
	720	19.80	1.98	21.78	2.970	22.77	3.96	23.76	4.95	24.75
	740	20.35	2.04	22 39	3.052	23.41	4.07	24.42	5.0875	25.44
	760	20.90	2.09	22.99	3.135	24.04	4.18	25.08	5.225	26.13
	780	21.45	2.15	23.60	3.217	24.67	4.29	25.74	5.3625	26 82
8	800	22.00	2.20	24.20	3.30	25.30	4.40	26.40	5.50	27.50
	820	22.55	2.26	24.81	3.382	25.94	4.51	27.06	5.6375	28 19
	840	23.10	2.31	25.41	3.465	26.57	4.62	27 72	5.775	28.88
	860	23.65	2.37	26.02	3.547	27.20	4.73	28.38	5.9125	29.57
	880	24.20	2.42	26.62	3.630	27.63	4.84	29.04	6.05	30.25
9	900	24.75	2.48	27.23	3.712	28.47	4.95	29.60	6.1875	30.94
	920	25.30	2.53	27.83	3.793	29.10	5.06	30.06	6.325	31.63
	940	25.85	2.59	28.44	3.877	29.73	5.17	31.02	6.4625	32.32
	960	26.40	2.64	29.04	3.94	30.36	5.28	31.68	6.60	33.00
	980	26.95	2 70	29.65	4.042	31.00	5.39	32.34	6.7375	33 69
10	1000	27.50	2.75	30.25	4.125	31.63	5 50	33.00	6.875	34.38
	1020	28.05	2.81	30.86	4.207	32.26	5.61	33.66	7.0125	35.07
	1040	28.60	2.86	31.46	4.290	32.89	5.72	34.32	7.150	35.75
	1060	29.15	2.92	32.07	4.372	33.53	5.83	34.98	7.2825	36.44
	1080	29.70	2.97	32.67	4.455	34.16	5.94	35.64	7.425	37.13
11	1100	30.25	3.03	33.28	4.537	34.79	6.05	36.30	7.5625	37.82
12	1200	33.00	3.30	36.30	4.95	37.95	6.60	39.60	8.25	41.35
13	1300	35.75	3.58	39.33	5.35	41.10	7.15	42.90	8 9375	44.69
14	1400	38.50	3.85	42.35	5.77	44.27	7.70	46.20	9.625	48.13
15	1500	41.25	4.13	45.38	6.18	47.43	8.25	49.50	10.3125	51.57
16	1600	44.00	4.40	48.40	6 60	50 00	8.80	52.80	11.00	55 00
17	1700	46.75	4.68	51.43	7.01	53.76	9.35	56.10	11.6875	58.44
18	1800	49.50	4.95	54.45	7.42	56.92	9.90	59.40	12.375	61 88
19	1900	52.25	5.23	57.48	7.83	60.08	10.45	62.60	13.0625	65.32
20	2000	55.00	5.50	60.50	8.25	63 25	11.00	66.00	13.75	68.75
30	3000	82.50	8.25	90.75	12.37	94.87	16.50	99.00	20.625	103.13
40	4000	110.00	10.00	121.00	16.50	126.50	22.00	132.00	27.50	137.50
50	5000	137.50	13.75	151.25	20.62	155.12	27.50	165.00	34.375	171.88
60	6000	165.00	16.50	181.50	24.75	189 75	33.00	198.00	41.25	206.25
70	7000	192 50	19.25	211.75	28.87	221.37	38.50	230.00	48.125	241.63
80	8000	220.00	22.00	242.00	33.00	253.00	44.00	264.00	55.00	275.00
90	9000	247.50	24.75	272.25	37.12	284.62	49.50	297.00	61.875	309.38
100	10000	275.00	27.50	302.50	41.25	316.25	55.00	330.00	68.75	343.75
200	20000	550.00	55 00	605.00	82.50	632.50	110.00	660.00	137.50	687.50
300	30000	825.00	82.50	907.50	123.75	948.75	165.00	990.00	206.25	1031.25
400	40000	1100.00	110.00	1216.50	165.00	1265.00	220.00	1320.00	275.00	1375.00
500	50000	1375.00	137.50	1512.50	206.22	1581.22	275.00	1550.00	343.75	1718.75
1000	100000	2750.00	275.00	3025.00	412.44	3162.44	550.00	3300.00	687.50	3437.50

OBSERVATIONS

Multiplier le revenu annuel de l'immeuble donné par 20 si c'est un immeuble urbain, par 25 si c'est un immeuble rural.

Manière de calculer ce droit :

Exemple : 240 fr.

à 1 p. 0/0	2. 40
à 1 p. 0/0	2. 40
à 0.50 p. 0/0	1. 20
à 25 p. 0/0	0. 60
Total	6. 60 en principal.

Il n'y a pas de droits fixes à 2 fr. 75.

Tableau numéro 17.

Sont enregistrés au droit de 3 fr. *p.* 0/0.

1° Meubles transmis à titre gratuit entre époux hors contrat de mariage.
2° Immeubles transmis à titre gratuit *entre époux* par contrat de mariage.
3° Mutation par décès entre époux (meubles et immeubles).

Voir le tableau ci-contre.

Tableau n° 17. Le tableau n° 1 indique les époques des changements de décimes.

Unités servant à la percept. du droit fixe.	Chiffre formant l'assiette du droit proportionnel.	Droit simple.	1 décime en sus.	Montant du droit en principal et 1 décime.	1 décime et 1/2.	Montant du droit en principal et 1 décime et 1/2.	2 décimes en sus.	Montant du droit en principal et 2 décimes.	2 décimes et 1/2.	Montant du droit en principal et 2 décim. et 1/2.
1	2	3	4	5	6	7	8	9	10	11
	20	0.60	0.06	0.66	0.09	0.69	0.12	0.72	0.15	0.75
	40	1.20	0.12	1.32	0.18	1.38	0.24	1.44	0.30	1.50
	60	1.80	0.18	1.98	0.27	2.07	0.36	2.16	0.45	2.25
	80	2.40	0.24	2.64	0.36	2.76	0.48	2.88	0.60	3.00
1	100	3.00	0.30	3.30	0.45	3.45	0.60	3.60	0.75	3.75
	120	3.60	0.36	3.96	0.54	4.14	0.72	4.32	0.90	4.50
	140	4.20	0.42	4.62	0.63	4.82	0.84	5.04	1.05	5.25
	160	4.80	0.48	5.28	0.72	5.52	0.96	5.76	1.20	6.00
	180	5.40	0.54	5.94	0.81	6.21	1.08	6.48	1.35	6.75
2	200	6.00	0.60	6.60	0.90	6.90	1.20	7.20	1.50	7.50
	220	6.60	0.66	7.26	0.99	7.59	1.32	7.92	1.65	8.25
	240	7.20	0.72	7.92	1.08	8.28	1.44	8.64	1.80	9.00
	260	7.80	0.78	8.58	1.17	8.97	1.56	9.36	1.95	9.75
	280	8.40	0.84	0.00	1.26	9.66	1.68	10.08	2.10	10.50
3	300	9.00	0.90	9.90	1.35	10.35	1.80	10.80	2.25	11.25
	320	9.60	0.96	10.56	1.44	11.04	1.92	11.52	2.40	12.00
	340	10.20	1.02	11.22	1.53	11.73	2.04	12.24	2.55	12.75
	360	10.80	1.08	11.88	1.62	12.42	2.16	12.96	2.70	13.50
	380	11.40	1.14	12.54	1.71	13.11	2.28	13.68	2.85	14.25
4	400	12.00	1.20	13.20	1.80	13.80	2.40	14.40	3.00	15.00
	420	12.60	1.26	13.86	1.89	14.49	2.52	15.12	3.15	15.75
	440	13.20	1.32	14.52	1.98	15.18	2.64	15.84	3.30	16.50
	460	13.80	1.38	15.18	2.07	15.87	2.76	16.56	3.45	17.25
	480	14.40	1.44	15.84	2.16	16.56	2.88	17.28	3.60	18.00
5	500	15.00	1.50	16.50	2.25	17.25	3.00	18.00	3.75	18.75
	520	15.60	1.56	17.16	2.35	17.95	3.12	18.82	3.90	19.50
	540	16.20	1.62	17.82	2.43	18.63	3.24	19.44	4.05	20.25
	560	16.80	1.68	18.48	2.52	19.32	3.36	20.16	4.20	21.00
	580	17.40	1.74	19.14	2.61	20.01	3.48	20.88	4.35	21.75
6	600	18.00	1.80	19.80	2.70	20.70	3.60	21.60	4.50	22.50
	620	18.60	1.86	20.46	2.79	21.39	3.72	22.32	4.65	23.25
	640	19.20	1.92	21.12	2.88	22.08	3.84	23.04	4.80	24.00
	660	19.80	1.98	21.78	2.97	22.77	3.96	23.76	4.95	24.75
	680	20.40	2.04	22.44	3.06	23.46	4.08	24.48	5.10	25.50
7	700	21.00	2.10	23.10	3.15	24.15	4,29	25.20	5.25	26.25
	720	21.60	2.16	23.76	3.24	24.84	4.32	25.92	5.40	27.00
	740	22.20	2.22	24.42	3.33	25.53	4.44	26.64	5.55	27.75
	760	22.80	2.28	25.08	3.42	26.22	4.56	27.36	5.70	28.50
	780	23.40	2.34	25.74	3.51	26.91	4.68	28.08	5.85	29 25
8	800	24.00	2.40	26.40	3.60	27.60	4.82	28.80	6.00	30.00
	820	24.60	2.46	27.06	3.69	28.29	4.92	29.52	6.15	30.75
	840	25.20	2.52	27.72	3.78	28.98	5.04	30 24	6.30	31.50
	860	25.80	2.58	28.38	3.87	29.67	5.16	30.96	6.45	32.25
	880	26.40	2.64	29.04	3 98	30.38	5.28	31.68	6.60	33.00
9	900	27.00	2.70	29.70	4.05	31.05	5.40	32.40	6.75	33.75
	920	27.60	2.76	30.36	4.14	31.74	5 52	33.12	6.90	34.50
	940	28.20	2.82	31.02	4.23	32.43	5.64	33.84	7.05	35.25
	960	28.80	2.88	31.68	4.32	33.12	5.76	34.56	7.20	36.00
	980	29.40	2 94	32.34	4.41	33.81	5.85	35.25	7.35	36.75
10	1000	30.00	3.00	33.00	4.50	34.50	6.00	36.00	7.50	37.50
	1020	30.60	3.06	33.66	4.59	35.19	6.12	36.72	7.65	38.25
	1040	31.20	3.12	34.32	4.68	35.88	6.24	37.44	7.80	39.00
	1060	31.80	3.18	34.98	4.77	36.57	6.36	38.16	7.95	39.75
	1080	32.40	3.24	35.64	4.86	37.26	6.48	38.88	8.10	40.50
11	1100	33.00	3.30	36.30	4.95	37.95	6.60	39.60	8.25	41.25
12	1200	36.00	3.60	39.60	5.40	41.40	7.20	42.20	9.00	45.00
13	1300	39.00	3.90	42.90	5.85	44.85	7.80	46.80	9 75	48.75
14	1400	42.00	4.20	46.20	6.30	48.30	8.40	50.40	10.50	52.50
15	1500	45.00	4.50	49.50	6.75	51.75	9.00	54.00	11.25	56.35
16	1600	48.00	4.80	52.80	7.20	55.20	9.60	57.60	12.00	60.00
17	1700	51.00	5.10	56.10	7.65	58.65	10.20	61.20	12.75	63.75
18	1800	54.00	5.40	59.40	8.10	62.10	10.80	64.40	13.50	67.50
19	1900	57.00	5.70	62.70	8.55	65.55	11.40	68.40	14.25	71.25
20	2000	60.00	6.00	66.00	9.00	69.00	12.00	72.00	15.00	75.00
30	3000	90.00	9.00	99.00	13.50	195.50	18.00	98.00	22.50	112.50
40	4000	120.00	12.00	132.00	18.00	138.00	24.00	144.00	30.00	150.00
50	5000	150.00	15.00	165.00	22.50	172.55	30.00	180.00	37.50	187.50
60	6000	180.00	18.00	198.00	27.00	207 00	36.00	216.00	45.00	225.00
70	7000	210.00	21.00	231.00	31.50	241.50	42.00	252.00	52.50	262.50
80	8000	240.00	24.00	264.00	36.00	276.00	48.00	288.00	60.00	300.00
90	9000	270.00	27.00	297.00	40.00	310.50	54.00	324.00	67.50	337.50
100	10000	300.00	30.00	330.00	45.00	345.00	60.00	360.00	75.00	375.00
200	20000	600.00	60.00	660.00	90.00	690.00	120 00	720.00	150.00	750.00
300	30000	900.00	90.00	990.00	135.00	1035.00	180.00	1080.00	225.00	1125.00
400	40000	1200.00	120.00	1320.00	180.00	1380.00	240.00	1440.00	300.00	1500.00
500	50000	1500.00	150.00	1650.00	220.00	1720.00	300.00	1800.00	375.00	1875.00
1000	100000	3000.00	300.00	3300.00	440.00	3440.00	600.00	3600.00	750.00	3750.00

OBSERVATIONS

Multiplier le revenu des immeubles transmis par 20, ou par 25 si ce sont des immeubles ruraux.

Pour les déclarations de mutation par décès, voir ce mot.

Le droit de timbre d'abonnement des compagnies avec l'État est de 0.03 par 1,000 fr. pour affranchissement des droits de timbre des valeurs assurées ou émises.

Tableau numéro 17 bis.

Sont enregistrés au droit fixe de 3 fr.

Acceptations.

Acceptations de successions, legs ou communauté simple ou sous bénéfice d'inventaire faites au greffe.

Acquiescements purs et simples quand ils ne sont pas faits en justice.

Actes refaits pour nullité ou autres motifs sans aucun changement aux conventions ou au prix.

Autorisations pures et simples.

Certificats de cautions et de cautionnement.

Consentements purs et simples.

Cotes et paraphes de registres.

Déclaration d'un titulaire de cautionnement en faveur de son bailleur de fonds.

Déclaration de privilége de second ordre (loi du 12 décembre 1852).

Décharge simple et récépissé de pièces.

Déclaration simple en matière civile et de commerce.

Dépôt d'actes ou pièces.

Dépôt et consignation de sommes et effets mobiliers chez des officiers publics, lorsqu'ils n'opèrent pas la libération des déposants, et les décharges qu'en donnent les déposants ou leurs héritiers.

Désistements purs et simples.

Devis d'ouvrages et de travaux.

Donation non acceptée du donataire.

Exploits d'huissiers non tarifés aux autres paragraphes. Commandement, saisie, etc.

Inventaire de meubles (par vacation).

Enchères (autres que celles en justice par acte séparé).

État de dettes annexé aux donations.

Factures signées seulement du marchand.

Jugements définitifs des juges de paix ne donnant pas ouverture au droit proportionnel (renvoi, débouté, expulsion, condamnation à réparation d'injures, etc.).

Lettres de voiture.

Lettres missives ne comportant aucun droit proportionnel, marchés réputés actes de commerce (perception provisoire).

Nomination d'experts.

Nomination de gardes particuliers.

Notoriété (acte de).

Prêt sur dépôt en matière de commerce.

Procès-verbaux et rapports d'employés, gardes, séquestres, experts et arpenteurs.

Procurations et pouvoirs.

Promesse d'indemnité indéterminée et non susceptible d'évaluation.

Présentations, défauts et congés, faute de comparoir, défendre ou conclure qui doivent se prendre aux greffes.

Prise de possession en vertu d'actes enregistrés.

Prise de meubles.

Procès-verbaux de vente ou de destruction de navire totale ou partielle.

Procès-verbaux de délits de police ou d'imposition d'agents forestiers ou ruraux.

Ratification simple d'acte en forme.

Reconnaissance de dépôt de sommes chez des particuliers.

Récépissé de pièces.

Reconnaissance d'enfant naturel légitimé par acte de mariage.

Reconnaissance pure et simple.

Renonciation à succession, legs, communauté par acte civil.

Résiliement par acte authentique dans les 24 heures des actes résiliés.

Résiliation de baux (décision du 5 septembre 1873).

Rétraction et révocation.

Soumissions et enchères, hors celles faites en justice sur des objets mis ou à mettre en adjudication ou en vente ou sur des marchés à passer, par actes séparés.

Signification d'avoué à avoué devant les cours d'appel.

Signification d'avocat à avocat (cassation et conseil d'État).

Tableau numéro 18.

Sont enregistrés au droit de 3. 50 *p.* 0/0.

1° Cessions et délégations de rentes foncières créées avant la loi du 11 brumaire an VII.

2° Vente d'immeubles situés en Corse.

3° Échanges faits depuis le 24 juin 1875 (revenu multiplié par 20 ou 25).

Voir le tableau ci-contre.

Tableau n° 18. Le tableau n° 1 indique les époques des changements de décimes.

Unités servant à la percept. du droit fixe.	Chiffre formant l'assiette du droit proportionnel.	Droit simple.	1 décime en sus.	Montant du droit en principal et 1 décime.	1 décime et 1/2.	Montant du droit en principal et 1 décime et 1/2.	2 décimes en sus.	Montant du droit en principal et 2 décimes.	2 décimes et 1/2.	Montant du droit en principal et 2 décim. et 1/2.
1	2	3	4	5	6	7	8	9	10	11
	20	0.70	0.07	0.77	0.105	0.81	0.14	0.84	0.175	0.88
	40	1.40	0.14	1.54	0.210	1.61	0.28	1.68	0.35	1.75
	60	2.10	0.21	2.31	0.315	2.42	0.42	2.52	0.525	2.63
	80	2.80	0.28	3.08	0.420	3.22	0.56	3.36	0.70	3.50
1	100	3.50	0.35	3.85	0.525	4.06	0.70	4.20	0.875	4.38
	120	4.20	0.42	4.62	0.630	4.83	0.84	5.04	1.05	5.25
	140	4.90	0.49	5.39	0.735	5.64	0.91	5.81	1.225	6.13
	160	5.60	0.56	6.16	0.840	6.44	1.13	6.73	1.40	7.00
	180	6.30	0.63	6.93	0.945	7.25	1.26	7.56	1.5750	7.88
2	200	7.00	0.70	7.70	1.050	8.05	1.40	8.40	1.75	8.75
	220	7.70	0.77	8.47	1.455	8.86	1.54	9.24	1.9250	9.63
	240	8.40	0.84	9.24	1.260	9.66	1.68	10.08	2.10	10.50
	260	9.10	0.91	10.01	1.365	10.47	1.82	10.92	2.275	11.38
	280	9.80	0.98	10.78	1.470	11.27	1.96	11.76	2.45	12.25
3	300	10.50	1.05	11.55	1.575	12.08	2.10	12.60	2.625	13.13
	320	11.20	1.12	12.32	1.680	12.88	2.24	13.44	2.80	14.00
	340	11.90	1.19	13.09	1.785	13.69	2.38	14.28	2.975	14.88
	360	12.60	1.26	13.86	1.890	14.49	2.52	15.12	3.15	15.75
	380	13.30	1.33	14.63	1.995	15.30	2.66	15.96	3.325	16.63
4	400	14.00	1.40	15.40	2.100	16.10	2.80	16.80	3.50	17.50
	420	14.70	1.47	16.17	2.205	16.91	2.94	17.64	3.675	18.38
	440	15.40	1.54	16.94	2.300	17.70	3.08	18.48	3.85	19.25
	460	16.10	1.61	17.71	2.415	18.52	3.22	19.32	4.025	20.13
	480	16.80	1.68	18.48	2.510	19.31	3.36	20.16	4.20	21.00
5	500	17.50	1.75	19.25	2.625	20.13	3.50	21.00	4.375	21.88
	520	18.20	1.82	20.02	2.730	20.93	3.64	21.84	4.55	22.75
	540	18.90	1.89	20.78	2.835	21.74	3.78	22.68	4.725	23.63
	560	19.60	1.96	21.56	2.940	22.54	3.92	23.52	4.90	24.50
	580	20.30	2.03	22.33	3.045	23.35	4.06	24.36	5.075	25.38
6	600	21.00	2.10	23.10	3.150	24.15	4.20	25.20	5.25	26.25
	620	21.70	2.17	23.87	3.255	24.96	4.34	26.04	5.425	27.13
	640	22.40	2.24	24.64	3.360	25.76	4.48	26.88	5.60	28.00
	660	23.10	2.31	25.41	3.465	26.57	4.62	27.72	5.775	28.88
	680	23.80	2.38	26.18	3.570	27.37	4.76	28.56	5.95	29.75
7	700	24.50	2.45	26.95	3.675	28.18	4.90	29.40	6.125	30.63
	720	25.20	2.52	27.72	3.780	28.98	5.04	30.24	6.30	31.50
	740	25.90	2.59	28.49	3.885	29.79	5.18	31.08	6.475	32.38
	760	26.60	2.66	29.26	3.990	30.59	5.32	31.92	6.65	33.25
	780	27.30	2.73	30.03	4.095	31.40	5.46	32.76	6.825	34.13
8	800	28.00	2.80	30.80	4.200	32.20	5.60	33.60	7.00	35.00
	820	28.70	2.87	31.57	4.305	33.01	5.74	34.44	7.175	35.88
	840	29.40	2.94	32.34	4.410	33.81	5.88	35.28	7.35	36.75
	860	30.10	3.01	33.11	4.515	34.52	6.02	36.12	7.525	37.63
	880	30.80	3.08	33.88	4.620	35.42	6.16	36.96	7.70	38.50
9	900	31.50	3.15	34.65	4.725	36.23	6.30	37.80	7.875	39.38
	920	32.20	3.22	35.42	4.830	37.03	6.44	38.64	8.05	40.25
	940	32.90	3.29	36.19	4.935	37.84	6.58	39.48	8.225	41.13
	960	33.60	3.36	36.96	5.040	38.64	6.72	40.32	8.40	42.00
	980	34.30	3.43	37.73	5.145	39.45	6.86	41.16	8.575	42.88
10	1000	35.00	3.50	38.50	5.250	40.25	7.00	42.00	8.75	43.75
	1020	35.70	3.57	39.27	5.355	41.06	7.14	42.84	8.925	44.63
	1040	36.40	3.64	40.04	5.460	41.86	7.28	43.68	9.10	45.50
	1060	37.10	3.71	40.81	5.565	42.67	7.42	44.52	9.275	46.38
	1080	37.80	3.78	41.58	5.670	43.47	7.56	45.36	9.45	47.25
11	1100	38.50	3.85	42.35	5.775	44.28	7.70	46.20	9.625	48.13
12	1200	42.00	4.20	46.20	6.30	48.30	8.40	50.40	10.50	52.50
13	1300	45.50	4.55	50.05	6.825	52.33	9.10	54.60	11.375	56.88
14	1400	49.00	4.90	53.90	7.35	56.35	9.80	58.80	12.25	61.25
15	1500	52.50	5.25	57.75	7.875	60.38	10.50	63.00	13.125	65.63
16	1600	56.00	5.60	61.60	8.40	64.40	11.20	67.20	14.00	70.00
17	1700	59.50	5.95	65.45	8.925	68.43	11.90	71.40	14.875	74.38
18	1800	63.00	6.30	69.30	9.45	72.45	12.60	75.60	15.75	78.75
19	1900	66.50	6.65	73.15	9.75	76.25	13.30	79.80	16.625	83.13
20	2000	70.00	7.00	77.00	10.50	80.50	14.00	84.00	17.50	87.50
30	3000	105.00	10.50	115.50	15.75	120.75	21.00	126.00	26.25	131.25
40	4000	140.00	14.00	154.00	21.00	161.00	28.00	168.00	35.00	175.00
50	5000	175.00	17.50	192.50	26.25	201.25	35.00	200.00	43.75	218.75
60	6000	210.00	21.00	231.00	31.15	241.15	42.00	252.00	52.50	262.50
70	7000	245.00	24.50	209.50	36.75	281.75	49.00	294.00	61.25	306.25
80	8000	280.00	28.00	308.00	42.00	322.00	56.00	336.00	70.00	350.00
90	9000	315.00	31.50	346.50	47.25	362.25	63.00	378.00	78.75	393.75
100	10000	350.00	35.00	385.00	52.50	402.50	70.00	420.00	87.50	437.50
200	20000	700.00	70.00	770.00	105.00	805.00	140.00	840.00	175.00	875.00
300	30000	1050.00	105.00	1155.00	157.50	1207.50	210.00	1260.00	262.50	1312.50
400	40000	1400.00	140.00	1640.00	220.00	1610.00	280.00	1680.00	350.00	1750.00
500	50000	1750.00	175.00	2025.00	265.50	2015.50	350.00	2100.00	437.50	2187.50
1000	100000	3500.00	350.00	3850.00	525.00	4025.00	700.00	4200.00	875.00	4375.00

OBSERVATIONS

Le revenu de chaque immeuble échangé doit être évalué ; on multiplie le revenu de chacun par 20 si c'est un immeuble urbain ou par 25 si c'est un immeuble rural ; on perçoit le droit de 3.50 p. 0/0 sur l'immeuble dont la valeur est la plus faible, puis sur la différence entre la valeur la plus faible et la valeur la plus élevée, il est dû le droit à 5.50 comme vente.

Exemple : on échange un immeuble d'un revenu de 20 fr. contre un autre d'un revenu de 25 fr.

20 fr. × 20 = 400
20 fr. × 25 = 500

400 fr. à 3.50 = 14 fr. de droit *simple comme échange*
100 fr. à 5.50 = 5.50 — comme plus-value

Toutes les charges augmentant la valeur doivent être ajoutées.

Manière de calculer :

Exemple : 240 fr.

à 1 p. 0/0	2.40
à 1 p. 0/0	2.40
à 1 p. 0/0	2.40
à 0.50	1.20
Total	*8.40* en *principal.*

Il n'y a pas de droit fixe à 3 fr. 50.

Tableau numéro 19.

Sont enregistrés au droit de 4.00 p. 0/0.

1° Baux d'immeubles à vie.

2° Immeubles transmis en ligne directe sans partage.

3° Soultes de distributions de biens entre cohéritiers.

4° Résolution de contrat de vente par jugement.

5° Retours d'immeubles provenant de donation entre vifs portant partage par les ascendants.

6° Licitation d'immeubles entre cohéritiers, faisant cesser l'indivision.

7° Concessions de terrain dans les cimetières pour une durée de plus de 15 ans.

Voir le tableau ci-contre.

Tableau n° 19. Le tableau n° 1 indique les époques des changements de décimes.

Unités servant à la percept. du droit fixe. 1	Chiffre formant l'assiette du droit proportionnel. 2	Droit simple. 3	1 décime en sus. 4	Montant du droit en principal et 1 décime. 5	1 décime et 1/2. 6	Montant du droit en principal et 1 décime et 1/2. 7	2 décimes, en sus. 8	Montant du droit en principal et 2 décimes. 9	2 décimes et 1/2. 10	Montant du droit en principal et 2 décim. et 1/2. 11
	20	0.80	0.08	0.88	0.12	0.92	0.16	0.96	0.20	1 »
	40	1.60	0.16	1.76	0,24	1,84	0.32	1.92	0.40	2 »
	60	2.40	0.24	2.64	0.36	2.76	0.48	3.08	0.60	3 »
	80	3.20	0.32	3.52	0.48	3.68	0.64	3.84	0.80	4 »
1	100	4.00	0.40	4.40	0.60	4.60	0.80	4.80	1.00	5 »
	120	4.80	0.48	5.28	0.72	5.52	0.96	5.76	1.20	6 »
	140	5.60	0.56	6.16	0.84	6.44	1.12	6.72	1.40	7 »
	160	6.40	0.64	7.04	0.96	7.36	1.28	7.68	1.60	8 »
	180	7.20	0.72	7.92	1.08	8.28	1.44	8.64	1.80	9 »
2	200	8.00	0.80	8.80	1.20	9.20	1.60	9.60	2.00	10 »
	220	8.80	0.88	9.68	1,32	10.12	1.76	10.56	2.20	11 »
	240	9.60	0.96	10.56	1.44	11.04	1.92	11.52	2.40	12 »
	260	10.40	1.04	11.44	1.56	11.96	2.08	12.48	2.60	13 »
	280	11.20	1.12	12.32	1.68	12.88	2.24	13.64	2.80	14 »
3	300	12.00	1.20	13.20	1.80	13.80	2.40	14.40	3.00	15 »
	320	12.80	1.28	14.08	1.92	14.72	2.56	15.36	3.20	16 »
	340	13.60	1.36	14.96	2.04	15.64	2.72	16.32	3.40	17 »
	360	14.40	1.44	15.84	2.16	16.56	2.88	17.28	3.60	18 »
	380	15.20	1.52	16.72	2.28	17.48	3.04	18.24	3.80	19 »
4	400	16.00	1.60	17.60	2.40	18.40	3.20	19.20	4.00	20 »
	420	16.80	1.68	18.48	2.52	19.32	3.36	20.46	4.20	21 »
	440	17.60	1.76	19.36	2.64	20.24	3.52	21.12	4.40	22 »
	460	18.40	1.84	20.24	2.76	21.16	3.68	22.08	4.60	23 »
	480	19.20	1.92	21.12	2.88	22.08	3.84	23.04	4.80	24 »
5	500	20.00	2.00	22.00	3.00	23.00	4.00	24.00	5.00	25 »
	520	20.80	2.08	22.88	3.12	23.92	4.16	24.96	5.20	26 »
	540	21.60	2.16	23.76	3.24	24.84	4.32	25.92	5.40	27 »
	560	22.40	2.24	24.64	3.36	25.73	4.48	26.88	5.60	28 »
	580	23.20	2,32	25.52	3.48	26.68	4.64	27.84	5.80	29 »
6	600	24.00	2.40	26,40	3.60	27.60	4.80	28.80	6.00	30 »
	620	24.80	2.48	27.28	3.72	28.52	4.96	29.76	6.20	31 »
	640	25.60	2.56	28.16	3.84	29.44	5.12	30.72	6.40	32 »
	660	26.40	2.64	29.04	3.96	30.36	5.28	31.68	6.60	33 »
	680	27.20	2.72	29.92	4.08	31.28	5.44	32.64	6.80	34 »
7	700	28.00	2.80	30.80	4.20	32.20	5.60	33.60	7.00	35 »
	720	28.80	2.88	31.68	4.32	33.12	5.76	34.56	7.20	36 »
	740	29.60	2.96	32.56	4.44	34.04	5,92	35.52	7.40	37 »
	760	30.40	3.04	33.44	4.56	34.96	6.08	36.48	7.60	38 »
	780	31.20	3.12	34.32	4.68	35.88	6.24	37.44	7.80	39 »
8	800	32.00	3.20	35.20	4.80	36.80	6.40	38.40	8.00	40 »
	820	32.80	3,28	36.08	4.92	37.70	6.56	39.36	8.20	41 »
	840	33.60	3,36	36.96	5.04	38.64	6.72	40 32	8.40	42 »
	860	34.40	3.44	37.84	5.16	39.56	6.88	41.28	8.60	43 »
	880	35.20	3.52	38.72	5.28	40.48	7.04	42,24	8.80	44 »
9	900	36.00	3.60	39.60	5.40	41.40	7.20	43.20	9,00	45 »
	920	36.80	3.68	40.48	5.52	42.32	7.36	44.16	9.20	46 »
	940	37.60	3.76	41.36	5.64	43.24	7.52	45.12	9.40	47 »
	960	38.40	3,84	42.24	5.76	44.16	7.68	46.08	9.60	48 »
	980	39.20	3.92	43.12	5.85	45.05	7.84	47.04	9 80	49 »
10	1000	40,00	4.00	44.00	6.00	46.00	8.00	48.00	10.00	50 »
	1020	40.80	4.08	44.88	6.12	46.92	8.16	48.96	10 20	51 »
	1040	41.60	4.16	45.76	6.24	47.84	8.32	49.96	10.40	52 »
	1060	42.40	4.24	46.64	6.48	48.88	8.48	50.88	10.60	53 »
	1080	43.20	4.32	47.52	6.60	49.80	8.64	51.84	10.80	54 »
11	1100	44.00	4.40	48.40	6.72	50.72	8.80	52.80	11.00	55 »
12	1200	48.00	4.80	52.80	7.20	55.20	9 60	57.60	12.00	60 »
13	1300	52.00	5.20	57.20	7.80	59.80	10.40	62.40	13.00	65 »
14	1400	56.00	5.60	61.60	8.40	64.40	11.20	67.20	14.00	70 »
15	1500	60.00	6.00	66.00	9.00	69 00	12.00	72.00	15.00	75 »
16	1600	64.00	6.40	70.40	9.60	73.00	12.80	76.80	16.00	80 »
17	1700	68.00	6.80	74.80	10.20	78.20	13.60	81.60	17.00	85 »
18	1800	72.00	7.20	79.20	10.80	82.80	14.40	86.40	18.00	90 »
19	1900	76.00	7.60	83.60	11.40	87.40	15.20	91.20	19.00	95 »
20	2000	80.00	8.00	88.00	12.00	92.00	16.00	96.00	20.00	100 »
30	3000	120.00	12.00	132.00	18.00	138.00	24.00	144.00	30.00	150 »
40	4000	160.00	16.00	176.00	24.00	184.00	32.00	192.00	40.00	200 »
50	5000	200.00	20.00	220.00	30.00	230.00	40.00	240.00	50.00	250 »
60	6000	240.00	24.00	264.00	36.00	286 00	48.00	288.00	60.00	300 »
70	7000	280.00	28.00	308.00	42.00	322.00	56.00	336.00	70.00	350 »
80	8000	320.00	32.00	352.00	48.00	368.00	64.00	384.00	80.00	400 »
90	9000	360.00	36.00	396.00	54.00	414.00	72.00	432.00	90.00	450 »
100	10000	400.00	40.00	440.00	60.00	460.00	80.00	480.00	100.00	500 »
200	20000	800.00	80.00	880.00	120.00	920.00	160 00	960.00	200.00	1000 »
300	30000	1200.00	120.00	1320.00	180.00	1380.00	240.00	1440.00	300.00	1500 »
400	40000	1600.00	160.00	1760.00	240.00	1840.00	320.00	1920.00	400.00	2000 »
500	50000	2000.00	200.00	2200.00	300.00	2300.00	400.00	2400.00	500.00	2500 »
1000	100000	4000.00	400.00	4400,00	600.00	4600.00	800.00	4800.00	1000.00	5000 »

OBSERVATIONS

Baux d'immeubles à vie, multiplier le prix annuel par 20 en ajoutant les charges.

La licitation est une vente aux enchères d'une chose indivise entre copropriétaires au même titre, acquise par l'un d'eux et faisant cesser l'indivision. Si tous ces cas ne se trouvent pas réunis, le droit est de 5 fr. 50.

Les concessions pour plus de quinze ans, celles trentenaires renouvelables, celles perpétuelles sont assujetties au droit de 4 p. 0/0 étant considérées comme baux à vie.

Tableau numéro 20.

Sont enregistrés au droit de 4.50 *p.* 0/0.

1° Meubles et immeubles transmis à titre gratuit par contrat de mariage, entre frères, sœurs, oncles, tantes, neveux et nièces.

2° Immeubles transmis entre époux, hors contrat de mariage.

Voir le tableau ci-contre.

Tableau n° 20. Le tableau n° 1 indique les époques des changements de décimes.

Unités servant à la percept. du droit fixe.	Chiffre formant l'assiette du droit proportionnel.	Droit simple.	1 décime en sus.	Montant du droit en principal et 1 décime.	1 décime et 1/2.	Montant du droit en principal et 1 décime et 1/2.	2 décimes en sus.	Montant du droit en principal et 2 décimes.	2 décimes et 1/2.	Montant du droit en principal et 2 décim. et 1/2.
1	2	3	4	5	6	7	8	9	10	11
	20	0.90	0.09	0.99	0.135	1.04	0.18	1.94	0.225	1.13
	40	1.80	0.18	1.98	0.270	2.07	0.36	2.16	0.45	2.25
	60	2.70	0.27	2.97	0.405	3.11	0.54	3.24	0.675	3.38
	80	3.60	0.36	3.96	0.540	4.14	0.72	4.32	0.90	4.50
1	100	4.50	0.45	4.95	0.675	5.18	0.90	5.40	1.125	5.63
	120	5.40	0.54	5.94	0.810	6.21	1.08	6.48	1.35	6.75
	140	6.30	0.63	6.93	0.945	7.25	1.26	7.56	1.575	7.88
	160	7.20	0.72	7.92	1.080	8.28	1.44	8.64	1.80	9.00
	180	8.10	0.81	8.91	1.215	9.32	1.62	9.72	2.025	10.13
2	200	9.00	0.90	9.90	1.350	10.35	1.80	10.80	2.25	11.25
	220	9.90	0.99	10.89	1.485	11.39	1.98	11.88	2.475	12.38
	240	10.80	1.08	11.88	1.620	12.42	2.16	12.96	2.70	13.50
	260	11.70	1.17	12.87	1.755	13.46	2.34	13.04	2.925	14.63
	280	12.60	1.26	13.86	1.890	14.49	2.52	15.12	3.15	15.75
3	300	13.50	1.35	14.85	2.025	15.53	2.70	16.20	3.375	16.88
	320	14.40	1.44	15.84	2.160	16.56	2.88	17.28	3.60	18.00
	340	15.30	1.53	16.83	2.295	17.60	3.06	18.36	3.825	19.13
	360	16.20	1.62	17.82	2.430	18.63	3.24	19.44	4.05	20.25
	380	17.10	1.71	18.81	2.565	19.67	3.42	20.52	4.275	21.38
4	400	18.00	1.80	19.80	2.700	20.70	3.60	21.60	4.50	22.50
	420	18.90	1.89	20.79	2.835	21.74	3.78	22.68	4.725	23.63
	440	19.80	1.98	21.78	2.970	22.77	3.96	23.76	4.95	24.75
	460	20.70	2.07	22.77	3.105	23.81	4.14	24.84	5.175	25.88
	480	21.60	2.16	23.76	3.240	24.84	4.32	25.92	5.40	27.00
5	500	22.50	2.25	24.75	3.375	25.88	4.50	27.00	5.625	28.13
	520	23.40	2.34	25.74	3.510	26.91	4.68	28.08	5.85	29.25
	540	24.30	2.43	26.73	3.625	27.75	4.86	29.16	6.075	30.38
	560	25.20	2.52	27.72	3.780	28.98	5.04	30.24	6.30	31.50
	580	26.10	2.61	28.71	3.915	30.02	5.22	31.32	6.525	32.63
6	600	27.00	2.70	29.70	4.050	31.05	5.40	32.40	6.75	33.75
	620	27.90	2.79	30.69	4.185	32.09	5.58	33.48	6.975	34.88
	640	28.80	2.88	31.68	4.320	33.12	5.76	34.56	7.20	36.00
	660	29.70	2.97	32.67	4.455	34.16	5.94	35.64	7.425	37.13
	680	30.60	3.06	33.66	4.590	35.19	6.12	36.72	7.65	38.25
7	700	31.50	3.15	34.65	4.725	36.23	6.30	37.80	7.875	39.38
	720	32.40	3.24	35.64	4.860	37.26	6.48	38.88	8.10	40.50
	740	33.30	3.33	36.63	4.995	38.30	6.66	39.96	8.325	41.63
	760	34.20	3.42	37.62	5.130	39.33	6.84	41.04	8.55	42.75
	780	35.10	3.51	38.61	5.265	40.37	7.02	42.12	8.775	43.88
8	800	36.00	3.60	39.60	5.400	41.40	7.20	43.20	9.00	45.00
	820	36.90	3.69	40.59	5.535	42.44	7.38	44.28	9.225	46.13
	840	37.80	3.78	41.58	5.670	43.47	7.56	45.36	9.45	47.25
	860	38.70	3.87	42.57	5.805	44.51	7.74	46.44	9.675	48.38
	880	39.60	3.96	43.56	5.940	45.54	7.92	47.52	9.90	49.50
9	900	40.50	4.05	44.55	6.075	46.68	8.10	48.70	10.125	50.63
	620	41.40	4.14	45.64	6.210	47.62	8.28	49.68	10.35	51.75
	940	42.30	4.23	46.53	6.345	48.65	8.46	50.76	10.575	52.88
	960	43.20	4.32	47.52	6.480	49.68	8.64	51.84	10.80	54.00
	980	44.10	4.41	48.51	6.615	50.72	8.82	52.92	11.025	55.13
10	1000	45.00	4.50	49.50	6.750	51.75	9.00	54.00	11.25	56.25
	1020	45.90	4.59	50.49	6.885	52.79	9.18	55.08	11.475	57.38
	1040	46.80	4.68	51.48	7.020	53.82	9.36	56.16	11.70	58.50
	1060	47.70	4.77	52.47	7.155	54.86	9.54	57.24	11.925	59.63
	1080	48.60	4.86	53.46	7.290	55.89	9.72	58.32	12.15	60.75
11	1100	49.50	4.95	54.45	7.425	56.93	9.90	59.40	12.375	61.88
12	1200	54.00	5.40	59.40	8.10	62.10	10.80	64.80	13.50	67.50
13	1300	58.50	5.85	64.35	8.77	67.27	11.70	70.20	14.625	73.13
14	1400	63.00	6.30	69.30	9.45	72.45	12.60	75.60	15.75	78.75
15	1500	67.50	6.75	74.25	10.12	77.62	13.50	80.00	16.875	84.38
16	1600	72.00	7.20	79.20	10.80	82.80	14.40	86.40	18.00	90.00
17	1700	76.50	7.65	84.15	11.47	87.97	15.30	91.80	19.125	95.63
18	1800	81.00	8.10	89.10	12.15	93.15	16.20	97.20	20.25	101.25
19	1900	85.50	8.55	94.05	12.82	98.32	17.10	102.10	21.375	106.88
20	2000	90.00	9.00	99.00	15.50	105.50	18.00	108.00	22.50	112.50
30	3000	135.00	13.50	148.50	20.25	155.25	27.00	162.00	33.75	168.75
40	4000	180.00	18.00	198.00	27.00	207.00	36.00	216.00	45.00	225.00
50	5000	225.00	22.50	247.50	33.75	258.75	45.00	270.00	56.25	281.25
60	6000	270.00	27.00	297.00	40.50	310.50	54.00	324.00	67.50	337.50
70	7000	315.00	31.50	346.50	47.25	362.25	63.00	378.00	78.75	398.75
80	8000	360.00	36.00	396.00	54.00	414.00	72.00	432.00	90.00	450.00
90	9000	405.00	40.50	445.50	60.75	465.75	81.00	486.00	101.25	506.25
100	10000	450.00	45.00	495.00	67.55	517.55	90.00	540.00	112.50	562.50
200	20000	900.00	90.00	990.00	135.00	1035.00	180.00	1080.00	225.00	1125.00
300	30000	1350.00	135.00	1485.00	202.50	1552.50	270.00	1620.00	337.50	1687.50
400	40000	1800.00	180.00	1980.00	270.00	2070.00	360.00	2160.00	450.00	2250.00
500	50000	2250.00	225.00	2475.00	337.50	2587.00	450.00	2700.00	562.50	2812.50
1000	100000	4500.00	450.00	4750.00	675.00	5175.00	900.00	5400.00	1125.00	5625.00

OBSERVATIONS

Capitaliser le revenu des immeubles transmis par 20 si ce sont des immeubles urbains et par 25 si ce sont des immeubles ruraux.

Manière de calculer :

Exemple : 24 fr.

à 1 p. 0/0	2. 40
à 1 p. 0/0	2. 40
à 1 p. 0/0	2. 40
à 1 p. 0/0	2. 40
à 0. 50	1. 20
Total	10. 80 en principal.

Tableau numéro 20 bis.

Droits fixes à 4 fr. 50 c.

Acceptation de succession sous bénéfice d'inventaire.

Actes et jugements préparatoires ou d'instructions des tribunaux de Ire instance, de commerce ou des arbitres.

Actes faits au greffe des mêmes tribunaux portant acquiescement, dépôt, décharge, désaveu, exclusion de tribunaux, renonciation, reprise d'instance et tous autres actes conservatoires ou de formalité.

Adjudication à la folle enchère lorsque le prix n'est pas supérieur à celui de la précédente adjudication.

Comprômis ou nomination d'arbitres.

Connaissements ou reconnaissances de chargement par mer.

Déclaration de command quand la faculté a été réservée et que la déclaration est faite par acte public et notifiée dans les 24 heures; le délai est de 3 jours pour les avoués et les acquéreurs des domaines de l'État.

Exploits et actes d'huissiers relatifs aux procédures des cours d'appel y compris les significations d'arrêts définitifs.

Ordonnances des juges des tribunaux civils rendues sur requête ou mémoires, celles de référé, compulsoire, injonction, permission de saisir-gager, revendiquer ou vendre et celles des procureurs de la république.

Prestation de serment des greffiers, huissiers, juges de paix, gardes particuliers, gardes de douane, gardes forestiers et champêtres et généralement de tout employé et agent salarié par l'État dont le traitement n'excède pas 1,500 fr.

Renouvellement de lettres patentes confirmant des titres de chevalier et changements d'armoiries.

Réunion de l'usufruit à la nue-propriété moyennant un prix inférieur à celui sur lequel le droit a été perçu.

Signification d'avocat à avocat (cassation et conseil d'État), reconnaissance de rentes dont le titre est enregistré.

Transaction (minimum du droit fixe de).

Unions et direction de créanciers, pures et simples.

Tableau numéro 21.

Sont enregistrés au droit de 5 p. 0/0.

Meubles et immeubles transmis par contrat de mariage entre grands-oncles, grandes-tantes, petits-neveux, cousins-germains.

Voir le tableau d'autre part.

Tableau n° 21.

Le tableau n° 1 indique les époques des changements de décimes.

Unités servant à la percept. du droit fixe. 1	Chiffre formant l'assiette du droit proportionnel. 2	Droit simple. 3	1 décime en sus. 4	Montant du droit en principal et 1 décime. 5	1 décime et 1/2. 6	Montant du droit en principal et 1 décime et 1/2. 7	2 décimes en sus. 8	Montant du droit en principal et 2 décimes. 9	2 décimes et 1/2. 10	Montant du droit en principal et 2 décim. et 1/2. 11
	20	1 »	0.10	1.10	0.15	1.15	0.20	1.20	0.25	1.25
	40	2 »	0.20	2.20	0.30	2.30	0.40	2.40	0.50	2 50
	60	3 »	0.30	3.30	0.45	3.45	0.60	3.60	0.75	3.75
	80	4 »	0.40	4.40	0.60	4.60	0.80	4.80	1.00	5.00
1	100	5 »	0.50	5.50	0.75	5.75	1.00	6.00	1.25	6.25
	120	6 »	0.60	6.00	0.90	6.90	1.20	7.20	1.50	7.50
	140	7 »	0.70	7.70	1.05	8.05	1.40	8.40	1.75	8.75
	160	8 »	0.80	8 80	1.20	9.20	1.60	9.60	2.00	10.00
	180	9 »	0.90	9.90	1.35	10.35	1.80	10.80	2.25	11.25
2	200	10 »	1.00	11.00	1.50	11.50	2.00	12.00	2.50	12.50
	220	11 »	1.10	12.10	1.65	12.65	2.20	13.20	2.75	13.75
	240	12 »	1.20	13.20	1.80	13.80	2.40	14.40	3.00	15.00
	260	13 »	1.30	14.30	1.95	14.95	2.60	15.60	3.25	16.25
	280	14 »	1.40	15.40	2.10	16.20	2.80	16 80	3.50	17.50
3	300	15 »	1.50	16.50	2.25	17.25	3.00	18.00	3.75	18.75
	320	16 »	1.60	17.60	2.40	18.40	3.20	19.20	4.00	20.00
	340	17 »	1.70	18.70	2.55	19.55	3.40	20.40	4.25	21.25
	360	18 »	1.80	19.80	2.70	20.70	3.60	21.60	4.50	22.50
	380	19 »	1.90	20.90	2.85	21.85	3.80	22.80	4.75	23.75
4	400	20 »	2.00	22.00	3.00	23.00	4.00	24.00	5.00	25.00
	420	21 »	2.10	23.10	3.15	24.15	4.20	25.20	5.25	26.25
	440	22 »	2.20	24.20	3.30	25.30	4.40	26.40	5.50	27.50
	460	23 »	2.30	25.30	3.45	26.45	4.60	27.60	5.75	28.75
	480	24 »	2.40	26.40	3.60	27.60	4.80	28.80	6.00	30.00
5	500	25 »	2.50	27.50	3.75	28.75	5 00	30.00	6.25	31.25
	520	26 »	2.60	28.60	3.90	29.90	5.20	31.20	6.50	32.50
	540	27 »	2.70	29.70	4 05	31.05	5.40	32.40	6.75	33.75
	560	28 »	2.80	30.80	4.20	32.20	5.60	33.60	7.00	35.00
	580	29 »	2.90	31.90	4.35	33.35	5.80	34.80	7.25	36.25
6	600	30 »	3.00	33.00	4.50	34.50	6.00	36.00	7.50	37.50
	620	31 »	3.10	34.10	4 65	35.65	6.20	37.20	7.75	38 75
	640	32 »	3.20	35.20	4.80	36.80	6.40	38.40	8.00	40.00
	660	33 »	3.30	36.30	4.95	37 95	6.60	39.60	8.25	41.25
	680	34 »	3.40	37.40	5.10	39.10	6 80	40.80	8.50	42.50
7	700	35 »	3.50	38.50	5.25	40.25	7.00	42.00	8.75	43.75
	720	36 »	3.60	39 60	5.40	41.40	7.20	43.20	9.00	45.00
	740	37 »	3.70	40.70	5.55	42.55	7.40	44.40	9.25	46.25
	760	38 »	3.80	41 80	5.70	43 70	7.60	45.60	9.50	47.50
	780	39 »	3.90	42.90	5.85	44.85	7.80	46.80	9.75	48.75
8	800	40 »	4.00	44.00	6.00	46.00	8.00	48.00	10.00	50.00
	820	41 »	4.10	45.10	6.15	47.15	8.20	49.20	10 25	51.25
	840	42 »	4.20	46.20	6.30	48.30	8.40	50 40	10.50	52 50
	860	43 »	4.30	47.30	6.45	49.45	8.60	51.60	10.75	53 75
	880	44 »	4.40	48.40	6.60	50.60	8.80	52.80	11.00	55.00
9	900	45 »	4.50	49.50	6.75	51.75	9.00	54.00	11.25	56.25
	920	46 »	4.60	50.60	6.90	52 90	9 20	55.20	11.50	57.50
	940	47 »	4.70	51.70	7.05	54.05	9.40	56.40	11.75	58.75
	960	48 »	4.80	52.80	7.20	55.20	9.60	57.60	12 00	60.00
	980	49 »	4.90	53 90	7.35	56.35	9 80	58.80	12 25	61 25
10	1000	50 »	5.00	55.00	7.50	57.50	10.00	60.00	12.50	62.50
	1020	51 »	5.10	56.10	7.65	58.65	10.20	61.20	12 75	63.75
	1040	52 »	5.20	57.20	7.80	59 80	10 40	62.40	13.00	65.00
	1060	53 »	5.30	58 30	7.95	60.95	10 60	63.60	13.25	66.25
	1080	54 »	5.40	59.40	8.10	62.10	10 80	64.80	13.50	67.50
11	1100	55 »	5.50	60 50	8 25	63.25	11.00	66.00	13.75	68.75
12	1200	60 »	6.00	66.00	9.00	69.00	12.00	72 00	15.00	75.00
13	1300	65 »	6 50	71.50	9.75	74 75	13.00	78 00	16.25	81.25
14	1400	70 »	7.00	77.00	10.50	80.50	14.00	84.00	17.50	87.50
15	1500	75 »	7.50	82.50	11 25	86.25	15.00	90.00	18.75	93.75
16	1600	80 »	8.00	88.00	12.00	92.00	16 00	96.00	20.00	100 00
17	1700	85 »	8.50	93.50	12 75	97 75	17.00	102.00	21.25	106.25
18	1800	90 »	9.00	99.00	13.50	103 50	18.00	108.00	22.50	112.50
19	1900	95 »	9.50	104 50	14.25	109.25	19.00	114.00	23.75	118.75
20	2000	100 »	10.00	110.00	15.00	115.00	20.00	120.00	25.00	125.00
30	3000	150 »	15.00	165.00	22.50	162 50	30.00	180.00	37.50	187.50
40	4000	200 »	20.00	220.00	30.00	230.00	40.00	240 00	50.00	250.00
50	5000	250 »	25.00	275.00	37.50	287.50	50.00	300.00	62.50	312.50
60	6000	300 »	30 00	330.00	45.00	345 00	60.00	360.00	75.00	375.00
70	7000	350 »	35.00	385.00	52.50	402.50	70.00	420.00	87.50	437.50
80	8000	400 »	40 00	440.00	60 00	460.00	80.00	480 00	100.00	500 00
90	9000	450 »	45 00	495.00	67 50	517.50	90.00	540.00	112.50	562.50
100	10000	500 »	50 00	550.00	75 00	575.00	100.00	600.00	125.00	625.00
200	20000	1000 »	100.00	1100.00	150.00	1150.00	200 00	1200.00	250.00	1250.00
300	30000	1500 »	150.00	1650 00	225 00	1725 00	300.00	1800.00	375.00	1875.00
400	40000	2000 »	200.00	2200.00	300 00	2300 00	400.00	2400.00	500.00	2500 00
500	50000	2500 »	250.00	2850.00	375 00	2875.00	500.00	3000.00	625.00	3125.00
1000	100000	5000 »	500.00	5500.00	750.00	5750.00	1000.00	6000.00	1250.00	6250.00

OBSERVATIONS

Capitaliser le revenu des immeubles donnés par 20 ou par 25 suivant les cas.

Le droit de timbre d'abonnement des lettres de gage du crédit foncier de France est de 0.05 c. par 1,000 fr.

Pour les assurances mutuelles le droit est de 0.05 c. par 1,000 fr. du capital assuré.

Manière de calculer ce droit :

Exemple : 240 fr.

	240 »	
à 1/2	12 »	
soit	12 »	en principal.

Il n'y a pas de droit fixe à 5 fr.

Tableau numéro 22.

Sont enregistrés au droit de 5.50 p. 0/0.

1° Adjudications, rentes, reventes, retrocessions et tous actes civils et judiciaires translatifs de propriété ou d'usufruit de biens immeubles à titre onéreux.

2° Adjudications à la folle enchère des mêmes biens sur ce qui excède le prix de la précédente adjudication si le droit en a été acquitté.

3° Retour ou plus-value sur les échanges.

4° Déclarations de command hors délai.

5° Retrait hors du délai convenu pour la faculté de réméré.

6° Meubles et immeubles transmis par contrat de mariage entre parents de 2e et 4e degré.

7° Baux emphytéotiques et à rentes perpétuelles et à durée illimitée

Voir le tableau d'autre part.

Tableau n° 22.

Le tableau n° 1 indique les époques des changements de décimes.

Unités servant à la percept. du droit fixe. 1	Chiffre formant l'assiette du droit proportionnel. 2	Droit simple. 3	1 décime en sus. 4	Montant du droit en principal et 1 décime. 5	1 décime et 1/2. 6	Montant du droit en principal et 1 décime et 1/2. 7	2 décimes en sus. 8	Montant du droit en principal et 2 décimes. 9	2 décimes et 1/2. 10	Montant du droit en principal et 2 décim. et 1/2. 11
	20	1.10	0.11	1.21	0.165	1.27	0.22	1.32	0.275	1.38
	40	2.20	0.22	2.42	0.330	2.53	0.44	2.64	0.55	2.75
	60	3.30	0.33	3.63	0.495	2.80	0.66	3.96	0.825	4.13
	80	4.40	0.44	4.84	0.560	4.96	0.88	5.28	1.10	5.50
1	100	5.50	0.55	6.05	0.825	6.33	1.10	6.60	1.375	6.88
	120	6.60	0.66	7.26	0.990	7.59	1.32	7.92	1.65	8.25
	140	7.70	0.77	8.47	1.155	8.86	1.54	9.24	1.925	9.63
	160	8.80	0.88	9.68	1.320	10.12	1.76	10.56	2.20	11.00
	180	9.90	0.99	10.89	1.485	11.39	1.98	11.88	2.475	12.38
2	200	11.00	1.10	12.10	1.650	12.65	2.20	13.20	2.75	13.75
	220	12.10	1.21	13.31	1.815	13.92	2.42	14.52	3.025	15.13
	240	13.20	1.32	14.52	1.980	15.18	2.64	15.84	3.30	16.50
	260	14.30	1.43	15.73	2.145	16.45	2.86	17.16	3.575	17.88
	280	15.40	1.54	16.94	2.310	17.71	3.08	18.48	3.85	19.25
3	300	16.50	1.65	18.15	2.475	18.98	3.30	19.80	4.125	20.63
	320	17.60	1.76	19.36	2.640	20.24	3.52	21.12	4.40	22.00
	340	18.70	1.87	20.57	2.805	21.51	3.74	22.44	4.675	23.38
	360	19.80	1.98	21.78	2.970	22.77	3.96	23.76	4.95	24.75
	380	20.90	2.09	22.99	3.135	24.04	4.18	25.08	5.225	26.13
4	400	22.00	2.20	24.20	3.300	25.30	4.40	26.40	5.50	27.50
	420	23.10	2.31	25.41	3.465	26.57	4.62	27.72	5.775	28.88
	440	24.20	2.42	26.62	3.630	27.83	4.84	29.04	6.05	30.25
	460	25.30	2.53	27.83	3.795	29.10	5.06	30.36	6.325	31.63
	480	26.40	2.64	29.04	3.960	30.36	5.28	31.68	6.60	33.00
5	500	27.50	2.75	30.25	4.125	31.63	5.50	33.00	6.875	34.38
	520	28.60	2.86	31.46	4.290	32.89	5.72	34.32	7.15	35.75
	540	29.70	2.97	32.67	4.455	34.16	5.94	35.64	7.425	37.13
	560	30.80	3.08	33.88	4.620	35.42	6.16	36.96	7.70	38.50
	580	31.90	3.19	35.09	4.785	36.69	6.38	38.28	7.975	39.88
6	600	33.00	3.30	36.30	4.950	37.95	6.60	39.60	8.25	41.25
	620	34.10	3.41	37.51	5.115	39.22	6.82	40.92	8.525	42.63
	640	35.20	3.52	38.82	5.280	40.48	7.04	42.24	8.80	44.00
	660	36.30	3.63	39.93	5.445	41.75	7.26	43.56	9.075	45.38
	680	37.40	3.74	41.14	5.610	42.01	7.48	44.88	9.35	46.75
7	700	38.50	3.85	42.35	5.775	44.28	7.70	46.20	9.625	48.13
	720	39.60	3.96	43.56	5.940	45.54	7.92	47.02	9.90	49.50
	740	40.70	4.07	44.77	6.105	46.81	8.14	48.84	10.175	50.88
	760	41.80	4.18	45.78	6.270	48.07	8.36	50.16	10.45	52.25
	780	42.90	4.29	47.19	6.435	49.34	8.58	51.48	10.725	53.63
8	800	44.00	4.40	48.40	6.600	50.60	8.80	52.80	11.00	55.00
	820	45.10	4.51	49.61	6.765	51.87	9.02	54.12	11.275	56.38
	840	46.20	4.62	50.82	6.930	53.13	9.24	55.44	11.55	57.75
	860	47.30	4.73	52.03	7.095	54.40	9.46	56.76	11.825	59.13
	880	48.40	4.84	53.24	7.200	55.66	9.68	58.08	12.10	60.50
9	900	49.50	4.95	54.45	7.426	56.93	9.90	59.40	12.375	61.88
	920	50.60	5.06	55.66	7.590	58.19	10.12	60.72	12.65	63.25
	940	51.70	5.17	56.87	7.755	59.46	10.34	62.04	12.925	64.63
	960	52.80	5.28	58.08	7.920	60.72	10.56	63.36	13.20	66.00
	980	53.90	5.39	59.29	8.085	61.99	10.78	64.68	13.475	67.38
10	1000	55.00	5.50	60.50	8.250	63.25	11.00	66.00	13.75	68.75
	1020	56.10	5.61	61.71	8.415	64.52	11.22	67.32	14.025	70.13
	1040	57.20	5.72	62.92	8.580	65.78	11.44	68.64	14.30	71.50
	1060	58.30	5.83	64.13	8.745	67.05	11.66	69.96	14.575	72.88
	1080	59.40	5.94	65.34	8.910	68.31	11.88	71.28	14.85	74.25
11	1100	60.50	6.05	66.55	9.075	69.58	12.10	72.60	15.125	75.63
12	1200	66.00	6.60	72.60	9.200	75.20	13.20	79.20	16.50	82.50
13	1300	71.50	7.15	78.65	10.725	82.23	14.30	85.80	17.875	89.38
14	1400	77.00	7.70	84.70	11.550	88.55	15.40	92.40	19.25	96.25
15	1500	82.50	8.25	90.75	12.375	94.88	16.50	99.00	20.625	103.13
16	1600	88.00	8.80	96.80	13.200	101.20	17.60	105.60	22.00	110.00
17	1700	93.50	9.35	102.85	14.025	107.53	18.70	112.20	23.375	116.88
18	1800	99.00	9.90	108.90	14.850	113.85	19.80	118.80	24.75	123.75
19	1900	104.50	10.45	114.95	15.675	120.18	20.90	125.40	26.125	130.63
20	2000	110.00	11.00	121.00	16.50	126.50	22.00	132.00	27.50	137.50
30	3000	165.00	16.50	181.50	24.75	189.70	33.00	198.00	41.25	206.25
40	4000	220.00	22.00	242.00	33.00	253.00	44.00	264.00	55.00	275.00
50	5000	275.00	27.50	302.50	41.25	316.25	55.00	330.00	68.75	343.75
60	6000	330.00	33.00	363.00	49.50	379.50	66.00	396.00	82.50	412.50
70	7000	385.00	38.50	423.50	57.75	442.70	77.00	462.00	96.25	481.25
80	8000	440.00	44.00	484.00	66.00	506.00	88.00	528.00	110.00	550.00
90	9000	495.00	49.50	544.50	74.25	569.25	99.00	594.00	123.75	618.75
100	10000	550.00	55.00	605.00	82.50	632.20	110.00	660.00	137.50	687.50
200	20000	1100.00	110.00	1210.00	165.00	1265.00	220.00	1320.00	275.00	1375.00
300	30000	1650.00	165.00	1815.00	247.50	1897.50	330.00	1980.00	412.50	2062.50
400	40000	2200.00	220.00	2420.00	330.00	2530.00	440.00	2640.00	550.00	2750.00
500	50000	2750.00	275.00	3025.00	412.50	3162.50	550.00	3300.00	687.50	3437.50
1000	100000	5500.00	550.00	6050.00	825.00	6325.00	1100.00	6600.00	1375.00	6875.00

OBSERVATIONS

Pour le calcul de ce droit sur les transmissions entre vifs, les charges s'ajoutent au prix.

Sont considérées comme charges les impôts antérieurs à la date de l'entrée en jouissance qui sont supportés par l'acquéreur.

Lorsque le vendeur se réserve l'usufruit jusqu'à son décès de l'immeuble vendu, il faut ajouter au prix de cette vente et comme charge la moitié de ce prix.

On ajoute pour chaque mois ou chaque fraction de mois dont on doit payer l'impôt antérieurement à la jouissance *1.042 m. par 1,000 fr. du prix* à ce même prix.

Lorsque les frais du contrat de vente sont supportés par le vendeur, le droit se perçoit sur 10/11e de ce prix, 1/11e s'appliquant à ces frais.

Pour les baux à rentes perpétuelles ou à durée illimitée, le droit est dû sur 20 fois le loyer annuel ou 25 fois si ce sont des immeubles ruraux.

Toute dissimulation dans le prix d'une vente et dans la soulte d'un échange ou d'un partage est punie d'une amende égale au quart de la somme dissimulée et payée solidairement par les parties, sauf à la répartir entre elles par égale part (loi du 23 août 1871, art. 12).

Pour calculer le droit à 5. 50, on peut faire l'opération suivante :

Exemple : 840. 00 fr.

à 5 0/0	42. 00
à 0.50	4. 20
Total.	46. 20 en principal.

Il n'y a pas de droits fixes à 5 fr. 50.

Tableau numéro 23.

Sont enregistrés au droit de 6 fr. *p.* 0/0.

1° Meubles et immeubles transmis à titre gratuit par contrat de mariage entre personnes non parentes.

2° Amendes de timbre sur billets simples, valeurs et effets de commerce non timbrés. (Ce droit est dû par chaque souscripteur bénéficiaire, endosseur et accepteur des effets ou valeurs en contravention à la loi sur le timbre proportionnel.)

Voir le tableau d'autre part.

Tableau n° 23.

Le tableau n° 1 indique les époques des changements de décimes.

Unités servant à la percept. du droit fixe.	Chiffre formant l'assiette du droit proportionnel.	Droit simple.	1 décime en sus.	Montant du droit en principal et 1 décime.	1 décime et 1/2.	Montant du droit en principal et 1 décime et 1/2.	2 décimes. en sus.	Montant du droit en principal et 2 décimes.	2 décimes et 1/2.	Montant du droit en principal et 2 décim. et 1/2.
1	2	3	4	5	6	7	8	9	10	11
	20	1.20	0.12	1.32	0.18	1.38	0.24	1.44	0.30	1.50
	40	2.40	0.24	2.64	0.36	2.76	0.48	2.88	0.60	3.00
	60	3.60	0.36	3.96	0.54	4.14	0.72	4.32	0.90	4.50
	80	4.80	0.48	5.28	0.72	5.52	0.96	5.76	1.20	6.00
1	100	6.00	0.60	6.60	0.90	6.90	1.20	7.20	1.50	7.50
	120	7.20	0.72	7.92	1.08	8.28	1.44	8.64	1.80	9.00
	140	8.40	0.84	9.24	1.26	9.66	1.68	10.02	2.10	10.50
	160	9.60	0.96	10.56	1.44	11.04	1.92	11.52	2.40	12.00
	180	10.80	1.08	11.88	1.62	12.42	2.16	12.96	2.70	13.50
2	200	12.00	1.20	13.20	1.80	13.80	2.40	14.40	3.00	15.00
	220	13.20	1.32	14.52	1.98	15.18	2.64	15.84	3.30	16.50
	240	14.40	1.44	15.84	2.16	16.56	2.88	17.28	3.60	18.00
	260	15.60	1.56	17.56	2.34	17.94	3.12	18.72	3.90	19.50
	280	16.80	1.68	18.68	2.52	19.32	3.36	20.16	4.20	21.00
3	300	18.00	1.80	19.80	2.70	20.70	3.60	21.60	4.50	22.50
	320	19.20	1.92	21.52	2.88	22.08	3.84	23.04	4.80	24.00
	340	20.40	2.04	22.44	3.06	23.46	4.08	24.48	5.10	25.50
	360	21.60	2.16	23.76	3.24	24.84	4.32	25.92	5.40	27.00
	380	22.80	2.28	25.08	3.42	26.22	4.56	27.36	5.70	28.50
4	400	24.00	2.40	26.40	3.60	27.60	4.80	28.80	6.00	30.00
	420	25.20	2.52	27.72	3.78	28.98	5.04	30.24	6.30	31.50
	440	26.40	2.64	29.04	3.96	30.36	5.28	31.68	6.60	33.00
	460	27.60	2.76	30.36	4.14	31.74	5.52	33.12	6.90	34.50
	480	28.80	2.88	31.68	4.32	33.12	5.76	34.56	7.20	36.00
5	500	30.00	3.00	33.00	4.50	34.50	6.00	36.00	7.50	37.50
	520	31.20	3.12	34.32	4.68	35.88	6.24	37.44	7.80	39.00
	540	32.40	3.24	35.64	4.86	37.20	6.48	38.88	8.10	40.50
	560	33.60	3.36	36.96	5.05	38.65	6.72	40.32	8.40	42.00
	580	34.80	3.48	38.28	5.22	40.02	6.96	41.76	8.70	43.50
6	600	36.00	3.60	39.60	5.40	41.40	7.20	43.20	9.00	45.00
	620	37.20	3.72	40.92	5.58	42.78	7.44	44.64	9.30	46.50
	640	38.40	3.84	42.24	5.76	44.16	7.68	46.08	9.60	48.00
	660	39.60	3.96	43.56	5.94	45.54	7.92	47.52	9.90	49.50
	680	40.80	4.08	44.88	6.12	46.52	8.16	48.96	10.20	51.00
7	700	42.00	4.20	46.20	6.30	48.30	8.40	50.40	10.50	52.50
	720	43.20	4.32	47.52	6.48	49.68	8.64	51.80	10.80	54.00
	740	44.40	4.44	48.84	6.66	51.06	8.88	53.28	11.10	55.50
	760	45.60	4.56	50.16	6.84	52.44	9.12	54.72	11.40	57.00
	780	46.80	4.68	51.48	7.02	53.82	9.36	56.16	11.70	58.50
8	800	48.00	4.80	52.80	7.20	55.20	9.60	57.60	12.00	60.00
	820	49.20	4.92	54.12	7.38	56.58	9.84	59.04	12.30	61.50
	840	50.40	5.04	55.44	7.56	57.95	10.08	60.48	12.60	63.00
	860	51.60	5.16	56.76	7.74	59.34	10.32	61.92	12.90	64.50
	880	52.80	5.28	58.08	7.92	60.72	10.56	63.36	13.20	66.00
9	900	54.00	5.40	59.40	8.10	62.10	10.80	64.80	13.50	67.50
	920	55.20	5.52	60.72	8.28	63.48	11.04	66.24	13.80	69.00
	940	56.40	5.64	62.84	8.46	64.86	11.28	67.68	14.10	70.50
	960	57.60	5.76	63.36	8.64	66.24	11.52	69.12	14.40	72.00
	980	58.80	5.88	64.68	8.82	67.62	11.76	70.56	14.70	73.50
10	1000	60.00	6.00	66.00	9.00	69.00	12.00	72.00	15.00	75.00
	1020	61.20	6.12	67.32	9.18	70.38	12.24	73.44	15.30	76.50
	1040	62.40	6.24	68.64	9.36	71.76	12.48	74.88	15.60	78.00
	1060	63.60	6.36	69.96	9.54	73.14	12.72	76.32	15.90	79.50
	1080	64.80	6.48	71.28	9.72	74.52	12.96	77.76	16.20	81.00
11	1100	66.00	6.60	72.60	9.90	75.90	13.20	79.20	16.50	82.50
12	1200	72.00	7.20	79.20	10.80	82.80	14.40	86.40	18.00	90.00
13	1300	78.00	7.80	85.90	11.70	89.70	15.60	93.60	19.50	97.50
14	1400	84.00	8.40	92.40	12.60	97.60	16.80	100.80	21.00	105.00
15	1500	90.00	9.00	99.00	13.50	103.50	18.00	108.00	22.50	112.50
16	1600	96.00	9.60	105.60	14.40	110.40	19.20	115.20	24.00	120.00
17	1700	102.00	10.20	112.20	15.30	117.30	20.40	122.40	25.50	127.50
18	1800	108.00	10.80	118.80	16.20	124.20	21.60	129.60	27.00	135.00
19	1900	114.00	11.40	125.40	17.10	131.10	22.80	136.80	28.50	142.50
20	2000	120.00	12.00	132.00	18.00	138.00	24.00	144.20	30.00	150.00
30	3000	180.00	18.00	198.00	27.00	207.00	36.00	216.00	45.00	225.00
40	4000	240.00	24.00	264.00	36.00	276.00	48.00	288.50	60.00	300.00
50	5000	300.00	30.00	330.00	45.00	345.00	60.00	360.00	75.00	375.00
60	6000	360.00	36.00	396.00	54.00	414.00	72.00	432.00	90.00	450.00
70	7000	420.00	42.00	462.00	63.00	483.00	84.00	504.00	105.00	525.00
80	8000	480.00	48.00	528.00	72.00	552.00	96.00	576.00	120.00	600.00
90	9000	540.00	54.00	594.00	81.00	621.00	108.00	648.00	135.00	675.00
100	10000	600.00	60.00	660.00	90.00	690.00	120.00	720.00	150.00	750.00
200	20000	1200.00	120.00	1320.00	180.00	1380.00	240.00	1440.00	300.00	1500.00
300	30000	1800.00	180.00	1980.00	270.00	2070.00	360.00	2160.00	450.00	2250.00
400	40000	2400.00	240.00	2640.00	360.00	2760.00	480.00	2880.00	600.00	3000.00
500	50000	3000.00	300.00	3300.00	450.00	3450.00	600.00	3600.00	750.00	3750.00
1000	100000	6000.00	600.00	6600.00	900.00	6900.00	1200.00	7200.00	1500.00	7500.00

OBSERVATIONS

Le revenu des immeubles transmis est multiplié par 20 ou par 25 si ce sont des immeubles ruraux.

Le droit de 6 p. 0/0 pour amende de timbre sur les effets non timbrés est dû, nonobstant le droit de timbre, par chaque souscripteur, bénéficiaire, endosseur et accepteur des effets ou valeurs en contravention à la loi sur le timbre proportionnel.

Manière de calculer ce droit :

Exemple : 840 fr.

à 5 0/0	42 »
à 1 0/0	8.40
Total.	50.40 en principal.

Tableau numéro 23 bis.

Sont enregistrés au droit fixe de 6 fr.

Scellés, apposition, reconnaissance, levée (par vacation).
Avis de parents, nomination de tuteurs, curateurs, etc.

Tableau numéro 24.

Sont enregistrés au droit de 6.50 *p.* 0/0.

1° Meubles et immeubles transmis à titre gratuit en ligne collatérale hors contrat de mariage, entre oncles, tantes, neveux, et nièces.

2° Mutations par décès entre les mêmes.

Voir le tableau d'autre part.

Tableau n° 24.

Le tableau n° 1 indique les époques des changements de décimes.

Unités servant à la percept. du droit fixe. 1	Chiffre formant l'assiette du droit proportionnel. 2	Droit simple. 3	1 décime en sus. 4	Montant du droit en principal et 1 décime. 5	1 décime et 1/2. 6	Montant du droit en principal et 1 décime et 1/2. 7	2 décimes en sus. 8	Montant du droit en principal et 2 décimes. 9	2 décimes et 1/2. 10	Montant du droit en principal et 2 décim. et 1/2. 11
	20	1.30	0.13	1.43	0.195	1.50	0.26	1.50	0.325	1.63
	40	2.60	0.26	2.86	0.390	2.99	0.52	3.12	0.65	3 25
	60	3.90	0.39	4.29	0.585	4.49	0.78	4.68	0.975	4.88
	80	5.20	0.52	5.72	0.780	5.98	1.04	6.24	1.30	6.50
1	100	6.50	0.65	7.15	0.975	7.48	1.30	7.70	1.625	8.13
	120	7.80	0 78	8.58	1.170	8.97	1.56	9.36	1 95	9.75
	140	9.10	0.91	10.01	1.365	10.47	1.82	10.92	2.275	11.38
	160	10 40	1.04	11.44	1.560	11.96	2.08	12.48	2.60	13.00
	180	11.70	1.17	12 87	1.755	13.46	2.34	14.04	2.925	14.63
2	200	13.00	1.30	14.30	1.950	14.95	2.60	15.60	3.25	16.25
	220	14.30	1.43	15 73	2.145	16.45	2.86	17.16	3.575	17.88
	240	15.60	1.56	17.16	2.340	17.94	3.12	18.72	3 90	19.50
	260	16.90	1.69	18.59	2.535	19.44	3.38	20.28	4.225	21.13
	280	18.20	1.82	20.02	2.730	20.93	3.64	21.84	4.55	22.75
3	300	19.50	1.95	21.45	2.925	22.43	3.90	23.40	4.875	24.38
	320	20.80	2.08	22.88	3.120	23 92	4.16	24.96	5.20	26.00
	340	22.10	2.21	24.31	3.315	25.42	4.42	26.52	5.525	27.63
	360	23.40	2.34	25 74	3.510	26.91	4.68	28.08	5.85	29.25
	380	24.70	2.47	27.17	3.705	28.41	4.94	29.64	6.175	30.88
4	400	26.00	2.60	28.60	3.900	29.90	5.20	31.20	6.50	32.50
	420	27.30	2.73	30.03	4.095	31.40	5.46	32.76	6.825	34.13
	440	28.60	2.86	31.46	4.290	32.89	5.72	34.32	7.15	35.75
	460	29.90	2.99	32.89	4.480	34.38	5.98	35.88	7.475	37.38
	480	31 20	3.12	34.32	4.680	35.88	6.24	37.44	7.80	39.00
5	500	32.50	3.25	35.75	4.875	37.38	6.50	39.00	8.125	40.63
	520	33.80	3.38	37.18	5.070	38.87	6.76	40.56	8.45	42.25
	540	35.10	3.51	38.65	5.265	40.37	7.02	42.12	8.775	43.88
	560	36.40	3.64	40.04	5.460	41.86	7.28	43.48	9.10	45.50
	580	37.70	3.77	41.47	5.655	43.36	7.54	45.24	9.425	47.13
6	600	39.00	3.90	42.90	5.850	44.85	7.80	46.80	9.75	48.75
	620	40 30	4.03	44.33	6 045	46.35	8.06	48.36	10.075	50.38
	640	41.60	4.16	45.76	6.240	47.84	8.32	49.92	10.40	52.00
	660	42.90	4.29	47 19	6.435	49 34	8.58	50.48	10.725	53 63
	680	44.20	4.42	48.62	6 630	50.83	8.84	53.04	11.05	55.25
7	700	45.50	4.55	50.05	6.825	52.33	9.10	54.60	11.375	56.88
	720	46 80	4.68	51.48	7.020	53.82	9.36	56.16	11.70	58.50
	740	48.10	4.81	52.91	7.215	55.32	9.62	57.72	12.025	60.13
	760	49 40	4.94	54.34	7.410	56.81	9.88	59.28	12.35	61.75
	780	50.70	5 07	55.77	7.605	58.31	10.14	60.74	12.675	63 38
8	800	52.00	5.20	57.20	7.800	59.80	10.40	62.40	13.00	65.00
	820	53.30	5.33	58.63	7.995	61.30	10.66	63.96	13 325	66.63
	840	54.60	5.46	60.06	8.190	62.79	10.92	65 52	13.65	68 25
	860	55.90	5.59	61.49	8.385	64.29	11.18	67.05	13.975	69 88
	880	57.20	5.72	62.92	8.580	65.78	11.44	68 64	14.30	71.50
9	900	58.50	5.85	64.35	8.775	67.28	11.70	70.20	14.625	73.13
	920	59.80	5.98	65.78	8.970	68.77	11.96	71.76	14.95	74.75
	940	61.10	6.11	67.21	9.165	70.27	12.22	73.32	15.275	76.38
	960	62.40	6.24	68.64	9.360	71.76	12.48	74.88	15 60	78.00
	980	63.70	6.37	70.07	9.555	73.26	12 74	76.44	15.925	79 63
10	1000	65.00	6.50	71.50	9.750	74.75	13.00	78.00	16.25	81.25
	1020	66.30	6.63	72.93	9.945	76.25	13.26	79.56	16 575	82.88
	1040	67.60	6.76	74.36	10.140	77.74	13 52	81.12	16.90	84.50
	1060	68.90	6.89	75.79	10.335	79.24	13 78	82.68	17.225	86.13
	1080	70.20	7.02	77.22	10.530	80.73	14 04	84.24	17.55	87 75
11	1100	71.50	7.15	78.65	10.725	82.23	14.30	85.80	17.875	89.38
12	1200	78.00	7.80	85.80	11.70	89.70	15.60	93 60	19.50	97.50
13	1300	84.50	8.45	92.95	12.67	97 17	16.90	101.40	21.125	105 63
14	1400	91.00	9.10	100.10	13.65	104.65	18.20	109.20	22.75	113.75
15	1500	97.50	9 75	107.25	14.62	112.12	19.50	117.00	24.375	121.88
16	1600	104.00	10.40	114.40	15.60	119.60	20.80	124.80	26.00	130.00
17	1700	110.50	11.05	121.55	16 57	127 07	22.10	132.60	27 625	138.13
18	1800	117.00	11.70	128.70	17.55	134 55	23.40	140.40	29.25	146.25
19	1900	123.50	12.35	135.35	18.52	142.02	24.70	148.20	30.875	154.38
20	2000	130.00	13.00	143.00	19.50	149.50	26.00	156.00	32 50	162.50
30	3000	195.00	19.50	214.50	29.25	224.25	39.00	234.00	48.75	243.75
40	4000	260.00	26.00	286.00	39.00	299.00	52.00	312.00	65.00	325.00
50	5000	325.00	32.50	357.50	48.75	373.75	65.00	390.00	81.25	406.25
60	6000	390.00	39 00	429.00	58.50	448 50	78.00	468.00	97.50	487.50
70	7000	455.00	45.50	500.50	68.25	523.25	91.00	546.00	113.75	568.75
80	8000	520.00	52.00	572.00	78.00	598.00	104.00	624.00	130.00	650.00
90	9000	585.00	58.50	643.50	87 75	672.75	117.00	702.00	146.25	731.25
100	10000	650.00	65.00	715.00	97.50	747.50	130.00	780.00	162.50	812.50
200	20000	1300.00	130.00	1430.00	195.00	1495.00	260 00	1560.00	325.00	1625.00
300	30000	1950.00	195.00	2145.00	292.50	2242 50	390.00	2340.00	487.50	2437.50
400	40000	2600.00	260.00	2860.00	390.00	2990 00	520.00	3120.00	650.00	3250 00
500	50000	3250.00	325.00	3575.00	487 00	3737.00	650.00	3900.00	812.50	4062.50
1000	100000	6500.00	650.00	7150.00	974.00	7474.00	1300.00	7800.00	1625.00	8125.00

OBSERVATIONS

Capitaliser le revenu des immeubles transmis par 20, ou 25 si ce sont des immeubles ruraux.

Manière de calculer ce droit :

Exemple : 840 fr.

à 5 0/0	42 »
à 1 0/0	8.40
à 0.50	4.20
Total.	54.60 en principal.

Il n'y a pas de droit fixe à 6 fr. 50.

Tableau numéro 25.

Sont enregistrés au droit de 7.00 p. 0/0.

1° Meubles et immeubles transmis à titre gratuit entre grands-oncles, petits-neveux, cousins-germains, hors contrat de mariage.

2° Mutations par décès, entre les mêmes.

Voir le tableau d'autre part.

Tableau n° 25. Le tableau n° 1 indique les époques des changements de décimes.

Unités servant à la percept. du droit fixe.	Chiffre formant l'assiette du droit proportionnel.	Droit simple.	1 décime en sus.	Montant du droit en principal et 1 décime.	1 décime et 1/2.	Montant du droit en principal et 1 décime et 1/2.	2 décimes, en sus.	Montant du droit en principal et 2 décimes.	2 décimes et 1/2.	Montant du droit en principal et 2 décim. et 1/2.
1	2	3	4	5	6	7	8	9	10	11
	20	1.40	0.14	1.54	0.21	1.61	0.28	1.68	0.35	1.75
	40	2.80	0.28	3.08	0.42	3.22	0.56	3.36	0.70	3.50
	60	4.20	0.42	4.62	0.63	4.83	0.84	5.04	1.05	5.25
	80	5.60	0.56	6.16	0.84	6.44	1.12	6.72	1.40	7.00
1	100	7.00	0.70	7.70	1.05	8.05	1.40	8.40	1.75	8.75
	120	8.40	0.84	9.24	1.26	9.66	1.68	10.08	2.10	10.50
	140	9.80	0.98	10.78	1.47	11.27	1.96	11.06	2.45	12.25
	160	11.20	1.12	12.32	1.68	12.88	2.24	13.54	2.80	14.00
	180	12.60	1.26	13.86	1.89	14.49	2.52	15.12	3.15	15.75
2	200	14.00	1.40	15.40	2.10	16.10	2.80	16.80	3.50	17.50
	220	15.40	1.54	16.94	2.31	17.71	3.08	18.48	3.85	19.25
	240	16.80	1.68	18.48	2.52	19.32	3.36	20.16	4.20	21.00
	260	18.20	1.82	20.02	2.73	20.93	3.64	21.84	4.55	22.75
	280	19.60	1.96	21.56	2.94	22.54	3.92	23.52	4.90	24.50
3	300	21.00	2.10	23.10	3.15	24.15	4.20	25.20	5.25	26.25
	320	22.40	2.24	24.64	3.36	25.76	4.48	26.88	5.60	28.00
	340	23.80	2.38	26.18	3.57	27.37	4.76	28.56	5.95	29.75
	360	25.20	2.52	27.72	3.78	28.98	5.04	30.24	6.30	31.50
	380	26.60	2.66	29.26	3.99	30.59	5.32	31.92	6.65	33.25
4	400	28.00	2.80	30.80	4.20	32.20	5.60	33.60	7.00	35.00
	420	29.40	2.94	32.34	4.41	33.81	5.88	35.28	7.35	36.75
	440	30.80	3.08	33.88	4.62	35.42	6.16	36.96	7.70	38.50
	460	32.20	3.22	35.42	4.83	37.03	6.44	38.64	8.05	40.25
	480	33.60	3.36	36.96	5.04	38.64	6.72	40.32	8.40	42.00
5	500	35.00	3.50	38.50	5.25	40.25	7.00	42.00	8.75	43.75
	520	36.40	3.64	40.01	5.46	41.86	7.28	43.68	9.10	45.50
	540	37.80	3.78	41.58	5.67	43.47	7.56	45.36	9.45	47.25
	560	39.20	3.92	43.12	5.88	45.08	7.84	47.05	9.80	49.00
	580	40.60	4.06	44.66	6.09	46.96	8.12	48.72	10.15	50.75
6	600	42.00	4.20	46.20	6.30	48.30	8.40	50.40	10.50	52.50
	620	43.40	4.34	47.74	6.51	49.91	8.68	52.08	10.85	54.25
	640	44.80	4.48	49.28	6.72	51.52	8.96	53.76	11.20	56.00
	660	46.20	4.62	50.82	6.73	52.93	9.24	55.44	11.55	57.75
	680	47.60	4.76	52.36	7.14	54.74	9.52	57.12	11.90	59.50
7	700	49.00	4.90	53.90	7.35	56.35	9.80	58.80	12.25	61.25
	720	50.40	5.04	55.44	7.56	57.96	10.08	60.48	12.60	63.00
	740	51.80	5.18	56.98	7.77	59.57	10.36	62.16	12.95	64.75
	760	53.20	5.32	58.52	7.98	61.18	10.64	63.84	13.30	66.50
	780	54.60	5.46	60.06	8.19	62.80	10.92	65.52	13.65	68 25
8	800	56.00	5.60	61.60	8.40	64.40	11.20	67.20	14.00	70.00
	820	57.40	5.74	63.14	8.61	66.01	11.48	68.88	14.35	71.75
	840	58.80	5.88	64.68	8.82	67.62	11.76	70 56	14.70	73 50
	860	60.20	6.02	66.22	9.03	69.23	12.04	72.24	15.05	75.25
	880	61.60	6.16	67.76	9.24	70.84	12.32	73.92	15.40	77.00
9	900	63.00	6.30	69.30	9.45	72.45	12.60	75.60	15.75	78.75
	920	64.40	6.44	70.84	9.66	74.06	12.88	77.28	16.10	80.50
	940	65.80	6.58	72.38	9.87	75.67	13.16	78.96	16.45	82.25
	960	67.20	6.72	73.92	10.08	77.28	13.44	80.64	16.80	84.00
	980	68.60	6.86	75.46	10.29	78:89	13.72	82.32	17.15	85.75
10	1000	70.00	7.00	77.00	10.50	80.50	14.00	84.00	17.50	87.50
	1020	71.40	7.14	78.54	10.71	82.11	14.28	85.68	17.85	89.25
	1040	72.80	7.28	80.08	10.92	83.72	14.56	87.36	18.20	91.00
	1060	74.20	7.42	81.62	11.13	85.33	14.84	89.04	18.55	92.75
	1080	75.60	7.56	83.16	11.34	86.94	15 12	90.72	18.90	94.50
11	1100	77.00	7.70	84.70	11 55	88.55	15.40	92.40	19.25	96.25
12	1200	84.00	8.40	92.40	12.60	96.60	16.80	100.80	21.00	105.00
13	1300	91.00	9.10	100.10	13.65	104.65	18.20	109.20	22.75	113.75
14	1400	98.00	9.80	107.80	14.70	112.70	19.60	117.60	24.50	122.50
15	1500	105.00	10.50	115.50	15.75	120.75	21.00	126.00	26.25	131.25
16	1600	112.00	11.20	123.20	16.80	128.80	22.40	134.40	28.00	140.00
17	1700	119.00	11.90	130.90	17.85	136.85	23.80	142.80	29.75	148.75
18	1800	126.00	12.60	138.60	18.90	144.90	25.20	151.20	31.50	157.50
19	1900	133.00	13.30	146.30	19.95	152.95	26.60	159.60	33.25	166.25
20	2000	140.00	14.00	154.00	21.00	161.00	28.00	168.00	35.00	175.00
30	3000	210.00	21.00	231.00	31.50	241.50	42.00	252.00	52.50	262.50
40	4000	280.00	28.00	308.00	42.00	322.00	56.00	336.00	70.00	350.00
50	5000	350.00	35.00	385.00	52.50	402.50	70.00	420.00	87.50	437.50
60	6000	420.00	42.00	462.00	63.00	483 00	84.00	504.00	105.00	525.00
70	7000	490.00	49.00	539.00	73.50	563.50	98.00	588.00	122.50	612.50
80	8000	560.00	56.00	616.00	84.00	644.00	112.00	672.00	140.00	700.00
90	9000	630.00	63.00	693.00	94 50	724.50	126.00	756.00	157.50	787.50
100	10000	700.00	70.00	770.00	105.00	805.00	140.00	840.00	175.00	875.00
200	20000	1400.00	140.00	1540.00	210.00	1610.00	280.00	1680.00	350.00	1750.00
300	30000	2100.00	210.00	2310.00	315.00	2415.00	420.00	2520.00	525.00	2625.00
400	40000	2800.00	280.00	3080.00	420.00	3300.00	560.00	3360.00	700.00	3500.00
500	50000	3500.00	350.00	3850.00	525.00	4025.00	700.00	4200.00	875.00	4375.00
1000	100000	7000.00	700.00	7700.00	1050.00	8050.00	1400.00	8400.00	1750.00	8750.00

OBSERVATIONS

Multiplier le revenu des immeubles transmis par 20, ou par 25 si ce sont des immeubles ruraux.

Tableau numéro 26.

Sont enregistrés aux droits fixes de 7 fr. 50 c.

Abanndonement de biens pour être vendus en direction.

Actes de dissolution de société.

Arrêts interlocutoires ou préparatoires des cours d'appel (minimum du droit fixe), ordonnances et actes devant les mêmes cours.

Déclaration et appel des jugements de paix.

Jugements des tribunaux civils prononçant sur l'appel des juges de paix ceux desdits tribunaux et des tribunaux de commerce ou d'arbitres rendus en premier ressort, contenant des dispositions définitives qui ne donnent pas lieu à un droit plus élevé.

Jugements des mêmes tribunaux portant résolution de contrat de vente par défaut de payement quelconque sur le prix lorsque l'acquéreur n'est pas entré en jouissance; acquiescement, appel, conversion, opposition à saisie = débouté d'opposition, décharge et renvoi de demandes, déchéance d'appel, péremption d'instance, déclinatoire = entérinement de procès-verbaux et rapports, homologation des actes d'union et d'atermoiement, injonction de procéder à inventaire, licitation, partage ou vente = mainlevée d'opposition ou de saisie, nullité de procédure, maintenue en possession, résolution de contrat ou de clause de contrat pour cause de nullité radicale, reconnaissance d'écriture, nomination de commissaire, directeurs et séquestres = publications judiciaires de donation, bénéfice d'inventaire, rescision, soumissions et exécutions de jugements et généralement tous autres jugements de ces tribunaux et de ceux de commerce et d'arbitrage contenant des dispositions définitives dont le droit proportionnel ne s'élèverait pas à 7 fr. 50.

Reconnaissance d'enfant naturel hors mariage.

Testaments et donations éventuelles.

Voir le tableau d'autre part.

Tableau n° 26. Le tableau n° 1 indique les époques des changements de décimes.

Unités servant à la perception des droits fixes.	Droit simple.	1 décime.	Total.	1 décime et 1/2.	Total.	2 décimes.	Total.	2 décimes et 1/2.	Total.
1	2	3	4	5	6	7	8	9	10
1	7.50	0.75	8.25	0.83	8.33	1.50	9 »	1.8750	9.38
2	15.00	1.50	16.50	2.25	17.25	3.00	18 »	3.75	18.75
3	22.50	2.25	24.75	3.38	25.88	4.50	27 »	5.625	28.13
4	30.00	3.00	33.00	4.50	34.50	6.00	36 »	7.50	37.50
5	37.50	3.75	41.25	5.63	43.13	7.50	45 »	9.375	46.88
6	45.00	4.50	49.50	6.75	51.75	9.00	54 »	11.25	56.25
7	52.50	5.25	57.75	7.88	60.38	10.50	63 »	13.125	65.63
8	60.00	6.00	66.00	9.00	69.00	12.00	72 »	15.00	75.00
9	67.50	6.75	74.25	10.13	77.63	13.50	81 »	16.875	84.38
10	75.00	7.50	82.50	11.25	86.25	15.00	90 »	18.75	93.75
11	82.50	8.25	90.75	12.38	94.88	16.50	99 »	20.625	103.13
12	90.00	9.00	99.00	13.50	103.50	18.00	108 »	22.50	112.50
13	97.50	9.75	107.25	14.63	112.13	19.50	117 »	24.375	121.88
14	105.00	10.50	115.50	15.75	120.75	21.00	126 »	26.25	131.25
15	112.50	11.25	123.75	16.88	129.38	22.50	135 »	28.125	140.63
16	120.00	12.00	132.00	18.00	138.00	24.00	144 »	30.00	150.00
17	127.50	12.75	140.25	19.13	146.63	25.50	153 »	31.875	159.38
18	135.00	13.50	148.50	20.25	155.25	27.00	162 »	33.75	168.75
19	142.50	14.25	156.25	21.38	163.88	28.50	171 »	35.625	178.13
20	150.00	15.00	165.00	22.50	172.50	30.00	180 »	37.50	187.50
21	157.50	15.75	173 25	23.63	181.13	31.50	189 »	39.375	196.88
22	165.00	16.50	181.50	24.75	189.75	33.00	198 »	41.25	206.25
23	172.50	17.25	189.75	25.88	198.38	34.50	207 »	43.125	215.63
24	180.00	18.00	198.00	27.00	207.00	36.00	216 »	45.00	225.00
25	187.50	18.75	206.25	28.13	215.63	37.50	225 »	46.875	234.38
26	195.00	19.50	214.50	29.25	224.25	39.00	234 »	48.75	243.75
27	202.50	20.25	222.75	30.38	232.88	40.50	243 »	50.625	253.13
28	210.00	21.00	231.00	31.50	241.50	42.00	252 »	52.50	262.50
29	217.50	21.75	239.25	32.63	250.13	43.50	261 »	54.375	271.88
30	225.00	22.50	247.50	33.75	258.75	45.00	270 »	56.25	281.25

Tableau numéro 27.

Sont enregistrés au droit de 8. 00 *p.* 0/0.

1° Meubles et immeubles transmis à titre gratuit entre parents de 11° au 12° degré hors contrat de mariage.

2° Mutation par décès entre les mêmes.

3° Successions recueillies par l'État à titre de deshérence ou succession vacante.

4° Assurances à primes fixes contre l'incendie (sur le montant des primes).

Voir le tableau ci-contre.

Tableau n° 27. Le tableau n° 1 indique les époques des changements de décimes.

Unités servant à la percept. du droit fixe.	Chiffre formant l'assiette du droit proportionnel.	Droit simple.	1 décime en sus.	Montant du droit en principal et 1 décime.	1 décime et 1/2.	Montant du droit en principal et 1 décime et 1/2.	2 décimes. en sus.	Montant du droit en principal et 2 décimes.	2 décimes et 1/2.	Montant du droit en principal et 2 décim. et 1/2.
1	2	3	4	5	6	7	8	9	10	11
	20	1.60	0.16	1.76	0.24	1.84	0.32	1.92	0.40	2 »
	40	3.20	0.32	3.52	0.48	3.68	0.64	3.84	0.80	4 »
	60	4.80	0.48	5.28	0.72	5.52	0.96	5.76	1.20	6 »
	80	6.40	0.64	7.04	0.96	7.36	1.28	7.68	1.60	8 »
1	100	8.00	0.80	8.80	1.20	9.20	1.60	9.60	2.00	10 »
	120	9.60	0.96	10.56	1.44	11.04	1.92	11.52	2.40	12 »
	140	11.20	1.12	12.32	1.68	12.88	2.24	13.44	2.80	14 »
	160	12.80	1.28	14.08	1.92	14.72	2.56	15.36	3.20	16 »
	180	14.40	1.44	15.84	2.16	16.56	2.88	17.28	3.60	18 »
2	200	16.00	1.60	17.60	2.40	18.40	3.20	19.20	4.00	20 »
	220	17.60	1.76	19.30	2.64	20.24	3.52	21.12	4.40	22 »
	240	19.20	1.92	21.12	2.88	22.08	3.84	23.04	4.80	24 »
	260	20.80	2.08	22.88	3.12	23.92	4.16	24.96	5.20	26 »
	280	22.40	2.24	24.64	3.36	25.76	4.48	26.48	5.60	28 »
3	300	24.00	2.40	26.40	3.60	27.60	4.80	28.80	6.00	30 »
	320	25.60	2.56	28.16	3.84	29.44	5.12	30.72	6.40	32 »
	340	27.20	2.72	29.92	4.08	31.28	5.44	32.64	6.80	34 »
	360	28.80	2.88	31.68	4.32	33.12	5.76	34.56	7.20	36 »
	380	30.40	3.04	33.44	4.56	34.96	6.08	36.48	7.60	38 »
4	400	32.00	3.20	35.20	4.80	36.80	6.40	38.40	8.00	40 »
	420	33.60	3.36	37.96	5.04	38.64	6.72	40.32	8.40	42 »
	440	35.20	3.52	38.72	5.28	40.48	7.04	42.24	8.80	44 »
	460	36.80	3.68	40.48	5.52	42.32	7.36	44.16	9.20	46 »
	480	38.40	3.84	42.24	5.76	44.16	7.68	46.08	9.60	48 »
5	500	40.00	4.00	44.00	6.00	46.00	8.00	48.00	10.00	50 »
	520	41.60	4.16	45.76	6.24	47.84	8.32	49.92	10.40	52 »
	540	43.20	4.32	47.52	6.48	49.68	8.64	51.84	10.80	54 »
	560	44.80	4.48	49.28	6.72	51.52	8.96	53.76	11.20	56 »
	580	46.40	4.64	51.04	6.96	53.36	9.28	55.68	11.60	58 »
6	600	48.00	4.80	52.80	7.20	55.20	9.60	57.60	12.00	60 »
	620	49.60	4.96	54.56	7.44	57.04	9.92	59.52	12.40	62 »
	640	51.20	5.12	56.32	7.68	58.88	10.24	61.44	12.80	64 »
	660	52.80	5.28	58.08	7.92	60.72	10.56	63.36	13.20	66 »
	680	54.40	5.44	59.84	8.16	62.56	10.88	65.28	13.60	68 »
7	700	56.00	5.60	61.60	8.40	64.40	11.20	67.20	14.00	70 »
	720	57.60	5.76	63.36	8.64	66.24	11.52	69.12	14.40	72 »
	740	59.20	5.92	65.12	8.88	68.08	11.84	71.04	14.80	74 »
	760	60.80	6.08	66.88	9.12	69.92	12.16	72.96	15.20	76 »
	780	62.40	6.24	68.64	9.36	71.76	12.48	74.88	15.60	78 »
8	800	64.00	6.40	70.40	9.60	73.60	12.80	76.80	16.00	80 »
	820	65.60	6.56	72.16	9.84	75.44	13.12	78.72	16.40	82 »
	840	67.20	6.72	73.92	10.08	77.28	13.44	80.64	16.80	84 »
	860	68.80	6.88	75.68	10.32	79.12	13.76	82.56	17.20	86 »
	880	70.40	7.04	77.44	10.56	80.96	14.08	84.48	17.60	88 »
9	900	72.00	7.20	79.20	10.80	82.10	14.40	86.40	18.00	90 »
	920	73.60	7.36	80.96	11.04	84.64	14.72	88.32	18.40	92 »
	940	75.20	7.52	82.72	11.28	86.48	15.04	90.24	18.80	94 »
	960	76.80	7.68	84.48	11.52	88.32	15.36	92.16	19.20	96 »
	980	78.40	7.84	86.24	11.76	90.16	15.68	94.08	19.60	98 »
10	1000	80.00	8.00	88.00	12.00	92.00	16.00	96.00	20.00	100 »
	1020	81.60	8.16	89.76	12.24	93.84	16.32	97.92	20.40	102 »
	1040	83.20	8.32	91.52	12.48	95.68	16.64	99.84	20.80	104 »
	1060	84.80	8.48	93.28	12.72	97.52	16.96	101.76	21.20	106 »
	1080	86.40	8.64	95.04	12.96	99.36	17.28	103.68	21.60	108 »
11	1100	88.00	8.80	96.80	13.20	101.20	17.60	104.60	22.00	110 »
12	1200	96.00	9.60	105.60	14.40	110.40	19.20	115.20	24.00	120 »
13	1300	104.00	10.40	113.40	15.60	119.60	20.80	124.80	26.00	130 »
14	1400	112.00	11.20	123.00	16.80	128.80	22.40	132.40	28.00	140 »
15	1500	120.00	12.00	132.00	18.00	138.00	24.00	144.00	30.00	150 »
16	1600	128.00	12.80	140.80	19.20	147.20	25.60	153.60	32.00	160 »
17	1700	136.00	13.60	149.60	20.40	156.40	27.20	163.20	34.00	170 »
18	1800	144.00	14.40	158.40	21.60	165.60	28.80	172.80	36.00	180 »
19	1900	152.00	15.20	167.20	22.80	174.80	30.40	182.40	38.00	190 »
20	2000	160.00	16.00	176.00	24.20	184.20	32.00	192.00	40.00	200 »
30	3000	240.00	24.00	264.00	36.00	276.00	48.00	288.00	60.00	300 »
40	4000	320.00	32.00	352.00	48.50	368.50	64.00	384.00	80.00	400 »
50	5000	400.00	40.00	440.00	60.00	460.00	80.00	480.00	100.00	500 »
60	6000	480.00	48.00	528.00	72.00	552.00	96.00	576.00	120.00	600 »
70	7000	560.00	56.00	616.00	84.00	644.00	112.00	672.00	140.00	700 »
80	8000	640.00	64.00	704.00	96.00	736.00	128.00	768.00	160.00	800 »
90	9000	720.00	72.00	792.00	108.00	828.00	144.00	864.00	180.00	900 »
100	10000	800.00	80.00	880.00	120.00	920.00	160.00	960.00	200.00	1000 »
200	20000	1600.00	160.00	1760.00	240.00	1840.00	320.00	1920.00	400.00	2000 »
300	30000	2400.00	240.00	2640.00	360.00	2760.00	480.00	2880.00	600.00	3000 »
400	40000	3200.00	320.00	3520.00	480.00	3680.00	640.00	3840.00	800.00	4000 »
500	50000	4000.00	400.00	4400.00	600.00	4600.00	800.00	4800.00	1000.00	5000 »
1000	100000	8000.00	800.00	8800.00	1200.00	9200.00	1600.00	9600.00	2000.00	10000 »

OBSERVATIONS

Multiplier le revenu des immeubles transmis par 20, ou par 25 si ce sont des immeubles ruraux.

Pour les assurances à primes fixes contre l'incendie, le droit est dû par la compagnie à raison de 8 p. 0/0 sur le montant des primes annuelles multiplié par le nombre d'années à courir. Pour les assurances mutuelles à raison de 8 0/0 du montant des cotisations (loi du 23 août 1871).

Tableau numéro 28.

Sont enregistrés au droit de 9.00 *p.* 0/0.

1° Meubles et immeubles transmis à titre gratuit, entre personnes non parentes, hors contrat de mariage.

2° Mutation par décès entre les mêmes.

Voir le tableau ci-contre.

Tableau n° 28. Le tableau n° 1 indique les époques des changements de décimes.

Unités servant à la percept. du droit fixe.	Chiffre formant l'assiette du droit proportionnel.	Droit simple.	1 décime en sus.	Montant du droit en principal et 1 décime.	1 décime et 1/2.	Montant du droit en principal et 1 décime et 1/2.	2 décimes en sus.	Montant du droit en principal et 2 décimes.	2 décimes et 1/2.	Montant du droit en principal et 2 décim. et 1/2.
1	2	3	4	5	6	7	8	9	10	11
	20	1.80	0.18	1.98	0.27	2.07	0.36	2.16	0.45	2.25
	40	3.60	0.36	3.96	0.54	4.14	0.72	4.33	0.90	4.50
	60	5.40	0.54	5.94	0.81	6.21	1.08	6.48	1.35	6.75
	80	7.20	0.72	7.92	1.08	7.28	1.44	8.64	1.80	9.00
1	100	9.00	0.90	9.93	1.35	10.35	1.80	10.80	2.25	11.25
	120	10.80	1.08	11.88	1.62	12.42	2.16	12.96	2.70	13.50
	140	12.60	1.26	13.86	1.89	14.49	2.52	15.12	3.15	15.75
	160	14.40	1.44	15.84	2.16	16.56	2.88	17.28	3.60	18.00
	180	16.20	1.62	17.82	2.43	18.63	3.24	19.44	4.05	20.25
2	200	18.00	1.80	19.80	2.70	20.70	3.60	21.60	4.50	22.50
	220	19.80	1.98	21.78	2.97	22.77	3.96	23.76	4.95	24.75
	240	21.60	2.16	23.76	3.24	24.84	4.32	25.92	5.40	27.00
	260	23.40	2.34	25.74	3.51	26.91	4.68	28.08	5.85	29.25
	280	25.20	2.52	27.72	3.78	28.98	5.04	30.24	6.30	31.50
3	300	27.00	2.70	29.70	4.05	31.05	5.40	32.40	6.75	33.75
	320	28.80	2.88	31.68	4.32	33.12	5.76	34.56	7.20	36.00
	340	30.60	3.06	33.66	4.59	35.19	6.12	36.72	7.65	38.25
	360	32.40	3.24	35.64	4.86	37.26	6.48	38.88	8.10	40.50
	380	34.20	3.42	37.62	5.13	39.33	6.84	41.04	8.55	42.75
4	400	36.00	3.60	39.60	5.40	41.40	7.20	43.20	9.00	45.00
	420	37.80	3.78	41.58	5.67	43.47	7.56	45.36	9.45	47.25
	440	39.60	3.96	43.56	5.94	45.54	7.92	47.52	9.90	49.50
	460	41.40	4.14	45.54	6.21	47.61	8.28	49.68	10.35	51.75
	480	43.20	4.32	47.52	6.48	49.68	8.64	51.84	10.80	54.00
5	500	45.00	4.50	49.50	6.75	51.75	9.00	54.00	11.25	56.25
	520	46.80	4.68	51.48	7.02	53.82	9.36	56.16	11.70	58.50
	540	48.60	4.86	53.46	7.29	55.89	9.72	58.32	12.15	60.75
	560	50.40	5.04	55.44	7.56	57.96	10.08	60.48	12.60	63.00
	580	52.20	5.22	57.42	7.83	60.05	10.44	62.64	13.05	65.25
6	600	54.00	5.40	59.40	8.10	62.10	10.80	64.80	13.50	67.50
	620	55.80	5.58	61.38	8.37	64.17	11.16	66.96	13.95	69.75
	640	57.60	5.76	63.36	8.64	66.24	11.52	69.12	14.40	72.00
	660	59.40	5.94	65.34	8.91	68 31	11.88	71.28	14.85	74.25
	680	61.20	6.12	67.32	9.18	70.38	12.24	73.44	15.30	76.50
7	700	63.00	6.30	69.30	9.45	72.45	12.60	75.60	15.75	78.75
	720	64.80	6.48	71.28	9.72	74.52	12.96	77.76	16.20	81.00
	740	66.60	6.66	73.26	9.99	76.59	13.32	79.92	16.65	83.25
	760	68.40	6.84	75.24	10.26	78.66	13.68	82.08	17.10	85.50
	780	70.20	7.02	77.22	10.53	80.73	14.04	84.24	17.55	87.75
8	800	72.00	7.20	79.20	10.80	82.80	14.40	86.40	18.00	90.00
	820	73.80	7.38	81.18	11.07	84.87	14.76	88.56	18.45	92.25
	840	75.60	7.56	83.16	11.34	86.94	15.12	90 72	18.90	94 50
	860	77.40	7.74	85.14	11.61	89.01	15.48	92.88	19.35	96.75
	880	79.20	7.92	87.12	11.88	91.08	15.84	95.04	19.80	99.00
9	900	81.00	8.10	89.10	12.15	93.15	16.20	97.20	20.25	101.25
	920	82.80	8.28	91.08	12.42	95.22	16.56	99.36	20.70	103.50
	940	84.60	8.46	93.06	12.69	97.29	16.92	101.52	21.15	105.75
	960	86.40	8.64	95.04	12.96	99.36	17.28	103.68	21.60	108.00
	980	88.20	8.82	97.02	13.23	101.43	17.64	105.84	22.05	110 25
10	1000	90.00	9.00	99.00	13.50	103.50	18.00	108.00	22.50	112.50
	1020	91.80	9.18	100.98	13.77	105.57	18.36	110.16	22.95	114.75
	1040	93.60	9.36	102.96	14.04	107.64	18.72	112.32	23.40	117.00
	1060	95.40	9.54	104.94	14.31	109.71	19.08	114.48	23.85	119.25
	1080	97.20	9.72	106.92	14.58	111.78	19 44	116.64	24.30	121 50
11	1100	99.00	9.90	108.90	14.85	113.85	19.80	118.80	24.75	123.75
12	1200	108.00	10.80	118.80	16.20	124.20	21.16	129.16	27.00	135.00
13	1300	117.00	11.70	128.70	17.50	134.50	23.40	140.40	29.25	146.25
14	1400	126.00	12.60	138.60	18.90	144.90	25.20	151.20	31.50	157.50
15	1500	135.00	13.50	148.50	20.25	155.25	27.00	162.00	33.75	168.75
16	1600	144.00	14.40	158.40	21.60	165.60	28.80	172.80	36.00	180.00
17	1700	153.00	15.30	168.30	22.95	175.95	30.60	183.60	38.25	191.25
18	1800	162.00	16.20	178.20	24.30	186.30	32.40	194.40	40.50	202.50
19	1900	171.00	17.10	188.10	25.65	196.65	34.20	205.20	42.75	213.75
20	2000	180.00	18.00	198.00	27.00	207.00	36.00	216.00	45.00	225.00
30	3000	270.00	27.00	297.00	40.50	310.50	54.00	324.00	67.50	337.50
40	4000	360.00	36.00	396.00	54.00	414.00	72.00	432.00	90.00	450.00
50	5000	450.00	45.00	495.00	67.50	517.50	90.00	540.00	112.50	562.50
60	6000	540.00	54.00	594.00	81.00	621.00	108.00	648.00	135.00	675.00
70	7000	630.00	63.00	693.00	94.50	724.50	126.00	756.00	157.50	787.50
80	8000	720.00	72.00	792.00	108.00	828.00	144.00	864.00	180.00	900.00
90	9000	810.00	81.00	891.00	121.50	931.50	162.00	972.00	202.50	1012.50
100	10000	900.00	90.00	990.00	135.00	1035.00	180.00	1080.00	225.00	1125.00
200	20000	1800.00	180.00	1980.00	270.00	2070.00	360 00	2100.00	450.00	2250.00
300	30000	2700.00	270.00	2970.00	405.00	3105.00	540.00	3240.00	675.00	3375.00
400	40000	3600.00	360.00	3960.00	540.00	4140.00	720.00	4320.00	900.00	4500.00
500	50000	4500.00	450.00	4950.00	675.00	5175.00	900.00	5400.00	1125.00	5625.00
1000	100000	9000.00	900.00	9900.00	1350.00	10350.00	1800.00	10800.00	2250.00	11250.00

OBSERVATIONS

Capitaliser le revenu des immeubles transmis par 20, ou par 25 si ce sont des immeubles ruraux.

Les enfants naturels, l'époux conjoint, appelés à défaut d'héritiers au degré successible à recueillir une succession sont considérés comme personnes non parentes.

Tableau numéro 29.

Sont enregistrés au droit de 10.00 *p.* 0/0.

1° Transmissions d'offices, sur le cautionnement affecté à l'emploi lorsque les droits à 2 p. °/₀ sont inférieurs au 10° du cautionnement (décret du 21 juin 1841).

2° Concours d'agents de change ou de courtiers à la cession ou au transfert d'actions ou obligations non timbrées.

Voir le tableau ci-contre.

Tableau n° 29. Le tableau n° 1 indique les époques des changements de décimes.

Unités servant à la percept. du droit fixe.	Chiffre formant l'assiette du droit proportionnel.	Droit simple.	1 décime en sus.	Montant du droit en principal et 1 décime.	1 décime et 1/2.	Montant du droit en principal et 1 décime et 1/2.	2 décimes en sus.	Montant du droit en principal et 2 décimes.	2 décimes et 1/2.	Montant du droit en principal et 2 décim. et 1/2.
1	2	3	4	5	6	7	8	9	10	11
	20	2 »	0.20	2.20	0.30	2.30	0.40	2.40	0.50	2.50
	40	4 »	0.40	4.40	0.60	4.60	0.80	4.80	1.00	5.00
	60	6 »	0.60	6.60	0.90	6.90	1.20	7.20	1.50	7.50
	80	8 »	0.80	8.80	1.20	9.20	1.60	9.60	2.00	10.00
1	**100**	10 »	1.00	11.00	1.50	11.50	2.00	12.00	2.50	12.50
	120	12 »	1.20	13.20	1.80	13.80	2.40	14.40	3.00	15.00
	140	14 »	1.40	15.40	2.10	16.10	2.80	16.80	3.50	17.50
	160	16 »	1.60	17.60	2.40	18.40	3.20	19.20	4.00	20.00
	180	18 »	1.80	19.80	2.70	20.70	3.60	21.60	4.50	22.50
2	**200**	20 »	2.00	22.00	3.00	23.00	4.00	24.00	5.00	25.00
	220	22 »	2.20	24.20	3.30	25.30	4.40	26.40	5.50	27.50
	240	24 »	2.40	26.40	3.60	27.60	4.80	28.80	6.00	30.00
	260	26 »	2.60	28.60	3.90	29.90	5.20	31.20	6.50	32.50
	280	28 »	2.80	30.80	4.20	32.20	5.60	33.60	7.00	35.00
3	**300**	30 »	3.00	33.00	4.50	34.50	6.00	36.00	7.50	37.50
	320	32 »	3.20	35.20	4.80	36.80	6.40	38.40	8.00	40.00
	340	34 »	3.40	37.40	5.10	39.10	6.80	40.80	8.50	42.50
	360	36 »	3.60	39.60	5.40	41.40	7.20	43.20	9.00	45.00
	380	38 »	3.80	41.80	5.70	43.70	7.60	45.60	9.50	47.50
4	**400**	40 »	4.00	44.00	6.00	46.00	8.00	48.00	10.00	50.00
	420	42 »	4.20	46.20	6.30	48.30	8.40	50.40	10.50	52.50
	440	44 »	4.40	48.40	6.60	50.60	8.80	52.80	11.00	55.00
	460	46 »	4.60	50.60	6.90	52.90	9.20	55.20	11.50	57.50
	480	48 »	4.80	52.80	7.20	55.20	9.60	57.60	12.00	60.00
5	**500**	50 »	5.00	55.00	7.50	57.50	10.00	60.00	12.50	62.50
	520	52 »	5.20	57.20	7.80	59.80	10.40	62.40	13.00	65.00
	540	54 »	5.40	59.40	8.10	62.10	10.80	64.80	13.50	67.50
	560	56 »	5.60	61.60	8.40	64.40	11.20	67.20	14.00	70.00
	580	38 »	5.80	63.80	8.70	66.70	11.60	69.60	14.50	72.50
6	**600**	60 »	6.00	66.00	9.00	69.00	12.00	72.00	15.00	75.00
	620	62 »	6.20	68.20	9.30	71.30	12.40	74.40	15.50	77.50
	640	64 »	6.40	70.40	9.60	73.60	12.80	76.80	16.00	80.00
	660	66 »	6.60	72.60	9.90	75.90	13.20	79.20	16.50	82.50
	680	68 »	6.80	74.80	10.20	78.20	13.60	81.60	17.00	85.00
7	**700**	70 »	7.00	77.00	10.50	80.50	14.00	84.00	17.50	87.50
	720	72 »	7.20	79.20	10.80	82.80	14.40	86.40	18.00	90.00
	740	74 »	7.40	81.40	11.10	85.10	14.80	88.80	18.50	92.50
	760	76 »	7.60	83.60	11.40	87.40	15.20	91.20	19.00	95.00
	780	78 »	7.80	85.80	11.70	89.70	15.60	93.60	19.50	97.50
8	**800**	80 »	8.00	88.00	12.00	92.00	16.00	96.00	20.00	100.00
	820	82 »	8.20	90.20	12.30	94.30	16.40	98.40	20.50	102.50
	840	84 »	8.40	92.40	12.60	96.60	16.80	100.80	21.00	105.00
	860	86 »	8.60	94.60	12.90	98.90	17.20	103.20	21.50	107.50
	880	88 »	8.80	96.80	13.20	101.20	17.60	105.60	22.00	110.00
9	**900**	90 »	9.00	99.00	13.50	103.50	18.00	108.00	22.50	112.50
	920	92 »	9.20	101.20	13.80	105.80	18.40	110.40	23.00	115.00
	940	94 »	9.40	103.40	14.10	108.10	18.80	112.80	23.50	117.50
	960	96 »	9.60	105.60	14.40	110.40	19.20	115.20	24.00	120.00
	980	98 »	9.80	107.80	14.70	112.70	19.60	117.60	24.50	122.50
10	**1000**	100 »	10.00	110.00	15.00	115.00	20.00	120.00	25.00	125.00
	1020	102 »	10.00	112.20	15.30	117.30	20.40	122.40	25.50	127.50
	1040	104 »	10.00	114.40	15.60	119.60	20.80	124.80	26.00	130.00
	1060	106 »	10.00	116.60	15.90	121.90	21.20	127.20	26.50	132.50
	1080	108 »	10.00	118.80	16.20	124.20	21.60	129.60	27.00	135.00
11	**1100**	110 »	11.00	121.00	16.50	126.50	22.00	132.00	27.50	137.50
12	**1200**	120 »	12.00	132.00	18.00	138.00	24.00	144.00	30.00	150.00
13	**1300**	130 »	13.00	143.00	19.50	149.50	26.00	156.00	32.50	162.50
14	**1400**	140 »	14.00	154.00	21.00	161.00	28.00	168.00	35.00	175.00
15	**1500**	150 »	15.00	165.00	22.50	172.50	30.00	180.00	37.50	187.50
16	**1600**	160 »	16.00	176.00	24.00	184.00	32.00	192.00	40.00	200.00
17	**1700**	170 »	17.00	187.00	25.50	195.50	34.00	204.00	42.50	212.50
18	**1800**	180 »	18.00	198.00	27.00	207.00	36.00	216.00	45.00	225.00
19	**1900**	190 »	19.00	209.00	28.50	218.50	38.00	228.00	47.50	237.50
20	**2000**	200 »	20.00	220.00	30.00	230.00	40.00	240.00	50.00	250.00
30	**3000**	300 »	30.00	330.00	45.00	345.00	60.00	360.00	75.00	375.00
40	**4000**	400 »	40.00	440.00	60.00	460.00	80.00	480.00	100.00	500.00
50	**5000**	500 »	50.00	550.00	75.00	575.00	100.00	600.00	125.00	625.00
60	**6000**	600 »	60.00	660.00	90.00	690.00	120.00	720.00	150.00	750.00
70	**7000**	700 »	70.00	770.00	105.00	805.00	140.00	840.00	175.00	875.00
80	**8000**	800 »	80.00	880.00	120.00	920.00	160.00	960.00	200.00	1000.00
90	**9000**	900 »	90.00	990.00	135.00	1035.00	180.00	1080.00	225.00	1125.00
100	**10000**	1000 »	100.00	1100.00	150.00	1150.00	200.00	1200.00	250.00	1250.00
200	**20000**	2000 »	200.00	2200.00	300.00	2300.00	400.00	2400.00	500.00	2500.00
300	**30000**	3000 »	300.00	3300.00	450.00	3450.00	600.00	3600.00	750.00	3750.00
400	**40000**	4000 »	400.00	4400.00	600.00	4600.00	800.00	4800.00	1000.00	5000.00
500	**50000**	5000 »	500.00	5500.00	750.00	5750.00	1000.00	6000.00	1250.00	6250.00
1000	**100000**	10000 »	1000.00	11000.00	1500.00	11500.00	2000.00	12000.00	2500.00	12500.00

Tableau numéro 29 bis.

Sont enregistrés au droit fixe de 15 fr.

Émancipation.

Arrêts définitifs des cours d'appel (minimum du droit proportionnel).

Arrêts interlocutoires et préparatoires de la Cour de cassation et du conseil d'État.

Déclaration d'appel des jugements des tribunaux civils, de commerce et d'arbitrage.

Jugements en dernier ressort, d'après la volonté des parties, des tribunaux civils de première instance (minimum).

Tableau numéro 30.

Sont enregistrés au droit de 20.00 p. 0/0.

Quittance des droits de sceau perçus par le conseil du sceau des titres.

Création d'offices (sur le montant du cautionnement).

Voir le tableau ci-contre.

Tableau n° 30. Le tableau n° 1 indique les époques des changements de décimes.

Unités servant à la percept. du droit fixe.	Chiffre formant l'assiette du droit proportionnel.	Droit simple.	1 décime en sus.	Montant du droit en principal et 1 décime.	1 décime et 1/2.	Montant du droit en principal et 1 décime et 1/2.	2 décimes. en sus.	Montant du droit en principal et 2 décimes.	2 décimes et 1/2.	Montant du droit en principal et 2 décim. et 1/2.
1	2	3	4	5	6	7	8	9	10	11
	20	4 »	0.40	4.40	0.60	4.60	0.80	4.80	1 »	5 »
	40	8 »	0.80	8.80	1.20	9.20	1.60	9.60	2 »	10 »
	60	12 »	1.20	13.20	1.80	13.80	2.40	14.40	3 »	15 »
	80	16 »	1.60	17.60	2.40	18.40	3.20	19.20	4 »	20 »
1	100	20 »	2.00	22 00	3.00	23.00	4.00	24.00	5 »	25 »
	120	24 »	2.40	26.40	3.60	27.60	4.80	28.80	6 »	30 »
	140	28 »	2.80	30.80	4.20	32.20	5.60	33.60	7 »	35 »
	160	32 »	3.20	35.20	4.80	36.80	6.40	38.40	8 »	40 »
	180	36 »	3.60	39.60	5.40	41.40	7.20	43.20	9 »	45 »
2	200	40 »	4.00	44.00	6.00	46.00	8.00	48.00	10 »	50 »
	220	44 »	4.40	48.40	6.60	50.60	8.80	52.80	11 »	55 »
	240	48 »	4.80	52.80	7.20	55.20	9.60	57.60	12 »	60 »
	260	52 »	5.20	57.20	7.80	59.80	10.40	62.40	13 »	65 »
	280	56 »	5.60	61.60	8.40	62.40	11.20	67.20	14 »	70 »
3	300	60 »	6.00	66 00	9.00	69.00	12.00	72.00	15 »	75 »
	320	64 »	6.40	70.40	9.60	73.60	12.80	76.80	16 »	80 »
	340	68 »	6.80	74.80	10.20	78.20	13.60	81.60	17 »	85 »
	360	72 »	7.20	79.20	10.80	82.80	14.40	86.40	18 »	90 »
	330	76 »	7.60	83.60	11.40	87.40	15.20	91.20	19 »	95 »
4	400	80 »	8.00	88.00	12.00	92.00	16.00	96.00	20 »	100 »
	420	84 »	8.40	92.40	12.60	96.60	16.80	100.80	21 »	105 »
	440	88 »	8.80	96.80	13.20	101.20	17.60	105.60	22 »	110 »
	460	92 »	9.20	101.20	13.80	105.80	18.40	110.40	23 »	115 »
	480	96 »	9.60	105.60	14.40	110.40	19.20	115.20	24 »	120 »
5	500	100 »	10.00	110.00	15.00	115.00	20.00	120.00	25 »	125 »
	520	104 »	10.40	114.40	15.60	119.60	20.80	124.80	26 »	130 »
	540	108 »	10.80	118.80	16.20	124.20	21.60	129.60	27 »	135 »
	560	112 »	11.20	123.20	16.80	128.80	22.40	134.40	28 »	140 »
	580	116 »	11.60	127.60	17.40	133.40	23.20	135.20	29 »	145 »
6	600	120 »	12.00	132.00	18.00	138.00	24.00	144.00	30 »	150 »
	620	124 »	12.40	136.40	18.60	142.60	24.80	148.80	31 »	155 »
	640	128 »	12.80	140.80	19.20	147.20	25.60	153.60	32 »	160 »
	660	132 »	13.20	145.20	19.80	151.80	26.40	158.40	33 »	165 »
	680	136 »	13.60	149.60	20.40	156.40	27.20	163.20	34 »	170 »
7	700	140 »	14.00	154.00	21.00	161.00	28.00	168.00	35 »	175 »
	720	144 »	14.40	158.40	21.60	165.60	28.80	172.80	36 »	180 »
	740	148 »	14.80	162.80	22.20	170.20	29.60	177.60	37 »	185 »
	760	152 »	15.20	167.20	22.80	174.80	30.40	182.40	38 »	190 »
	780	156 »	15.60	171.60	23.40	179.40	31.20	187.20	39 »	195 »
8	800	160 »	16.00	176.00	24.00	184.00	32.00	192.00	40 »	200 »
	820	164 »	16.40	180.40	24.60	188.60	32.80	196.80	41 »	205 »
	840	168 »	16.80	184.80	25.20	193.20	33.60	201 60	42 »	210 »
	860	172 »	17.20	189.20	25.80	197.80	34.40	206.40	43 »	215 »
	880	176 »	17.60	193.60	26.40	202.40	35.20	211.20	44 »	220 »
9	900	180 »	18.00	198.00	27.00	207.00	36.00	216.00	45 »	225 »
	920	184 »	18.40	202.40	27.60	211.60	36.80	220.80	46 »	230 »
	940	188 »	18.80	206.80	28.20	216.20	37.60	225.60	47 »	235 »
	960	192 »	19.20	211.20	28.80	220.80	38.40	230.40	48 »	240 »
	980	196 »	19.60	215.60	29.40	225.40	39.20	235.20	49 »	245 »
10	1000	200 »	20.00	220.00	30.00	230.00	40.00	240.00	50 »	250 »
	1020	204 »	20.40	224.40	30.60	234.60	40.80	244.80	51 »	255 »
	1040	208 »	20.80	228.80	31.20	239.20	41 60	249.60	52 »	260 »
	1060	212 »	21.20	233.20	31.80	243.80	42.40	254.40	53 »	265 »
	1080	216 »	21.60	237.60	32.40	248.40	43 20	259.20	54 »	270 »
11	1100	220 »	22.00	242.00	33.00	253.00	44.00	264.00	55 »	275 »
12	1200	240 »	24.00	264.00	36.00	276.00	48.00	288.00	60 »	280 »
13	1300	260 »	26.00	286.00	39.00	299.00	52.00	312.00	65 »	325 »
14	1400	280 »	28.00	308.00	42.00	322.00	56.00	336.00	70 »	350 »
15	1500	300 »	30.00	330.00	45.00	345.00	60.00	360.00	75 »	375 »
16	1600	320 »	32.00	352.00	48.00	363.00	64.00	384.00	80 »	400 »
17	1700	340 »	34.00	374.00	51.00	391.00	68.00	388.00	85 »	425 »
18	1800	360 »	36.00	396.00	54.00	414.00	72.00	432.00	90 »	450 »
19	1900	380 »	38.00	418.00	57.00	437.00	76.00	456.00	95 »	475 »
20	2000	400 »	40.00	440.00	60.00	460.00	80.00	480.00	100 »	500 »
30	3000	600 »	60.00	660.00	90.00	690.00	120.00	720.00	150 »	750 »
40	4000	800 »	80.00	880.00	120.00	920.00	160.00	960.00	200 »	1000 »
50	5000	1000 »	100.00	1100.00	150.00	1150.00	200.00	1200.00	250 »	1250 »
60	6000	1200 »	120.00	1320.00	180.00	1380.00	240.00	1440.00	300 »	1500 »
70	7000	1400 »	140.00	1540.00	210.00	1610.00	280.00	1680.00	350 »	1750 »
80	8000	1600 »	160.00	1760.00	240.00	1840.00	320.00	1920.00	400 »	2000 »
90	9000	1800 »	180.00	1980.00	270.00	2070.00	360.00	2160.00	450 »	2250 »
100	10000	2000 »	200.00	2200.00	300.00	2300.00	400.00	2400.00	500 »	2500 »
200	20000	4000 »	400.00	4400.00	600.00	4600.00	800.00	4800.00	1000 »	5000 »
300	30000	6000 »	600.00	6600.00	900.00	6900.00	1200.00	7200.00	1500 »	7500 »
400	40000	8000 »	800.00	8800.00	1200.00	9200.00	1600.00	9600.00	2000 »	10000 »
500	50000	10000 »	1000.00	11000.00	1500.00	11500.00	2000.00	12000.00	2500 »	12500 »
1000	100000	20000 »	2000.00	22000.00	3000.00	23000.00	4000.00	24000.00	5000 »	25000 »

OBSERVATIONS

Il est perçu au profit du trésor public un droit d'enregistrement suivant le tableau ci-après.

Tableau numéro 31.

Etat des droits de sceau perçus par le conseil du sceau des titres, et du droit d'enregistrement pour le compte du trésor public * (loi du 28 avril 1816).

DATES des ORDONNANCES.	NATURE DES LETTRES-PATENTES SCELLÉES.		MONTANT du droit DE SCEAU.	MONTANT du droit d'enregistr. à 20 p. 100.	AUGMENTATION loi du 28 février 1872.
			fr. c.	fr. c.	fr. c.
Ordonnance du 8 octobre 1814.	Renouvellement de lettres-patentes portant confirmation du même titre et changement d'armoiries.	de comte.	100 »	20 »	30 »
		de baron.	50 »	10 »	15 »
		de chevalier.	15 »	» »	22 50
			» »	3 »	4 50
	Collation du titre.		» »	3000 »	4500 »
	Collation du titre héréditaire de marquis, comte, vicomte et baron, lettres-patentes de chevalier et lettres de noblesse.	de marquis et comte.	6000 »	1200 »	1800 »
		de vicomte.	4000 »	800 »	1200 »
		de baron.	3000 »	600 »	900 »
		de chevalier.	60 »	12 »	18 »
		lettres de noblesse. .	600 »	120 »	180 »
	Grandes lettres de naturalisation.		*gratis*	» »	» »
	Lettres de déclaration de naturalité		100 »	20 »	30 »
	Lettres portant autorisation de se faire naturaliser ou de servir à l'étranger.		500 »	100 »	150 »
	Dispense d'âge pour le mariage (V. loi de 1818, art. 77)		100 »	20 »	30 »
	Dispense pour le mariage (parenté).		200 »	40 »	60 »
Ordonnance du 26 décembre 1814.	Lettres portant renouvellement d'anciennes armoiries.	pour les villes de 1re classe.	150 »	30 »	45 »
		pour les villes de 2e classe.	100 »	20 »	30 »
		villes et communes de 3e classe	50 »	10 »	15 »
	Lettres accordant des armoiries aux villes qui n'en ont pas encore.	les villes de 1re cl.	600 »	120 »	180 »
		celles de 2e classe. .	400 »	80 »	120 »
		celles de 3e classe. .	200 »	40 »	60 »
Collation du titre héréditaire de duc.			» »	» »	9000 »
Réintégration dans la qualité de français.			» »	» »	900 »
Changements et additions de noms.			» »	» »	900 »

* Le gouvernement peut faire remise totale ou partielle de ces droits.

Un décret du 22 mars 1875 fixe les droits de chancellerie pour la délivrance de brevets de la légion d'honneur et pour l'autorisation de porter les décorations étrangères.

LÉGION D'HONNEUR.	pour les chevaliers	25 fr.	DÉCORATIONS ÉTRANGÈRES.	à la boutonnière	100 fr.
	pour les officiers	50 »		en sautoir	150 »
	pour les commandeurs	80 »		avec plaque	200 »
	pour les grands officiers	120 »		en écharpe	300 »
	pour les grand'croix	200 »			

Les soldats, sous-officiers et officiers en activité de service, jusques et y compris le grade de capitaine dans l'armée de terre et de lieutenant de vaisseau dans l'armée de mer, bénéficient de l'exemption des droits de chancellerie qui leur est accordée par les articles 5 et 11 des décrets du 16 mars et 10 juin 1853.

Tableau numéro 32.

DROITS FIXES AU-DESSUS DE 20 FR.

Sont enregistrés au droit fixe de 22 fr. 50 c.

Jugements de première instance portant interdiction, séparation de biens (minimum).

Prestation de serments des notaires, greffiers, avoués, avocats, comptables à la cour des comptes et autres employés dont le traitement excède 1,500 fr.

---

37 fr. 50. — Acte premier de recours en cassation ou devant le conseil d'État.

Arrêts des cours d'appel portant interdiction ou séparation de corps.

Arrêts définitifs de la cour de cassation ou du conseil d'État.

---

75 fr. — Acte de tutelle officieuse, jugements des tribunaux de première instance admettant une adoption.

---

150 fr. — Arrêt des cours d'appel confirmant une adoption.

Tableau numéro 33.

Droits fixes gradués (loi du 29 février 1872).

Sont assujettis aux droits fixes gradués les actes ci-après, savoir :

1° Les actes de formation et de prorogation de société, qui ne contiennent ni obligation, ni libération, ni transmission de biens, meubles ou immeubles, entre les associés ou autres personnes, par le montant total des apports mobiliers et immobiliers, déduction faite du passif.

2° Les actes translatifs de propriété, d'usufruit ou de jouissance de biens immeubles situés en pays étranger ou dans les colonies françaises, dans lesquels le droit d'enregistrement n'est pas établi, par le prix exprimé en y ajoutant toutes les charges en capital.

3° Les actes ou procès-verbaux de vente de marchandises avariées par suite d'événements de mer et de débris de navires naufragés, par le prix exprimé en y ajoutant toutes les charges en capital.

4° Les contrats de mariage, par le montant net des apports personnels des futurs époux.

5° Les partages de biens meubles et immeubles entre copropriétaires, cohéritiers et coassociés à quelque titre que ce soit, par le montant de l'actif partagé.

6° Les délivrances de legs, par le montant des sommes ou par la valeur des objets légués.

7° Les consentements à mainlevée totale ou partielle d'hypothèques, par le montant des sommes faisant l'objet de la mainlevée; s'il y a seulement réduction de l'inscription, il ne sera perçu qu'un droit de 5 fr. par chaque acte.

8° Les prorogations de délai pures et simples, par le montant de la créance dont le terme d'exigibilité est prorogé.

9° Les adjudications et marchés pour constructions, réparations, entretiens, approvisionnements et fournitures dont le prix doit être payé directement par le trésor public, et les cautionnements relatifs à ces adjudications et marchés, par le prix exprimé ou par l'évaluation des objets.

10° Les titres nouvels et reconnaissances de rentes dont les actes constitutifs ont été enregistrés, par le capital des rentes.

Voir le tableau d'autre part.

Tableau n° 33.

Le tableau n° 1 indique les époques des changements de décimes.

Unités servant à la perception des droits fixes.	Droit simple.	1 décime.	Total.	1 décime et 1/2.	Total.	2 décimes.	Total.	2 décimes et 1/2.	Total.
1	2	3	4	5	6	7	8	9	10
de 0 à 5000	5 »	0 50	5 50	0 75	5 75	1 »	6 »	1 25	6 25
de 5001 à 10000	10 »	1 »	11 »	1 50	11 50	2 »	12 »	2 50	12 50
de 10001 à 20000	20 »	2 »	22 »	3 »	23 »	4 »	24 »	5 »	25 »
de 20001 à 40000	40 »	4 »	44 »	6 »	46 »	8 »	48 »	10 »	50 »
de 40001 à 60000	60 »	6 »	66 »	9 »	69 »	12 »	72 »	15 »	75 »
de 60001 à 80000	80 »	8 »	88 »	12 »	92 »	16 »	96 »	20 »	100 »
de 80001 à 100000	100 »	10 »	110 »	15 »	115 »	20 »	120 »	25 »	125 »
de 100001 à 120000	120 »	12 »	132 »	18 »	138 »	24 »	144 »	30 »	150 »
de 120001 à 140000	140 »	14 »	154 »	21 »	161 »	28 »	168 »	35 »	175 »
de 140001 à 160000	160 »	16 »	176 »	24 »	184 »	32 »	192 »	40 »	200 »
de 160001 à 180000	180 »	18 »	198 »	27 »	207 »	36 »	216 »	45 »	225 »
de 180001 à 200000	200 »	20 »	220 »	30 »	230 »	40 »	240 »	50 »	250 »
de 200001 à 220000	220 »	22 »	244 »	33 »	253 »	44 »	264 »	55 »	275 »
de 220001 à 240000	240 »	24 »	268 »	36 »	276 »	48 »	288 »	60 »	300 »
de 240001 à 260000	260 »	26 »	286 »	39 »	299 »	52 »	312 »	65 »	325 »
de 260001 à 280000	280 »	28 »	308 »	42 »	322 »	56 »	336 »	70 »	350 »
de 280001 à 300000	300 »	30 »	330 »	45 »	345 »	60 »	360 »	75 »	375 »
et ainsi de suite de 20000 en 20000									

Tableau numéro 34.

Le douzième de toutes sommes.

0.12	0.24	0.36	0.48	0.60	0.72	0.84	0.96	
0.01	0.02	0.03	0.04	0.05	0.06	0.07	0.08	
1.08	1.20	1.32	1.44	1.56	1.68	1.80	1.92	
0.09	0.10	0.11	0.12	0.13	0.14	0.15	0.16	
2.04	2.16	2.28	2.40	2.52	2.64	2.76	2.88	
0.17	0.18	0.19	0.20	0.21	0.22	0.23	0.24	
3.00	3.12	3.24	3.36	3.48	3.60	3.72	3.84	3.96
0.25	0.26	0.27	0.28	0.29	0.30	0.31	0.32	0.33
4.08	4.20	4.32	4.44	4.56	4.68	4.80	4.92	
0.34	0.35	0.36	0.37	0.38	0.39	0.40	0.41	
5.04	5.16	5.28	5.40	5.52	5.64	5.76	5.88	
0.42	0.43	0.44	0.45	0.46	0.47	0.48	0.49	
6.00	6.12	6.24	6.36	6.48	6.60	6.72	6.84	6.96
0.50	0.51	0.52	0.53	0.54	0.55	0.56	0.57	0.58
7.08	7.20	7.32	7.44	7.56	7.68	7.80	7.92	
0.59	0.60	0.61	0.62	0.63	0.64	0.65	0.66	
8.04	8.16	8.28	8.40	8.52	8.64	8.76	8.88	
0.67	0.68	0.69	0.70	0.71	0.72	0.73	0.74	
9.00	9.12	9.24	9.36	9.48	9.60	9.72	9.84	9.96
0.75	0.76	0.77	0.78	0.79	0.80	0.81	0.82	0.83
10.08	10.20	10.32	10.44	10.56	10.68	10.80	10.92	
0.84	0.85	0.86	0.87	0.88	0.89	0.90	0.91	
11.04	11.16	11.28	11.40	11.52	11.64	11.76	11.88	
0.92	0.93	0.94	0.95	0.96	0.97	0.98	0.99	
12.00	12.12	12.24	12.36	12.48	12.60	12.72	12.84	12.96
1.00	1.01	1.02	1.03	1.04	1.05	1.06	1.07	1.08
13.08	13.20	13.32	13.44	13.56	13.68	13.80	13.92	
1.09	1.10	1.11	1.12	1.13	1.14	1.15	1.16	
14.04	14.16	14.28	14.40	14.52	14.64	14.76	14.88	
1.17	1.18	1.19	1.20	1.21	1.22	1.23	1.24	
15.00	15.12	15.24	15.36	15.48	15.60	15.72	15.84	15.96
1.25	1.26	1.27	1.28	1.29	1.30	1.31	1.32	1.33
16.08	16.20	16.32	16.44	16.56	16.68	16.80	16.92	17.00
1.34	1.35	1.36	1.37	1.38	1.39	1.40	1.41	
17.04	17.16	17.28	17.40	17.52	17.64	17.76	17.88	
1.42	1.43	1.44	1.45	1.46	1.47	1.48	1.49	
18.00	18.12	18.24	18.36	18.48	18.60	18.72	18.84	18.96
1.50	1.51	1.52	1.53	1.54	1.55	1.56	1.57	1.58
19.08	19.20	19.32	19.44	19.56	19.68	19.80	19.92	
1.59	1.60	1.61	1.62	1.63	1.64	1.65	1.66	
20.04	20.16	20.28	20.40	20.52	20.64	20.76	20.88	
1.67	1.68	1.69	1.70	1.71	1.72	1.73	1.74	
21.00	21.12	21.24	21.36	21.48	21.60	21.72	21.84	21.96
1.75	1.76	1.77	1.78	1.79	1.80	1.81	1.82	1.83
22.08	22.20	22.32	22.44	22.56	22.68	22.80	22.92	
1.84	1.85	1.86	1.87	1.88	1.89	1.90	1.91	
23.04	23.16	23.28	23.40	23.52	23.64	23.76	23.88	
1.92	1.93	1.94	1.95	1.96	1.97	1.98	1.99	
24.00	24.12	24.24	24.36	24.48	24.60	24.72	24.84	24.96
2.00	2.01	2.02	2.03	2.04	2.05	2.06	2.07	2.08
25.08	25.20	25.32	25.44	25.56	25.68	25.80	25.92	
2.09	2.10	2.11	2.12	2.13	2.14	2.15	2.16	
26.04	26.16	26.28	26.40	26.52	26.64	26.76	26.88	
2.17	2.18	2.19	2.20	2.21	2.22	2.23	2.24	
27.00	27.12	27.24	27.36	27.48	27.60	27.72	27.84	27.96
2.25	2.26	2.27	2.28	2.29	2.30	2.31	2.32	2.33
28.08	28.20	28.32	28.44	28.56	28.68	28.80	28.92	
2.34	2.35	2.36	2.37	2.38	2.39	2.40	2.41	
29.04	29.16	29.28	29.40	29.52	29.64	29.76	29.88	
2.42	2.43	2.44	2.45	2.46	2.47	2.48	2.49	
30.00	30.12	30.24	30.36	30.48	30.60	30.72	30.84	30.96
2.50	2.51	2.52	2.53	2.54	2.55	2.56	2.57	2.58
31.08	31.20	31.32	31.44	31.56	31.68	31.80	31.92	
2.59	2.60	2.61	2.62	2.63	2.64	2.65	2.66	

32.04	32.16	32.28	32.40	32.52	32.64	32.76	32.88	
2.67	2.68	2.69	2.70	2.71	2.72	2.73	2.74	
33.00	33.12	33.24	33.36	33.48	33.60	33.72	33.84	33.96
2.75	2.76	2.77	2.78	2.79	2.80	2.81	2.82	2.83
34.08	34.20	34.32	34.44	34.56	34.68	34.80	34.92	
2.84	2.85	2.86	2.87	2.88	2.89	2.90	2.91	
35.04	35.16	35.28	35.40	35.52	35.64	35.76	35.88	
2.92	2.93	2.94	2.95	2.96	2.97	2.98	2.99	
36.00	36.12	36.24	36.36	36.48	36.60	36.72	36.84	36.96
3.00	3.01	3.02	3.03	3.04	3.05	3.06	3.07	3.08
37.08	37.20	37.32	37.44	37.56	37.68	37.80	37.92	
3.09	3.10	3.11	3.12	3.13	3.14	3.15	3.16	
38.04	38.16	38.28	38.40	38.52	38.64	38.76	38.88	
3.17	3.18	3.19	3.20	3.21	3.22	3.23	3.24	
39.00	39.12	39.24	39.36	39.48	39.60	39.72	39.84	39.96
3.25	3.26	3.27	3.28	3.29	3.30	3.31	3.32	3.33
40.08	40.20	40.32	40.44	40.56	40.68	40.80	40.92	
3.34	3.35	3.36	3.37	3.38	3.39	3.40	3.41	
41.04	41.16	41.28	41.40	41.52	41.64	41.76	41.88	
3.42	3.43	3.44	3.45	3.46	3.47	3.48	3.49	
42.00	42.12	42.24	42.36	42.48	42.60	42.72	42.84	42.96
3.50	3.51	3.52	3.53	3.54	3.55	3.56	3.57	3.58
43.08	43.20	43.32	43.44	43.56	43.68	43.80	43.92	
3.59	3.60	3.61	3.62	3.63	3.64	3.65	3.66	
44.04	44.16	44.28	44.40	44.52	44.64	44.76	44.88	
3.67	3.68	3.69	3.70	3.71	3.72	3.73	3.74	
45.00	45.12	45.24	45.36	45.48	45.60	45.72	45.84	45.96
3.75	3.76	3.77	3.78	3.79	3.80	3.81	3.82	3.83
46.08	46.20	46.32	46.44	46.56	46.68	46.80	46.92	
3.84	3.85	3.86	3.87	3.88	3.89	3.90	3.91	
47.04	47.16	47.28	47.40	47.52	47.64	47.76	47.88	
3.92	3.93	3.94	3.95	3.96	3.97	3.98	3.99	
48.00	48.12	48.24	48.36	48.48	48.60	48.72	48.84	48.96
4.00	4.01	4.02	4.03	4.04	4.05	4.06	4.07	4.08
49.08	49.20	49.32	49.44	49.56	49.68	49.80	49.92	
4.09	4.10	4.11	4.12	4.13	4.14	4.15	4.16	
50.04	50.16	50.28	50.40	50.52	50.64	50.76	50.88	
4.17	4.18	4.19	4.20	4.21	4.22	4.23	4.24	
51.00	51.12	51.24	51.36	51.48	51.60	51.72	51.84	51.96
4.25	4.26	4.27	4.28	4.29	4.30	4.31	4.32	4.33
52.08	52.20	52.32	52.44	52.56	52.68	52.80	52.92	
4.34	4.35	4.36	4.37	4.38	4.39	4.40	4.41	
53.04	53.16	53.28	53.40	53.52	53.64	53.76	53.88	
4.42	4.43	4.44	4.45	4.46	4.47	4.48	4.49	
54.00	54.12	54.24	54.36	54.48	54.60	54.72	54.84	54.96
4.50	4.51	4.52	4.53	4.54	4.55	4.56	4.57	4.58
55.08	55.20	55.32	55.44	55.56	55.68	55.80	55.92	
4.59	4.60	4.61	4.62	4.63	4.64	4.65	4.66	
56.04	56.16	56.28	56.40	56.52	56.64	56.76	56.88	
4.67	4.68	4.69	4.70	4.71	4.72	4.73	4.74	
57.00	57.12	57.24	57.36	57.48	57.60	57.72	57.84	57.96
4.75	4.76	4.77	4.78	4.79	4.80	4.81	4.82	4.83
58.08	58.20	58.32	58.44	58.56	58.68	58.80	58.92	
4.84	4.85	4.86	4.87	4.88	4.89	4.90	4.91	
59.04	59.16	59.28	59.40	59.52	59.64	59.76	59.88	
4.92	4.93	4.94	4.95	4.96	4.97	4.98	4.99	
60		120	180	240	300	360	420	
5		10	15	20	25	30	35	
		480	540	600	660	720	780	
		40	45	50	55	60	65	
		840		900	960	1020	1080	1140
		70		75	80	85	90	95

Les impôts sont payables par 12e.

Une cote de 435 fr. par an, quel en est le douzième?

420 fr.	donne	35.00
15 fr.	—	1.25
435 fr.	—	36,25

Tableau numéro 35.

Le quart de toutes sommes ou deux décimes et demi.

	0.04 0.01	0.08 0.02	0.12 0.03	0.16 0.04	0.20 0.05	0.24 0.06	0.28 0.07	0.32 0.08	0.36 0.09	0.40 0.10	0.44 0.11	0.48 0.12	0.52 0.13	0.56 0.14	0.60 0.15	0.64 0.16	0.68 0.17	0.72 0.18	0.76 0.19	0.80 0.20	0.84 0.21	0.88 0.22	0.92 0.23	0.96 0.24
1 » 0.25	1.04 0.26	1.08 0.27	1.12 0.28	1.16 0.29	1.20 0.30	1.24 0.31	1.28 0.32	1.32 0.33	1.36 0.34	1.40 0.35	1.44 0.36	1.48 0.37	1.52 0.38	1.56 0.39	1.60 0.40	1.64 0.41	1.68 0.42	1.72 0.43	1.76 0.44	1.80 0.45	1.84 0.46	1.88 0.47	1.92 0.48	1.96 0.49
2 » 0.50	2.04 0.51	2.08 0.52	2.12 0.53	2.16 0.54	2.20 0.55	2.24 0.56	2.28 0.57	2.32 0.58	2.36 0.59	2.40 0.60	2.44 0.61	2.48 0.62	2.52 0.63	2.56 0.64	2.60 0.65	2.64 0.66	2.68 0.67	2.72 0.68	2.76 0.69	2.80 0.70	2.84 0.71	2.88 0.72	2.92 0.73	2.96 0.74
3 » 0.75	3.04 0.76	3.08 0.77	3.12 0.78	3.16 0.79	3.20 0.80	3.24 0.81	3.28 0.82	3.32 0.83	3.36 0.84	3.40 0.85	3.44 0.86	3.48 0.87	3.52 0.88	3.56 0.89	3.60 0.90	3.64 0.91	3.68 0.92	3.72 0.93	3.76 0.94	3.80 0.95	3.84 0.96	3.88 0.97	3.92 0.98	3.96 0.99
4 » 1 »	4.04 1.01	4.08 1.02	4.12 1.03	4.16 1.04	4.20 1.05	4.24 1.06	4.28 1.07	4.32 1.08	4.36 1.09	4.40 1.10	4.44 1.11	4.48 1.12	4.52 1.13	4.56 1.14	4.60 1.15	4.64 1.16	4.68 1.17	4.72 1.18	4.76 1.19	4.80 1.20	4.84 1.21	4.88 1.22	4.92 1.23	4.96 1.24
5 » 1.25	5.04 1.26	5.08 1.27	5.12 1.28	5.16 1.29	5.20 1.30	5.24 1.31	5.28 1.32	5.32 1.33	5.36 1.34	5.40 1.35	5.44 1.36	5.48 1.37	5.52 1.38	5.56 1.39	5.60 1.40	5.64 1.41	5.68 1.42	5.72 1.43	5.76 1.44	5.80 1.45	5.84 1.46	5.88 1.47	5.92 1.48	5.96 1.49
6 » 1.50	6.04 1.51	6.08 1.52	6.12 1.53	6.16 1.54	6.20 1.55	6.24 1.56	6.28 1.57	6.32 1.58	6.36 1.59	6.40 1.60	6.44 1.61	6.48 1.62	6.52 1.63	6.56 1.64	6.60 1.65	6.64 1.66	6.68 1.67	6.72 1.68	6.76 1.69	6.80 1.70	6.84 1.71	6.88 1.72	6.92 1.73	6.96 1.74
7 » 1.75	7.04 1.76	7.08 1.77	7.12 1.78	7.16 1.79	7.20 1.80	7.24 1.81	7.28 1.82	7.32 1.83	7.36 1.84	7.40 1.85	7.44 1.86	7.48 1.87	7.52 1.88	7.56 1.89	7.60 1.90	7.64 1.91	7.68 1.92	7.72 1.93	7.76 1.94	7.80 1.95	7.84 1.96	7.88 1.97	7.92 1.98	7.96 1.99
8 » 2 »	8.04 2.01	8.08 2.02	8.12 2.03	8.16 2.04	8.20 2.05	8.24 2.06	8.28 2.07	8.32 2.08	8.36 2.09	8.40 2.10	8.44 2.11	8.48 2.12	8.52 2.13	8.56 2.14	8.60 2.15	8.64 2.16	8.68 2.17	8.72 2.18	8.76 2.19	8.80 2.20	8.84 2.21	8.88 2.22	8.92 2.23	8.96 2.24
9 » 2.25	9.04 2.26	9.08 2.27	9.12 2.28	9.16 2.29	9.20 2.30	9.24 2.31	9.28 2.32	9.32 2.33	9.36 2.34	9.40 2.35	9.44 2.36	9.48 2.37	9.52 2.38	9.56 2.39	9.60 2.40	9.64 2.41	9.68 2.42	9.72 2.43	9.76 2.44	9.80 2.45	9.84 2.46	9.88 2.47	9.92 2.48	9.96 2.49
10 » 2.50	10.04 2.51	10.08 2.52	10.12 2.53	10.16 2.54	10.20 2.55	10.24 2.56	10.28 2.57	10.32 2.58	10.36 2.59	10.40 2.60	10.44 2.61	10.48 2.62	10.52 2.63	10.56 2.64	10.60 2.65	10.64 2.66	10.68 2.67	10.72 2.68	10.76 2.69	10.80 2.70	10.84 2.71	10.88 2.72	10.92 2.73	10.96 2.74
11 » 2.75	12 » 3 »	13 » 3.25	14 » 3.50	15 » 3.75	16 » 4 »	17 » 4.25	18 » 4.50	19 » 4.75	20 » 5 »	21 » 5.25	22 » 5.50	23 » 5.75	24 » 6 »	25 » 6.25	26 » 6.50	27 » 6.75	28 » 7 »	29 » 7.25	30 » 7.50				
31 » 7.75	32 » 8 »	33 » 8.25	34 » 8.50	35 » 8.75	36 » 9 »	37 » 9.25	38 » 9.50	39 » 9.75	40 » 10 »	41 » 10.25	42 » 10.50	43 » 10.75	44 » 11 »	45 » 11.25	46 » 11.50	47 » 11.75	48 » 12 »	49 » 12.25	50 » 12.50				
51 » 12.75	52 » 13 »	53 » 13.25	54 » 13.50	55 » 13.75	56 » 14 »	57 » 14.25	58 » 14.50	59 » 14.75	60 » 15 »	61 » 15.25	62 » 15.50	63 » 15.75	64 » 16 »	65 » 16.25	66 » 16.50	67 » 16.75	68 » 17 »	69 » 17.25	70 » 17.50				
71 » 17.75	72 » 18 »	73 » 18.25	74 » 18.50	75 » 18.75	76 » 19 »	77 » 19.25	78 » 19.50	79 » 19.75	80 » 20 »	81 » 20.25	82 » 20.50	83 » 20.75	84 » 21 »	85 » 21.25	86 » 21.50	87 » 21.75	88 » 22 »	89 » 22.25	90 » 22.50				
91 » 22.75	92 » 23 »	93 » 23.25	94 » 23.50	95 » 23.75	96 » 24 »	97 » 24.25	98 » 24.50	99 » 24.75	100 » 25 »	101 » 25.25	102 » 25.50	103 » 25.75	104 » 26 »	105 » 26.25	106 » 26.50	107 » 26.75	108 » 27 »	109 » 27.25	110 » 27.50				
111 » 27.75	112 » 28 »	113 » 28.25	114 » 28.50	115 » 28.75	116 » 29 »	117 » 29.25	118 » 29.50	119 » 29.75	120 » 30 »	121 » 30.25	122 » 30.50	123 » 30.75	124 » 31 »	125 » 31.25	126 » 31.50	127 » 31.75	128 » 32 »	129 » 32.25	130 » 32.50				
131 » 32.75	132 » 33 »	133 » 33.25	134 » 33.50	135 » 33.75	136 » 34 »	137 » 34.25	138 » 34.50	139 » 34.75	140 » 35 »	141 » 35.25	142 » 35.50	143 » 35.75	144 » 36 »	145 » 36.25	146 » 36.50	147 » 36.75	148 » 37 »	149 » 37.25	150 » 37.50				
160 » 40 »	170 » 42.50	180 » 45 »	190 » 47.50	200 50	300 75	400 100	500 125	600 150	700 175	800 200	900 225	1000 250	2000 500	3000 750	4000 1000	5000 1250	6000 1500	7000 1750	8000 2000				
9000 2250	10000 2500	15000 3750	20000 5000	25000 6250	30000 7500	35000 8750	40000 10000	45000 11250	50000 12500	55000 13750	60000 15000	65000 16250	70000 17500	75000 18750	80000 20000	85000 21250	90000 22500	95000 23750	100000 25000				

Tableau numéro 36.

Tableau généralement employé pour connaître le nombre de jours écoulés d'une époque à une autre.

JANVIER.			FÉVRIER.			MARS.			AVRIL.			MAI.			JUIN.		
J.	M.	D.	J.	M.	D.	J.	M.	D.	J.	M.	D.	J.	M.	D.	J.	M.	D.
1	1	365	1	32	334	1	60	306	1	91	275	1	121	245	1	152	214
2	2	364	2	33	333	2	61	305	2	92	274	2	122	244	2	153	213
3	3	363	3	34	332	3	62	304	3	93	273	3	123	243	3	154	212
4	4	362	4	35	331	4	63	303	4	94	272	4	124	242	4	155	211
5	5	361	5	36	330	5	64	302	5	95	271	5	125	241	5	156	210
6	6	360	6	37	329	6	65	301	6	96	270	6	126	240	6	157	209
7	7	359	7	38	328	7	66	300	7	97	269	7	127	239	7	158	208
8	8	358	8	39	327	8	67	299	8	98	268	8	128	238	8	159	207
9	9	357	9	40	326	9	68	298	9	99	267	9	129	237	9	160	206
10	10	356	10	41	325	10	69	297	10	100	266	10	130	236	10	161	205
11	11	355	11	42	324	11	70	296	11	101	265	11	131	235	11	162	204
12	12	354	12	43	323	12	71	295	12	102	264	12	132	234	12	163	203
13	13	353	13	44	322	13	72	294	13	103	263	13	133	233	13	164	202
14	14	352	14	45	321	14	73	293	14	104	262	14	134	232	14	165	201
15	15	351	15	46	320	15	74	292	15	105	261	15	135	231	15	166	200
16	16	350	16	47	319	16	75	291	16	106	260	16	136	230	16	167	199
17	17	349	17	48	318	17	76	290	17	107	259	17	137	229	17	168	198
18	18	348	18	49	317	18	77	289	18	108	258	18	138	228	18	169	197
19	19	347	19	50	316	19	78	288	19	109	257	19	139	227	19	170	196
20	20	346	20	51	315	20	79	287	20	110	256	20	140	226	20	171	195
21	21	345	21	52	314	21	80	286	21	111	255	21	141	225	21	172	194
22	22	344	22	53	313	22	81	285	22	112	254	22	142	224	22	173	193
23	23	343	23	54	312	23	82	284	23	113	253	23	143	223	23	174	192
24	24	342	24	55	311	24	83	283	24	114	252	24	144	222	24	175	191
25	25	341	25	56	310	25	84	282	25	115	251	25	145	221	25	176	190
26	26	340	26	57	309	26	85	281	26	116	250	26	146	220	26	177	189
27	27	339	27	58	308	27	86	280	27	117	249	27	147	219	27	178	188
28	28	338	28	59	307	28	87	279	28	118	248	28	148	218	28	179	187
29	29	337	»	»	»	29	88	278	29	119	247	29	149	217	29	180	186
30	30	336	»	»	»	30	89	277	30	120	246	30	150	216	30	181	185
31	31	335	»	»	»	31	90	276	»	»	»	31	151	215	»	»	»

JUILLET.			AOUT.			SEPTEMBRE.			OCTOBRE.			NOVEMBRE.			DÉCEMBRE.		
J.	M.	D.	J.	M.	D.	J.	M.	D.	J.	M.	D.	J.	M.	D.	J.	M.	D.
1	182	184	1	213	153	1	244	122	1	274	92	1	305	61	1	335	31
2	183	183	2	214	152	2	245	121	2	275	91	2	306	60	2	336	30
3	184	182	3	215	151	3	246	120	3	276	90	3	307	59	3	337	29
4	185	181	4	216	150	4	247	119	4	277	89	4	308	58	4	338	28
5	186	180	5	217	149	5	248	118	5	278	88	5	309	57	5	339	27
6	187	179	6	218	148	6	249	117	6	279	87	6	310	56	6	340	26
7	188	178	7	219	147	7	250	116	7	280	86	7	311	55	7	341	25
8	189	177	8	220	146	8	251	115	8	281	85	8	312	54	8	342	24
9	190	176	9	221	145	9	252	114	9	282	84	9	313	53	9	343	23
10	191	175	10	222	144	10	253	113	10	283	83	10	314	52	10	344	22
11	192	174	11	223	143	11	254	112	11	284	82	11	315	51	11	345	21
12	193	173	12	224	142	12	255	111	12	285	81	12	316	50	12	346	20
13	194	172	13	225	141	13	256	110	13	286	80	13	317	49	13	347	19
14	195	171	14	226	140	14	257	109	14	287	79	14	318	48	14	348	18
15	196	170	15	227	139	15	258	108	15	288	78	15	319	47	15	349	17
16	197	169	16	228	138	16	259	107	16	289	77	16	320	46	16	350	16
17	198	168	17	229	137	17	260	106	17	290	76	17	321	45	17	351	15
18	199	167	18	230	136	18	261	105	18	291	75	18	322	44	18	352	14
19	200	166	19	231	135	19	262	104	19	292	74	19	323	43	19	353	13
20	201	165	20	232	134	20	263	103	20	293	73	20	324	42	20	354	12
21	202	164	21	233	133	21	264	102	21	294	72	21	325	41	21	355	11
22	203	163	22	234	132	22	265	101	22	295	71	22	326	40	22	356	10
23	204	162	23	235	131	23	266	100	23	296	70	23	327	39	23	357	09
24	205	161	24	236	130	24	267	99	24	297	69	24	328	38	24	358	08
25	206	160	25	237	129	25	268	98	25	298	68	25	329	37	25	359	07
26	207	159	26	238	128	26	269	97	26	299	67	26	330	36	26	360	06
27	208	158	27	239	127	27	270	96	27	300	66	27	331	35	27	361	05
28	209	157	28	240	126	28	271	95	28	301	65	28	332	34	28	362	04
29	210	156	29	241	125	29	272	94	29	302	64	29	333	33	29	363	03
30	211	155	30	242	124	30	273	93	30	303	63	30	334	32	30	364	02
31	212	154	31	243	123	»	»	»	31	304	62	»	»	»	31	365	01

Pour obtenir le nombre de jours écoulés, par exemple du 7 mars au 23 septembre :

7 mars.....	66	jours
23 septembre.	266	—
Reste...	200	jours

Preuve du 1er janvier au 6 mars....	65	jours
— du 7 mars au 23 septembre.	200	—
— du 23 sept. au 31 décembre.	100	—
Total......	365	jours

T

Servant à déterminer, par jour et par mois, le décompte d'une

1 AN	FR. 10	FR. 20	FR. 30	FR. 40	FR. 50	FR. 60	FR. 70	FR. 80	FR. 90	FR. 100	FR. 200	FR. 300	FR. 400
11 mois	9 16	18 33	27 50	36 66	45 83	55 »	64 16	73 33	82 50	91 66	183 33	275 »	366 66
10	8 33	16 66	25 »	33 33	41 66	50 »	58 33	66 66	75 »	83 33	166 66	250 »	333 33
9	7 50	15 »	22 50	30 »	37 50	45 »	52 50	60 »	67 50	75 »	150 »	225 »	300 »
8	6 66	13 33	20 »	26 66	33 33	40 »	46 66	53 33	60 »	66 66	133 33	200 »	266 66
7	5 83	11 66	17 50	23 33	29 16	35 »	40 83	46 66	52 50	58 33	116 66	175 »	233 33
6	5 »	10 »	15 »	20 »	25 »	30 »	35 »	40 »	45 »	50 »	100 »	150 »	200 »
5	4 16	8 33	12 50	16 66	20 83	25 »	29 16	33 33	37 50	41 66	83 33	125 »	166 66
4	3 33	6 66	10 »	13 33	16 66	20 »	23 33	26 66	30 »	33 33	66 66	100 »	133 33
3	2 50	5 »	7 50	10 »	12 50	15 »	17 50	20 »	22 50	25 »	50 »	75 »	100 »
2	1 66	3 33	5 »	6 66	8 33	10 »	11 66	13 33	15 »	16 66	33 33	50 »	66 66
30 jours	» 83	1 66	2 50	3 33	4 16	5 »	5 83	6 66	7 50	8 33	16 66	25 »	33 33
29	» 80	1 61	2 41	3 22	4 02	4 83	5 63	6 44	7 25	8 05	16 11	24 16	32 22
28	» 77	1 55	2 33	3 11	3 88	4 66	5 44	6 22	7 »	7 77	15 55	23 33	31 11
27	» 74	1 49	2 24	2 99	3 74	4 49	5 24	5 99	6 75	7 49	14 99	22 49	29 99
26	» 72	1 44	2 16	2 88	3 61	4 33	5 05	5 77	6 50	7 22	14 44	21 66	28 88
25	» 69	1 38	2 08	2 77	3 47	4 16	4 86	5 55	6 25	6 94	13 88	20 83	27 77
24	» 66	1 33	1 99	2 66	3 33	3 99	4 66	5 33	6 »	6 66	13 33	19 99	26 66
23	» 63	1 27	1 91	2 55	3 19	3 83	4 47	5 11	5 75	6 38	12 77	19 16	25 55
22	» 61	1 22	1 83	2 44	3 05	3 66	4 27	4 88	5 50	6 11	12 22	18 33	24 44
21	» 58	1 16	1 74	2 33	2 91	3 49	4 08	4 66	5 25	5 83	11 66	17 49	23 33
20	» 55	1 11	1 66	2 22	2 77	3 33	3 88	4 44	5 »	5 55	11 11	16 66	22 22
19	» 52	1 05	1 58	2 11	2 63	3 16	3 69	4 22	4 75	5 27	10 55	15 83	21 11
18	» 49	» 99	1 49	1 99	2 49	2 99	3 49	3 99	4 50	4 99	9 99	14 99	19 99
17	» 47	» 94	1 41	1 88	2 36	2 83	3 30	3 77	4 25	4 72	9 44	14 16	18 88
16	» 44	» 88	1 33	1 77	2 22	2 66	3 11	3 55	4 »	4 44	8 88	13 33	17 77
15	» 41	» 83	1 24	1 66	2 08	2 50	2 91	3 33	3 75	4 16	8 33	12 49	16 66
14	» 38	» 77	1 16	1 55	1 94	2 33	2 72	3 11	3 50	3 88	7 77	11 66	15 55
13	» 36	» 72	1 08	1 44	1 80	2 16	2 52	2 88	3 25	3 61	7 22	10 83	14 44
12	» 33	» 66	» 99	1 33	1 66	1 99	2 33	2 66	3 »	3 33	6 66	9 99	13 33
11	» 30	» 61	» 91	1 22	1 52	1 83	2 13	2 44	2 75	3 05	6 11	9 16	12 22
10	» 27	» 55	» 84	1 11	1 38	1 66	1 94	2 22	2 50	2 77	5 55	8 33	11 11
9	» 24	» 49	» 74	» 99	1 24	1 49	1 74	1 99	2 25	2 49	4 99	7 49	9 99
8	» 22	» 44	» 66	» 88	1 11	1 33	1 55	1 77	2 »	2 22	4 44	6 66	8 88
7	» 19	» 38	» 58	» 77	» 97	1 16	1 36	1 55	1 75	1 94	3 88	5 83	7 77
6	» 16	» 33	» 49	» 66	» 83	» 99	1 16	1 33	1 50	1 66	3 33	4 99	6 66
5	» 13	» 27	» 41	» 55	» 69	» 83	» 97	1 11	1 25	1 38	2 77	4 16	5 55
4	» 11	» 22	» 33	» 44	» 55	» 66	» 77	» 88	1 »	1 11	2 22	3 33	4 44
3	» 8	» 16	» 24	» 33	» 41	» 49	» 58	» 66	» 75	» 83	1 66	2 49	3 33
2	» 5	» 11	» 16	» 22	» 27	» 33	» 38	» 44	» 50	» 55	1 11	1 66	2 22
1	» 2	» 05	» 08	» 11	» 13	» 16	» 19	» 22	» 25	» 27	» 55	» 83	1 11
1 an	10 »	20 »	30 »	40 »	50 »	60 »	70 »	80 »	90 »	100 »	200 »	300 »	400 »

Pour obtenir la somme due pour une rente de 700 fr., depuis 1 an, 9 mois, 15 jours, faire le ca
ci-après :

méro 37.

ne pension, d'un fermage ou de tout autre revenu annuel connu.

FR. 600	FR. 700	FR. 800	FR. 900	FR. 1.000	FR. 2.000	FR. 3.000	FR. 4.000	FR. 5.000	FR. 6.000	FR. 7.000	FR. 8.000	FR. 9.000	FR. 10.000
0 »	641 66	733 33	825 »	916 66	1.833 33	2.750 »	3.666 66	4.583 33	5.500 »	6 416 66	7.333 33	8.250 »	9.166 66
00 »	583 33	666 66	750 »	833 33	1.666 66	2.500 »	3 333 33	4.166 66	5.000 »	5.833 33	6.666 66	7.500 »	8.333 33
50 »	525 »	600 »	675 »	750 »	1.500 »	2.250 »	3.000 »	3.750 »	4.500 »	5.250 »	6.000 »	6.750 »	7.500 »
00 »	466 66	533 33	600 »	666 66	1.333 33	2.000 »	2.666 66	3.333 33	4.000 »	4.666 66	5.333 33	6.000 »	6 666 66
0 »	408 33	466 66	525 »	583 33	1.166 66	1.750 »	2.333 33	2.916 66	3.500 »	4.083 33	4.666 66	5.250 »	5.833 33
00 »	350 »	400 »	450 »	500 »	1.000 »	1.500 »	2.000 »	2.500 »	3.000 »	3.500 »	4.000 »	4.500 »	5.000 »
50 »	291 66	333 33	375 »	416 66	833 33	1.250 »	1.666 66	2.083 33	2.500 »	2.916 66	3.333 33	3.750 »	4.166 66
00 »	233 33	266 66	300 »	333 33	666 66	1.000 »	1.333 33	1.666 66	2.000 »	2 333 33	2.666 66	3 000 »	3.333 33
50 »	175 »	200 »	225 »	250 »	500 »	750 »	1.000 »	1.250 »	1.500 »	1.750 »	2.000 »	2.250 »	2.500 »
00 »	116 66	133 33	150 »	166 66	333 33	500 »	666 66	833 33	1.000 »	1.166 66	1.333 33	1.500 »	1.666 66
50 »	58 33	66 66	75 »	83 33	166 66	250 »	333 33	416 66	500 »	583 33	666 66	750 »	833 33
48 33	56 38	64 44	72 50	80 55	161 11	241 66	322 22	402 27	483 33	563 88	644 44	725 »	805 55
46 66	54 44	62 22	70 »	77 77	155 55	233 33	311 11	388 88	466 66	544 44	622 22	700 »	777 77
44 99	52 49	59 99	67 50	74 99	149 99	224 99	299 99	374 99	449 99	524 99	599 99	675 »	749 99
43 33	50 55	57 77	65 »	72 22	144 44	216 66	288 88	361 11	433 33	505 55	577 77	650 »	722 22
41 66	48 61	55 55	62 50	69 44	138 88	208 33	277 77	347 22	416 66	486 11	555 55	625 »	694 44
39 99	46 66	53 33	60 »	66 66	133 33	199 99	266 66	333 33	399 99	466 66	533 33	600 »	666 66
38 33	44 72	51 11	57 50	63 88	127 77	191 66	255 55	319 44	383 33	447 22	511 11	575 »	638 88
36 66	42 77	48 88	55 »	61 11	122 22	183 33	244 44	305 55	366 66	427 77	484 88	550 »	611 11
34 99	40 83	46 66	52 50	58 33	116 66	174 99	233 33	291 66	349 90	408 33	466 66	525 »	583 33
33 33	38 88	44 44	50 »	55 55	111 11	166 66	222 22	277 77	333 33	388 88	444 44	500 »	555 55
31 66	36 94	42 22	47 50	52 77	105 55	158 33	211 11	263 88	316 66	369 44	422 22	475 »	527 77
29 99	34 99	39 99	45 »	49 99	99 99	149 99	199 99	249 99	299 99	349 99	399 99	450 »	499 99
28 33	33 05	37 77	42 50	47 22	94 44	141 66	188 88	236 11	283 33	330 55	377 77	425 »	472 22
26 66	31 11	35 55	40 »	44 44	88 88	133 33	177 77	222 22	266 66	311 11	355 55	400 »	444 44
25 »	29 16	33 33	37 50	41 66	83 33	124 99	166 66	208 33	250 »	291 66	333 33	375 »	416 66
23 33	27 22	31 11	35 »	38 88	77 77	116 66	155 55	194 44	233 33	272 22	311 11	350 »	388 88
21 66	25 27	28 88	32 50	36 11	72 22	108 33	144 44	180 55	216 66	252 77	288 88	325 »	361 11
19 99	23 33	26 66	30 »	33 33	66 66	99 99	133 33	166 66	199 99	233 33	266 66	300 »	333 33
18 33	21 38	24 44	27 50	30 55	61 11	91 66	122 22	152 77	183 33	213 88	244 44	275 »	305 55
16 66	19 44	22 22	25 »	27 77	55 55	83 33	111 11	138 88	166 66	194 44	222 22	250 »	277 77
14 99	17 49	19 99	22 50	24 99	49 99	74 99	99 99	124 99	149 99	174 79	199 99	225 »	249 99
13 33	15 55	17 77	20 »	22 22	44 44	66 66	88 88	111 11	133 33	155 55	177 77	200 »	222 22
11 66	13 61	15 55	17 50	19 44	38 88	58 33	77 77	97 22	116 66	136 11	155 55	175 »	194 44
9 99	11 66	13 33	15 »	16 66	33 33	49 99	66 66	83 33	99 99	116 66	133 33	150 »	166 66
8 33	9 72	11 11	12 50	13 88	27 77	41 66	55 55	69 44	83 33	97 22	111 11	125 »	138 88
6 66	7 77	8 88	10 »	11 11	22 22	33 33	44 44	55 55	66 66	77 77	88 88	100 »	111 11
4 99	5 83	6 66	7 50	8 33	16 66	24 99	33 33	41 66	49 99	58 33	66 66	75 »	83 33
3 33	3 88	4 44	5 »	5 55	11 11	16 66	22 22	27 77	33 33	38 88	44 44	50 »	55 55
1 66	1 94	2 22	2 50	2 77	5 55	8 33	11 11	13 88	16 66	19 44	22 22	25 »	27 77
00 »	700 »	800 »	900 »	1.000 »	2.000 »	3,000 »	4.000 »	5.000 »	6.000 »	7.000 »	8.000 »	9.000 »	10.000 »

1 an........................	700 »	1254 16
9 mois......................	525 »	
15 jours....................	29 16	

CHAPITRE II

Transmissions entre vifs de meubles à titre onéreux.

	Droits.	Tableaux.
Ventes de meubles, objets mobiliers, coupes de bois. . .	2 » p. 0/0	13
Ventes de fonds de commerce et de clientèle.	2 » p. 0/0	13
Ventes totales ou partielles de navires à quelque titre que ce soit	2 » p. 0/0	13
Ventes publiques de marchandises neuves, (lois des 15 mai 1818 et 25 juin 1841) et ventes de meubles et marchandises par suite de *faillite*	» 50 p. 0/0	8
Licitations, soultes de partage et de distributions de biens (art. 1075 et 1076 du code civil)	2 » p. 0/0	13
Ventes publiques de marchandises en gros, (loi du 28 mai 1858).	» 10 p. 0/0	5
Cessions et délégations de créances à terme	1 » p. 0/0	10
Constitutions, cessions et délégations de rentes ou pensions.	2 » p. 0/0	13
Cessions et délégations de rentes foncières créées avant la loi du 11 brumaire an VII.	3 50 p. 0/0	18
Cessions de parts d'intérêts, autres que les actions dans les sociétés et compagnies	» 50 p. 0/0	8
Abandonnements pour fait d'assurance ou grosse aventure . . . . — en temps de paix.	1 » p. 0/0	10
Abandonnements pour fait d'assurance ou grosse aventure — en temps de guerre.	» 50 p. 0/0	8
Transmissions de toute nature des offices, (loi du 25 juin 1841) à titre onéreux	2 » p. 0/0	13
— Création nouvelle.	20 » p. 0/0	30
Ventes de marchandises avariées et de débris de navires naufragés, droits fixes gradués.	» » » »	32

Le droit de transmission d'office à titre onéreux est de 2 p. 0/0 sans être dans aucun cas inférieur au dixième du cautionnement alloué à l'emploi.

Si la transmission de l'office s'opère par suite de disposition gratuite entre vifs ou à cause de mort, les droits établis pour les donations seront perçus d'après une évaluation en capital sans être au-dessous de 2 p. 0/0.

Le droit est de 2 0/0 si l'office passe entre les mains de l'unique héritier du titulaire.

En cas de création nouvelle de charges ou offices, les ordonnances qui y pourvoient seront assujetties au droit de 20 0/0 sur le montant du cautionnement, (loi du 25 juin 1848).

Loi du 22 pluviôse an VII.

Aucun officier public ne peut procéder à une vente publique et par enchères d'objets mobiliers qu'il n'en ait préalablement fait la déclaration au bureau de l'enregistrement dans l'arrondissement duquel la vente a lieu sous peine de 20 fr. d'amende.

Ils transcriront en tête de leurs procès-verbaux de vente les copies de leur déclaration sous peine de 5 fr. d'amende, chaque objet sera porté de suite au procès-verbal, le prix y sera écrit en toutes lettres et tiré hors ligne en chiffres ; chaque séance sera close et signée par l'officier public et deux témoins.

Lorsqu'une vente aura lieu par suite d'inventaire, il en sera fait mention au procès-verbal avec indication de la date et du notaire qui y a procédé et de la quittance de l'enregistrement.

Il sera dû pour chaque article adjugé non porté au procès-verbal de vente une amende de 20 fr. ; même somme par chaque altération d'articles adjugés et 5 fr. par chaque article dont le prix n'est pas écrit en toutes lettres.

Les procès-verbaux de vente ne peuvent être enregistrés qu'aux bureaux où les déclarations ont été faites.

Le droit sera perçu sur le montant des sommes que contiendra cumulativement le procès-verbal des séances à enregistrer dans le délai.

Toute personne autre qu'un officier public qui procède à une vente de meubles aux enchères sera punie d'une amende de 50 fr. à 1,000 fr. pour chaque vente outre la restitution des droits dus.

Sont dispensés de la déclaration, les officiers publics qui auront à procéder aux ventes de mobilier national et à celle des effets des monts-de-piété.

Sont interdites par la loi du 25 juin 1841 les ventes en détail aux enchères des marchandises neuves, si ce n'est après décès ou par autorité de justice.

Transmissions entre vifs d'immeubles à titre onéreux.

(Art. 1582, 1702, Code civil.)

	Droits.	Tableaux.
Ventes autres que celles ci-après.	5 50 p. 0/0	22
Ventes antérieures à la loi du 28 avril 1816.	4 » p. 0/0	19
Licitations et soultes de partages entre cohéritiers et copropriétaires, et soultes de distributions de biens (art. 1075 et 1076 du code civil).	4 » p. 0/0	19
Résolutions de contrats de vente par jugements.	4 » p. 0/0	19
Échanges (sur l'une des parts).	3 50 p. 0/0	15
Échanges de biens contigus	» 20 p. 0/0	6
Retours ou plus value dans les échanges . . . . biens non contigus	5 50 p. 0/0	22
Retours ou plus value dans les échanges . . . . biens contigus	1 » p. 0/0	10
Ventes de domaines de l'État.	2 » p. 0/0	13
Ventes de biens situés soit en pays étrangers, soit dans les colonies françaises (droits fixes gradués)	» » » »	32

Il y a transmission à titre onéreux lorsque le propriétaire d'un droit le transmet à un tiers et reçoit de celui-ci une valeur égale soit en nature, soit en argent.

La *loi du 27-30 juillet 1870 fixe à 20 centimes par cent fr.* les échanges d'immeubles ruraux contigus non bâtis acquis par actes enregistrés depuis plus de deux ans, situés dans le même canton ou dans le canton limitrophe, et dont la parcelle contiguë aux propriétés de l'un de échangistes ne dépasse pas 50 ares ; 1 p. 0/0 sur le droit de soulte lorsqu'elle n'excédera pas le quart de la valeur de la moindre part.

Toute dissimulation dans le prix d'une vente, dans la soulte d'un échange ou d'un partage, est punie d'une amende égale au quart de la somme dissimulée, payée solidairement par les parties sauf à la repartir entre elles par égales parts.

Il en est de même des cessions de fonds de commerce. (Loi du 23 août 1871).

Transmissions entre vifs et par décès à titre gratuit *.

(Art. 873, 1076, 718, Code civil.)

	Ligne directe.		Entre époux.		COLLATÉRAUX				Parenté du 4e au 12e degré.		Personnes non parentes.	
					Frères et sœurs, oncles et tantes, neveux et nièces.		Grands-oncles, grandes-tantes, petits-neveux, petites-nièces, cousins-germains.					
	Meubles.	Immeubles.	Meubles.	Immeubles.	Meubles.	Immeubles.	Meubles.	Immeubles.	Meubles.	Immeubles.	Meubles.	Immeubles
	p. 0/0	p. 0/0	p. 0/0	p. 0/0	p. 0/0	p. 0/0	p. 0/0	p. 0/0	p. 0/0	p. 0/0	p. 0/0	p. 0/0
Donation par contrat de mariage.	1 25	2 75	1 50	3 »	4 50	4 50	5 »	5 »	5 50	5 50	6 »	6 »
Donation hors contrat de mariage.	2 50	4 »	3 »	4 50	6 50	6 50	7 »	7 »	8 »	8 »	9 »	9 »
Avec partage, art. 1076, c. civ.	1 »	1 50										
Mutation par décès.	1 »	1 »	3 »	3 »	6 50	6 50	7 »	7 »	8 »	8 »	9 »	9 »
Pour les cessions d'offices.	2 »	2 »	» »	» »	6 50	» »	7 »	» »	8 »	» »	9 »	» »

* Par meubles on entend, le mobilier, argent comptant, fonds d'états français et étrangers, valeurs mobilières françaises et étrangères.

La transmission d'une propriété ou d'un droit réel a lieu à titre gratuit lorsque celui au profit duquel elle est faite n'est pas chargé d'obligation corrélative équivalente à la valeur de ce qu'il reçoit.

Il suffit que les charges imposées par le donateur n'absorbent pas le caractère de libéralité de la transmission.

Le revenu des immeubles donnés doit, pour la perception des droits de l'enregistrement, être multiplié :

Par 20 si ce sont des immeubles urbains.

Par 25 si ce sont des immeubles ruraux.

Par 10 ou 12 1/2 si la donation ne comprend qu'un usufruit.

On entend par immeuble rural un fonds de terre à l'exclusion des propriétés baties, terres, prés, bois, vignes, sans distinction de la situation. Art. 678-1766-1767 code civil, l'accessoire suit le sort du principal.

Les héritiers, donataires et légataires sont tenus par les art. 24, 27, 32 et 39 de la loi du 22 frimaire an VII de déclarer dans les six mois du décès lorsqu'il a lieu en France, dans les huit mois du décès lorsqu'il a lieu dans toute autre partie de l'Europe, dans l'année si c'est en Amérique et de deux ans si c'est en Afrique ou en Asie, au bureau de l'enregistrement, les biens ou valeurs à eux échus ou transmis par décès.

Les enfants ou leurs descendants succèdent à leur père et mère.

Lorsqu'une personne meurt sans postérité en laissant des ascendants (père ou mère) et des frère et sœur ou descendants d'eux, sa succession échoit pour moitié aux ascendants et pour moitié aux collateraux.

Si un des ascendants est prédécédé, l'ascendant survivant a le quart de la succession et les collatéraux les trois quarts.

Si le défunt n'a laissé qu'un ascendant et des collatéraux autres que des frères et sœurs ou descendants d'eux, sa succession appartient pour moitié en toute propriété, et un tiers en usufruit de l'autre moitié à l'ascendant et le surplus aux collatéraux c'est-à-dire pour un sixième en nue propriété et deux sixièmes en pleine propriété.

S'il n'a laissé ni père ni mère mais d'autres ascendants et des frères, sœurs ou descendants d'eux, ces derniers recueillent la succession à l'exclusion des ascendants.

Si le père ou la mère a laissé des enfants légitimes et un enfant naturel, ce dernier a droit au tiers de ce qu'il aurait eu s'il avait été légitime.

Il a droit à moitié lorsque les père et mère ne laissent pas de descendants, mais des ascendants ou descendants d'eux.

Il a droit aux trois quarts lorsque les père ou mère ne laissent ni ascendants ni descendants, ni frère ou sœur, mais des parents au degré successible.

Il a droit à la totalité des biens lorsque ses père ou mère ne laissent pas de parents au degré successible.

En cas de prédécès de l'enfant naturel ses enfants ou descendants peuvent réclamer les mêmes droits que lui.

Tableau de la portion disponible et de la réserve dans le cas de concours d'enfants légitimes et d'enfants naturels.

Nombre des enfants.		Réserve des enfants.		Portions disponibles.	Nombre des enfants.		Réserve des enfants.		Portions disponibles.	Nombre des enfants.		Réserve des enfants.		Portions disponibles.
Nat.	Lég.	Naturel.	Légit.		Nat.	Lég.	Naturel.	Légit.		Nat.	Lég.	Naturel.	Légit.	
1	1	1/9	4/9	4/9	2	1	2/12	5/12	5/12	3	1	3/16	15/32	15/32
	2	1/12	22/36	11/36		2	2/16	14/24	7/24		2	3/20	34/60	17/60
	3	1/16	11/16	4/16		3	2/20	13/20	5/20		3	3/24	15/24	6/24
	4	1/20	14/20	5/20		4	2/24	16/24	6/24		4	3/28	18/28	7/28
	5	1/24	17/24	6/24		5	2/28	19/28	7/28		5	3/32	21/32	8/32
	6	1/28	20/28	7/28		6	2/32	22/32	8/32		6	3/36	24/36	9/36
	7	1/32	23/32	8/32		7	2/36	25/36	9/36		7	3/40	27/40	10/40
	8	1/36	26/36	9/36		8	2/40	28/40	10/40		8	3/44	30/40	11/44
4	1	4/20	8/20	8/20	5	1	5/24	19/48	19/48	6	1	6/28	11/28	11/28
	2	4/24	20/36	10/36		2	5/28	44/84	25/84		2	6/32	26/48	13/48
	3	4/28	17/28	7/28		3	5/32	19/32	8/32		3	6/36	21/36	9/36
	4	4/32	20/32	8/32		4	5/36	22/36	9/36		4	6/40	24/40	10/40
	5	4/36	23/36	9/36		5	5/40	25/40	10/40		5	6/44	27/44	11/44
	6	4/40	26/40	10/40		6	5/44	28/44	11/44		6	6/48	30/48	12/48
	7	4/44	29/44	11/44		7	5/48	31/48	12/48		7	6/52	33/52	13/52
	8	4/48	32/48	12/48		8	5/52	34/52	13/52		8	6/58	35/56	14/56

La réserve de chacun des enfants naturels est toujours une fraction qui a pour numérateur l'unité et pour dénominateur le produit du nombre total des enfants naturels et légitimes multiplié par le nombre constant 4 (Garnier 4e éd. pag. 846.)

Lorsque le défunt ne laisse ni parents au degré successible ni enfants naturels, la succession est acquise au conjoint survivant et à défaut du conjoint elle appartient à l'État.

Les parents au delà du 12e degré ne succèdent pas.

En ligne directe on compte autant de degrés qu'il y a de générations entre les personnes ; ainsi le *fils* est à *l'égard du* père au 1er degré ; le petit-fils au 2e et réciproquement.

En ligne collatérale les degrés se comptent par les *générations* depuis l'un des parents jusques et non compris l'auteur commun ; et depuis celui-ci jusqu'à l'autre parent, ainsi deux frères sont au 2e degré, l'oncle et le neveu au 3e

Tableau pour la computation des degrés de parenté.

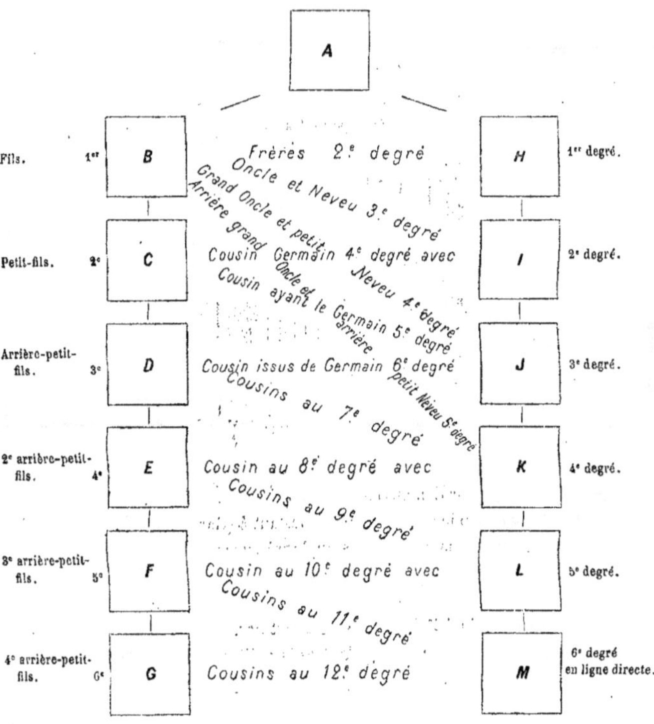

Le projet de déclaration de succession doit contenir :

Les noms, prénoms, profession et domicile du défunt, son état de célibataire marié ou veuf.

La date et le lieu du décès.

Les noms, prénoms, profession et domicile des heritiers, leur degré de parenté avec le défunt.

Suivant le cas la date du contrat de mariage, le nom du notaire qui l'a reçu, le regime adopté, les apports et dots de chacun, la donation éventuelle qui peut y être contenue.

La date du testament s'il en a été fait, la date et le lieu de l'enregistrement, l'analyse des dispositions.

Le degré de parenté des légataires avec le défunt.

On établit les reprises de la veuve ou de la défunte (art. 1471 c. c.).

On en déduit les récompenses.

On établit les reprises de l'époux et l'on en déduit les récompenses.

Plus on établit l'actif de communauté (s'il y a communauté).

La déclaration des biens meubles est appuyée de l'état estimatif et descriptif sur papier timbré ou de la mention de l'inventaire authentique ; ou du produit de la vente, si les meubles ont été vendus aux enchères publiques ; indiquer s'il y a eu partage avant la déclaration.

Les fonds d'état français et étrangers, les valeurs mobilières françaises et étrangères, les créanciers seront désignés chacun séparément.

Indiquer la série et les numéros des titres de rentes, obligations ou actions, le cours des valeurs au jour du décès, évaluer celles non cotées, comprendre dans la déclaration les intérêts dus au décès des créances, les coupons échus des titres de rentes, les loyers dus, etc., etc. Les assurances sur la vie, au besoin le rapport des dots ou portion de dots constituées aux enfants.

On indique la situation des immeubles de communauté, leur revenu par la production des baux courants ou à défaut de baux par une évaluation.

Cette évaluation est multipliée par 20 ou par 25 si ce sont des immeubles ruraux.

Ne pas oublier d'ajouter les charges au revenu annuel.

Désigner pour les terres la contenance, le lieu dit, la situation et le revenu locatif.

On déduit de l'actif total de communauté (meubles et immeubles) :

Les reprises des deux époux ;

On prend la moitié du reste ;

On y ajoute les reprises du décédé ;

Et l'on a ce qui appartient au défunt dans l'actif de communauté ;

On ajoute alors les biens qui lui sont propres ou personnels, qui lui sont échus par donation, legs, etc.

L'on a pour total l'actif de succession, s'il n'y a pas communauté on établit comme ci-dessus l'actif de succession purement et simplement.

Les droits dus sont de :

1 0/0 en ligne directe ;

3 0/0 entre époux ;

6 0/0 entre frères, sœurs, oncles, tantes, neveux et nièces;

7 0/0 entre grands-oncles, grand'tantes, cousins germains, petits-neveux;

8 0/0 entre parents au delà du 4e degré jusqu'au 12e degré;

9 0/0 entre personnes non parentes.

Décimes en sus.

La déclaration faite hors délai est punie d'un demi-droit en sus.

Toute omission ou insuffisance d'évaluation du double droit en sus.

Dans les déclarations de successions les dettes ne se déduisent pas.

Pour la perception des droits, l'usufruit représente la moitié de la valeur de la toute propriété.

Lorsque les reprises de la veuve survivante absorbent tout l'actif de communauté et l'actif de succession du mari, la déclaration est négative, *il n'y a rien à payer.*

Lorsque les reprises du mari survivant sont plus élevées que l'actif de communauté,

La succession se compose des reprises de la défunte dont le mari se trouve être débiteur.

Coupons détachés à ajouter au capital des rentes sur l'Etat français si le décès a lieu dans l'une de périodes ci-après :

3 0/0 du 16 au 31 décembre.
— 16 au 31 mars.
— 16 au 30 juin.
— 16 au 30 septembre.

4 1/2 0/0 du 7 au 22 mars.
— 7 au 22 septembre.

5 0/0 du 1 au 16 février.
— 1 au 16 mai.
— 1 au 16 août.
— 1 au 16 novembre.

Banque de France du 16 au 30 juin.
— 26 au 31 décembre.

Un certificat du receveur de l'enregistrement est nécessaire pour faire opérer le transfert des valeurs nominatives.

Baux et antichrèses.

(Art. 1708 du code civil.)

	Droits.	Tableaux.
Baux et locations verbales d'immeubles dont la durée est limitée	» 20 p. 0/0	6
Baux d'immeubles à vie, ou dont la durée est illimitée.	4 » p. 0/0	19
Baux de biens meubles dont la durée est illimitée.	2 » p. 0/0	13
Baux autres que ceux ci-dessus spécifiés	» 20 p. 0/0	6
Antichrèses ou engagements d'immeubles	2 » p. 0/0	13
Baux de pâturages, nourriture d'animaux, baux d'industrie, baux à cheptel, baux à nourriture de personnes dont la durée est limitée.	» 20 p. 0/0	6
Baux à nourriture dont la durée est illimitée.	2 » p. 0/0	13
Concessions de 15 ans et au-dessous dans les cimetières	» 20 p. 0/0	6
Concessions au-dessus de 15 ans et perpétuelles.	4 » p. 0/0	19

Le droit de cautionnement de bail est de 10 centimes.

Les charges s'ajoutent au prix du bail, ces charges sont les impôts fonciers, les eaux, le gaz, les vidanges, etc.

L'impôt des portes et fenêtres étant légalement à la charge du locataire ne s'ajoutent pas.

Capitaliser par 20 le prix annuel du bail à durée illimitée en ajoutant les charges.

Capitaliser par 10 le prix annuel du bail à vie.

A défaut de l'avertissement des contributions directes indiquant le montant de l'impôt foncier, il est évalué à un quart en plus du loyer annuel lorsqu'il doit être supporté par le locataire.

Les baux de 18 ans et au-dessus doivent être transcrits.

Loi du 22 frimaire an VII, article 22. — Les baux à ferme ou à loyer, sous-baux, cessions et subrogations de baux, et les engagements, sous signatures privées, de biens immeubles, seront enregistrés dans les trois mois de leur date.

Loi du 23 août 1871, article 11. — Lorsqu'il n'existe pas de convention écrite constatant une mutation de jouissance de biens immeubles, il y est suppléé par des déclarations détaillées et estimatives dans les trois mois de l'entrée en jouissance. — Si la location est faite suivant l'usage des lieux, la déclaration en contiendra la mention. Les droits d'enregistrement deviendront exigibles dans les vingt jours qui suivront l'échéance de chaque terme, et la perception en sera continuée jusqu'à ce qu'il ait été déclaré que le bail a cessé ou qu'il a été résilié. — En cas de déclaration insuffisante, il sera fait application des dispositions des articles 19 et 39 de la loi du 22 frimaire an VII. — La déclaration doit être faite par le bailleur, ainsi qu'il est dit à l'article 14 ci-après. — Ne sont pas assujetties à la déclaration les locations verbales ne dépassant pas trois ans et dont le prix annuel n'excède pas 100 francs. Toutefois, si le même bailleur a consenti plusieurs locations verbales de cette catégorie, mais dont le prix cumulé excède 100 francs annuellement, il sera tenu d'en faire la déclaration et d'acquitter personnellement et sans recours les droits d'enregistrement. — Si le prix de la location verbale est supérieur à 100 francs, le bailleur sera également tenu d'en faire la déclaration et d'acquitter les droits exigibles, sauf son recours contre le preneur. — Le droit sera exigible lors de l'enregistrement ou de la déclaration. Toutefois, si le bail est de plus de trois ans et si les parties le requièrent, le montant du droit pourra être fractionné en autant de payements égaux qu'il y aura de périodes triennales dans la durée du bail. Le payement des droits afférents à la première période sera seul acquitté lors de l'enregistrement ou de la déclaration, et celui des périodes subséquentes aura lieu dans le premier mois de l'année qui commencera chaque période.

Article 14.— A défaut d'enregistrement ou de déclaration dans les délais fixés par la loi du 22 frimaire an VII et par l'article 11 de la présente loi, le bailleur et le preneur sont tenus personnellement et sans recours, nonobstant toute stipulation contraire, d'un droit en sus, lequel ne peut être inférieur à 50 francs en principal. — Le bailleur peut s'affranchir du droit en sus qui lui est personnellement imposé, ainsi que du versement immédiat des droits simples, en déposant dans un bureau d'enregistrement l'acte constatant la mutation, ou, à défaut d'acte, en faisant la déclaration prescrite par l'article 11 de la présente loi. — Outre les délais fixés pour l'enregistrement des actes ou déclarations, un délai d'un mois est accordé au bailleur pour faire le dépôt ou la déclaration autorisés par le paragraphe qui précède.— Les dispositions du présent article ne sont pas applicables au preneur dans les cas prévus par les paragraphes 5 et 6 de l'article 11 ci-dessus.

DÉPARTEMENT (1)

d

—

BUREAU (2)

d

—

VILLE (1) (2)

d

(1) De la situation de l'immeuble.

(2) S'il s'agit d'une ville soumise à un recensement annuel pour l'assiette des contributions directes.

ENREGISTREMENT

LOCATIONS VERBALES

DÉCLARATION COLLECTIVE

A REMPLIR

PAR LE PROPRIÉTAIRE OU BAILLEUR

AVIS ESSENTIEL

Faire une déclaration distincte par chaque immeuble.

CADRE RÉSERVÉ

aux annotations du receveur.

—

LIQUIDATION DU DROIT

	fr.	c.
Pour un trimestre		
Pour un semestre		
Pour un an		
Pour trois ans . . .		

Désignation et situation de l'immeuble. (Indiquer la rue et le *numéro.*) } Maison : Rue , n° .

Nom, prénoms, profession et domicile du propriétaire ou bailleur. } X..., profession , Rue n° .

Nombre des locaux (s'il s'agit d'une maison) :

Occupé par le propriétaire	1
Loué . . . . { par baux écrits	3
Loué . . . . { verbalement	4
Vacant	2
TOTAL	10

TABLEAU des locaux occupés en vertu de conventions verbales ou non loués.

NUMÉRO D'ORDRE.	DÉSIGNATION détaillée des locaux.	LOCAUX OCCUPÉS EN VERTU DE CONVENTIONS VERBALES. NOMS ET PROFESSIONS des locataires.	DATE de l'entrée en jouissance.	DURÉE de la location ou indication qu'elle est faite suivant l'usage des lieux.	PRIX ANNUEL de la location, charges comprises. Locations faites suivant l'usage des lieux.	PRIX ANNUEL de la location, charges comprises. Locations d'une durée déterminée.	LOCAUX non loués. — Estimation de la valeur locative.
1	Rez, pièces.	A.	1er janv. 187 .	Us., 1 an.	2.000		
2	Étage, pièce.	B.	Id.	Id.	900		
3	Id.	C.	1er avril 187 .	Us., 6 mois.	900		
4	Id.	D.	Id.	Id.	880		
	Rez et étage, pièc.	»					2.880
	Étage, pièces.	Le propriétaire.					1.600
			Totaux		4.680		4.480

Certifié sincère et véritable, sous les peines de droit, par le propriétaire ou bailleur soussigné.

A le 187 .

Signature du propriétaire :

SOCIÉTÉS

La société est un contrat par lequel deux ou plusieurs personnes conviennent de mettre quelque chose en commun, dans la vue de partager le bénéfice qui pourra en résulter (C. civ. 1832).

Les sociétés civiles sont celles qui n'ont pas pour objet de faire un commerce ou des actes de commerce.

On distingue deux sortes de sociétés universelles, la société de tous biens présents, et la société universelle de gains (C. civ. 1836). La société de tous biens à venir n'est pas admise par la loi.

La société particulière est celle qui ne s'applique qu'à certaines choses déterminées, ou à leur usage, ou aux fruits à en percevoir (C. civ. 1841).

Les sociétés commerciales sont celles qui ont pour objet de faire un commerce ou des opérations commerciales.

La société en nom collectif est celle que contractent deux personnes ou un plus grand nombre, et qui a pour objet de faire le commerce sous une raison sociale.

La société en commandite se contracte entre un ou plusieurs associés responsables et solidaires, et un ou plusieurs associés, simples bailleurs de fonds, que l'on nomme commanditaires ou associés en commandite. Elle est régie sous un nom social, qui doit être nécessairement celui d'un ou de plusieurs des associés responsables et solidaires (C. com. 23).

La société anonyme n'existe pas sous un nom social ; elle n'est désignée sous le nom d'aucun associé ; elle est qualifiée par la désignation de l'objet de l'entreprise, par exemple : Compagnie d'assurance contre la grêle. Dans cette société, le capital se divise en actions nominatives ou au porteur. Les associés ne sont passibles que de la perte du montant de leur intérêt dans la société.

Dans le mois de la constitution de toute société commerciale un double de l'acte constitutif, s'il est sous seing privé, ou une expédition, s'il est notarié, est déposé aux greffes de la justice de paix et du tribunal de commerce du lieu dans lequel est établie la société. A l'acte constitutif des sociétés en commandite par actions et des sociétés anonymes sont annexées : 1° une expédition de l'acte notarié constatant la souscription du capital social et le versement du quart ; 2° une copie certifiée des délibérations prises par l'assemblée générale dans les cas prévus par les articles 4 et 24. En outre, lorsque la société est anonyme, on doit annexer à l'acte constitutif la liste nominative, dûment certifiée, des souscripteurs, contenant nom, prénoms, qualités, demeure et nombre d'actions de chacun d'eux.

Timbre et enregistrement.

Les actes de formation et de prorogation de société, qui ne contiennent ni obligation, ni libération, ni transmission de biens, meubles ou immeubles, entre les associés ou autres personnes, sont soumis à un droit gradué d'après le montant total des apports mobiliers et immobiliers, déduction faite du passif : 5 fr. pour les apports de 5,000 fr. et au-dessous ; 10 fr. pour les apports supérieurs à 5,000 fr., mais n'excédant pas 10,000 fr. ; 20 fr. pour les apports supérieurs à 10,000 fr. mais n'excédant pas 20,000 fr., et ensuite 20 fr. par chaque somme ou valeur de 20,000 fr. ou fraction de 20,000 fr. (loi du 28 février 1872 articles 1 et 2).

Chaque titre ou certificat d'action, dans une société, compagnie ou entreprise quelconque, financière, commerciale, industrielle ou civile, que l'action soit d'une somme fixe ou d'une quotité, qu'elle soit libérée ou non libérée, émis à partir du 1er janvier 1851, est assujetti au timbre proportionnel de 50 cent. pour 100 fr. du capital nominal pour les sociétés, compagnies ou entreprises dont la durée n'excède pas dix années, et à 1 pour 100 fr. pour celles dont la durée dépassera dix années. A défaut de capital nominal, le droit se calcule sur le capital réel, dont la valeur est déterminée d'après les règles établies par les lois sur l'enregistrement, l'avance en est faite par la compagnie, quels que soient les statuts. La perception de ce droit proportionnel suit les sommes et valeurs de 20 fr. en 20 fr., inclusivement et sans fraction (loi du 5 juin 1850, sur le timbre, art. 14).

Indépendamment des droits établis par la loi du 5 juin 1850, toute cession de titres ou promesses d'actions et d'obligations dans une société, compagnie ou entreprise quelconque, financière, industrielle, commerciale ou civile, quelle que soit la date de sa création, est assujettie à un droit de transmission de cinquante centimes par cent francs de la valeur négociée, déduction faite des versements restant à faire sur les titres non entièrement libérés.

Ce droit, pour les titres au porteur, et pour ceux dont la transmission peut s'opérer sans un transfert sur les registres de la société, est converti en une taxe annuelle et obligatoire de vingt-cinq centimes par cent francs du capital desdites actions ou obligations évalué par leur cours moyen pendant l'année précédente, et à défaut de cours dans cette année, conformément aux règles établies par les lois sur l'enregistrement.

Il est établi une taxe annuelle et obligatoire de 3 p. 0/0 sur les intérêts, dividendes, revenus et tous autres produits des actions de toute nature des sociétés, compagnies ou entreprises quelconques financières, industrielles, commerciales ou civiles.

Extrait de la loi du 29 juin 1872 et du règlement d'administration publique relatif à l'exécution de cette loi.

La taxe sur le revenu est avancée par les sociétés, compagnies, entreprises, départements, communes et établissements publics ; elle est payée, sous peine d'amende, en quatre termes égaux, dans les vingt premiers jours des mois de janvier, avril, juillet et octobre de chaque année.

Les sociétés sont tenues de déposer, en outre, sous peine d'amende, dans les vingt jours de leur date, les extraits des comptes rendus, délibérations ou autres documents analogues qui ont fixé le dividende distribué.

La taxe payable à chaque trimestre pour les valeurs à revenu variable est liquidée provisoirement sur les quatre cinquièmes du dernier dividende distribué.

Une liquidation définitive est opérée au moment du dépôt des documents ci-dessus, ou dans les vingt premiers jours du mois de mai, s'il s'agit de sociétés dont le revenu n'est pas fixé par un compte rendu.

Toute contravention ou retard dans le payement est puni d'une amende de 100 francs à 5,000 francs.

Le droit pour les titres nominatifs, dont la transmission ne peut s'opérer que par un transfert sur les registres de la société, est perçu au moment du transfert, pour le compte du Trésor, par les sociétés, compagnies et entreprises, qui sont constituées débitrices par le fait du transfert. Le droit sur les titres mentionnés au paragraphe 2 de l'article précédent est payable par trimestre, et avancé par les sociétés, compagnies et entreprises, sauf recours contre les porteurs desdits titres. A la fin de chaque trimestre, lesdites sociétés sont tenues de remettre au receveur de l'enregistrement du siége social le relevé des transferts et des conversions, ainsi que l'état des actions et obligations soumises à la taxe annuelle (loi du 23 juin 1857, article 7).

Dans les sociétés qui admettent le titre au porteur, tout propriétaire d'actions et obligations a toujours la faculté de convertir ses titres au porteur en titres nominatifs, et réciproquement. Dans l'un et l'autre cas, la conversion donne lieu à la perception du droit de transmission (même loi, art. 8).

Les actions et obligations émises par les sociétés, compagnies ou entreprises étrangères, ainsi que les titres émis par les villes, provinces et corporations étrangères, quelle que soit leur dénomination, et par tout autre établissement public étranger, sont soumises, en France, à des droits équivalents à ceux qui sont établis sur les valeurs françaises ; elles ne peuvent être cotées, négociées, exposées en vente ou émises en France qu'en se soumettant à l'acquittement de ces droits (loi du 23 juin 1857, article 9 ; loi du 30 mars 1872, article 1er ; loi du 29 juin 1872, article 4).

Indépendamment de ces droits, il est perçu une taxe annuelle de 3 p. 0/0 sur le revenu des valeurs mobilières (loi du 29 juin 1872), sans décime.

Transmissions de titres des sociétés françaises et étrangères
(loi du 29 juin 1872).

Droits d'abonnement, actions et obligations au porteur.	» 20 p. 0/0	sans décimes.
Droit de transmission et de conversion des actions et obligations nominatives des chemins de fer et autres valeurs.	» 50 p. 0/0	—

Taxe sur le revenu (loi du 29 juin 1872).

Actions des sociétés françaises et étrangères.	3 p. 0/0	sans décimes.
Obligations et emprunts français et étrangers	3 p. 0/0	—
Parts d'intérêts et commandites françaises et étrang.	3 p. 0/0	—

Associations tontinières sans bénéfice pour les associés, 3 fr. fixe, en principal.

Les actes de dissolution de société, 7 fr. 50 fixe.

Le défaut de déclaration par une société d'assurance au bureau de l'enregistrement du siége social, de la nature des opérations, nom du directeur, est passible d'une amende de 1,000 fr.

Le refus par les sociétés, compagnies d'assurances de représenter aux agents de l'enregistrement leurs livres, registres-titres, pièces de recettes, dépenses et de comptabilité afin qu'ils s'assurent de l'exécution des lois sur le timbre et l'enregistrement sont passibles d'une amende de 100 à 1,000 fr.

Les actions des sociétés, compagnies ou entreprises émises sur papier non timbré ou non tirées d'un registre à souche sont passibles d'un droit de 12 p. 0/0 (loi du 5 juin 1850).

Obligations. (Art. 1874, code civil.)

	Droits.	Tableaux.
Obligations de sommes, arrêtés de comptes, dépôts de sommes chez des particuliers, transactions contenant obligations de sommes, et billets simples. .	1 » p. 0/0	10
Actes de prêts sur dépôts ou consignations de marchandises, fonds publics français et actions des compagnies d'industrie et de finances. (Loi du 8 septembre 1836.).	3 » fixe	17
Obligations ou lettres de gage du Crédit foncier de France	» 10 p. 0/0	5
Billets à ordre, warrants, lettres de change	» 50 p. 0/0	8
Atermoiements autres que ceux consentis après faillite déclarée.	» 50 p. 0/0	8
Obligations à la grosse aventure ou pour retour de voyage	» 50 p. 0/0	8
Contrat d'apprentissage. (Loi des 22 janvier, 3 et 22 février 1851.)	1 50 fixe	12
Ouverture de crédit. (Loi du 23 août 1871.). . . .	» 50 p. 0/0	8
Réalisation de crédit.	» 50 p. 0/0	8
Contrats ou polices d'assurance contre l'incendie. . .	8 » p. 0/0 des primes.	27
Assurances maritimes. (Loi du 23 août 1871.). . .	» 50 p. 0/0	8
Prorogation de délai.	Droit gradué	
Titre nouvel	Droit gradué	

L'obligation est un acte par lequel on s'oblige à payer une certaine somme à une époque déterminée ; lorsqu'il y a novation, le droit proportionnel est dû.

La novation s'opère lorsque le débiteur contracte envers son créancier une nouvelle dette qui est substituée à l'ancienne, laquelle est éteinte ; lorsqu'un nouveau débiteur est substitué à l'ancien, lequel est déchargé par le créancier ; lorsque, par l'effet d'un nouvel engagement, un nouveau créancier est substitué à l'ancien, envers lequel le débiteur se trouve déchargé.

Le chèque est l'écrit qui, sous forme d'un mandat de payement, sert au tireur à effectuer le retrait, à son profit ou au profit d'un tiers, de tout ou partie des fonds portés au crédit de son compte chez le tiré et disponible.

Il ne peut être tiré que sur un tiers ayant provision.

Le warant est un bulletin de gage délivré par les magasins généraux aux déposants, négociants ou industriels, des matières premières, marchandises et objets fabriqués.

Il énonce le montant de la créance garantie, la valeur des objets déposés, et se transmet par endossement. (Loi du 18 mai 1858.)

(Enregistrement fixe, 1 fr. 50 du récépissé.)

La grosse aventure est un prêt d'argent à un négociant, moyennant un intérêt déterminé, avec engagement de la part du prêteur de courir les risques maritimes.

Manière de calculer :

Grosse ou intérêt × capital versé
divisé par 100.

L'abandonnement pour fait d'assurance est l'acte par lequel l'assuré abandonne après sinistre à l'assureur les marchandises et objets assurés pour obtenir l'indemnité fixée par la police. Le droit est dû sur la valeur des objets abandonnés.

Crédit foncier de France.

PRÊTS HYPOTHÉCAIRES RÉALISÉS EN NUMÉRAIRE.

Le crédit foncier fait, jusqu'à concurence de la moitié de la valeur des terres et maisons, et du tiers de la valeur des bois et vignes, des prêts hypothécaires amortissables en 60 ans, moyennant une annuité comprenant l'amortissement, qui est, dans les prêts sur propriétés urbaines de 5 87 p. 0[0 pour toute la durée des prêts et dans les prêts sur propriétés rurales de 5 82 p. 0[0 pour les 20 premières années de la durée des prêts, de 5 77 p. 0[0 pour les 20 années suivantes, et de 5 72 p. 0[0 pour les 20 dernières années.

Ces prêts sont réalisés en numéraire et ces proportions de 5 87 pour 0[0, 5 82 p. 0[0, etc., s'appliquent au montant de la somme effectivement reçue par l'emprunteur.

INSTRUCTIONS DES DEMANDES. — RÉALISATION DES PRÊTS.

Les demandes d'emprunt et les pièces à l'appui doivent être adressées à l'administration par l'entremise du notaire et de l'emprunteur. La société se réserve de faire procéder à une estimation par expert des immeubles offerts en garantie, après s'en être entendu avec le propriétaire, lorsque les titres ou autres documents produits n'établissent pas suffisamment la valeur de ces immeubles. Lorsque la propriété est reconnue régulière et la garantie suffisante, le Conseil d'administration détermine le montant du prêt à faire, et il est procédé à la signature du contrat conditionnel.

Après la signature du contrat conditionnel, il est pris inscription au profit du Crédit foncier, au bureau du Conservateur des hypothèques, de la situation des biens. L'inscription est dispensée du renouvellement décennal.

Après la levée de l'état contenant l'inscription prise au profit du Crédit foncier, si la purge des hypothèques légales n'a pas été nécessaire, ou après les délais de cette purge, si elle a été jugée indispensable, il est procédé à l'acte définitif.

Les actes sont passés devant le notaire de l'emprunteur qui en conserve les minutes. Les prêts sont réalisés en numéraire.

Si un ou plusieurs créanciers inscrits ne sont pas en mesure de recevoir leur remboursement, l'administration conserve une somme suffisante pour désintéresser en principal, intérêts et frais, les créanciers, lors de l'exigibilité des créances.

Les libérations anticipées totales ou partielles peuvent à toute époque être faites soit en numéraire, soit en obligations foncières 5 0/0 acceptées au pair, quel que soit le cours.

Tout propriétaire qui demande un prêt doit produire :

1° L'établissement de propriété, sur papier libre, en sa personne et en celle de ses auteurs, des biens offerts en garantie.

Cet établissement de propriété doit être rédigé par le notaire de l'emprunteur.

On doit y joindre les contrats d'acquisition, les quittances des prix de vente, les pièces constatant l'accomplissement des formalités de transcription et de purge des hypothèques légales, et, si la propriété a été transmise par succession, les pièces établissant les qualités d'héritiers, les actes de partage, les déclarations de succession ; enfin une désignation sommaire, article par article, des biens offerts en garantie ; l'indication, par chaque nature d'immeubles, de leur situation et de leur contenance, avec les numéros du cadastre des différents articles compris dans cette désignation.

2° La copie certifiée de la matrice cadastrale et du plan cadastral ;

3° Les baux ou l'état des locations, s'il en existe, avec indication des fermages et loyers payés d'avance ;

Il peut être utile de produire les anciens baux, indépendamment des baux courants.

4° La déclaration des revenus et des charges, conforme aux modèles fournis par l'administration, selon qu'il s'agit d'une propriété urbaine ou d'une propriété rurale ;

5° La cote des contributions de l'année courante, ou, à son défaut, celle de la dernière année;

6° La police d'assurance contre l'incendie, s'il en existe;

7° Un état d'inscription ou, à défaut de cet état, une simple déclaration constatant la situation hypothécaire.

Cautionnements. (Art. 2011, code civil.)

	Droits.	Tableaux.
Cautionnements de sommes et objets mobiliers, garanties *mobilières et indemnités* de même nature.	» 50 p. 0/0	8
Idem des personnes à représenter en justice.	» 50 p. 0/0	8
Idem des comptables envers l'État.	» 25 p. 0/0	7
Idem des baux à ferme ou à loyer, de pâturages et autres.	» 10 p. 0/0	5
Cautionnements en immeubles des conservateurs des hypothèques.	3 » fixe	17
Cautionnements relatifs aux adjudications et marchés dont le prix est payé directement par le Trésor public. (Droits fixes gradués.)	» »	32
Certificats de caution.	3 » fixe	17

Le Cautionnement est l'engagement pris par un tiers de payer à un créancier ce qui lui est dû si son débiteur ne le paie pas lui-même, ce droit de cautionnement ne doit jamais excéder celui de la disposition qu'il a pour objet : Le droit est dû alors même que la caution paie le prix dans l'acte même.

Libérations. (Art. 1234, code civil.)

	Droits.	Tableaux.
Quittances de sommes et valeurs, remboursements et retraits de réméré	» 50 p. 0/0	8
Quittances des droits de sceau perçus par le conseil du sceau des titres.	20 » p. 0/0	30

La libération est l'acte par lequel on éteint une obligation.

Adjudications au rabais et marchés.

	Droits.		Tableaux.
Marchés entre particuliers autres que ceux des fournitures. — Marchés des départements et des communes . . .	»	1 p. 0/0	10
Traités et marchés réputés actes de commerce. (Loi du 11 juin 1859.)	»	3 fixe	17
Marchés dont le prix doit être payé directement par le trésor public. (Droits gradués.).	»	»	32

La loi du 11 juin 1859 fixe provisoirement à 2 fr. droit élevé depuis à 3 fr. l'enregistrement des actes s. s. p. portant marchés et *traités réputés actes de commerce* par les art. 632, 633 et 634, n° 1 du code de commerce.

Le droit proportionnel est perçu lorsqu'un jugement portant condamnation, liquidation, collocation ou reconnaissance interviendra sur les marchés et traités ou lorsqu'un acte public sera fait ou rédigé mais seulement sur la partie du prix faisant l'objet de la *condamnation ou des dispositions* de l'acte public.

Le double droit pourra être perçu lors de l'enregistrement du jugement.

Art. 632. La loi répute acte de commerce:

Tout achat de denrées et marchandises pour les revendre.

Tout entreprise de manufacture, commission, transport par terre ou par eau, toute opération de banque.

Toute entreprise de constructions et tous achats, vente, revente de bâtiments pour la navigation intérieure et extérieure.

Toute expédition maritime, achat et vente d'agrès et apparaux.

Toute obligation entre négociants, marchands et banquiers.

Le délai pour l'enregistrement des marchés faits par acte administratif est de 20 jours de la réception à la mairie de l'approbation donnée par le Préfet. La date de la réception est attestée par le maire au pied de l'acte.

HYPOTHÈQUES

L'hypothèque est un droit réel sur les immeubles affectés à l'acquittement d'une obligation (art. 2114 code civil).

INSCRIPTION.

Pour opérer l'inscription, le créancier représente au conservateur des hypothèques l'expédition de l'acte qui donne naissance au privilége ou à l'hypothèque.

Il y joint deux bordereaux écrits sur papier timbré dont l'un peut être porté par l'expédition du titre.

Ils *contiennent* :

1° Les nom, prénoms, domicile du créancier, la profession et l'élection d'un domicile pour lui dans un lieu quelconque do l'arrondissement du bureau.

2° Les nom, prénoms, domicile du débiteur, sa profession.

3° La date et la nature du titre.

4° Le montant du capital des créances exprimées dans le titre ou évaluées par l'inscrivant pour les rentes et prestations ou pour les droits éventuels conditionnels ou indéterminés dans les cas où cette évaluation est ordonnée comme aussi le montant des accessoires de ces capitaux et l'époque de l'exigibilité.

5° L'indication de l'espèce et de la situation des biens sur lesquels il entend conserver une privilége ou une hypothèque.

Cette dernière disposition n'est pas nécessaire dans le cas des hypothèques légales ou judiciaires, à défaut de conventions une seule inscription pour ces hypothèques frappe tous les immeubles compris dans l'arrondissement du bureau (article 2148 du code civil).

DE LA TRANSCRIPTION.

Les contrats translatifs de la propriété d'immeubles ou de droits réels immobiliers que les tiers détenteurs voudront purger de privilèges et hypothèques seront transcrits en entier par le conservateur des hypothèques dans l'arrondissement duquel les biens sont situés (art. 2181, code civil).

Sont trancrits :

1° Tout acte entre vifs translatifs de propriété immobilière ou de droit réel susceptible d'hypothèques ;

2° Tout acte portant renonciation à ces mêmes droits ;

3° Tout jugement qui déclare l'existence d'une convention verbale de la nature ci-dessus exprimée ;

4° Tout jugement d'adjudication autre que celui rendu sur licitation au profit d'un cohéritier ou d'un copartageant.

Sont également transcrits :

1° Tout acte constitutif d'antichrèse, de servitude, d'usage et d'habitation ;

2° Tout acte portant rénonciation à ces mêmes droits ;

3° Tout jugement qui en déclare l'existence, en vertu d'une convention verbale ;

4° Les baux d'une durée de plus de 18 ans.

5° Tout acte ou jugement constatant même pour bail de moindre durée, quittance ou cession d'une somme équivalante à trois années de loyers ou fermages non échus (loi du 23 mars 1855).

Les communes sont dispensées de la formalité de la purge des hypothèques pour les acquisitions d'immeubles faites de gré à gré et dont le prix n'excède pas 500 fr.

Droits d'hypothèques.

DROITS D'INSCRIPTION.

Un franc par mille francs, sur les créances hypothécaires. La perception suit les sommes et valeurs de vingt francs en vingt francs inclusivement et sans fractions (loi du 28 avril 1816, art. 60), les décimes sont dus comme en matière d'enregistrement.

Il n'est dû qu'un seul droit d'inscription pour chaque créance, quel que soit le nombre des créanciers requérants et celui des débiteurs grevés (loi du 21 ventôse an VII, art. 21).

S'il y a lieu à l'inscription d'une même créance dans plusieurs bureaux, le droit est acquitté en totalité dans le premier bureau ; il n'est payé, pour chacune des autres inscriptions que le simple salaire du préposé (loi du 21 ventôse an VII, art. 22).

1 fr. 50 cent. fixe, pour les inscriptions concernant le desséchement des marais par l'État, en vertu de la loi du 16 septembre 1807 (D. du 19 décembre 1809).

Pour les inscriptions à l'effet de transporter sur des biens ruraux l'hypothèque dont ont pu être grevées des maisons urbaines appartenant aux hospices de Paris (D. du 27 février 1811).

Sans payement immédiat des droits : les inscriptions des créances de l'État (D. du 14 novembre 1818). Les inscriptions indéfinies ayant pour objet la conservation d'un simple droit d'hypothèque éventuelle, sans créance existante (loi du 6 messidor an VII art. 1er) les inscriptions d'hypothèques judiciaires prises au profit de personnes admises à l'assistance judiciaire, en vertu de jugements n'ayant pas encore acquis l'autorité de la chose jugée, (loi du 18 juillet 1853 art. 1er). Les inscriptions à la requête du ministère public, des hypothèques légales qu'il est tenu de requérir du chef du saisi, les biens saisis immobilièrement en vertu de l'art. 692 code procédure civile, modifié par la loi du 21 mai 1818 (1-25 juillet 1859).

Sont exempts de droit. Les inscriptions d'office. Celles requises en vertu de l'art. 490 c. commerce, par les agents ou syndics d'une faillite, lorsque son effet ne se prolonge pas au delà du jugement qui homologue le concordat. Celles réparant des erreurs ou omissions du fait du conservateur ou des parties, lorsque le bordereau en énonce la cause, et que d'ailleurs elles sont requises à une époque très-rapprochée de l'inscription qu'elles rectifient. Celles que les titulaires de dotations composées de rentes et redevances sont obligés, par le décret du 22 décembre 1812, de requérir sur les biens des débiteurs, et les renouvellements de ces inscriptions.

DROITS DE TRANSCRIPTION.

1 fr. 50 cent. par 100 fr., pour les actes emportant mutation de propriétés immobilières, sur le prix intégral desdites mutations, suivant qu'il a été réglé à l'enregistrement quand ce droit de 1 fr. 50 cent. par 100 fr., n'a pas été perçu lors de cette formalité. (L. 21 vent. an 7 art. 25).

1 fr. 50 cent. fixe pour tous les actes sur lesquels le droit de 1 fr. 50 cent. pour 100 fr. a été perçu lors de leur enregistrement, d'après les art. 52 et 54 de la loi du 28 avril 1816 (L. 28 avril 1816, art. 61).

Si le même acte donne lieu à la transcription dans plusieurs bureaux, le droit est acquitté en totalité dans le premier bureau ; il n'est payé dans les autres bureaux que le salaire du conservateur (L. 21 vent. an 7 art. 26).

Sont exempts de droit. Les transcriptions d'actes d'acquisitions, échanges et partages faits au nom de l'État, soit à l'amiable, soit par suite d'expropriation pour utilité publique.

Celles des états indicatifs des biens destinés à un majorat, des lettres-patentes qui le créent, et du procès-verbal de désignation des biens d'un majorat de propre mouvement (D. 24 juin 1808).

SALAIRES DU CONSERVATEUR.

40 centimes : Pour l'enregistrement et la reconnaissance des dépôts d'actes de mutations pour être transcrits, ou de bordereaux pour être inscrits. Pour chaque duplicata de quittance (décret du 21 septembre 1810). Il n'est dû aucun salaire pour l'enregistrement au registre des dépôts, des demandes de mentions de subrogations faites en exécution de l'art. 9 de la loi du 23 mars 1855.

50 centimes : Pour chaque déclaration soit de changement de domicile, soit de subrogation, soit de tous les deux par le même acte. Pour la transcription des actes de mutation, par rôle de 25 lignes à la page et de 18 syllabes à la ligne (décret du 24 novembre 1855).

1 franc : Pour l'inscription de chaque droit d'*hypothèque ou privilége*, quel que soit le nombre des créanciers, si la formalité est requise par le même bordereau. Pour chaque inscription faite d'office par le conservateur en vertu d'un acte de propriété soumis à la transcription. Pour chaque radiation d'inscription. Pour chaque extrait d'inscription, ou certificat qu'il n'en existe aucune. Pour chaque certificat de non-transcription d'acte de mutation. Pour les copies collationnées des actes déposés ou transcrits dans les bureaux des hypothèques, par rôle d'écriture du conservateur contenant 25 lignes à la page et 18 syllabes à la ligne (décret du 21 septembre 1810).

1 *franc : Pour la transcription de chaque* procès-verbal de saisie immobilière et de chaque *exploit de dénonciation de ce procès-verbal au saisi.* (art. 677 et 678 code de procédure civ.,) par rôle d'écriture du conservateur contenant 25 lignes à la page et 18 syllabes à la ligne. Pour l'acte du conservateur contenant son refus de transcription, en cas de précédente saisie (art. 680 id.). Pour chaque extrait d'inscription ou certificat qu'il n'en existe aucune (art. 692). Pour la mention des deux notifications prescrites par les art. 691 et 692 du code de procédure (art. 693). Pour la radiation de la saisie immobilière. Pour la mention du jugement d'adjudication. Pour la mention du jugement de conversion (loi du 12 novembre 1841).

Pour les formalités hypothécaires relatives, soit au dépôt et à la transcription des contrats et jugements ayant pour objet l'expropriation d'immeubles pour cause d'utilité publique, soit à la délivrance des états d'inscriptions ou des certificats négatifs lorsque l'expropriation a lieu pour le compte direct de l'État. (D. 24 juillet 1837).

De l'hypothèque maritime.

Les navires sont susceptibles d'hypothèques; ils ne peuvent être hypothéqués que par la convention des parties.

Le contrat par lequel l'hypothèque maritime est consentie doit être rédigé par écrit, il peut être fait sous seing privé.

Pour l'inscription de l'hypothèque l'acte sous seing privé ne sera passible que du droit fixe de 2 fr., mais le droit proportionnel pourra être ultérieurement exigé dans le cas ou les actes sous seings privés y sont assujettis, conformément aux lois sur l'enregistrement.

L'hypothèque consentie s'étend au corps du navire, agrès, apparaux et autres accessoires.

L'inscription est opérée par le receveur des douanes auquel il est présenté un des originaux du titre constitutif d'hypothèque et deux bordereaux signés du requérant.

Les navires de 20 tonneaux et au-dessus sont seuls susceptibles d'être hypothéqués (loi du 10 décembre 1874).

Les droits à percevoir par les employés des douanes sont : Les remises à un et demi pour 1000 du capital des créances donnant lieu à l'hypothèque ou au renouvellement de l'inscription, 1/4 pour 1000 à l'égard des sommes que le propriétaire du navire se réserve la faculté de réaliser par voie d'hypothèque en cours de voyage. Lorsque l'hypothèque ainsi réservée est effectivement prise, l'agent appelé à l'inscrire perçoit à son tour une remise d'un quart par mille sur la somme hypothéquée.

Les salaires sont de un franc :

Pour l'inscription de chaque hypothèque; pour chaque inscription répartie d'office; pour chaque déclaration soit de changement de domicile, soit de subrogation; pour chaque radiation d'inscription : Pour chaque extrait d'inscription ou pour le certificat (D. 23 avril 1875).

TABLEAU DES PRESCRIPTIONS

Se prescrivent par :

3 jours.	*Appel* en cassation des jugements correctionnels (art. 353, c. i. c.)	du jugement.
	Oppositions aux jugements des juges de paix (art. 20, c. p. c.).	de la signification.
	Oppositions aux jugements des conseils de Prud'hommes (article 42, décret du 11 juin 1802)	de la signification.
8 jours.	*Oppositions* aux jugements et arrêts (article 157, c. p. c.).	de la signification.
	Revendication par le vendeur des meubles vendus sans terme, s'ils sont encore dans les mains de l'acquéreur (art. 2102, c. c.	de la réception.
	Surenchère du sixième, par toute personne, après vente judiciaire (art. 708, c. p. c.).	de l'adjudication.
10 jours.	*Appel* des jugements de simple police (article 172, c. i. c.).	du jugement.
15 jours.	*Jugements* de séparation de biens, à défaut d'exécution (art. 1444. c. c.).	du jugement.
	Revendication des meubles garnissant une maison (art. 2102, c. c.).	de l'enlèvement.
30 jours.	*Appel* des jugements de justice de paix (article 13 de la loi de 1855)	de la signification.
1 mois.	*Délit* de pêche, quand le délinquant est désigné au procès-verbal (art. 62 de la loi du 15 avril 1829).	du procès-verbal.
	Désaveu (droit de), quand le père est sur les lieux (art. 316, c. c.).	de la naissance.
	Substitution (donation par), à défaut de nomination d'un tuteur (art. 1056, c. c.).	de la donation.
40 jours.	*Revendication* des meubles garnissant une ferme (art. 2102, c. c.).	de l'enlèvement.

Se prescrivent par :

40 jours.	*Surenchère* du dixième, par un créancier inscrit, sur le prix de vente amiable (article 2185, c. c.)	de la notification.
45 jours.	*Privilége* du vendeur et du copartageant dans le cas d'aliénation de l'immeuble affecté (art. 6 de la loi du 26 mars 1855).	de la date du titre.
60 jours.	*Privilége* du copartageant pour prévaloir contre les autres inscriptions (art. 2109, code civil).	de la date du titre.
2 mois.	*Appel* (droit d'), des jugements et arrêts (article 443, c. p. c. ; loi du 3 mai 1862).	de la signification.
	Désaveu (Droit de) quand le père était absent ou quand la naissance lui a été cachée (art. 316, c. N.).	du jour où il a connu la naissance.
	Hypothèque légale non inscrite, en cas de purge (art. 2195, c. c.).	de l'exp. du contrat.
3 mois.	*Compromis* à défaut de delai fixé (art. 1007, code procédure civile).	de la date de l'acte.
	Délit de chasse (art. 29 de la loi du 4 mai 1844)	du délit.
	Délit de pêche contre personne non désignée au procès-verbal (article 62 de la loi du 15 avril 1829).	du délit.
	Jouissance légale du survivant des père et mère, à défaut d'inventaire (art. 1442, code civil)	du décès.
	Procès-verbal pour délit forestier quand il dénomme le coupable (art. 185, c. f.) .	de sa date.
	Règlement des parts d'associés en société civile (art. 1854, c. c.).	de la date du règl.
	Renonciation à la communauté (droit de) par la femme à défaut d'inventaire (art. 1456, code civil).	de la dissolution de la communauté.
	Testament fait en mer (art. 996, c. c.).	du débarq. en France.
6 mois.	*Aubergistes*, hôteliers et traiteurs (compte des) (art. 2271, c. c.).	de chaq. échéance.
	Clercs de notaires et autres (appointements art. 2271, c. c. ; arrêt de la Cour de Metz du 4 juin 1820)	de chaq. échéance.

Se prescrivent par :

6 mois.	*Gages* des domestiques qui se louent au mois et des gens de journée (art. 2271 c. c.).	de l'échéance.
	Instituteurs et professeurs, leçons qu'ils donnent au mois (art. 2271, c. c.)	de l'échéance.
	Jugements par défaut, à défaut de mise à exécution (art. 156, c. proc. civ.) . . .	du jugement.
	Privilége de séparation de patrimoine, si les immeubles sont encore aux mains des héritiers (art. 2111 c. c.).	de l'ouv. de la succ.
	Procès-verbal pour délit forestier quand le coupable n'est pas désigné (art. 185, c. f.).	de la date dudit.
	Testament des militaires, hors du territoire français (art. 984, c. c.)	de leur retour.
1 an.	*Contenance* (Action en vérification de), dans les ventes art. 1622, c. c. dans les baux art. 1622 et 1765, c. c.).	de la date de l'acte.
	Contraventions rurales et de petite voirie (action publique et civile) art. 471, 475 à 478, 479 à 482 c. p. et art. 640, c. j. c. . .	de la contravention.
	Contributions indirectes (art. 50 de la loi du 1er germinal an XIII).	de l'échéance.
	Enregistrement, droit de réclamation basé sur la fausse évaluation des biens transmis à titre onéreux ou demande en expertise (art. 17 de la loi du 22 frimaire an VII).	de l'enregistr.
	Gages des domestiques qui se louent à l'année (art. 2272 c. c.).	de l'échéance.
	Honoraires des huissiers, médecins et professeurs pour leçons à l'année art. 2272, code civil)	de la date.
	Fournitures des pharmaciens, boulangers, bouchers, marchands, etc. (art. 2272, code civil).	de la date.
	Ingratitude (Droit de révocation de donation pour cause d') art. 957, c. c.) . . .	des faits d'.
	Revendication de terrain enlevé par un cours d'eau (art. 559, c. c.)	de l'enlèvemen .
	Traitements des maîtres de pension qui se comptent à l'année (art. 2272, c. c.) . .	de la fin de l'année.

Se prescrivent par :

2 ans. *Amendes* encourues par les notaires, greffiers, commissaires-priseurs, huissiers et secrétaires pour infraction à la loi du 22 frimaire an VII et autres *lois sur l'enregistrement*, et pour infraction aux articles 1394, c. c. et 68 c. de c. art. 14 de la loi du 16 juin 1824). du jour où les préposés auront pu constater la contrav.

Amendes prononcées en simple police (article 639, c. i. c.). . . . . du jugement.

Enregistrement, réclamation basée sur la fausse évaluation des biens partout ailleurs que dans les ventes et échanges (art. 61 de la loi du 22 frim. an VII). de la décl. de succ. ou enreg. du contrat.

Honoraires des avoués pour procès terminés (art. 2273, c. c.). . . . . de chaque acte.

Salaires des conservateurs des hypothèques (loi du 24 mars 1806). . . . . de la formalité.

Vente, droit de résolution pour cause de lésion (art. 1476, c. c.). . . . . de la date de l'acte.

3 ans. *Action* publique et civile pour délit d'usure et pour tout délit en général (art. 638, c. i. c.); pour délits ruraux (art. 444 à 462, c. p.); pour contravention à la grande voirie (art. 638, c. i. c.) . . . . du délit.

Action publique pour délit, après condamnation (art. 638, c. i. c.). . . . . du jugement.

Action civile pour délit, après condamnation par défaut (art. 638, c. i. c.). . . . . . du jugement.

Contributions directes (art. 149 de la loi du 23 novembre 1798). . . . . de la publ. du rôle.

Héritier bénéficiaire, droit de contester son compte (art. 809, c. c.). . . . . de la date du compte.

Instance judiciaire, dans le cas de discontinuation de poursuites (art. 397, c. p. c.). du dern. acte jud.

Obligation de fournir caution par l'héritier irrégulier (art. 771, c. c.) . . . du jour de la possession.

Revendication d'un objet perdu ou volé dans les mains du tiers détenteur (art. 2279, c. c.) . . . . du jour de la perte ou du vol.

Se prescrivent par :

3 ans.	*Séparation* de patrimoine, quant aux meubles (Droit de demander la), (art. 880, c. c.).	de l'ouv. de la succ.
5 ans.	*Amendes* prononcées par jugement de police correctionnelle (art. 636, c. i. c.). . . .	du jugement.
	Arrérages de rentes et de pensions alimentaires (art. 2277, c. c.)	de l'échéance.
	Billets à ordre et lettres de change pour dettes commerciales (art. 189, c. de c.).	de la date.
	Dépôt de pièces chez un avoué (art. 2276, c. c.).	du dépôt.
	Enregistrement, omission dans les déclarations de successions (loi du 22 mai 1850).	de la déclaration.
	Faculté de rachat dans les ventes à réméré à moins que le titre ne contienne un délai plus court (art. 1660, c. c.).	de la date du *titre*.
	Fermages et loyers de biens meubles et immeubles (art. 2277, c. c.).	de chaq. échéance.
	Garantie des copartageants quant aux rentes et créances (art. 886, c. c.).	de la date du titre.
	Honoraires des avocats à la cour de cassation (arrêté du 22 septembre 1770). . .	de chaque affaire.
	Honoraires des avoués pour les procès non terminés (art. 2273, c. c.)	de chaque acte.
	Intérêts des capitaux (art. 2277, c. c.).	de la date de l'échéance.
10 ans.	*Action* en nullité ou en rescision de tous les contrats en général, pour dol, violence, erreur, lésion et mauvaise composition des lots dans les partages (1304, c. c.).	de la date du contrat.
	Action en nullité de la vente de l'immeuble dotal (art. 1560, c. c.) . .	de la dissolution du mariage.
	Compte de tutelle, action en reddition ou réclamation (art. 475, c. c.)	de la majorité.
	Crimes, action publique et civile pour les crimes quand il n'y a pas eu condamnation (art. 637, c. i. c.).	du crime ou du dernier acte de l'instr.
	Enregistrement, droit de réclamation pour les successions non déclarées (art. 11 de la loi du 22 mai 1850).	du décès.

Se prescrivent par :

10 ans. *Garantie* des architectes et entrepreneurs (art. 1792 et 2270, c. c.). de l'achèv. des constructions.

Hypothèques sur l'immeuble aliéné quand le créancier demeure dans le ressort de la Cour de la situation de l'immeuble (article 2180, c. c.). . . . . de la transc. du titre.

Immeubles acquis de bonne foi de celui qui se dit propriétaire (art. 2265, c. c.) quand le véritable propriétaire demeure dans le ressort de la Cour de la situation de l'immeuble (art. 2665, c. c.) . . . . de la date du titre.

Solidarité à l'égard du débiteur qui pendant deux ans a payé séparément sa part (art. 1212, c. c.). . . . . du premier paiement.

Terme opposable aux débiteurs, dans les rentes constituées à l'aide d'un capital mobilier (art. 1911, c. c.) . . . . du titre.

20 ans. *Amendes* prononcées pour crimes (art. 635, c. i. c.) . . . . de la condamnation.

Crimes, condamnations par arrêts ou jugements pour crimes (art. 635, c. c.). de la condamnation.

Hypothèques sur l'immeuble aliéné quand le créancier ne demeure pas dans le rayon de la Cour de la situation de l'immeuble (art. 2180, c. c.) . . . . de la condamnation.

Immeubles acquis de bonne foi de celui qui se dit propriétaire (art. 2265, c. c.) quand le véritable propriétaire ne demeure pas dans le ressort de la Cour de la situation de l'immeuble. . . . . . . de la transcr. du contrat.

30 ans. *Actions* civiles, réelles ou personnelles, résultant de conventions verbales, de conventions écrites ou jugements et arrêts rendus contradictoirement ou exécutés (art. 2262, c. c.). de l'échéance ou à partir de la convention.

Amendes pour contravention aux articles 50, 68, 156, 157, 192, 193, 2202 et 2203, c. c. (art. 2262, c. c.). de la signification du jug.

Se prescrivent par :

30 ans. *Amendes* prononcées contre toute partie citée, articles 80, 157 et 355, c. i. c. ; — contre un juré, art. 396, c. i. c. . . de la signification.

Amendes prononcées par les juges de paix, en vertu de l'article 413, c. c. . . . de la signification.

Dépôt amiable de pièces chez un notaire (art. 2262, c. c.) . . . . du dépôt.

Donation, partage, droit de rescision par suite d'avantage excédant la quotité disponible (art. 1079, c. c.) . . . . de la mort du donateur.

Honoraires des agents d'affaires, agents de change, agréés, arbitres, architectes, avocats (excepté les avocats à la cour de Cassation. commissionnaires et notaires (art. 2262, c. c.). . . . . . de chaque acte ou affaire.

Revendication d'un objet perdu ou volé, tant qu'il est dans les mains de celui qui l'a volé ou trouvé ou de ses héritiers (article 2262, c. c.) . . . . du jour de la perte ou du vol.

Servitude par le non-usage pendant trente ans (art. 706, c. c.) . . du jour où a cessé la jouissance.

Successions (droit de les réclamer quand d'autres sont en possession). Droit de demander la réduction des donations et legs (art. 2262, c. c.) . . . de l'ouverture de la succession.

Terme opposable aux débiteurs dans les rentes foncières (art. 530, c. c.) . . . . du contrat.

Titres contenant rentes perpétuelles, c'est-à-dire énonçant un capital non exigible (art. 2262, c. c.) . . . . de la date du titre.

Usufruit, par le non-usage pendant trente ans (art. 617, c. c.). . . du jour où a cessé l'usufruit.

RÉCLAMATIONS

EN MATIÈRE D'ENREGISTREMENT ET DE TIMBRE

Les réclamations pour la solution des difficultés qui peuvent s'élever en matière d'enregistrement et de timbre doivent être faites sur papier timbré et adressées au Ministre des finances, elles peuvent être remises au receveur de l'enregistrement du bureau que l'affaire concerne.

Il est de même pour les demandes en remise d'amende, de double droit pour les demandes en prorogation de délai, pour les déclarations de succession et pour les suppléments de droits.

Avant d'introduire une instance, on doit bien s'assurer s'il n'y a pas prescriptions qui sont de :

2 ans du jour de l'enregistrement s'il s'agit d'un droit non perçu dans un acte, d'un supplément de perception insuffisamment faite ou d'une fausse évaluation dans une déclaration et aux amendes ainsi que pour toute demande en restitution de droits perçus.

5 ans du jour de l'enregistrement s'il s'agit d'une omission de biens dans une déclaration faite après décès.

10 ans du jour du décès pour les successions non déclarées.

Les prescriptions ci-dessus sont suspendues par des contraintes signifiées et enregistrées avant l'expiration du délai, mais elles sont acquises irrévocablement si les poursuites commencées sont interrompues pendant une année.

L'art. 63 de la loi du 22 frimaire an VII, dont le texte est plus haut, indique la manière de procéder. L'instruction se fait sur mémoire sans plaidoieries et sans ministère d'avoué devant le tribunal civil du lieu où la perception a été faite.

Dans les mémoires il faut exposer par ordre les faits, trancrire littéralement les dispositions des actes qui donnent naissance au litige, ainsi que de toutes celles qui peuvent en faciliter l'interprétation. Puis on pose la question et l'on passe à discussion. Les dispositions de la loi, l'interprétation des conventions, leurs effets, la jurisprudence actuelle doivent former les éléments de la discussion, enfin l'on termine par les conclusions.

Pour se pourvoir en cassation, les règles sont les mêmes qu'en matière civile.

Expropriation pour cause d'utilité publique.

Les contrats de vente, quittances et autres actes relatifs à l'acquisition des terrains peuvent être passés dans la forme des actes administratifs; la minute restera déposée au secrétariat de la préfecture; expédition en sera transmise à l'administration des domaines.

Les significations et notifications mentionnées en la présente loi sont faites à la diligence du préfet du département de la situation des biens. — Elles peuvent être faites tant par huissier que par tout agent de l'administration dont les procès-verbaux font foi en justice.

Les plans, procès-verbaux, certificats, significations, jugements, contrats, quittances et autres actes faits en vertu de la présente loi, seront visés pour timbre et enregistrés gratis, lorsqu'il y aura lieu à la formalité de l'enregistrement. — Il ne sera perçu aucun droit pour la transcription des actes au bureau des hypothèques. — Les droits perçus sur les acquisitions amiables faites antérieurement aux arrêtés du préfet seront restitués lorsque, dans le délai de deux ans à partir de la perception, il sera justifié que les immeubles acquis sont compris dans ces arrêtés. La restitution des droits ne pourra s'appliquer qu'à la portion des immeubles qui aura été reconnue nécessaire à l'exécution des travaux (loi du 3 mai 1841, art. 56 et s.).

Loi ayant pour objet de faciliter le mariage des indigents, la légitimation de leurs enfants naturels et le retrait de ces enfants déposés dans les hospices (des 18, 27 novembre et 10 décembre 1850).

Les extraits des registres de l'état civil, les actes de notoriété, de consentement, de publication, les délibérations des conseils de famille, les certificats de libération du service militaire, les dispenses pour cause de parenté, d'alliance ou d'âge, les actes de reconnaissance des enfants naturels, les actes de procédure, les jugements et arrêts dont la production sera nécessaire dans les cas prévus par l'article 1er, seront visés pour timbre et enregistrés gratis, lorsqu'il y aura lieu à enregistrement. — Il ne sera perçu aucun droit de greffe ni aucun droit de sceau au profit du Trésor sur les minutes et originaux, ainsi que sur les copies ou expéditions qui en seraient passibles.

L'obligation du visa pour timbre n'est pas applicable aux publications civiles ni au certificat constatant la célébration civile du mariage.

— La taxe des expéditions des actes de l'état civil requises pour le mariage des indigents est réduite, quels que soient les détenteurs de ces pièces, à 30 centimes lorsqu'il n'y aura pas lieu à légalisation, à 50 centimes lorsque cette dernière formalité devra être accomplie.

Le droit de recherche alloué aux greffiers par l'article 14 de la loi du 21 ventôse an VII, les droits de légalisation perçus au ministère des affaires étrangères ou dans les chancelleries de France à l'étranger, sont supprimés en ce qui concerne l'application de la présente loi.

— Seront admises au bénéfice de la loi les personnes qui justifieront d'un certificat d'indigence à elles délivré par le commissaire de police, ou par le maire dans les communes où il n'existe pas de commissaire de police, sur le vu d'un extrait du rôle des contributions constatant que les parties intéressées payent moins de 10 francs, ou d'un certificat du percepteur de leur commune portant qu'elles ne sont pas imposées.

Le certificat d'indigence sera visé et approuvé par le juge de paix du canton.

— Le certificat prescrit par l'article 6 sera délivré en plusieurs originaux lorsqu'il devra être produit à divers bureaux d'enregistrement. Il sera remis au bureau de l'enregistrement où les actes, extraits, copies ou expéditions devront être visés pour timbre et enregistrés gratis. Le receveur en fera mention dans le visa pour timbre et dans la relation de l'enregistrement.

La présente loi est applicable au mariage entre Français et étrangers et exécutoire aux colonies.

Assistance judiciaire (loi du 22 janvier 1851).

1. L'assistance judiciaire est accordée aux indigents dans les cas prévus par la présente loi.

TITRE PREMIER.

DE L'ASSISTANCE JUDICIAIRE EN MATIÈRE CIVILE.

CHAPITRE I. — DES FORMES DANS LESQUELLES L'ASSISTANCE JUDICIAIRE EST ACCORDÉE.

2. L'admission à l'assistance judiciaire devant les tribunaux civils, les tribunaux de commerce et les juges de paix, est prononcée par un bureau spécial établi au chef-lieu judiciaire de chaque arrondissement, et composé :

1° Du directeur de l'enregistrement et des domaines, ou d'un agent de cette administration délégué par lui ;

2° D'un délégué du préfet;

3° De trois membres pris parmi les anciens magistrats, les avocats ou anciens avocats, les avoués ou anciens avoués, les notaires ou anciens notaires. Ces trois membres seront nommés par le tribunal civil.

Néanmoins, dans les arrondissements où il y aura au moins quinze avocats inscrits au tableau, un des trois membres mentionnés dans le paragraphe précédent sera nommé par le conseil de discipline de l'ordre des avocats, et un autre par la chambre des avoués près le tribunal civil; le troisième sera choisi par le tribunal civil, conformément au paragraphe précédent.

3. Le bureau d'assistance établi près d'une Cour d'appel se compose de sept membres, savoir :

De deux délégués nommés comme il est dit dans les numéros 1 et 2 de l'article précédent;

Et de cinq autres membres choisis de la manière suivante :

Deux par la Cour, en assemblée générale, parmi les citoyens des qualités énoncées dans le quatrième paragraphe de l'article précédent ;

Deux par le conseil de discipline de l'ordre des avocats;

Et un par la chambre de discipline des avoués à la Cour.

4. Lorsque le nombre des affaires l'exige, le bureau peut, en vertu d'une décision du ministre de la justice, prise sur l'avis du tribunal ou de la Cour, être divisé en plusieurs sections.

Dans ce cas, les règles prescrites par les deux articles précédents, relativement au nombre des membres du bureau et à leur nomination, s'appliquent à chaque section.

5. Près de la Cour de cassation et près du Conseil d'état, le bureau est composé de sept membres, parmi lesquels deux délégués du ministre des finances.

Trois autres membres sont choisis savoir :

Pour le bureau établi près de la Cour de cassation, par cette Cour, en assemblée générale, parmi les anciens membres de la Cour, les avocats et les anciens avocats au Conseil d'état et à la Cour de cassation, les professeurs et les anciens professeurs en droit ;

Et pour le bureau établi près du Conseil d'état, par ce Conseil, en assemblée générale, parmi les anciens conseillers d'état, les anciens maîtres des requêtes, les anciens préfets, les avocats et les anciens avocats au Conseil d'état et à la Cour de cassation.

Près de l'une et de l'autre de ces juridictions, les deux derniers membres sont nommés par le conseil de discipline de l'ordre des avocats au Conseil d'état et à la Cour de cassation.

6. Chaque bureau d'assistance ou chaque section nomme son président.

Les fonctions de secrétaire sont remplies par le greffier de la Cour ou du tribunal près duquel le bureau est établi, ou par un de ses commis assermentés; et, pour le bureau établi près du Conseil d'état, par le secrétaire général de ce conseil, ou par un secrétaire de comité ou de section délégué par lui.

Le bureau ne peut délibérer qu'autant que la moitié plus un de ses membres sont présents, non compris le secrétaire, qui n'a pas voix délibérative.

Les décisions sont prises à la majorité; en cas de partage, la voix du président est prépondérante.

7. Les membres du bureau, autres que les délégués de l'administration, sont soumis au renouvellement, au commencement de chaque année judiciaire et dans le mois qui suit la rentrée; les membres sortants peuvent être réélus.

8. Toute personne qui réclame l'assistance judiciaire adresse sa demande sur papier libre au procureur de la république du tribunal de son domicile. Ce magistrat en fait la remise au bureau établi près de ce tribunal. Si le tribunal n'est pas compétent pour statuer sur le litige, le bureau se borne à recueillir des renseignements tant sur l'indigence que sur le fond de l'affaire. Il peut entendre les parties. Si elles ne se sont pas accordées, il transmet, par l'intermédiaire du procureur de la république, la demande, le résultat de ses informations et les pièces,

au bureau établi près de la juridiction compétente.

9. Si la juridiction devant laquelle l'assistance judiciaire a été admise se déclare incompétente, et que, par suite de cette décision, l'affaire soit portée devant une autre juridiction de même nature et de même ordre, le bénéfice de l'assistance subsiste devant cette dernière juridiction.

Celui qui a été admis à l'assistance judiciaire devant une première juridiction continue à en jouir sur l'appel interjeté contre lui, dans le cas même où il se rendrait incidemment appelant. Il continue pareillement à en jouir sur le pourvoi en cassation formé contre lui.

Lorsque c'est l'assisté qui émet un appel principal ou qui forme un pourvoi en cassation, il ne peut, sur cet appel ou sur ce pourvoi, jouir de l'assistance qu'autant qu'il y est admis par une décision nouvelle. Pour y parvenir, il doit adresser sa demande, savoir:

S'il s'agit d'un appel à porter devant le tribunal civil, au procureur de la république près ce tribunal;

S'il s'agit d'un appel à porter devant la Cour, au procureur général près cette Cour;

S'il s'agit d'un pourvoi en cassation, au procureur général près la Cour de cassation.

Le magistrat auquel la demande est adressée en fait la remise au bureau compétent.

10. Quiconque demande à être admis à l'assistance judiciaire doit fournir : 1° un extrait du rôle de ses contributions, ou un certificat du percepteur de son domicile constatant qu'il n'est pas imposé;

2° Une déclaration attestant qu'il est, à raison de son indigence, dans l'impossibilité d'exercer ses droits en justice, et contenant l'énumération détaillée de ses moyens d'existence, quels qu'ils soient.

Le réclamant affirme la sincérité de sa déclaration devant le maire de la commune de son domicile; le maire lui en donne acte au bas de la déclaration.

11. Le bureau prend toutes les informations nécessaires pour s'éclairer sur l'indigence du demandeur, si l'instruction déjà faite par le bureau du domicile du demandeur, dans le cas prévu par l'article 8, ne lui fournit pas, à cet égard, des documents suffisants.

Il donne avis à la partie adverse qu'elle peut se présenter devant lui, soit pour contester l'indigence, soit pour fournir des explications sur le fond.

Si elle comparaît, le bureau emploie ses bons offices pour opérer un arrangement amiable.

12. Les décisions du bureau ne contiennent que l'exposé sommaire des faits et des moyens, et la déclaration que l'assistance est accordée ou qu'elle est refusée, sans expression de motifs dans l'un ni dans l'autre cas.

Les décisions du bureau ne sont susceptibles d'aucun recours.

Néanmoins, le procureur général, après avoir pris communication de la décision d'un bureau établi près d'un tribunal civil et des pièces à l'appui, peut, sans retard de l'instruction ni du jugement, déférer cette décision au bureau établi près la Cour d'appel, pour être réformée, s'il y a lieu.

Le procureur général près la Cour de cassation et le procureur général près la Cour d'appel peuvent aussi se faire envoyer les décisions des bureaux d'assistance qui ont été rendues dans une affaire sur laquelle le bureau d'assistance établi près de l'une ou de l'autre de ces Cours est appelé à statuer, si ce dernier bureau en fait la demande.

Hors les cas prévus par les deux articles précédents, les décisions du bureau ne peuvent être communiquées qu'au procureur de la république, à la personne qui a demandé l'assistance et à ses conseils; le tout sans déplacement.

Elles ne peuvent être produites ni discutées en justice, si ce n'est devant la police correctionnelle, dans le cas prévu par l'article 26 de la présente loi.

CHAPITRE II. — DES EFFETS DE L'ASSISTANCE JUDICIAIRE.

13. Dans les trois jours de l'admission à l'assistance judiciaire, le président du bureau envoie, par l'intermédiaire du procureur de la république, au président de la Cour ou du tribunal, ou au juge de paix, un extrait de la décision, portant seulement que l'assistance est accordée; il y joint les pièces de l'affaire.

Si l'affaire est portée devant une Cour ou un tribunal civil, le président invite le bâtonnier de l'ordre des avocats, le président de la chambre des avoués et le syndic des huissiers à désigner l'avocat, l'avoué et l'huissier qui prêteront leur ministère à l'assisté.

S'il n'existe pas de bâtonnier, ou s'il n'y a pas de chambre de discipline des avoués, la désignation est faite par le président du tribunal.

Si la cause est portée devant un tribunal de commerce ou devant un juge de paix, le président du tribunal ou le juge de paix se borne à inviter le syndic des huissiers à désigner un huissier.

Dans le même délai de trois jours, le secrétaire du bureau envoie un extrait de la décision au receveur de l'enregistrement.

14. L'assisté est dispensé provisoirement du payement des sommes dues au Trésor pour droits de timbre, d'enregistrement et de greffe, ainsi que de toute consignation d'amende.

Il est aussi dispensé provisoirement du payement des sommes dues aux greffiers, aux officiers ministériels et aux avocats, pour droits, émoluments et honoraires.

Les actes de la procédure faits à la requête de l'assisté sont visés pour timbre et enregistrés en débet.

Le visa pour timbre est donné sur l'original au moment de son enregistrement.

Les actes et titres produits par l'assisté pour justifier de ses droits et qualités sont pareillement visés pour timbre et enregistrés en débet.

Si ces actes et titres sont du nombre de ceux dont les lois ordonnent l'enregistrement dans un délai déterminé, les droits deviennent exigibles immédiatement après le jugement définitif; il en est de même des sommes dues pour contraventions aux lois sur le timbre.

Si ces actes et titres ne sont pas du nombre de ceux dont les lois ordonnent l'enregistrement dans un délai déterminé, les droits d'enregistrement de ces actes et titres sont assimilés à ceux des actes de la procédure.

Le visa pour timbre et l'enregistrement en débet doivent mentionner la date de la décision qui admet au bénéfice de l'assistance; ils n'ont d'effet, quant aux actes et titres produits par l'assisté, que pour le procès dans lequel la production a eu lieu.

Les frais de transport des juges, des officiers ministériels et des experts, les honoraires de ces derniers et les taxes des témoins dont l'audition a été autorisée par le tribunal ou le juge-commissaire, sont avancés par le Trésor, conformément à l'article 118 du décret du 18 juin 1811. Le paragraphe 5 du présent article s'applique au recouvrement de ces avances.

15. Le ministère public est entendu dans toutes les affaires dans lesquelles l'une des parties a été admise au bénéfice de l'assistance.

16. Les notaires, greffiers et tous autres dépositaires publics, ne sont tenus à la délivrance gratuite des actes et expéditions réclamés par l'assisté que sur une ordonnance du juge de paix ou du président.

17. En cas de condamnation aux dépens prononcée contre l'adversaire de l'assisté, la taxe comprend tous les droits, frais de toute nature, honoraires et émoluments auxquels l'assisté aurait été tenu s'il n'y avait pas eu assistance judiciaire.

18. Dans le cas prévu par l'article précédent, la condamnation est prononcée et l'exécutoire délivré au nom de l'administration de l'enregistrement et des domaines, qui en poursuit le recouvrement comme en matière d'enregistrement.

Il est délivré un exécutoire séparé au nom de l'administration de l'enregistrement et des domaines pour les droits qui, n'étant pas compris dans l'exécutoire délivré contre la partie adverse, restent dus par l'assisté au Trésor, conformément au cinquième paragraphe de l'article 14.

L'administration de l'enregistrement et des domaines fait immédiatement aux divers ayants droit la distribution des sommes recouvrées.

La créance du Trésor, pour les avances qu'il a faites, ainsi que pour tous droits de greffe, d'enregistrement et de timbre, a la préférence sur celles des autres ayants droit.

19. En cas de condamnation aux dépens prononcée contre l'assisté, il est procédé, conformément aux règles tracées par l'article précédent, au recouvrement des sommes dues au Trésor, en vertu des paragraphes 5 et 8 de l'article 14.

20 Les greffiers sont tenus de transmettre, dans le mois, au receveur de l'enregistrement, l'extrait du jugement de condamnation ou l'exécutoire, sous peine de dix francs d'amende pour chaque extrait de jugement ou chaque exécutoire non transmis dans ledit délai.

CHAPITRE III. — DU RETRAIT DE L'ASSISTANCE JUDICIAIRE.

21. Devant toutes les juridictions, le bénéfice de l'assistance peut être retiré en tout état de cause, soit avant, soit même après le jugement :

1° S'il survient à l'assisté des ressources reconnues suffisantes;

2° S'il a surpris la décision du bureau par une déclaration frauduleuse.

22. Le retrait de l'assistance peut être demandé soit par le ministère public, soit par la partie adverse.

Il peut aussi être prononcé d'office par le bureau.

Dans tous les cas, il est motivé.

23. L'assistance judiciaire ne peut être retirée qu'après que l'assisté a été entendu ou mis en demeure de s'expliquer.

24. Le retrait de l'assistance judiciaire a pour effet de rendre immédiatement exigibles les droits, honoraires, émoluments et avances de toute nature dont l'assisté avait été dispensé.

Dans tous les cas où l'assistance judiciaire est retirée, le secrétaire du bureau est tenu d'en informer immédiatement le receveur de l'enregistrement, qui procédera au recouvrement et à la répartition, suivant les règles tracées en l'article 18 ci-dessus.

25. L'action tendant au recouvrement de l'exécutoire délivré à la régie de l'enregistrement et des domaines, soit contre l'assisté, soit contre la partie adverse, se prescrit par dix ans.

La prescription de l'action de l'adversaire de l'assisté contre celui-ci, pour le dépens auxquels il a été condamné envers lui, reste soumise au droit commun.

26. Si le retrait de l'assistance a pour cause une déclaration frauduleuse de l'assisté, relativement à son indigence, celui-ci peut, sur l'avis du bureau, être traduit devant le tribunal de police correctionnelle et condamné, indépendamment du paiement des droits et frais de toute nature dont il avait été dispensé, à une amende égale au montant total de ces droits et frais, sans que cette amende puisse être au-dessous de cent francs, et à un emprisonnement de huit jours au moins et de six mois au plus.

L'art. 463 C. pén. est applicable.

27. Les dispositions de la loi du 7 août 1850 sont applicables :

1° A toutes les causes qui sont de la compétence des conseils de prud'hommes, et dont les juges de paix sont saisis dans les lieux où ces conseils ne sont pas établis ;

2° A toutes les contestations énoncées dans les numéros 3 et 4 de l'art. 5 de la loi du 25 mai 1838.

TITRE II.

DE L'ASSISTANCE JUDICIAIRE EN MATIÈRE CRIMINELLE ET CORRECTIONNELLE.

20. Il sera pourvu à la défense des accusés devant les cours d'assises, conformément aux dispositions de l'art. 294 C. inst. crim.

29. Les présidents des tribunaux correctionnels désigneront un défenseur d'office aux prévenus poursuivis à la requête du ministère public, ou détenus préventivement, lorsqu'ils en feront la demande, et que leur indigence sera constatée soit par les pièces désignées dans l'art. 10, soit par tous autres documents.

30. Les présidents des cours d'assises et les présidents des tribunaux correctionnels pourront, même avant le jour fixé pour l'audience, ordonner l'assignation des témoins qui leur seront indiqués par l'accusé ou le prévenu indigent, dans le cas où la déclaration de ces témoins serait jugée utile pour la découverte de la vérité.

Pourront être également ordonnées d'office toutes productions et vérifications de pièces.

Les mesures ainsi prescrites seront exécutées à la requête du ministère public.

31. La présente loi pourra, par des règlements d'administration publique, être appliquée aux colonies et à l'Algérie.

Des conventions internationales intervenues entre l'Italie le 9 février 1870, la Bavière le 11 mars 1870, le Luxembourg le 22 mars 1870, la Belgique le 22 mars 1870, asssurent aux Français dans ces pays et aux sujets de ces pays en France le bénéfice de l'assistance judiciaire.

COLONIES FRANÇAISES

Il ne peut être fait usage en France d'aucun acte passé en pays étranger ou dans les colonies françaises qu'il n'ait acquitté les mêmes droits que s'il avait été souscrit en France et pour des biens y situés (loi du 28 avril 1876).

Les actes passés en France portant transmission de propriété d'usufruit ou de jouissance des biens immeubles situés dans les colonies où l'enregistrement est établi, sont assujettis au droit gradué.

Les droits d'enregistrement, de greffe et d'hypothèque sont applicables aux départements de la *Savoie*, la *Haute-Savoie* et les *Alpes-Maritimes*, depuis le 1er novembre 1860 (loi du 17 octobre 1860).

En *Corse*, les jugements préparatoires sont exempts d'enregistrement. Les citations et les jugements de simple police sont exempts de timbre et d'enregistrement.

Les jugements définitifs et les citations dont le total n'excède pas 25 fr.

Les contrats de mariage et les donations éventuelles y contenues, 1 fr. 50 fixe.

Les donations par contrat de mariage :

en ligne directe. . .	meubles	» 62 1/2	c. p. 0/0
	immeubles	2 12 1/2	—
entre époux.	meubles	1 25	—
	immeubles	2 75	—

Les transmissions d'immeubles à titre onéreux à 3 fr. 50 p. 0/0.

Les mutations par décès sur le capital formé par le chiffre de l'impôt foncier déduction faite des centimes additionnels, l'impôt foncier multiplié par 100 (loi du 21 prairial an IX).

Les droits de timbre sont ceux de France (Décret du 14 juillet 1862).

ALGÉRIE

Toutes les lois qui régissent les droits d'enregistrement en France sont applicables à l'Algérie sauf les modifications suivantes : Il n'est perçu que la moitié des droits exigibles en France sans décime.

Les mutations par décès ne sont soumises à aucun droit ni déclaration (ord. 19 octobre 1841).

Pour l'établissement des droits, la valeur de la propriété est déterminée par un capital formé de dix fois la rente ou le revenu annuel, celle de l'usufruit ou jouissance par un capital formé de 5 fois ce revenu.

Le droit proportionnel des actes enregistrés en France au droit gradué est perçu en Algérie dans les trois mois de la prise de possession, sur la production de l'acte sous seing privé ou de l'expédition de l'acte notarié.

Sont en outre exécutoires en Algérie :

La loi du 27 juillet 1870 sur les échanges d'immeubles contigus :

—	16 septembre 1871	sur la transmission de titre des sociétés;
—	31 mars 1871	sur les transmissions de titres au porteur; français et étrangers;
—	24 mars 1871	
—	25 mars 1872	
—	—	Sur le taux d'abonnement au timbre des lettres de gage du crédit foncier.
—	—	Les deux décimes sur les taxes d'abonnement au timbre.
—	24 juillet 1872	Timbres mobiles pour connaissances;
—	29 juin 1872	Taxe sur le revenu des valeurs mobilières:
—	20 déc. 1872	Droit de timbre des effets de commerce de l'étranger sur l'étranger circulant en France.

L'impôt de l'enregistrement a été établi dans les colonies françaises, savoir :

A l'île Bourbon, par arrêté du 22 vendémiaire an XII et 19 juillet 1829.

A la Martinique, à la Guadeloupe et à la Guyane française, par ordonnance du 31 décembre 1828.

Dans l'Océanie et en Cochinchine, par décret du 14 juillet 1862.

Les droits fixes varient de 0 fr. 25 cent. à 5 fr.

Les droits proportionnels de 0 fr. 02 cent 1/2 à 1 fr.

Les actes qui proviennent des lieux où l'enregistrement est établi, doivent acquitter le supplément de droit égal à la différence entre les droits perçus et ceux qu'ils auraient supportés s'ils avaient été faits en France.

Méthode de vérification des droits.

Fr.	C.	
»	10	Somme ronde de francs et divisible par 4.
»	20	Le dernier chiffre du produit est un nombre pair.
»	25	— — est 5 c. ou 0 00.
»	50	— — —
1	»	Somme ronde de francs ou un multiple de 20 c. aux centimes.
1	25	Somme ronde de francs ou un multiple de 25 c. aux centimes.
1	50	Les francs et le premier chiffre des centimes sont divisibles par 3.
2	»	— — — divisibles par 4.

Fr.	C.	
2	50	Somme ronde de francs ou 50 c. aux centimes.
2	75	Le dernier chiffre des centimes est un 5 ou un 0.
3	»	Divisibles par 6 jusques et y compris le premier chiffre des centimes.
3	50	Divisibles par 7. — 4 fr. divisibles par 8. — 4 fr. 50 divisibles par 9. — 5 fr. divisibles par 10. — 5 fr. 50 divisibles par 11. — 6 fr. divisibles par 12. — 6 fr. 50 divisibles par 13. — 7 fr. divisibles par 14. — 8 fr. divisibles par 16. — 9 fr. divisibles par 18.

Le produit de chaque quotité des droits fixes est un multiple de cette quotité.

1 décime en sus représente les mêmes chiffres que le principal en reculant la virgule des unités aux dizaines : 10 p. 0/0.

1 décime et demi : 15 p. 0/0.

2 décimes représentent les chiffres doublés du principal en reculant la virgule d'un chiffre : 20 p. 0/0.

2 *décimes et demi, le quart du principal* : 25 p. 0/0.

CHAPITRE III

Droits de greffe.

Loi du 21 ventôse an VII.

1. Il est établi des droits de greffe, au profit de l'État, dans tous les tribunaux civils et de commerce. Ils seront perçus, à compter du jour de la publication de la présente, pour le compte du Trésor public, par les receveurs de l'enregistrement, de la manière ci-après indiquée.

2. Ces droits consistent : 1° dans celui qui sera perçu lors de la mise au rôle de chaque cause, ainsi qu'il est établi par l'article 3 ci-après; — 2° dans celui établi pour la rédaction et transcription des actes énoncés en l'article 5; — 3° dans le droit d'expédition des jugements et actes énoncés dans les articles 7, 8 et 9.

3. Le droit perçu lors de la mise au rôle est la rétribution due pour la formation et tenue des rôles et l'inscription de chaque cause sur le rôle auquel elle appartient. — Ce droit sera, dans les tribunaux civils, de *cinq francs* sur appel des tribunaux civils et de commerce; — de *trois francs* pour les causes de première instance, ou sur appel des juges de paix, — et d'*un franc cinquante centimes* pour les causes sommaires et provisoires.— Dans les tribunaux de commerce, il sera pareillement d'*un franc cinquante centimes.* — Le tout sans préjudice du droit de *vingt-cinq centimes* qui est accordé aux huissiers audienciers pour chaque placement de cause.— Le droit de mise au rôle ne pourra être exigé qu'une seule fois; en cas de radiation, elle sera replacée gratuitement à la fin du rôle, et il y sera fait mention du premier placement. — L'usage des placets pour appeler les causes est interdit; elles ne pourront l'être que sur les rôles et dans l'ordre du placement.

4. Le droit de mise au rôle sera perçu par le greffier en y inscrivant la cause, et, le premier de chaque mois, il en versera le montant à la caisse du receveur de l'enregistrement, sur la représentation des rôles, cotés et paraphés par le président, sur lesquels les causes seront appelées, à compter du jour de la publication de la présente.

5. Les actes assujettis sur la minute au droit de rédaction et transcription sont : les actes de voyage, — d'exclusion ou option de tribunaux d'appel. — de renonciation à une communauté de biens ou à succession, — d'acceptation de succession sous bénéfice d'inventaire, — de réception et soumission de caution, — de reprise d'instance, — de déclaration affirmative, de dépôt de bilan et pièces, — d'enregistrement de société, — les interrogatoires sur faits et articles, — et les enquêtes.— Il sera payé, pour chacun de ces actes, *un franc vingt-cinq centimes.*— Les enquêtes seront en outre assujetties à un droit de *cinquante centimes* pour chaque déposition de témoin.

6. Les expéditions contiendront vingt lignes à la page et huit à dix syllabes à la ligne, compensation faite des unes avec les autres.

7. Les expéditions des jugements définitifs sur appel des tribunaux civils et de commerce, soit contradictoires, soit par défaut, seront payées *deux francs* le rôle.

8. Les expéditions des jugements définitifs rendus par les tribunaux civils, soit par défaut, soit contradictoires, en dernier ressort, ou sujets à l'appel, celles des décisions arbitrales, celles des jugements rendus sur l'appel des juges de paix, celles des ventes et baux judiciaires, seront payées *un franc vingt-cinq centimes* le rôle.

9. Les expéditions des jugements interlocutoires, préparatoires et d'instruction ; des enquêtes, interrogatoires, rapports d'experts, délibérations, avis de parents, dépôt de bilan, pièces et registres ; des actes d'exclusion ou option des tribunaux d'appel, déclaration affirmative, renonciation à communauté ou à succession, et généralement de tous actes faits ou déposés au greffe, non spécifiés aux

articles 7 et 8, ensemble de tous les jugements des tribunaux de commerce, seront payées *un franc* le rôle.

10. La perception de ce droit sera faite par le receveur de l'enregistrement, sur les minutes des actes assujettis au droit de rédaction et transcription, sur les expéditions et sur les rôles de placement de causes qui lui seront présentés par le greffier; il y mettra son reçu, et il tiendra de cette recette un registre particulier.

11. Le greffier ne pourra délivrer aucune expédition que les droits n'aient été acquittés, sous peine de restitution du droit et de *cent francs* d'amende, sauf, en cas de fraude et de malversation évidente, à être poursuivi devant les tribunaux, conformément aux lois.

12. Ne sont pas compris dans les droits ci-dessus fixés le papier timbré et l'enregistrement, qui continueront d'être perçus conformément aux lois existantes.

13. Les greffiers des tribunaux civils et de commerce tiendront un registre, coté et paraphé par le président, sur lequel ils inscriront, jour par jour, les actes sujets au droit de greffe, les expéditions qu'ils délivreront et la nature de chaque expédition, le nombre des rôles, le nom des parties, avec mention de celle à laquelle l'expédition sera délivrée. Ils seront tenus de communiquer ce registre aux préposés de l'enregistrement, toutes les fois qu'ils en seront requis.

15. Les greffiers ne pourront exiger aucun droit de recherche des actes et jugements faits ou rendus dans l'année, ni de ceux dont ils feront les expéditions ; mais, lorsqu'il n'y aura pas d'expédition, il leur est attribué un droit de recherche qui demeure fixé à *cinquante centimes* pour l'année qui leur sera indiquée; et, dans le cas où il serait indiqué plusieurs années, et qu'ils seraient obligés d'en faire la recherche, ils ne percevront que *cinquante centimes* pour la première et *vingt-cinq centimes* pour chacune des autres. — Il leur est en outre attribué *vingt-cinq centimes* pour chaque légalisation d'acte des officiers publics.

15. Les greffiers présenteront et feront recevoir, conformément aux lois existantes, un commis-greffier assermenté par chaque section.

16. Au moyen du traitement et de la remise ci-après accordés aux greffiers, ils demeureront chargés du traitement des commis assermentés, commis expéditionnaires, et de tous employés du greffe, quelles que soient leurs fonctions, ainsi que des frais de bureau, papier libre, rôles, registres, encre, plumes, lumière, chauffage des commis, et généralement de toutes les dépenses du greffe.

17. Le traitement des greffiers des tribunaux civils est égal à celui des juges auprès desquels ils sont établis.

18. Celui des greffiers des tribunaux de commerce sera de la moitié de celui du greffier d'un tribunal civil, s'il avait été établi dans la commune où siége le tribunal de commerce. — Et néanmoins le traitement de ceux des tribunaux de commerce établis dans les communes de six mille habitants et au-dessous demeure fixé à *huit cents francs*.

19. Il est accordé aux greffiers une remise de *trente centimes* par chaque rôle d'expédition, — et d'*un décime par franc* sur le produit du droit de mise au rôle et de celui établi pour la rédaction et transcription des actes énoncés en l'art. 5.

20. La remise de *trente centimes* accordée par l'article précédent ne sera que de *deux décimes* sur toutes les expéditions que les agents de l'état demanderaient en son nom et pour soutenir ses droits. Ils ne seront tenus, à cet égard, à aucune avance.

21. Il est défendu aux greffiers et à leurs commis d'exiger ni recevoir d'autres droits de greffe, ni aucun droit de prompte expédition, à peine de *cent francs* d'amende et de destitution.

22. Les droits établis par la présente seront alloués aux parties dans la taxe des dépens, sur les quittances des receveurs de l'enregistrement mises au bas des expéditions, et sur celles données par les greffiers de l'acquit du droit de mise au rôle et de rédaction, lesquelles ne seront assujetties à d'autres droits qu'à ceux du timbre.

Loi du 22 frimaire an VII.

1. Sont assujettis sur la minute au droit de rédaction et transcription établi par l'article 2 de la loi du 21 ventôse dernier, et ainsi qu'il est ci-après déterminé : 1° l'acte de dépôt de l'exemplaire d'affiche, en exécution de l'article 5 de la loi du 11 brum. ; — 2° les adjudications, soit volontaires, soit sur licitation, soit sur expropriation forcée ; — 3° l'acte de dépôt de l'état, certifié par le conservateur des hypothèques, de toutes les inscriptions existantes, ledit acte contenant réquisition d'ouvrir le procès-verbal d'ordre, en exécution de l'article 31 de la loi du 11 brum. ; 4° les actes de dépôt de titres de créance faits en exécution de l'article 32 ; — 5° les procès-verbaux d'ordre lors de la délivrance de chaque bordereau

de collocation, conformément à l'article 35 de la même loi.

2. Il sera payé *trois francs* pour le dépôt de l'exemplaire d'apposition d'affiches, et pour celui de l'état des inscriptions existantes ; — *un franc cinquante centimes* pour celui de titre de créance ; — pour la rédaction des adjudications, *un demi pour cent* sur les cinq premiers mille, et *vingt-cinq centimes* par *cent francs* pour ce qui excédera *cinq mille francs* ; — pour celle du procès-verbal d'ordre, sur chaque bordereau délivré, *vingt-cinq centimes* par *cent francs* du montant de la créance colloquée.

3. La perception de ces droits sera faite par le receveur de l'enregistrement, de la manière et dans la forme prescrites par la loi du 21 ventôse. La remise des greffiers sur le produit de ces droits sera d'un *décime par franc*, telle qu'elle est fixée par l'article 19 de ladite loi, et ils en seront payés de la manière prescrite par l'article 21.

4. Il est défendu aux greffiers, sous les peines portées par la loi du 21 ventôse, d'exiger ni recevoir d'autres et plus forts droits que ceux établis par la présente ; et ils se conformeront aux dispositions prescrites par l'article 13 pour assurer la perception des droits ci-dessus établis.

5. Toutes dispositions des lois contraires à la présente sont abrogées.

Les receveurs doivent mentionner dans la relation au pied de chaque acte : 1° le montant des droits de greffe appartenant au trésor ; 2° le montant de la remise qui revient au greffier pour l'indemnité qui lui est allouée par la loi (loi du 23 juillet 1820).

Tableau des droits de greffe d'après les lois du 22 prairial an VII.

Le décret du 12 juillet 1808 et l'ordonnance du 8 décembre 1819.

	Montant des droits de greffe en pricipal.	Portion à retenir pour le greffier.	Reste pour celle appartenant au Trésor.
1° *Droits de mise au rôle* :			
Dans les cours d'appel pour les causes sur appel des tribunaux de première instance ou de commerce (loi du 21 ventôse an VII).	5 »	» 50	4 50
Dans les causes de première instance ou sur appel du jugement des juges de paix (loi du 21 ventôse an VII, art. 3)	3 »	» 30	2 70
Causes sommaires et provisoires.	1 50	» 15	1 35
Dans les tribunaux de commerce.	1 50	» 15	1 35
2° *Droits de rédaction et de transcription* :			
Pour chacun des actes dénommés dans l'art. 5 de la loi du 21 ventôse an VII et dans l'art. 1 du décret du 12 juillet 1808 qui sont :			
Acceptations de successions sous bénéfice d'inventaire. — Actes au greffe, rapports, procès-verbaux du greffier. — Actes de voyage. — Certificats délivrés par le greffier. — Consignations de sommes. — Décharges au greffier par les parties. — Déclarations affirmatives et autres. — Dépôt de bilan, pièces, registres. — Répertoires, signatures, paraphes, etc. — Dépôt de contrats pour être affichés (art. 2194, c. c.). — Enquêtes (procès-verbaux) sans préjudice du droit dû pour chaque déposition de témoin. — Insertion au tableau du contrat de mariage, jugements de séparation, actes et dissolution de société et de tous autres actes dressés et publiés en vertu des codes. — Interrogatoires sur faits et articles. — Récusation de juges. — Réception de caution. — Renonciation à communauté et successions. — Soumission de caution.	1 25	» 12 50	1 12 50
Pour les enquêtes, chaque déposition de témoin (loi du 21 ventôse an VII, art. 5).	» 50	» 05	» 45

	Montant des droits de greffe en principal.	Portion à retenir pour le greffier.	Reste pour celle appartenant au Trésor.
Pour transcription de saisie immobilière, dépôt de l'état des inscriptions (loi du 22 prairial an VII).	3 »	» 30	2 70
Dépôt de l'exemplaire d'apposition d'affiches. Transcription au greffe de saisie immobilière. — Pour dépôt de titres de créances, pour actes de surenchères, et radiation de saisie immobilière. . .	1 50	» 15	1 35
Production dans les réglements définitifs un droit par chaque créancier produisant.			
Pour les adjudications { sur les cinq premiers mille francs. . . .	» 50 par 100 fr.	» 05 par 100 fr.	» 45 par 100 fr.
Pour les adjudications { sur ce qui excède 5,000 fr.	» 25 par 100 fr.	» 02 1/2 par 100 fr.	» 22 1/2 par 100 fr.
Sur chaque mandement ou bordereau de collocation.	» 25 par 100 fr.	» 02 1/2 par 100 fr.	» 22 1/2 par 100 fr.

25 centimes par 100 fr. de la créance colloquée, minimum 1 fr. 25.
Exécutoires de frais et dépens 50 c. p. 0/0.

Droits d'expédition.

Pour les expéditions de jugements définitifs sur appel des tribunaux civils et de commerce par rôle.	2 »	» 30	1 70
Pour les expéditions des jugements définitifs des tribunaux civils par rôle.	1 25	» 30	» 95
Pour les expéditions des jugements interlocutoires, préparatoires et d'instruction, par rôle.	1 »	» 30	» 70
Pour les expéditions des jugements préparatoires concernant le trésor	1 »	» 20	» 80
Pour les expéditions des jugements définitifs.	1 25	» 20	1 05

Pour faciliter et mettre en pratique la connaissance des droits de greffe, nous donnons ci-dessous un spécimen du registre des actes judiciaires.

Voir le tableau n° 1, pour savoir quel est le décime en usage.

DROITS D'ENREGISTREMENT		MISE AU RÔLE		DROITS DE GREFFE											DÉCIME
simples en sus et amendes	décimes	Nombre	Produit	Produit des droits de rédaction et de transcription	Dépositions de témoins		Rôles d'expédit. au profit du Trésor		Rôles d'expédition			Produit des droits d'expédition	Total du produit des droits de greffe	Amendes de contravention.	pour franc des attributions du greffier
					Nombre	Produit du droit de 45 c. sur chaque déposit.	à 0.80	à 1.05	à 0.70	à 0.95	à 1.70				
3	4	5	6	7	8	9	10	11	12	13	14	15	16	17	18
Fr. C.	Fr. C.			Fr. C.		Fr. C.	Nombre.	Nombre.	Nombre.	Nombre.	Nombre.	Fr. C.	Fr. C.	Fr. C.	Fr. C.

1 fr. 25 Droit de rédaction duquel on déduit 1/10 pour la remise du greffier, soit 0 fr. 12 c. 50. Principal 1 fr. 12 c. 50 = 1 décime 0 fr. 12 c. 50 = Total 1 fr. 25 = 1 décime et demi, 0 fr. 18 c. 75 = Total 1 fr. 31 c. 25 = 2 décimes, 0 fr. 25. Total 1 fr. 37 c. 50.

1 fr. 50 Droit de rédaction duquel on déduit 1/10 pour la remise du greffier, soit 0 fr. 15. Principal 1 fr. 35 = 1 décime 0 fr. 15 = Total 1 fr. 50 = 1 décime et demi, 0 fr. 22 c. 50 = Total 1 fr. 57 c. 50 = 2 décimes, 0 fr. 30. Total 1 fr. 65.

3 fr. 00 Droit de rédaction duquel on déduit 1/10 pour la remise du greffier, soit 0 fr. 30. Principal 2 fr. 70 = 1 décime 0 fr. 30 = Total 3 fr. = 1 décime et demi, 0 fr. 45 = Total 3 fr. 15 = 2 décimes 0 fr. 60. Total 3 fr. 30.

Exemple	1. 25	
1/10 au greffier. .	0. 125	
Reste.	1. 1250	
1/10.	0. 1125	0. 25
2/10.	0. 1125	
1/10 de la remise.	0. 125	
2/10.	0. 125	
Total. . . .	1. 3750	

Les adjudications qui ont lieu en l'audience des criées des tribunaux civils sont enregistrées comme suit :

Du 18 . Enregistré adjudication sur saisie.
Pour le sieur A.,
Contre le sieur B.
D'une pièce de terre de trente-quatre ares à Charonne, provenant d'une acquisition faite en 1851, jouissance et impôts de suite.
Au profit de M. C., avoué, pour le compte de M, D., pour

huit mille francs.		8.000 »	8.100 »
Charges		100 »	
A 5 fr. 50 0/0 reçu.			445 50
2 décimes 1/2			111 38
Rédaction à 0 fr. 50 sur.	5.000 »	25 »	
— à 0 fr. 25 sur.	3.100 »	7.75	
Total ci		32.75	
Déduire le dixième du greffier		3.27 5	
Reste comme droit de greffe		29.47 50	29 47 5
— — 1er décime.		2.94 75	6 55
— — 2e décime.		2.94 75	
— — 10e de la remise du greffier.		0.32 75	
— — 2e 10e —		0.32 75	
Total des droits perçus pour cette adjudication.			592 90 5

Déclaration de command de l'adjudication qui précède au profit de M. E.

Reçu droit fixe.		4 50
2 décimes et demi..		1 13
Droit de rédaction 1 25 — 1/10 : 0 125 = 1 12 50		1 12 5
1 décime 11 25 + 2 déc. 11 25	0 22 50	0 25
1/10 de la remise du greffier 0 125 + 125	2 50	
Total des droits perçus pour la déclaration de command		7 00 5

Les Bordereaux de collocation se calculent de la même manière à raison de 0 25 p. 0/0 de la somme colloquée minimum 1 fr. 12 c. 50.

Mise au rôle.

1.50 *Affaires sommaires et provisoires et celles devant les tribunaux de commerce.*
Moins *0.15* pour la remise du greffier.
1.35

Le tableau n° 1 indique les époques des changements de décimes.

Nombre	Produit.	1.10 y compris le 10e de la remise.	Total.	1.10 1/2 y compris le 10e de la remise.	Total.	2.10 y compris le 10e de la remise.	Total.	10 c. de la remise.	Remise des greffiers.
1	1.35	0.15	1.50	0.2250	1.575	0.30	1.65	0.015	0.15
2	2.70	0.30	3.00	0.45	3.15	0.60	3.30	0.03	0 30
3	4.05	0.45	4.50	0.675	4.725	0.90	4.95	0.045	0.45
4	5.40	0.60	6.00	0.90	6.30	1.20	6.60	0.06	0.60
5	6.75	0.75	7.50	1.125	7.875	1.50	8.20	0.075	0.75
6	8.10	0.90	9.00	1.35	9.45	1.80	9.90	0.09	0.90
7	9.45	1.05	10.50	1.575	11.025	2.10	11.55	0.105	1.05
8	10.80	1.20	12.00	1.80	12.60	2.40	13.20	0.12	1.20
9	12.15	1.35	13.50	2.025	14.175	2.70	14.85	0.135	1.35
10	13.50	1.50	15.00	2.25	15.75	3.00	16.50	0.15	1.50
11	14.85	1.65	16.50	2.475	17.325	3.30	18.15	0.165	1.65
12	16.20	1.80	18.00	2.70	18.90	3.60	19.60	0.18	1.80
13	17.55	1.95	19.50	2.925	20.475	3.90	21.45	0.195	1.95
14	18.90	2.10	21.00	3.15	22.05	4.20	23.10	0.210	2.10
15	20.25	2.25	22.50	3.375	23.625	4.50	24.75	0.225	2.25
16	21.60	2.40	24.00	3.60	25.20	4.80	26.20	0.24	2.40
17	22.95	2.55	25.50	3.825	26.775	5.10	28.05	0.255	2.55
18	24.30	2.70	27.00	4.05	28.35	5.40	29.70	0.27	2.70
19	25.65	2.85	28.50	4.275	29.925	5.70	31.35	0.285	2.85
20	27.00	3.00	30.00	4.50	31.50	6.00	33.00	0.30	3.00
21	28.35	3.15	31.50	4.725	33.075	6.30	34.65	0.315	3.15
22	29.70	3.30	33.00	4.95	34.65	6.60	36.30	0.33	3.30
23	31.05	3.45	34.50	5.175	36.225	6.90	37.95	0.345	3.45
24	32.40	3.60	36.00	5.40	37.80	7.20	39.60	0.36	3.60
25	33.75	3.75	37.50	5.625	39.375	7.50	41.25	0.375	3.75
26	35.10	3.90	39.00	5.85	40.95	7.80	42.90	0.39	3.90
27	36.45	4.05	40.50	6.075	42.525	8.10	44.55	0.405	4.05
28	37.80	4.20	42.00	6.30	44.10	8.40	46.20	0.42	4.20
29	39.15	4.35	43.50	6.525	45.675	8.70	47.85	0.435	4.35
30	40.50	4.50	45.00	6.75	47.25	9.00	49.50	0.45	4.50

Mise au rôle.

3 » Dans les causes de première instance.
Déduire » 30 pour la remise du greffier.

Reste 2 70

Le tableau n° 1 indique des changements de décimes.

Nombre	Produit.	1.10 y compris le 10e de la remise.	Total.	1.10 1/2 y compris le 10e de la remise.	Total.	2.10 y compris le 10e de la remise.	Total.	10 c. de la remise.	Remise des greffiers.
1	2.70	0.30	3 »	0.45	3.15	0.60	3.30	0.03	0.30
2	5.40	0.60	6 »	0.90	6.30	1.20	6.60	0.06	0.60
3	8.10	0.90	9 »	1.35	9.45	1.80	9.90	0.09	0.90
4	10.80	1.20	12 »	1.80	12.60	2.40	13.20	0.12	1.20
5	13.50	1.50	15 »	2.25	15.75	3.00	16.50	0.15	1.50
6	16.20	1.80	18 »	2.70	18.90	3.60	19.80	0.18	1.80
7	18.90	2.10	21 »	3.15	22.05	4.20	23.10	0.21	2.10
8	21.60	2.40	24 »	3.60	25.20	4.80	26.40	0.24	2.40
9	24.30	2.70	27 »	4.05	28.35	5.40	29.70	0.27	2.70
10	27.00	3.00	30 »	4.50	31.50	6.00	33.00	0.30	3.00
11	29.70	3.30	33 »	4.95	34.65	6.60	36.30	0.33	3.30
12	32.40	3.60	36 »	5.40	37.80	7.20	39.60	0.36	3.60
13	35.10	3.90	39 »	5.85	40.95	7.80	42.90	0.39	3.90
14	37.80	4.20	42 »	6.30	44.10	8.40	46.20	0.42	4.20
15	40.50	4.50	45 »	6.75	47.25	9.00	49.50	0.45	4.50
16	43.20	4.80	48 »	7.20	50.20	9.60	52.80	0.48	4.80
17	45.90	5.10	51 »	7.65	53.55	10.20	56.10	0.51	5.10
18	48.60	5.40	54 »	8.10	56.70	10.80	59.40	0.54	5.40
19	51.30	5.70	57 »	8.55	59.85	11.40	62.70	0.57	5.70
20	54.00	6.00	60 »	9.00	63.00	12.00	66.00	0.60	6.00
21	56.70	6.30	63 »	9.45	66.15	12.60	69.30	0.63	6.30
22	59.40	6.60	66 »	9.90	69.30	13.20	72.60	0.66	6.60
23	62.10	6.90	69 »	10.35	72.45	13.80	75.90	0.69	6.90
24	64.80	7.20	72 »	10.80	75.60	14.40	79.20	0.72	7.20
25	67.50	7.50	75 »	11.25	78.75	15.00	82.50	0.75	7.50
26	70.20	7.80	78 »	11.70	81.90	15.60	85.80	0.78	7.80
27	72.90	8.10	81 »	12.15	85.05	16.20	89.10	0.81	8.10
28	75.60	8.40	84 »	12.60	88.20	16.80	92.40	0.84	8.40
29	78.30	8.70	87 »	13.05	91.65	17.40	95.70	0.87	8.70
30	81.00	9.00	90 »	13.50	94.50	18.00	99.00	0.90	9.00

Mise au rôle.

	5 »	Dans les cours d'appel.
Moins	» 50	pour la remise du greffier.
Reste	4 50	

Le tableau n° 1 indique les époques des changements de décimes.

Nombre	Produit.	1 décime.	Total.	1 décime et 1/2.	Total.	2 décimes.	Total.	1 décime de remise.	Remise.
1	4.50	0.50	5 »	0.75	5.25	1 »	5.50	0.05	0.50
2	9.00	1.00	10 »	1.50	10.50	2 »	11.00	0.10	1.00
3	13.50	1.50	15 »	2.25	15.75	3 »	16.50	0.15	1.50
4	18.00	2.00	20 »	3.00	21.00	4 »	22.00	0.20	2.00
5	22.50	2.50	25 »	3.75	26.25	5 »	27.50	0.25	2 50
6	27.00	3.00	30 »	4.50	31.50	6 »	33.00	0.30	3.00
7	31.50	3.50	35 »	5.25	36.75	7 »	38.50	0.35	3.50
8	36.00	4.00	40 »	6.00	42.00	8 »	44.00	0.40	4.00
9	40.50	4.50	45 »	6.75	47.25	9 »	49.50	0.45	4.50
10	45.00	5 00	50 »	7.50	52.50	10 »	55.00	0.50	5.00
11	49.50	5.50	55 »	8.25	57.75	11 »	60 50	0.55	5.50
12	54.00	6.00	60 »	9.00	63.00	12 »	66.00	0.60	6.00
13	58.50	6.50	65 »	9.75	68.25	13 »	71.50	0.65	6.50
14	63.00	7.00	70 »	10.50	73.50	14 »	77.00	0.70	7.00
15	67.50	7.50	75 »	11.25	78.25	15 »	82.50	0.75	7.50
16	72.00	8.00	80 »	12.00	84.00	16 »	88.00	0.80	8.00
17	76.50	8.50	85 »	12.75	89.25	17 »	93 50	0.85	8.50
18	81.00	9.00	90 »	13.50	94.50	18 »	99.00	0.90	9.00
19	85.50	9.50	95 »	14.25	99.75	19 »	104.50	0.95	9.50
20	90.00	10.00	100 »	15.00	105.00	20 »	110.00	1.00	10.00

A partir du 1er janvier 1876, il est perçu, dans les greffes des justices de paix, un *droit* de 1 franc en principal pour l'inscription au rôle de chaque cause portée à l'audience, afin d'y recevoir jugement. Il n'est accordé aux greffiers de justice de paix aucune remise pour la perception de ce droit qui est effectué conformément aux dispositions des art. 3, 4, 10 et 24 de la loi du 21 ventôse an VII (loi du 16 novembre 1875).

Enquête.

	0.50	Par chaque déposition de témoin.
	0.05	pour le greffier.
Reste	0.45	

Le tableau n° 1 indique les époques des changements de décimes.

Nombre	Produit.	1 décime.	Total.	1 décime et 1/2.	Total.	2 décimes.	Total.	1 décime de remise.	Remise.
1	0 45	0.05	0.50	0.075	0.525	0.10	0.55	0.005	0.05
2	0.90	0.10	1.00	0.15	1.05	0.20	1.10	0.01	0.10
3	1.35	0.15	1.50	0.225	1.575	0.30	1.65	0.015	0.15
4	1.80	0.20	2.00	0.30	2.10	0.40	2.20	0.020	0.20
5	2.25	0.25	2.50	0.375	2.6250	0.50	2.75	0.025	0.25
6	2.70	0.30	3.00	0.45	3.15	0.60	3.30	0.03	0.30
7	3.15	0.35	3.50	0.525	3.6750	0.70	3.85	0.035	0.35
8	3.60	0.40	4.00	0.60	4.20	0.80	4.40	0.04	0.40
9	4.05	0.45	4.50	0.675	4.7250	0.90	4.95	0 045	0.45
10	4 50	0.50	5.00	0.75	5.25	1.00	5.50	0.05	0.50
11	4.95	0.55	5.50	0.8250	5.7750	1.10	6.05	0.055	0.55
12	5.40	0.60	6.00	0.90	6.30	1.20	6.60	0.06	0.60
13	5.85	0.65	6.50	0.975	6.825	1.30	7.15	0.065	0 65
14	6.30	0.70	7.00	1.05	7.35	1.40	7.70	0.07	0.70
15	6.75	0.75	7.50	1.125	7.875	1.50	8.25	0.075	0.75
16	7.20	0.80	8.00	1.20	8.40	1.60	8.80	0.08	0.80
17	7.65	0.85	8.50	1.275	8 925	1.70	9.35	0.085	0.85
18	8.10	0.90	9.00	1.35	9 45	1.80	9.90	0.09	0.90
19	8.55	0.95	9.50	1.425	9.975	1 90	10.45	0.095	0.95
20	9.00	1.00	10.00	1.50	10.50	2.00	11.00	0.10	1.00

1 fr. le rôle.

Sont taxés à 1 fr. le rôle les expéditions des jugements interlocutoires, préparatoires et d'instruction, rapports d'experts, avis de parents, dépôts de bilan, pièces et registres, déclarations affirmatives, renonciations à communauté et en général tous actes faits ou déposés au greffe et toutes les expéditions des tribunaux de commerce.

Déduction est faite des 30 c. formant la remise du greffier. Reste 70 c.

Le tableau n° 1 indique les époques des changements de décimes.

Nombre de rôle.	Produit.	1 décime y compris le 10e de la remise du greffier.	Total.	1 décime et 1/2 y compris le 10e de la remise du greffier.	Total.	2 décimes y compris le 10e de la remise.	Total.	1/10 de la remise du greffier.	Remise du greffier.
1	0.70	0.10	0.80	0.15	0.85	0.20	0.90	0.03	0.30
2	1.40	0.20	1.60	0.30	1.70	0.40	1.80	0.06	0.60
3	2.10	0.30	2.40	0.45	2.55	0.60	2.70	0.09	0.90
4	2.80	0.40	3.20	0.60	3.40	0.80	3.60	0.12	1.20
5	3.50	0.50	4.00	0.75	4.25	1.00	4.50	0.15	1.50
6	4.20	0.60	4.80	0.90	5.10	1.20	5.40	0.18	1.80
7	4.90	0.70	5.60	1.05	5.95	1.40	6.30	0.21	2.10
8	5.60	0.80	6.40	1.20	6.80	1.60	7.20	0.24	2.40
9	6.30	0.90	7.20	1.35	7.65	1.80	8.10	0.27	2.70
10	7.00	1.00	8.00	1.50	8.50	2.00	9.00	0.30	3.00
11	7.70	1.10	8.80	1.65	9.35	2.20	9.90	0.33	3.30
12	8.40	1.20	9.60	1.80	10.20	2.40	10.80	0.36	3.60
13	9.10	1.30	10.40	1.95	11.05	2.60	11.70	0.39	3.90
14	9.80	1.40	11.20	2.10	11.90	2.80	12.60	0.42	4.20
15	10.50	1.50	12.00	2.25	12.75	3.00	13.50	0.45	4.50
16	11.20	1.60	12.80	2.40	13.60	3.20	14.40	0.48	4.80
17	11.90	1.70	13.60	2.55	14.45	3.40	15.30	0.51	5.10
18	12.60	1.80	14.40	2.70	15.30	3.60	16.20	0.54	5.40
19	13.30	1.90	15.20	2.85	16.15	3.80	17.10	0.57	5.70
20	14.00	2.00	16.00	3.00	17.00	4.00	18.00	0.60	6.00
21	14.70	2.10	16.80	3.15	17.85	4.20	18.90	0.63	6.30
22	15.40	2.20	17.60	3 30	18.70	4.40	19.80	0.66	6.60
23	16.10	2.30	18.40	3.45	19.55	4.60	20.70	0.69	6.90
24	16.80	2.40	19 20	3.60	20.40	4.80	21.60	0.72	7.20
25	17.50	2.50	20.00	3.75	21.25	5.00	22.50	0.75	7.50
26	18.20	2.60	20.80	3.90	22.10	5.20	23.40	0.78	7.80
27	18.90	2.70	21.60	4.05	22.95	5.40	24.30	0.81	8.10
28	19.60	2.80	22.40	4.20	23.80	5.60	25.20	0.84	8.40
29	20.30	2.90	23.20	4 35	24.65	5.80	26.10	0.87	8.70
30	21.00	3.00	24.00	4.50	25.50	6.00	27.00	0.90	9.00
31	21.70	3.10	24.80	4.65	26.35	6 20	27.90	0.93	9.30
32	22.40	3.20	25.60	4.80	27.20	6.40	28.80	0.96	9.60
33	23.10	3.30	26.40	4.95	28.05	6.60	29.70	0.99	9.90
34	23.80	3.40	27.20	5.10	28.90	6.80	30.60	1.02	10.20
35	24.50	3.50	28.00	5.25	29.75	7.00	31.50	1.05	10.50
36	25.20	3.60	28.80	5.40	30.60	7.20	32.40	1.08	10.80
37	25 90	3.70	29.60	5.55	31.45	7.40	33.30	1.11	11.10
38	26.60	3.80	30.40	5.70	32 30	7.60	34.20	1.14	11.40
39	27.30	3.90	31.20	5.85	33.15	7.80	35.10	1.17	11.70
40	28.00	4.00	32.00	6.00	34.00	8.00	36.00	1.20	12.00
41	28.70	4.10	32.80	6.15	34.85	8.20	36.90	1.23	12.30
42	29.40	4.20	33.60	6.30	35.70	8.40	37.80	1.26	12.50
43	30.10	4.30	34.40	6.45	36.55	8.60	38.70	1.29	12.80
44	30.80	4.40	35.20	6.60	37.40	8.80	39.60	1.32	13.10
45	31.50	4.50	36.00	6.75	38.25	9.00	40.50	1.35	13.40
46	32.20	4.60	36.80	6.90	39.10	9.20	41.40	1.38	13.70
47	32.90	4.70	37.60	7.05	39.95	9.40	42.30	1.41	14.00
48	33.60	4.80	38.40	7.20	40.80	9.60	43.20	1.44	14.30
49	34.30	4.90	39.20	7.35	41.65	9.80	44.10	1.47	14.60
50	35.00	5.00	40.00	7.50	42.50	10.00	45.00	1.50	15.00

Exemples :

6 rôles	4 20	4 20	4 20	1 80
1 décime	» 42	» 42	» 42	
1 décime de remise.	» 18	» 21	» 42	
	» »	» 18	» 18	
	» »	» 09	» 18	
	4 80	5 10	5 50	

1 fr. 25 le rôle.

Sont taxés à 1 fr. 25 le rôle, les expéditions des jugements définitifs civils, par défaut, contradictoires en dernier ressort et sujets à appel, décisions arbitrales, jugements rendus sur appel des juges de paix, ventes et baux judiciaires.
Déduire les 30 c. formant la remise du greffier. Reste 95 c.

Le tableau n° 1 indique les époques des changements de décimes.

Nombre de rôle.	Produit.	1 décime y compris le 10e de la remise du greffier.	Total.	1 décime et 1/2 y compris le 10e de la remise du greffier.	Total.	2 décimes y compris le 10e de la remise.	Total.	1/10 de la remise du greffier.	Remise du greffier.
1	0.95	0 125	1.0750	0.1875	1.1375	0.25	1.20	0.03	0.30
2	1.90	0.25	2.15	0.3750	2.2750	0.50	2.40	0.06	0.60
3	2.85	0 375	3.2250	0.5625	2.4125	0.75	3.60	0.09	0.90
4	3.80	0.50	4.30	0.75	4.55	1.00	4.80	0,12	1.20
5	4.75	0.625	5.3750	0.9375	5.6875	1.25	6.00	0.15	1 50
6	5.70	0.75	6.45	1.1250	6.8250	1.50	7.20	0.18	1.80
7	6.65	0.875	7.5250	1.3125	7.9625	1.75	8.40	0.21	2.10
8	7.60	1 »	8.60	1.50	9.10	2.00	9.60	0.24	2.40
9	8.55	1.125	9.6750	1.6875	10.2375	2.25	10.80	0.27	2.70
10	9.50	1.25	10.75	1.8750	11.3750	2.50	12.00	0.30	3.00
11	10 45	1.375	11.8250	2.0625	12.5125	2.75	13.20	0.33	3 30
12	11.40	1.50	12.90	2 25	13.65	3 00	14.40	0.36	3.60
13	12.35	1.625	13.9750	2.4375	14.7875	3.25	15.60	0.39	3.90
14	13.30	1.75	15.05	2.6250	15.9250	3.50	16.80	0,42	4.20
15	14.25	1 875	16.1250	2.8125	17.0625	3.75	18 00	0.45	4.50
16	15.20	2 »	17.20	3.00	18.20	4.00	19.20	0.48	4.80
17	16 15	2.125	18.2750	3.1875	19.3375	4 25	20.40	0.51	5.10
18	17.10	2.25	19.35	3.3750	20.4750	4.50	21.60	0.54	5.40
19	18.05	2.375	20.4250	3.5625	21.6125	4.75	22.80	0.57	5.70
20	19 »	2.50	21.50	3.75	22.75	5.00	24.00	0.60	6.00
21	19.95	2.625	22.5750	3.9375	23.8875	5.25	25.20	0.63	6.30
22	20.90	2.75	23.65	4.1250	25.0250	5.50	26.40	0.66	6.60
23	21.85	2.875	24.7250	4.3125	26.1625	5.75	27.60	0.69	6.90
24	22.80	3 »	25.80	4.50	27.30	6.00	28.80	0.72	7.20
25	23.75	3.125	26.8750	4.6875	28.4375	6.25	30.00	0.75	7 50
26	24.70	3.25	27.95	4.8750	29.5750	6.50	31.20	0.78	7.80
27	25.65	3.375	29.0250	5.0625	30.7125	6 75	32.40	0.81	8.10
28	26.60	3.50	30.10	5.25	31.85	7.00	33.60	0.84	8.40
29	27.55	3.625	31.1750	5.4375	32.9875	7.25	34.80	0.87	8.70
30	28.50	3.75	32.25	5.6250	34.1250	7.50	36.00	0.90	9.00
31	29 45	3.875	33.3250	5.8125	35.2625	7.75	37.20	0.93	9.30
32	30.40	4 »	34.40	6.00	36.40	8.00	38.40	0.96	9.60
33	31 35	4.125	35.4750	6.1875	37.4375	8.25	39.60	0.99	9.90
34	32.30	4.25	36.55	6.3750	38.6750	8.50	40.80	1.02	10.20
35	33 25	4.375	37.6250	6.5625	39.8125	8.75	42.00	1.05	10.50
36	34.20	4.50	38.70	6.75	40.95	9.00	43.20	1.08	10.80
37	35.15	4.625	39.7750	6.9375	42.0875	9.25	44.40	1.11	11.10
38	36.10	4.75	40.85	7.1250	43.2250	9.50	45.60	1.14	11.40
39	37.05	4.875	41.9250	7 3125	44.3625	9.75	46.80	1.17	11.70
40	38 »	5 »	43.00	7.50	45.50	10.00	48.00	1.20	12.00
41	38 95	5.125	44.0750	7.6875	46 6375	10.25	49.20	1.23	12.30
42	39.90	5.25	45.15	7.8750	47.7750	10.50	50.40	1.26	12.60
43	40.85	5.375	46.2250	8.0625	48.9125	10.75	51.60	1.29	12.90
44	41.80	5.50	47.30	8.25	50.05	11.00	52.80	1.32	13.20
45	42.75	5.625	48.3750	8.4375	51.1875	11.25	54.00	1.35	13.50
46	43.70	5.75	49.45	8.6250	52.3250	11.50	55.20	1.38	13.80
47	44.65	5.875	50.5250	8.8125	53.4625	11.75	56.40	1.41	14.10
48	45.60	6 »	51.60	9.00	54.60	12.00	57.60	1.44	14.40
49	46.55	6.125	52.6750	9.1875	55.7375	12.25	58.80	1.47	14.70
50	47.50	6.25	53.75	9.3750	56.8750	12.50	60.00	1.50	15.00

Exemple :

6 rôles	5 70	5 70	5 70	1 80
1 décime	» 57	» 57	» 57	
	» »	» 285	» 57	
1 décime de remise.	» 18	» 18	» 18	
	» »	» 9	» 18	
	6 45	6 825	7 20	

2 francs le rôle.

Sont taxés à 2 fr., les expéditions des arrêts sur appel des tribunaux de première instance ou de commerce.

Déduire la remise du greffier, 30 c. Reste 1 fr. 70.

Le tableau n° 1 indique les époques des changements de décimes.

Nombre de rôles.	Produit.	1 décime y compris le 10e de la remise du greffier.	Total.	1 décime et 1/2 y compris le 10e de la remise du greffier.	Total.	2 décimes y compris le 10e de la remise.	Total.	1/10 de la remise du greffier.	Remise du greffier.
1	1.70	0.20	1.90	0.30	2 »	0.40	2.10	» 03	0.30
2	3.40	0.40	3.80	0.60	4 »	0.80	4.20	» 06	0.60
3	5.10	0.60	5.70	0.90	6 »	1.20	6.30	» 09	0.90
4	6.80	0.80	7.60	1.20	8 »	1.60	8.40	» 12	1.20
5	8.50	1 »	9.50	1.50	10 »	2 »	10.50	» 15	1.50
6	10.20	1.20	11.40	1.80	12 »	2.40	12.60	» 18	1.80
7	11.90	1.40	13.30	2.10	14 »	2.80	14.70	» 21	2.10
8	13.60	1.60	15.20	2.40	16 »	3.20	16.80	» 24	2.40
9	15.30	1.80	17.10	2.70	18 »	3.60	17.90	» 27	2.70
10	17 »	2 »	19 »	3 »	20 »	4 »	20 »	» 30	3 »

Sont taxés à 1 fr., les rôles d'expédition des jugements *préparatoires* rendus au profit du trésor.

Déduire la remise du greffier, 20 c. Reste 80 c.

Nombre de rôles.	Produit.	1 décime y compris le 10e de la remise du greffier.	Total.	1 décime et 1/2 y compris le 10e de la remise du greffier.	Total.	2 décimes y compris le 10e de la remise.	Total.	1/10 de la remise du greffier.	Remise du greffier.
1	0.80	» 10	0.90	0.15	0.95	0.20	1 »	» 02	0.20
2	1.60	» 20	1.80	0.30	1.90	0.40	2 »	» 04	0.40
3	2.40	» 30	2.70	0.45	2.85	0.60	3 »	» 06	0.60
4	3.20	» 40	3.60	0.60	3.80	0.80	4 »	» 08	0.80
5	4 »	» 50	4.50	0.75	4.75	1 »	5 »	» 10	1 »
6	4.80	» 60	5.40	0.90	5.70	1.20	6 »	» 12	1.20
7	5.60	» 70	6.30	1.05	6.65	1.40	7 »	» 14	1.40
8	6.40	» 80	7.20	1.20	7.60	1.60	8 »	» 16	1.60
9	7.20	» 90	8.10	1.35	8.55	1.80	9 »	» 18	1.80
10	8 »	1 »	9 »	1.50	9.50	2 »	10 »	» 20	2 »

Sont taxés à 1 fr. 25, les rôles d'expéditions des jugements *définitifs* rendus au profit du trésor.

Déduire la remise du greffier, 20 c. Reste 1 fr. 05.

Nombre de rôles.	Produit.	1 décime y compris le 10e de la remise du greffier.	Total.	1 décime et 1/2 y compris le 10e de la remise du greffier.	Total.	2 décimes y compris le 10e de la remise.	Total.	1/10 de la remise du greffier.	Remise du greffier.
1	1.05	0.125	1.175	0.1875	1.2375	0.25	1.30	» 02	0.20
2	2.10	0.25	2.35	0.375	1.4375	0.50	2.60	» 04	0.40
3	3.15	0.375	3.525	0.5625	2.6625	0.75	3.90	» 06	0.60
4	4.20	0.50	4.70	0.75	4.95	1 »	4.20	» 08	0.80
5	5.25	0.625	5.875	0.9375	6.1875	1.25	6.50	» 10	1 »
6	6.30	0.75	7.05	1.125	7.425	1.50	7.80	» 12	1.20
7	7.35	0.875	8.225	1.3125	8.6625	1.75	9.10	» 14	1.40
8	8.40	1 »	9.40	1.50	9.90	2 »	10.40	» 16	1.60
9	9.45	1.125	10.575	1.6875	11.1375	2.25	11.70	» 18	1.80
10	10.50	1.25	11.75	1.875	12.375	2.50	13 »	» 20	2 »

Décret du 24 mai 1854.

§ 1er. — DES ÉMOLUMENTS DES GREFFIERS DES TRIBUNAUX CIVILS DE PREMIÈRE INSTANCE.

1. Les greffiers des tribunaux civils de première instance ont droit aux émoluments suivants:

1° Pour dépôt de copies collationnées des contrats translatifs de propriété, 3 fr.;

2° Pour extrait à afficher, 1 fr.;

Plus, pour chaque acquéreur en sus, lorsqu'il y a des lots distincts, 50 cent.;

3° Pour soumission de caution avec dépôt de pièces, déclaration affirmative, déclaration de surenchère ou de command, certificat relatif aux saisies-arrêts sur cautionnement et aux condamnations pour faits de charge, acceptation bénéficiaire, renonciation à communauté ou succession, 2 fr.;

4° Pour bordereau ou mandement de collocation, certificat de propriété, 2 fr.;

Si le montant du bordereau ou du mandement s'élève à trois mille francs, ou si le certificat de propriété s'applique à un capital de pareille somme, l'émolument est de 6 fr.;

5° Pour opérer le dépôt d'un testament olographe ou mystique, non compris le transport, s'il y a lieu, 6 fr.,

6° Pour communication des pièces et des procès-verbaux ou états de collocation, dans les procédures d'ordre et de distribution par contribution, quel que soit le nombre des parties, si la somme principale à distribuer n'excède pas 10,000 fr., 5 fr.,

Si elle dépasse ce chiffre, 10 fr.;

L'allocation accordée par l'art. 4 de la loi du 22 prair. an VII est supprimée;

7° Pour tout acte, déclaration ou certificat fait ou transcrit au greffe, et qui ne donne pas lieu à un émolument particulier, quel que soit le nombre des parties, 1 fr. 50 cent.;

8° Pour communication sans déplacement des pièces, dont le dépôt est constaté par un acte du greffe, 1 fr.;

Dans les affaires où il y a constitution d'avoué, ce droit ne peut être perçu qu'une fois pour chaque avoué à qui la communication est faite, quel que soit le nombre des parties, et à la charge de justifier d'une réquisition écrite en marge de l'acte de dépôt;

9° Pour recherche des actes, jugements et ordonnances faits ou rendus depuis plus d'une année, et dont il n'est pas demandé expédition :

Pour la première année indiquée, 50 cent.;

Pour chacune des années suivantes (loi du 21 vent., art. 4), 25 cent.;

10° Pour légalisation (mêmes loi et article précités), 25 cent.;

11° Pour l'insertion au tableau placé dans l'auditoire, de chaque extrait d'acte ou de jugement soumis à cette formalité, 50 cent.;

12° Pour visa d'exploits, 25 cent.;

13° Pour chaque bulletin de distribution et de remise de cause, 10 cent.;

14° Pour la mention de chaque acte sur le répertoire prescrit par l'art. 47 de la loi du 22 frim. an VII. 10 cent.;

2. Lorsque, dans l'exercice de leurs fonctions, les greffiers des tribunaux civils de première instance se transportent à plus de 5 kilomètres de leur résidence, ils reçoivent, pour frais de voyage, nourriture et séjour, une indemnité, par jour, de 8 fr.;

S'ils se transportent à plus de 2 myriamètres, l'indemnité par jour est de 10 fr.

3. Il est alloué aux greffiers des tribunaux civils de première instance, comme remboursement du papier timbré :

1° Pour chaque jugement rendu à la requête des parties, ceux de simples remises exceptés, 80 cent.;

2° Pour chaque acte porté sur un registre timbré, 40 cent.;

Et 3° pour chaque mention également portée sur un registre timbré, 15 cent.;

§ 2. — DES GREFFIERS DES TRIBUNAUX CIVILS QUI EXERCENT LA JURIDICTION COMMERCIALE.

4. Les allocations établies par l'ordonnance des 9-12 oct. 1825 et l'arrêté modificatif du 8 avril 1848, au profit des greffiers des tribunaux civils de première instance qui exercent la juridiction commerciale; néanmoins, ils n'ont droit à aucun émolument dans les cas prévus par l'art. 8 du présent tarif.

5. Les dispositions des art. 2, 3 et 4 du présent décret, sont applicables aux greffiers des tribunaux civils qui exercent la juridiction commerciale; mais l'allocation, à titre de remboursement du timbre employé aux feuilles d'audience, est fixée, pour chaque jugement, à 50 cent.;

§ 3. — DES GREFFIERS DES COURS D'APPEL.

6. Les greffiers des Cours d'appel ont droit aux émoluments suivants:

1° Pour tout acte fait ou transcrit au greffe, quel que soit le nombre des parties, 3 fr.;

2° Pour chaque bulletin de distribution et de remise de cause, 20 cent.;

3° Il leur est alloué une somme double de celle due aux greffiers des tribunaux civils de première instance pour les formalités prévues aux numéros 8, 9, 10, 11, 12 et 14 de l'art. 1er du présent décret.

7. Les greffiers des Cours d'appel ont droit aux allocations établies par l'art 2 et l'art. 3 du présent décret. Leur remise, par chaque rôle d'expédition, est fixée à quarante centimes, sans diminution des droits de l'état.

§ 4. — DISPOSITIONS GÉNÉRALES.

8. Les greffiers n'ont droit à aucun émolument : 1° pour les minutes des arrêts, jugements et ordonnances, ou pour celles des actes et procès-verbaux reçus ou dressés par les magistrats avec leur assistance; 2° pour les simples formalités qui n'exigent aucune écriture, ou dont il est seulement fait mention sommaire, soit sur les pièces produites, soit sur les registres du greffe, à l'exception du répertoire prescrit par la loi du 22 frim. an VII; 3° pour l'accomplissement des obligations qui leur sont imposées, soit à l'effet de régulariser le service des greffes, soit dans un intérêt d'ordre public ou d'administration judiciaire.

9. Les greffiers doivent inscrire au bas des expéditions qui leur sont demandées le détail des déboursés et des droits auxquels chaque arrêt, jugement ou acte, donne lieu.

A défaut d'expédition, ils doivent faire cette mention sur des états signés d'eux, et qu'ils remettent aux parties ou aux avoués.

Il leur est alloué pour chaque état un émolument de 10 centimes.

Ils portent sur les registres dont la tenue est prescrite par la loi toutes les sommes qu'ils perçoivent.

Les déboursés et les émoluments sont inscrits sur des colonnes séparées.

10. Les greffiers ne peuvent écrire sur les minutes ou feuilles d'audience et sur les registres timbrés plus de trente lignes à la page et de quinze à vingt syllabes à la ligne sur une feuille au timbre de soixante-dix centimes, de quarante lignes à la page et de vingt à vingt-cinq syllabes à la ligne lorsque la feuille est au timbre d'un franc vingt-cinq centimes, et plus de cinquante lignes à la page et de vingt-cinq à trente syllabes à la ligne lorsque la feuille est au timbre d'un franc cinquante centimes.

Toute contravention est constatée conformément à la loi du 13 brum. an VII et punie de l'amende prononcée par l'art. 12 de la loi du 16 juin 1824, sans préjudice des droits de timbre à la charge des contrevenants.

11. Les émoluments déterminés par le présent tarif sont indépendants des droits de remise fixés par les lois des 21 vent. et 22 prair. an VII, le décret du 12 juill. 1808, et tous décrets, lois, ordonnances et règlements d'administration publique postérieurement publiés.

L'ordonnance du 18 sept. 1833, concernant les expropriations pour cause d'utilité publique et celle du 10 oct. 1841 sur les ventes judiciaires, continuent à être exécutées dans toutes leurs dispositions.

12. Il est interdit aux greffiers des Cours d'appel et des tribunaux civils de première instance, ainsi qu'à leurs commis, de recevoir, sous quelque prétexte que soit, d'autres ou plus forts droits que ceux qui leur sont alloués par le présent décret; ils ne peuvent exiger ni recevoir aucun droit de prompte expédition.

Le contrevenant est, suivant la gravité des circonstances, destitué de son emploi, et poursuivi, pour l'application des peines prononcées, soit par l'art. 23 de la loi du 21 vent. an VII, soit par l'art. 174 C. pén., sans préjudice de la restitution des sommes perçues et de tous dommages-intérêts, s'il y a lieu.

13. Le présent règlement sera exécutoire à partir du 1er juin 1854.

CHAPITRE IV

TIMBRE

Loi du 13 brumaire an VII.

TIMBRE.

TITRE Ier

DE L'ÉTABLISSEMENT ET DE LA FIXATION DES DROITS.

1. *La contribution du timbre est établie* sur tous les papiers destinés aux actes civils et judiciaires et aux écritures qui peuvent être produites en justice et y faire foi. — Il n'y a d'autres exceptions que celles *nommément* exprimées dans la présente.

2. Cette contribution est de deux sortes : la première est le droit de timbre imposé et tarifé en raison de la dimension du papier dont il est fait usage ; la seconde est le droit de timbre créé pour les effets négociables ou de commerce, et gradué en raison des sommes à y exprimer, sans égard à la dimension du papier.

3. Les papiers destinés au timbre, qui seront débités par la régie, seront fabriqués dans les dimensions déterminées suivant le tableau ci-après :

DÉNOMINATIONS.	DIMENSIONS (en parties du mètre) de la feuille déployée (supposée rognée).		
	HAUTEUR	LARGEUR	SUPERFICIE
Grand registre.	0.4204	0.5946	0.2500
Grand papier..	0.3536	0.5000	0.1768
Moyen papier (moitié du gr. papier).....	0.2973	0.2404	0.1250
Petit papier (moitié du gr. papier).....	500	0.3536	0.0884
Demi-feuille (moitié du petit papier)...	0.2500	0.1768	0.0442
Effets de commerce (moitié de la demi-feuille du pet. papier, coupé en long)....	0.0884	0.2500	0.0221

Ils porteront un filigrane particulier, imprimé dans la pâte même à la fabrication.

4. Il y aura des timbres particuliers pour les différentes sortes de papiers. — Les timbres pour le droit établi sur la dimension seront gravés pour être appliqués *en noir*. Ceux pour le droit gradué en raison des sommes seront gravés pour être frappés à *sec*. — Chaque timbre portera distinctement son prix, et aura pour légende les mots RÉPUBLIQUE FRANÇAISE.

5. Les timbres pour le droit établi sur la dimension porteront en outre le nom du département où ils seront employés. — Cette distinction particulière n'aura pas lieu pour les timbres relatifs aux effets de commerce.

6. L'empreinte à apposer sur les papiers que fournira la régie sera appliquée au haut de la partie gauche de la feuille (non déployée), de la demi-feuille, et du papier pour effets de commerce.

7. Les citoyens qui voudront se servir de papiers autres que ceux de la régie, ou du parchemin, seront admis à les faire timbrer avant que d'en faire usage. — On emploiera pour ce service les timbres relatifs ; mais l'empreinte sera appliquée au haut du côté droit de la feuille. — Si les papiers ou le parchemin se trouvent être de dimensions différentes de celles des papiers de la régie, le timbre, quant au droit établi en raison de la dimension, sera payé au prix du format supérieur.

8. Le prix des papiers timbrés fournis par la régie, et les droits de timbre des papiers que les citoyens feront timbrer, sont fixés ainsi qu'il suit, savoir :

1° *Droit de timbre en raison de la dimension du papier :*

2° *Droit de timbre gradué en raison des sommes.*

9 et 10 abrogés.

11. Les citoyens qui voudront faire des effets au-dessus de 20,000 francs seront tenus de présenter les papiers qu'ils y destineront au receveur de l'enregistrement, et de les faire viser pour timbre, en payant le droit par mille francs sans fraction, ainsi qu'il est réglé par l'art. 8 de la présente.

TITRE II.

DE L'APPLICATION DES DROITS.

12. Sont assujettis au droit du timbre établi en raison de la dimension tous les papiers à employer pour les actes et écritures, soit publics, soit privés, savoir :

1° Les actes des notaires, et les extraits, copies et expéditions qui en sont délivrés ; ceux des huissiers, et les copies et expéditions qu'ils en délivrent ; les actes et les procès-verbaux des gardes et de tous autres employés ou agents ayant droit de verbaliser, et les copies qui en seront délivrées; les actes et jugements de la justice de paix, des bureaux de paix et de conciliation, de la police ordinaire, des tribunaux et des arbitres, et les extraits, copies et expéditions qui en seront délivrés; les actes particuliers des juges de paix et de leurs greffiers, ceux des autres juges et des commissaires du directoire exécutif, et ceux reçus aux greffes ou par les greffiers, ainsi que les extraits, copies et expéditions qui s'en délivrent; les actes des avoués ou défenseurs officieux près les tribunaux, et les copies ou expéditions qui en sont faites ou signifiées; les consultations, mémoires, *observations et précis signés des* hommes de loi et défenseurs officieux; les actes des autorités constituées administratives, qui sont assujettis à l'enregistrement ou qui se délivrent aux citoyens, et toutes les expéditions et extraits des actes, arrêtés et délibérations desdites *autorités, qui sont* délivrés aux citoyens; les pétitions et mémoires, même en forme de lettres, présentés au directoire exécutif, aux ministres, à toutes autorités constituées, aux commissaires de la trésorerie nationale, à ceux de la comptabilité nationale, aux directeurs de la liquidation générale et aux administrations ou établissements publics; les actes entre particuliers sous signature privée et le double des comptes de recette ou gestion particulière; et généralement tous actes et écritures, extraits, copies et expéditions, soit publics, soit privés, devant ou pouvant faire titre, ou être produits pour obligation, décharge, justification, demande ou défense.

2° Les registres de l'autorité judiciaire où s'écrivent des actes sujets à l'enregistrement sur les minutes et les répertoires des greffiers; ceux des administrations centrales et municipales, tenus pour objets qui leur sont particuliers, et n'ayant point de rapport à l'administration générale, et les répertoires de leurs secrétaires; ceux des notaires, huissiers et autres officiers publics et ministériels, et leurs répertoires; ceux des receveurs des droits et des revenus des communes et des établissements publics; ceux des fermiers des postes et messageries; ceux des compagnies et sociétés d'actionnaires; et généralement tous livres, registres et minutes de lettres qui sont de nature à être produits en justice et dans le cas d'y faire foi, ainsi que les extraits, copies et expéditions qui sont délivrés desdits livres et registres.

13. Tout acte fait ou passé en pays étranger, ou dans les îles et colonies françaises où le timbre n'aurait pas encore été établi, sera soumis au timbre avant qu'il puisse en être fait aucun usage en France, soit dans un acte public, soit dans une déclaration quelconque, soit devant une autorité judiciaire ou administrative.

14. Sont assujettis au droit du timbre en raison des sommes et valeurs les billets à ordre ou au porteur, les rescriptions, mandats, mandements, ordonnances, et tous autres effets négociables ou de commerce, mêmes les lettres de change tirées par seconde, troisième et *duplicata*, et ceux faits en France et payables chez l'étranger.

15. Les effets négociables venant de l'étranger ou des îles et colonies françaises où le timbre n'aurait pas encore été établi seront, avant qu'ils puissent être négociés, acceptés ou acquittés en France, soumis au timbre ou au *visa pour timbre*.

TITRE III.

DES ACTES ET REGISTRES NON SOUMIS A LA FORMALITÉ DU TIMBRE.

16. Sont exceptés du droit et de la formalité du timbre, savoir :

1° Les actes du corps législatif et ceux du directoire exécutif; les minutes de tous les actes, arrêtés, décisions et délibérations de l'administration publique en général, et de tous établissements publics, dans tous les cas où aucun de ces actes n'est sujet à l'enregistrement sur la minute, et les extraits, copies et expéditions qui s'expédient ou se délivrent par une administration ou un fonctionnaire public à une autre administration publique ou à un fonctionnaire public, lorsqu'il y est fait mention de cette destination : les inscriptions sur le grand-livre de la dette nationale et les effets publics; tous les comptes rendus par des comptables publics; les doubles, autres que celui du comptable, de chaque compte de recette ou gestion particulière et privée; les quittances de traitements et émoluments des fonctionnaires et employés salariés par l'État; les quittances ou récépissés délivrés aux collecteurs et receveurs de deniers publics, celles que les collecteurs de contributions directes peuvent délivrer aux contribuables, celles des contributions indirectes qui s'expédient sur les actes, et celles de toutes autres contributions qui se délivrent sur feuilles particulières et qui n'excèdent pas *dix francs;* les quittances des secours payés aux indigents, et des indemnités pour incendies, inondations, épizooties et autres cas fortuits; toutes autres quittances, même celles entre particuliers, pour créances et sommes non excédant *dix francs,* quand il ne s'agit pas d'un à-compte ou d'une quittance finale sur une plus forte somme; les engagements, enrôlements, congés, certificats, cartouches, passe-ports, quittances pour prêt et fournitures, billets d'étape, de subsistance et de logement, et autres pièces ou écritures concernant les gens de guerre, tant pour le service de terre que pour le service de mer; les pétitions présentées au corps législatif; celles qui ont pour objet des demandes de congés absolus ou limités, et de secours, et les pétitions des déportés et réfugiés des colonies tendant à obtenir des certificats de résidence, passe-ports et passages pour retourner dans leur pays; les certificats d'indigence; les rôles qui sont fournis pour l'appel des causes; les actes de police générale et de vindicte publique, et ceux des commissaires du directoire exécutif, non soumis à la formalité de l'enregistrement, et les copies des pièces de procédure criminelle qui doivent être délivrées sans frais.

2° Les registres de toutes les administrations publiques et des établissements publics pour ordre et administration générale; ceux des tribunaux, des accusateurs publics et des commissaires du directoire exécutif, où il ne se transcrit aucune minute d'acte soumis à la formalité de l'enregistrement; ceux des receveurs des contributions publiques et autres préposés publics.

TITRE IV.

DES OBLIGATIONS RESPECTIVES DES NOTAIRES, HUISSIERS, GREFFIERS, SECRÉTAIRES DES ADMINISTRATIONS, ARBITRES ET EXPERTS, DE DIVERSES AUTORITÉS PUBLIQUES, DES PRÉPOSÉS DE LA RÉGIE, ET DES CITOYENS; ET PEINES PRONONCÉES CONTRE LES CONTREVENANTS.

17. Les notaires, huissiers, secrétaires des administrations centrales et municipales, et autres officiers et fonctionnaires publics, les arbitres et les avoués ou défenseurs officieux près des tribunaux, ne pourront employer, pour les actes qu'ils rédigeront et leurs copies et expéditions, d'autre papier que celui timbré du département où ils exercent leurs fonctions.

18. La faculté accordée par l'art. 7 de la présente aux citoyens qui voudront employer d'autre papier que celui fourni par la régie, en le faisant timbrer avant d'en faire usage, est interdite aux notaires, huissiers, greffiers, arbitres, avoués ou défenseurs officieux, et à tous autres officiers ou fonctionnaires publics: ils seront tenus de se servir du papier timbré débité par la régie. — Les administrations publiques seulement conserveront cette faculté. — Les notaires et autres officiers publics pourront néanmoins faire timbrer à l'extraordinaire du parchemin, lorsqu'ils seront dans le cas d'en employer.

19. Les notaires, greffiers, arbitres et secrétaires des administrations ne pourront employer, pour les expéditions qu'ils délivreront des actes retenus en minute et de ceux déposés ou annexés, de papier timbré d'un format inférieur à celui appelé *moyen papier*, et dont le prix est fixé par l'art. 8 de la présente. Ce prix sera aussi celui du timbre du parchemin que l'on voudra employer pour expédition, sans égard à la dimension, si toutefois elle est au-dessous de celle de ce papier. Les huissiers et autres officiers publics ou ministériels ne pourront non plus employer de papier timbré d'une dimension inférieure à celle du moyen papier pour les expéditions des procès-verbaux de ventes de mobilier.

20. Les papiers employés à des expéditions ne pourront contenir, compensation faite d'une feuille à l'autre, savoir : — plus de vingt-cinq lignes par page de moyen papier; — plus de trente lignes par page de grand papier, — et plus de trente-cinq lignes par page de grand registre.

21. L'empreinte du timbre ne pourra être couverte d'écriture ni altérée.

22. Le papier timbré qui aura été employé à un acte quelconque ne pourra plus servir pour un autre acte, quand même le premier n'aurait pas été achevé.

23. Il ne pourra être fait ni expédié deux actes à la suite l'un de l'autre sur la même feuille de papier timbré, nonobstant tout usage ou règlement contraire. — Sont exceptées les ratifications des actes passés en l'absence des parties, les quittances de prix de ventes, et celles de remboursement de contrats de constitution ou obligation, les inventaires, procès-verbaux et autres actes qui ne peuvent être consommés dans un même jour et dans la même vacation, les procès-verbaux de reconnaissance et levée de scellés qu'on pourra faire à la suite du procès-verbal

d'apposition, et les significations des huissiers, qui peuvent également être écrites à la suite des jugements et autres pièces dont il est délivré copie. — Il pourra aussi être donné plusieurs quittances sur une même feuille de papier timbré, pour à-compte d'une seule et même créance ou d'un seul terme de fermage ou loyer. — Toutes autres quittances qui seront données sur une même feuille de papier timbré n'auront pas plus d'effet que si elles étaient sur papier non timbré.

24. Il est fait défense aux notaires, huissiers, greffiers, arbitres et experts, d'agir, aux juges de prononcer aucun jugement, et aux administrations publiques de rendre aucun arrêté, sur un acte, registre ou effet de commerce non écrit sur papier timbré du timbre prescrit, ou non visé pour timbre. — Aucun juge ou officier public ne pourra non plus coter et parapher un registre assujetti au timbre si les feuilles n'en sont timbrées.

25. Il est également fait défense à tous receveurs de l'enregistrement : 1° d'enregistrer aucun acte qui ne serait pas sur papier timbré du timbre prescrit, ou qui n'aurait pas été visé pour timbre ; 2° d'admettre à la formalité de l'enregistrement des protêts d'effets négociables, sans se faire représenter ces effets en *bonne forme* ; 3° de délivrer de patente aux citoyens dont les registres doivent être tenus en papier timbré, si ces registres ne leur sont préalablement représentés aussi en bonne forme. Les citoyens seront, en conséquence, tenus d'en justifier.

26. Il est prononcé, par la présente, une amende, savoir :

1° De *cinq francs* pour contravention par les particuliers aux dispositions de l'art. 21 ci-dessus ;

2° De *vingt-cinq francs* pour contravention aux art. 20 et 21 par les officiers et fonctionnaires publics ;

3° De *trente francs* pour chaque acte ou écrit sous signature privée fait sur papier non timbré ou en contravention aux art. 22 et 23 ;

4° De *cinquante francs* pour contravention à l'art. 19 de la part des officiers ou fonctionnaires publics y dénommés, et à l'art. 25 de la part des préposés de l'enregistrement ;

5° De *cent francs* pour chaque acte public ou expédition écrit sur papier non timbré, et pour contravention aux art. 17, 18, 22, 23 et 24, par les officiers et fonctionnaires publics ;

6° Et du vingtième de la somme exprimée dans un effet négociable, s'il est écrit sur papier non timbré ou sur un papier timbré d'un timbre inférieur à celui qui aurait dû être employé aux termes de la présente, et pour contravention, aux art. 22 et 23. L'amende sera de *trente francs*, dans les mêmes cas, pour les effets au-dessous de *six cents francs*. Les contrevenants, dans tous les cas ci-dessus, paieront en outre les droits de timbre. (Amendes de 15, 25 et 30 fr. réduites à 5 fr., celles de 50 fr. réduites à 10 fr., et celles de 100 fr. à 20 (loi du 16 juin 1824, art. 10). — Quant à l'amende du vingtième, la loi du 5 juin 1850 y a substitué une amende de 6 p. 0/0 due par chacun des souscripteurs, accepteur, bénéficiaire et premier endosseur.

27. Aucune personne ne pourra vendre ou distribuer du papier timbré qu'en vertu d'une commission de la régie, à peine d'une amende de *cent francs* pour la première fois, et de *trois cents francs* en cas de récidive. Le papier qui sera saisi chez ceux qui s'en permettront ainsi le commerce sera confisqué au profit de l'état. (L'amende de 100 fr. est réduite à 20 fr. (loi du 16 juin 1824, art. 10).

28. La peine contre ceux qui abuseraient des timbres pour timbrer et vendre frauduleusement du papier timbré sera la même que celle qui est prononcée par le Code pénal contre les contrefacteurs des timbres. (*V.* art. 140, 141, 142 et 143 *C. pén.*).

29. Le timbre des quittances fournies à l'état ou délivrées en son nom est à la charge des particuliers qui les donnent ou les reçoivent ; il en est de même pour autres actes entre l'état et les citoyens.

30. Les écritures privées qui auraient été faites sur papier non timbré, sans contravention aux lois du timbre, quoique non comprises nommément dans les exceptions, ne pourront être produites en justice sans avoir été soumises au timbre extraordinaire ou au *visa pour timbre*, à peine d'une amende de *trente francs*, outre le droit de timbre. L'amende n'est plus que de 5 fr. (loi du 16 juin 1824, art. 10).

31. Les préposés de la régie sont autorisés à retenir les actes, registres ou effets en contravention à la loi du timbre qui leur seront présentés, pour les joindre aux procès-verbaux qu'ils en rapporteront, à moins que les contrevenants ne consentent à signer lesdits procès-verbaux ou à acquitter sur-le-champ l'amende encourue et le droit de timbre.

32. En cas de refus, de la part des contrevenants, de satisfaire aux dispositions de l'article précédent, les préposés de la régie leur feront signifier, dans les trois jours, les procès-verbaux qu'ils auront rapportés, avec assignation devant le tribunal civil du département. L'instruction se fera ensuite sur simples mémoires respectivement signifiés. Les jugements définitifs qui interviendront

seront sans appel (loi du 28 avril 1816, article 76).

Art. 140 du code pénal.

Ceux qui auront contrefait ou falsifié les timbres nationaux ou qui auront fait usage de papiers, effets, timbres falsifiés ou contrefaits seront punis des travaux forcés à temps.

Le maximum sera toujours appliqué.

Visa pour valoir timbre.

AU COMPTANT.	EN DÉBET.	GRATIS.
1° Tous les actes pour lesquels l'emploi des timbres mobiles a été autorisé. (Loi du 2 juillet 1866, art. 24.) 2° *Billets ou effets non timbrés*, présentés à la formalité avant toute négociation ou l'échéance : 45 centimes par 100 francs. (Loi du 5 juin 1850, et 23 fév. 1874). 3° Les effets de commerce de plus de 20,000 francs peuvent être timbrés au moyen de l'apposition de plusieurs timbres mobiles. 4° Les actes ou écrits de toute nature *rédigés en contravention* aux lois sur le timbre et qu'on régularise par le visa moyennant le payement des droits et amendes. 5° Les actes produits en justice. (Loi du 13 brumaire, an VII, art. 30).	1° Les actes de procédure, de répression et autres à la requête du ministère public. (Police simple et correctionnelle. — Loi du 25 mars 1817), en l'absence de partie civile. 2° Les actes relatifs à l'administration des bois soumis au régime forestier. (Instr. 1577, § 16.) 3° Les actes de procédure et autres en matière d'assistance judiciaire. (Loi du 22 janvier 1851). 4° Divers actes admis par exception à jouir de cette immunité spéciale. (Procès-verbaux d'adjudication des forêts et biens de l'État. — Conseils des Prud'hommes. — Dessèchement de marais. — Questions de nationalité. — Naufrages, etc.). 5° Bordereaux d'inscription au profit de l'état. 6° Décision du jury en matière de douane.	1° Les actes de toute nature à la requête du ministère public dans l'intérêt général. (Affaires criminelles en l'absence de partie civile. — Remplacement des actes de l'état civil, etc. — Lois du 13 brumaire an VII et du 25 mars 1817). 2° Les actes d'expropriation pour cause d'utilité publique. (Loi du 3 mai 1841, art. 58). 3° Les actes relatifs au mariage des indigents. (Loi du 10 décembre 1850). 4° Divers actes admis à jouir de cette immunité par des dispositions législatives spéciales. (Contrats dont le prix est à la charge de l'État. — Expéditions d'actes de l'état civil destinées à des Sociétés de secours mutuels, etc.). 5° Avis de parents pour l'engagement de mineurs.

Timbres de dimension.

Dénomination.	DIMENSION.			du 13 brumaire an VII.	28 avril 1816.	2 juillet 1862.	28 août 1871 2,10 en sus.
	Hauteur.	Largeur.	Superficie.				
1/2 feuille.....	0.2500	0.1768	0.0442	0.25	0.35	0.50	0.60
Petit papier...	0.2500	0.3536	0 884	0.50	0.70	1 »	1.20
Moyen papier..	0.2973	0.4204	0.1250	0.75	1.25	1.50	1.80
Grand papier..	0.3536	0.5000	0.1768	1 »	1.50	2 »	2.40
Grand registre.	0.4204	0.5946	0.2500	1.50	2 »	3 »	3.60

Amende de contravention : 5 fr., décime en sus, antérieurement au 2 juillet 1862.
Amende de contravention : 50 fr., décime en sus, depuis le 2 juillet 1862.

Les passe-ports à l'intérieur sont taxés à 2 fr. en principal.
Les passe-ports à l'étranger sont taxés à 10 fr. en principal.
Les permis de chasse à :

Portion revenant à l'état	15 »	30 » (loi du 2 juin 1875).	
— à la commune	10 »		
— 2 décimes	5 »		
Les connaissements grand cabotage		2 »	
— petit cabotage		1 »	
— supplémentaires		0 50	
— venant de l'étranger		1 »	
Les récipissés de chemins de fer		0 35	
Les lettres de voiture délivrées par les chemins de fer.		0 70	

Timbre des copies des exploits et des pièces justifiées.

Loi du 29 décembre 1873.

L'officier ministériel, après avoir rédigé l'original, est tenu, *avant toute signification*, d'apposer sur cet original le nombre de timbres mobiles nécessaire à l'acquittement des droits de timbre des copies (immédiatement au-dessous de l'empreinte des timbres).

Les huissiers sont tenus (outre la mention qu'ils doivent faire au bas de l'original et de chaque copie) d'indiquer distinctement, au *bas de l'original* et *des copies* et non en marge de chaque acte.

1° Le *nombre* de feuilles de papier spécial employées, tant pour les copies de l'original que pour les copies de pièces.

2° Le *montant* des *droits* de timbre dus à raison de la dimension de ces feuilles.

Les *mentions* ci-dessus doivent *être reproduites* dans des *colonnes* distinctes *du répertoire.*

3° D'indiquer en marge de l'original le nombre de *rôles* des copies *de pièces* (vérification du nombre de lignes).

Les officiers ministériels sont tenus de s'approvisionner du papier spécial et des timbres mobiles au bureau où ils font enregistrer leurs actes, il ne leur sera délivré de papier qu'avec des timbres mobiles représentant les droits exigibles à raison de la dimension de ces papiers. Les colonnes distinctes du répertoire et la débite du papier spécial serviront de contrôle de la vente des timbres mobiles.

Les contraventions aux dispositions qui prescrivent : 1° L'usage du papier spécial ; 2° L'emploi des timbres mobiles ; 3° Les obligations d'indiquer au bas de l'*original* et des *copies*, le nombre des feuilles employées et le montant des droits ; 4° L'omission de ces mentions aux répertoires et les autres infractions, sont punies d'une amende de 50 fr. par *chacune* des contraventions qui pourrait être commise à l'occasion d'une même signification.

Timbre des quittances et décharges.

A partir du 1er décembre 1871, sont soumis à un droit de timbre de 10 centimes sans décime :

1° Les quittances ou acquits donnés au pied des factures et mémoires, les quittances pures et simples, reçus ou décharges de sommes, titres, valeurs ou objets, et généralement tous les titres de quelque nature qu'ils soient, signés ou non signés, qui emporteraient libération, reçu ou décharge;

2° Les chèques, tels qu'ils sont définis par la loi du 14 juin 1865, dont l'article 7 est et demeure abrogé.

Le droit est dû pour chaque acte, reçu, décharge ou quittance; il peut être acquitté par l'apposition d'un timbre mobile, à l'exception toutefois du droit sur les chèques, lesquels ne peuvent être remis à celui qui doit en faire usage sans qu'ils aient été préalablement revêtus de l'empreinte du timbre à l'extraordinaire.

Le droit de timbre de 10 centimes n'est applicable qu'aux actes faits sous signature privée et ne contenant pas de dispositions autres que celles spécifiées au présent article.

Toute contravention à ces dispositions sera punie d'une amende de 50 francs. L'amende sera due par chaque acte, écrit, quittance, reçu ou décharge, pour lequel le droit de timbre n'aurait pas été acquitté.

Le droit de timbre est à la charge du débiteur; néanmoins le créancier qui a donné quittance, reçu ou décharge en contravention aux dispositions ci-dessus est tenu personnellement et sans recours, nonobstant toute stipulation contraire, du montant des droits, frais et amendes.

La contravention sera suffisamment établie par la représentation des pièces non timbrées et annexées aux procès-verbaux que les employés de l'enregistrement, les officiers de police judiciaire, les agents de la force publique, les préposés des douanes, des contributions indirectes et ceux des octrois, sont autorisés à dresser, conformément aux articles 31 et 32 de la loi du 13 brumaire an VII (loi du 23 août 1871).

Sont affranchies du timbre de 10 centimes les quittances de 10 fr. et au-dessous dans les conditions prévues par l'art. 16 de la loi du 13 brumaire an VII.

Le timbre doit être oblitéré par la date et la signature de celui qui donne le reçu ou la décharge.

Les quittances de toute nature délivrées par les comptables des deniers publics lorsque la somme payée s'élève à plus de 10 fr. sont timbrées à 0 fr. 25 sans décime. Le prix du timbre s'ajoute de plein droit au montant de la somme due.

Affiches peintes.

Loi du 8 *juillet* 1852.

A partir du 1er août 1852, toute affiche inscrite dans un lieu public, sur les murs, sur une construction quelconque, ou même sur toile au moyen de la peinture ou de tout autre procédé, donnera lieu à un droit d'affichage fixé à 50 centimes pour les affiches d'un mètre carré et au-dessous, et à un franc pour celles d'une dimension supérieure.

Art. 1er. Tout individu qui voudra, au moyen de la peinture ou de tout autre procédé, inscrire des affiches dans un lieu public, sur les murs, sur une construction quelconque ou même sur toile, sera tenu préalablement de payer le droit d'affichage établi par l'art. 30 de la loi du 8 juillet 1852, et d'obtenir de l'autorité municipale dans les départements, et à Paris du préfet de police, l'autorisation ou permis d'afficher.

Le paiement du droit se fera au bureau de l'enregistrement dans l'arrondissement duquel se trouvent les communes où les affiches devront être placées.

Dans le département de la Seine, il se fera à un ou plusieurs bureaux d'enregistrement désignés à cet effet.

Art. 2. Le droit sera perçu sur la présentation, pour chaque commune, d'une déclaration en double minute, datée et signée, contenant :

1° Le texte de l'affiche;

2° Les noms, prénoms, professions et domicile de ceux dans l'intérêt desquels l'affiche doit être inscrite et de l'entrepreneur de l'affichage;

3° La dimension de l'affiche;

4° Le nombre total des exemplaires à inscrire;

5° La désignation précise des rues et places où chaque exemplaire devra être inscrit;

6° Et le nombre des exemplaires à inscrire dans chacun de ces emplacements.

Un double de la déclaration restera au bureau pour servir de contrôle à la perception; l'autre, revêtu de la quittance du receveur de l'enregistrement, sera rendu au déclarant.

Les droits régulièrement perçus ne seront point restituables, lors même que, par le fait des tiers, l'affichage ne pourrait avoir lieu.

Mais ces droits seront restitués si l'autorisation d'afficher est refusée par l'administration.

Art. 3. L'autorité municipale ou le préfet de police ne délivrera le *permis d'affichage* qu'au vu et sur le dépôt de la déclaration portant quittance, dont il est parlé dans l'article précédent, et sans préjudice des droits des tiers.

Chaque permis sera enregistré sur un registre spécial par ordre de date et de numéro.

Le numéro du permis devra être lisiblement indiqué au bas de chaque exemplaire de l'affiche, qui devra porter en outre son numéro d'ordre.

Art. 4. Aucun exemplaire de l'affiche ne pourra être d'une dimension supérieure à celle pour laquelle le droit aura été payé.

Art. 5. Les contraventions à l'art. 30 de la loi du 8 juillet 1852 et aux dispositions du présent règlement seront constatées par des procès-verbaux rapportés soit par les préposés de l'administration de l'enregistrement et des domaines, soit par les commissaires, gendarmes, gardes champêtres et tous autres agents de la force publique.

Art. 6. Il sera accordé, à titre d'indemnité

aux gendarmes, gardes champêtres et autres agents de la force publique qui auront constaté les contraventions, un quart des amendes payées par les contrevenants.

Art. 7. Les poursuites seront faites à la requête du ministère public, et portées devant le tribunal de police correctionnelle dans l'arrondissement duquel la contravention aura été commise.

Art. 8. Les contraventions à l'art. 1er, au dernier alinéa de l'art. 3 et à l'art. 4 du présent règlement seront passibles des peines portées par l'art. 30 de la loi du 8 juillet 1852, qui sont de 100 à 500 fr. d'amende sans préjudice de celle portée, art. 464 du code pénal (emprisonnement de 1 à 5 jours).

Il sera dû une amende pour chaque exemplaire d'affiche inscrit sans paiement du droit ou d'une dimension supérieure à celle pour laquelle le droit aura été payé, et pour chaque exemplaire posé dans un emplacement autre que celui indiqué par la déclaration.

Dans tous les cas, les contrevenants devront rembourser les droits dont le trésor aura été frustré.

Art. 9. Ces droits, amendes et frais seront recouvrés par l'administration de l'enregistrement et des domaines.

Art. 10. Les individus qui auront fait inscrire des affiches sur les murs antérieurement au 1er août 1852, auront un délai de deux mois, à compter de la même époque, pour acquitter le droit d'affichage et se faire délivrer un permis, en se conformant aux dispositions du présent règlement.

Ce délai expiré, l'administration aura la faculté de faire supprimer lesdites affiches.

Timbre des affiches sur papier.

Par feuille de papier de 12 décimètres 1/2 carrés et au-dessous.	0 05	en principal
— de 12 décimètres 1/2 jusqu'à 25	0 10	—
— de 25 décimètres carrés à 50.	0 15	—
— de 50 décimètres carrés et au-dessous . . .	0 20	—

Dans le cas où une affiche contiendrait plusieurs annonces distinctes le maximun sera toujours exigible.

Ce maximum sera doublé si l'affiche contient plus de cinq annonces (loi du 1er juillet 1866).

L'amende est de 50 fr. en principal pour chaque affiche non timbrée.

Timbres proportionnels.

	Du 13 brumaire an VII.	Du 1er janvier 1835.	Du 1er juillet 1850.	Du 23 août 1871 1 droit en sus.	Du 23 février 1874 1/2 droit en sus.
Au-dessous de 100 fr.....	» »	» »	0.05	0.10	0.15
De 100 à 200 fr..........	» »	» »	0.10	0.20	0.30
De 200 à 300 fr......	» »	» »	0.15	0.30	0.45
Au-dessous de 300 fr	» »	0.15	» »	» »	» »
De 300 à 400 fr..........	» »	» »	0.20	0.40	0.60
De 400 à 500 fr..........	» »	» »	0.25	0.50	0.75
De 300 à 500 fr..........	» »	0.25	» »	» »	» »
De 500 à 600 fr....	» »	» »	» »	» »	0.90
De 600 à 700 fr..	» »	» »	» »	» »	1.05
De 700 à 800 fr..........	» »	» »	» »	» »	1.20
De 800 à 900 fr..........	» »	» »	» »	» »	1.35
De 900 à 1000 fr.....	» »	» »	» »	» »	1.50
Au-dessous de 1000 fr	0.50	0.50	» »	» »	» »
De 500 à 1.000 fr.......	» »	» »	0.50	1 »	» »
De 1.000 à 2.000 fr.......	1 »	1 »	1 »	2 »	3 »
De 2.000 à 3.000 fr......	1.50	1.50	1.50	3 »	4.50
De 3.000 à 4.000 fr... ...	2 »	2 »	2 »	4 »	6 »
De 4.000 à 5.000 fr.......	2.50	2.50	2.50	5 »	7.50
De 5.000 à 6.000 fr......	3 »	3 »	3 »	6 »	9 »
De 6.000 à 7.000 fr.......	3.50	3.50	3.50	7 »	10.50
De 7.000 à 8.000 fr.......	4 »	4 »	4 »	8 »	12 »
De 8.000 à 9 000 fr.	4.50	4.50	4.50	9 »	13.50
De 9.000 à 10.000 fr......	5 »	5 »	5 »	10 »	15 »
Par 1.000 en plus........	» »	» »	0.50 p.0/0	1 » p.0/0	1.50 p.0/0

Le droit de timbre des bordereaux des agents de change est de :

Au-dessous de 5.000 fr.	0 50
de 5.000 fr. à 10.000 fr.	1 »
de 10.000 fr. à 20.000 fr.	2 »
de 20.000 fr. à 40.000 fr.	4 »
de 40.000 fr. à 60.000 fr.	6 »
au-dessus de 60.000 fr.	10 »

Il est dû une amende de 500 fr. par bordereau non timbré (loi du 5 juin 1850).

Les effets de commerce tirés de l'étranger sur l'étranger et circulant en France sont assujettis à un droit de timbre proportionnel de 0 fr. 50 par 2.000 fr. ou fraction de 2.000 fr. (loi du 30 décembre 1872).

Tout chèque doit être timbré à 0 fr. 10 s'il est créé et payable dans la même commune et à 0 fr. 20 s'il est payable ailleurs que dans le lieu où il a été créé.

La date du chèque doit être écrite en toutes lettres et de la main de la personne qui le signe (le chèque ne peut être tiré que sur une personne ayant provision).

Celui qui reçoit du souscripteur un effet non timbré est tenu de le faire viser pour timbre dans les quinze jours de la date avant toute négociation, ce visa pour timbre est de 0 fr. 15 par 100 fr. ou fraction de 100 fr. Ce droit s'ajoute au montant de l'effet nonobstant toute stipulation contraire, ce droit a été porté à 0 fr. 30 par la loi du 23 août 1871 et à 0 fr. 45 par la loi du 23 février 1874 (loi du 5 juin 1850).

Le droit de timbre des effets de commerce créés en France peut être acquitté par l'apposition de timbres mobiles (loi du 27 juillet 1870). Le timbre mobile est apposé au recto, à coté de la signature du souscripteur, il est oblitéré pour le souscripteur qui dans la place réservée à cet effet indique à l'encre noire la date et appose sa signature; on peut faire usage d'une griffe à l'encre grasse approuvée par l'administration et dont l'empreinte est déposée avant tout usage au bureau de l'enregistrement (décret du 19 fév. 1874).

Les billets, obligations, reconnaissances non négociables ne peuvent être faits que sur timbre proportionnel.

Tout billet simple, billet à ordre, mandat, reconnaissance écrite sur papier non timbré ou sur un timbre insuffisant est frappé d'une amende de 6 p. 0/0 contre le souscripteur, pareille somme contre le bénéficiaire ou porteur, pareille somme contre le premier endosseur et tous solidairement (loi du 5 juin 1850).

Timbre des titres de rentes, effets publics étrangers.

0 75	par chaque titre de	500 fr. et au-dessous.
1 50	—	500 fr. à 1.000 fr.
3 »	—	1.000 fr. à 2.000 fr.

1,50 par chaque mille francs, sans fraction sur la valeur nominale du titre.

Défaut de timbre, amende de 5 p. 0/0 sur la valeur nominale du titre minimum 50 fr. (loi du 25 mai 1872).

Timbre des actions et obligations dans les sociétés, compagnies ou entreprises quelconques, financières, commerciales, industrielles et civiles.

Pour les sociétés dont la durée n'excède pas 10 ans, 0 fr. 50 par 100 fr.

Pour les sociétés dont la durée est au-dessus de 10 ans, 1 p. 0/0.

A défaut de capital nominal le droit se calcule sur le capital réel. L'avance en est faite par la société (loi du 5 juin 1850).

Les actions et obligations émises par les sociétés et les villes étrangères, les départements, communes et établissements publics français sont soumises aux mêmes droits (loi des 29 juin et 30 mars 1872).

Les sociétés peuvent contracter avec l'état un abonnement pour toute la durée de la société. Le droit annuel est de 0.05 c. par 100 fr. du capital de chaque action et obligation émise à défaut de capital nominal, il est de 0.05 c. par 100 fr. du capital réel. Le paiement est fait à la fin de chaque trimestre au bureau de l'enregistrement du lieu où est le siége de la société.

Il en est de même pour les obligations émises par les départements, communes et établissements publics.

Les compagnies d'assurances et assureurs peuvent s'affranchir du paiement des droits de timbre ainsi que de ceux de leur police en payant annuellement à l'état pendant la durée de leur société, savoir les compagnies contre l'incendie et la grêle 0.03 c. par 1000 fr. du total des sommes assurées d'après les polices ou contrats en cour d'exécution.

Les compagnies d'assurances sur la vie, 3 fr. par 1000 fr du total des versements qui leur sont faits chaque année.

Les compagnies d'assurances contre la mortalité des bestiaux, contre la gelée, les inondations et autres risques agricoles peuvent aussi s'affranchir des droits de timbre de leur police en contractant avec l'état un abonnement annuel à raison de 0.03 c. par 1000 fr. du total des sommes assurées d'après les polices ou contrats en cours d'exécution.

L'abonnement de l'année courante se calcule sur le chiffre total des opérations de l'année précédente. Le paiement du droit est fait par moitié et par semestre au bureau de l'enregistrement où est le siége de la compagnie, (loi du 9 mai 1860.)

Les caisses départementales administrées gratuitement ayant pour but d'indemniser ou de secourir les incendiés au moyen de collecte, à raison de 1 p. 100 des collectes faites dans l'année.

Le droit de timbre des lettres de gage du crédit foncier de France est de 1 fr. par 1000 fr. L'abonnement annuel est de 0.05 c. par 1000 fr. du total des lettres de gage en circulation, (loi du 5 juin 1850, 23 août 1871, 30 mars 1872.)

Toute contravention aux prescriptions ci-dessus, est passible d'une amende de 50 fr. décimes en sus.

CHAPITRE V

DES AMENDES

Amendes de contravention. — Les amendes de contravention sont des peines pécuniaires prononcées contre les contrevenants aux lois sur l'enregistrement et sur le timbre.

Le montant des amendes est indiqué à chaque article qu'elles concernent.

Amendes de consignation. — Les amendes de consignation sont celles qu'on doit acquitter avant de pouvoir appeler d'un jugement, se pourvoir en cassation ou s'inscrire en faux.

Une amende de contravention de 50 fr. en principal est encourue par la partie, l'avoué et le greffier qui poursuivent en jugement sans avoir consigné.

Le taux de ces amendes est fixé par l'article 471 du code de procédure civile.

L'appelant qui succombera sera condamné à une amende de :

5 fr. s'il s'agit d'un appel d'un jugement de justice de paix.
10 fr. — — — de première instance.
10 fr. — — — de commerce.
10 fr. — — — arbitral.
150 fr. pour recours en cassation.
300 fr. pour pourvoi admis par la section des requêtes.

La condamnation est indispensable pour que ces droits restent acquis au trésor.

L'amende est restituée quand l'appelant gagne son appel.

Amendes de condamnation pécuniaire. — Les amendes de condamnation pécuniaire résultent de jugements rendus par les tribunaux.

A partir du premier janvier 1874, les percepteurs des contributions directes sont substitués aux receveurs de l'enregistrement pour le recouvrement de ces amendes, celles concernant l'enregistrement, le timbre, les hypothèques, les droits de greffe, le notariat et la procédure civile restent dans les attributions des receveurs de l'enregistrement.

Les amendes sont attribuées partie aux communes et hospices, à l'agent rédacteur du procès verbal, partie à l'état.

Ci-après le tableau des attributions.

AMENDES.	Commune où le délit a été commis.	Fonds commun *.	Agent constateur.	HOSPICES.	État.
Police rurale et municipale.	Tout.	»	»	»	»
Police correctionnelle.	»	Tout.	»	»	»
Fraude dans la vente des marchandises.	2/3	1/3	»	»	»
Logements insalubres.	»	»	»	Bureau de Bienfaisance.	»
Chasse.	Partie.	»	Partie.	»	»
Grande voirie.	1/3	»	1/3	»	1/3
Jugements rendus par les tribunaux administratifs	1/3	»	1/3	»	1/3
Roulage, 2/3 à l'État ou aux communes.	»	»	1/3	»	»
Affiches peintes.	»	3/4	1/4	»	»
Agents de change et courtiers.	»	»	»	Enfants assistés.	»
Exercice illégal de la médecine.	»	»	»	Id.	»
Contrefaçon	»	»	»	Hospices.	»
Service des huissiers	»	»	»	1/4 à la bourse commune.	3/4
Contravention au règlement maritime.	»	»	1/5	4/5 à la caisse des invalides.	»
— pêche du hareng.	»	»	1/3	1/3 id.	1/3
— pêche cotière.	»	»	1/5	4/5 id.	»
— pêche d'Écosse.	»	»	1/5	1/5 id.	»
— pêche fluviale	»	»	1/3	»	2/3
Animaux affectés de maladies contagieuses	»	»	1/3	»	2/3
Classement des places de guerre	»	»	»	»	Tout.
Règlements sur les lignes télégraphiques.	»	»	»	»	Id.
Matière criminelle.	»	»	»	»	Id.
Amendes forestières.	»	»	»	»	Id.
Timbres de quittances et factures, lettres de voiture, connaissement	»	3/4	1/4	»	»

* Le fonds commun se compose : 1° du remboursement des frais de poursuite ; 2° du paiement des droits des greffiers ; 3° pour le service des enfants trouvés ; 4° dépenses des communes nécessiteuses.

L'attribution pour les amendes de chasse est pour les gardes et gendarmes :

De 8 fr. lorsque l'amende est de 16 à 100 fr.
De 15 fr. — de 50 à 200 fr.
De 25 fr. — de 100 à 1.000 fr.

Toutes ces condamnations sont assujetties aux décimes, il est perçu en outre, par nature d'affaires, des droits de postes (loi du 5 mai 1855).

Affaire de simple police :		*Affaire correctionnelle :*	*Affaire criminelle :*	
Simple	0 20	2 »	Devant la haute cour	25 »
Jugée en appel	1 »	4 40	Devant la cour d'assises.	25 »
Après instruction	1 20	3 »	En cassation	16 »
Jugée sur appel	2 60	5 20		
Jugée en cassation	6 40	9 60		

La loi du 15 avril 1867 fixe la durée de l'emprisonnement en matière d'amende :

De 2 à 20 jours lorsque l'amende et les autres condamnations n'excèdent pas de 0 à 50 fr.
De 20 à 40 jours — — — — de 51 à 100 fr.
De 40 à 60 jours — — — — de 101 à 200 fr.
De 2 à 4 mois — — — — de 201 à 500 fr.
De 4 à 8 mois — — — — de 501 à 2.000 fr.
De 1 à 2 ans — — — — au-dessus de 2.000 fr.

en matière de simple police, la durée ne peut excéder cinq jours.

Le montant de l'amende dont le chiffre doit servir de base à la fixation de la durée de la contrainte par corps en matière criminelle doit être augmenté des décimes (cour de cassation, 2 juin 1870).

La prescription des amendes s'acquiert :

Par 10	ans pour	les amendes	forestières
— 10	—	—	de chasse
— 10	—	—	de pêche
— 5	—	—	correctionnelles
— 2	—	—	police rurale
— 2	—	—	simple police
— 20	—	—	en matière criminelle

Les restitutions, dommages-intérêts, frais de justice se prescrivent par 30 ans.

CHAPITRE VI

DES IMPOTS

Loi du 3 novembre 1789, art. 13. — Pour l'entretien de la force publique et pour les dépenses d'administration, une contribution commune est indispensable ; elle doit être également répartie entre tous les citoyens.

Toutes les contributions et charges publiques, de quelque nature qu'elles soient, seront supportées proportionnellement par tous les citoyens et par tous les propriétaires à raison de leurs biens et facultés.

Contributions directes.

Les contributions directes sont celles qui sont assises directement sur les fonds de terre ou sur les personnes et qui se lèvent par rôles où les contribuables sont nominativement cotisés.

Elles se composent de :

1° *Contributions foncières*, assises sur les biens immeubles et dues par les propriétaires (loi du 3 frimaire an VII).

La contribution foncière est répartie par égalité proportionnelle sur toutes les propriétés foncières, à raison de leur revenu net imposable, sans autres exceptions que celles déterminées pour l'encouragement de l'agriculture et pour l'intérêt général de la société.

Le revenu net des propriétés non bâties est ce qui reste au propriétaire, déduction faite sur leur valeur locative de la somme nécessaire pour l'indemniser du dépérissement et des frais de l'entretien et de réparation.

Les propriétés bâties sont imposables la troisième année de leur achèvement. Le terrain enlevé à la culture reste seul imposé. Les maisons d'habitation, usines, manufactures, magasins, boutiques et tous les locaux destinés au commerce ou à l'industrie sont passibles de la contribution foncière. Les bâtiments ruraux, granges, écuries, hangars, et tous ceux servant aux exploitations agricoles en sont exempts.

L'impôt foncier fixé pour une commune est partagé proportionnellement au revenu de chaque propriété. Ce revenu a été déterminé selon la qualité de la terre par le cadastre. Pour faire ce partage proportionnel, on additionne tous les revenus, et on divise l'impôt total par ce revenu. Le quotient est ce qu'on appelle le centime le franc. Pour savoir ce que doit payer une propriété, on multiplie le revenu de cette propriété par le centime le franc.

2° *Contribution mobilière*, assise sur le loyer d'habitation dont la valeur est déterminée chaque année par les répartiteurs (loi du 21 avril 1832).

Cet impôt est dû par toute personne non réputée indigente. On obtient le montant de la contribution en multipliant le centime le franc par le montant du revenu matriciel : on a pour total le montant de l'impôt.

Cet impôt est dû pour toute habitation meublée et dans toutes les communes où l'on possède une habitation, laquelle seule est imposable.

A Paris, les calculs sont établis d'après le loyer réel.

Dans la banlieue, le loyer est évalué, pour l'impôt mobilier, au quart, au cinquième, au sixième de celui réel.

Dans les départements, c'est le septième, huitième ou dixième de celui réel.

3° *Contribution personnelle*, due par chaque habitant au lieu de son domicile réel, varie de 1 fr. 50 à 4 fr. 50.

Les domestiques nourris et logés chez leurs maîtres sont exempts de cet impôt.

Cet impôt est dû à partir du 1er janvier pour l'année entière, quels que soient les événements ultérieurs.

4° *Contribution des portes et fenêtres*, due par les propriétaires, usufruitiers, fermiers, principaux locataires, pour toutes les ouvertures extérieures des habitations (lois du 4 frim. an VII et du 21 avril 1832), conformément au tarif ci-après :

POPULATION.	MAISONS					Pour les maisons à 6 ouvertures et au-dessus.		
	à 1 ouverture.	à 2 ouvertures.	à 3 ouvertures.	à 4 ouvertures.	à 5 ouvertures.	Porte cochère.	Porte et fenêtres du rez-de-chaussée 1er et 2e.	Fenêtres de 3e et étages supérieures.
Au-dessous de 5,000 âmes.	0.30	0.45	0.90	1.60	2.50	1.60	0.60	0.60
De 5 à 10,000 —	0.40	0.60	1.35	2.20	3.25	3.50	0.75	0.75
De 10 à 25,000 —	0.50	0.80	1.80	2.80	4.00	7.40	0.90	0.75
De 25 à 50,000 —	0.60	1.00	2.70	4.00	5.50	11.20	1.20	0.75
De 50 à 100,000 —	0.80	1.20	3.60	5.20	7.00	15.00	1.50	0.75
Au-dessus de 100,000 —	1.00	1.50	4.50	6.40	8.50	18.80	1.80	0.75

Ne sont pas imposables les ouvertures non closes, les vitrages placés au-dessus des portes, les portes et fenêtres des manufactures, granges, écuries.

Cet impôt est dû même pour les maisons nouvellement construites.

5° *Contribution des patentes*, due par tout individu qui exerce en France un commerce, une industrie, une profession (lois du 25 avril 1844 et du 29 mars 1872).

Cet impôt se compose d'un droit fixe et d'un droit proportionnel.

Le droit fixe est réglé en raison de la population des communes où sont situés les établissements.

Le droit proportionnel est établi sur la valeur locative réelle tant de la maison d'habitation que des magasins, boutiques, usines, ateliers et autres locaux servant à l'exercice des professions imposables. Il est fixé au dixième, quinzième, vingtième, vingt-cinquième, trentième et quarantième de la valeur locative.

Le droit proportionnel pour les usines et établissements industriels est établi sur la valeur locative de ces établissements pris dans leur ensemble et munis de tous leurs moyens matériels de production.

La valeur locative est déterminée par les baux, par les locations verbales, et, à défaut de ces bases, par voie d'appréciation, qui s'établit à raison de 5 0/0 de la valeur vénale des bâtiments et 10 0/0 de la valeur vénale de l'outillage.

Le patentable qui possède plusieurs établissements de même espèce ou d'espèces différentes est passible d'un droit fixe entier à raison du commerce de chaque établisssement et dans toutes les communes où sont situés ces établissements.

La formule de patente est exempte de timbre.

Indépendamment du principal des droits de patente, il y a à ajouter un nombre de centimes additionnels annuellement variable.

Le montant des centimes additionnels s'obtient en multipliant le nombre de centimes indiqué en marge de l'avertissement par le montant réuni du droit fixe et du droit proportionnel.

Dans les établissements à raison desquels le droit fixe est réglé d'après le nombre des ouvriers, les individus au-dessous de seize ans et au-dessus de soixante-cinq ans ne sont comptés dans les éléments de cotisation que moitié de leur nombre.

Le droit fixe auquel doit être soumise la profession non dénommée dans le tableau ci-après, lequel comprend tous les tableaux annexés à la loi du 25 avril 1844 et dans les tableaux modificatifs correspondants annexés aux lois subséquentes, est réglé par comparaison avec les industries analogues.

Le 10° de la valeur locative représente			10 »	par 100 fr. du montant du loyer.		
Le 15°	—	—	—	6 66	—	—
Le 20°	—	—	—	5 »	—	—
Le 25°	—	—	—	4 »	—	—
Le 30°	—	—	—	3 33	—	—
Le 40°	—	—	—	2 50	—	—

Tarif général des professions imposées eu égard à la population pour le droit fixe.

CLASSES	DROIT FIXE DANS LES COMMUNES.							
	Au-dessus de 100,000 âmes	De 50,001 à 100,000 âmes	De 30,001 à 50,000 âmes	De 20,001 à 30,000 âmes	De 10,001 à 20,000 âmes	De 5,001 à 10.000 âmes	De 2,001 à 5,000 âmes	De 2,000 âmes et au-dessous
1	300 fr.	240 fr.	180 fr.	120 fr.	80 fr.	60 fr.	45 fr.	35 fr.
2	150	120	90	60	45	40	30	25
3	100	80	60	40	30	25	22	18
4	75	60	45	30	25	20	18	12
5	50	40	30	20	15	12	9	7
6	40	32	24	16	10	8	6	4
7	20	16	12	8	8 *	5 *	4 *	3 *
8	12	10	8	6	5 *	4 *	3 *	2 *

* Sont exempts du droit proportionnel : dans les communes de 20,000 âmes et au-dessous, lorsque le droit proportionnel n'est pas dû, un * se trouve avant la première colonne.

Sont réputés :

Marchands en gros,

Ceux qui vendent habituellement aux marchands en demi-gros, aux marchands en détail et à d'autres marchands (loi du 18 mai 1850) ;

Marchands en demi-gros,

Ceux qui vendent habituellement aux détaillants et aux consommateurs (loi du 18 mai 1850) ;

Marchands en détail,

Ceux qui ne vendent habituellement qu'aux consommateurs (loi du 18 mai 1850).

A

PROFESSIONS.	Classe.	Taux du droit proportionnel.
Abattoir public (concessionnaire ou fermier d'). Droit proportionnel sur la maison d'habitation.	2	15
Abeilles (Marchands d').	6	20
Accordeur de pianos, harpes et autres instruments. *	7	40
Accouchement (maison d').	5	»
Droit proportionnel sur la maison d'habitation.	»	20
Droit proportionnel sur les locaux servant à l'exercice de la profession.	»	40
Accoutreur. *	8	40
Acheveur en métaux. *	7	40
Acier fondu ou acier de cémentation (fabrique d'), droit fixe, 10 fr. en principal, plus 3 fr. en principal par ouvrier. Droit proportionnel sur la maison d'habitation et sur les magasins de vente.	»	20
Sur l'établissement industriel.	»	40
Acier poli (fabricants d'objets en) pour son compte.	5	20
Acier poli (fabr. d'objets en) à façon. *	7	40
Affiches (entrepreneur de la pose et la conservation (des).	6	20
Affiloirs (marchands d').	8	40
Affineur d'or, d'argent ou de platine.	3	15
Affineur de métaux autres que l'or, l'argent ou le platine.	5	20
Agaric (marchand d').	6	20
Agent d'affaires.	4	20
Agent de change. Droit fixe à Paris 1,000 fr.	»	10
Dans les villes de 100,000 âmes et au-dessus . . . . 250 fr.	»	10
Dans les villes de 50 à 100,000 âmes 200 fr.	»	10
Dans les villes de 30 à 50,000 âmes et dans les villes de 15 à 30,000 âmes qui ont un entrepôt réel . . . 150 fr.	»	10
Droit fixe : dans les villes de 15 à 30,000 âmes et dans les villes d'une population inférieure à 15,000 qui ont un entrepôt réel. . . . . 100 fr.	»	10
Dans toutes les autres communes. 75 fr	»	10
Agent dramatique.	6	10
Agrafes (fabricant d') par les procédés ordinaires, pour son compte.	5	20
Agrafes (fabricants d') par procédés ordinaires, à façon. *	8	40
Agrafes (fabricants d') par procédés mécaniques. Droit fixe, 15 fr. en principal plus 3 fr. en principal par ouvrier. Droit proportionnel sur la maison d'habitation et sur les magasins de vente.	»	20
Droit proportionnel sur l'établissement industriel.	»	40
Agréés près les tribunaux de commerce.	»	15
Agréeur (service des navires).	3	15
Agréeur, dégustateur ou inspecteur des eaux-de-vie.		20
Aiguilles à coudre, à tricoter ou à métiers, pour faire des bas (fabricant pa procédés ordinaires ou par procédés mécaniques. Droit fixe, 10 fr. en principal, plus 3 fr. en principal par ouvrier. Droit proportionnel sur la maison d'habitation et sur les magasins de vente.	»	20
Droit proportionnel sur l'établissement industriel.	»	40
Aiguilles à coudre ou a faire des bas (fabricant par procédés ordinaires), à façon. *	8	40
Aiguilles à coudre ou à tricoter (marchand en gros).	1	10
En demi gros.	2	15
En détail.	4	20
Aiguilles pour les métiers à faire des bas (monteur d'). *	8	40
Aiguilles, clefs et autres petits objets pour montres et pendules (fabricant d') pour son compte.	6	20
Aiguilles, clefs et autres petits objets pour montres et pendules (fabricant d') à façon. *	8	40
Alambic (loueur d'). *	7	40
Alambics et autres grands vaisseaux en cuivre (fabricant ou marchand d').	4	20
Albâtre (fabricant ou marchand d'objets en).	5	20
Alevin (marchand d'). *	7	40
Alléges (maître d'). *	7	40
Allumettes chimiques (marchand d').	6	20
Allumettes et amadou (fabricant et marchand d'). *	8	40
Almanachs ou annuaires (éditeurs propriétaires d').	5	20
Amidon (fabrique d'). Droit fixe, 10 fr. en principal plus 3 fr. en principal par ouvrier. Droit proportionnel sur la maison d'habitation et sur les magasins de vente.	»	20
Droit sur l'établissement industriel.	»	25
Amidon (marchand d') en gros.	4	20
en détail.	6	20
Anatomie (fabricant de pièces d').	6	20
— (tenant un cabinet d').	6	20
Anchois (saleur d').	4	20
Anes (marchands).	6	20
Anes (loueurs d'). *	7	40
Annonces et avis divers (entrepreneurs d'insertion d').	6	20
Apparaux (maître d').	4	20

PROFESSIONS.	Classe.	Taux du droit proportionnel.
Appareils et ustensiles pour l'éclairage au gaz (fabrique).	5	20
Appeaux pour la chasse (fabricant d'). *	8	40
Appréciateur au mont-de-piété.	4	20
Appréciateur d'objets d'art.	6	20
Apprêteur de barbes ou fanons de baleine. *	7	40
Apprêteur de bas et autres objets de bonneterie. *	7	40
Apprêteur de chapeaux de feutre. *	8	40
Apprêteur de chapeaux de paille.	5	20
Apprêteur d'étoffes pour les fabriques. Droit fixe, 15 fr. en principal plus 3 fr. en principal par ouvrier. Droit proportionnel sur la maison d'habitation et sur les magasins de vente.	»	20
Droit proportionnel sur l'établissement industriel.	»	50
Apprêteur d'étoffes pour les particuliers.	5	20
Apprêteur de peaux.	6	20
Apprêteur de plumes, laines, duvets, et autre objets de literie.	6	20
Approprieur de chapeaux (pour les chapeliers). *	8	40
Arbitre rapporteur près les tribunaux de commerce.	4	20
Archets (fabricants d'). *	7	40
Architecte.	»	15
Arçonneur. *	8	40
Arçons (fabricant ou ferreur d'). *	7	40
Ardoises (Marchands en gros d').	3	15
Ardoises (Marchands d').	6	20
Ardoisières (Exploitant d'). Droit fixe 10 fr. en principal plus 3 fr. en principal par ouvrier. Droit proportionnel sur la maison d'habitation et sur les magasins de vente.	»	20
Droit proportionnel sur l'établissement industriel.	»	25
Armateur pour le long cours. Droit fixe 0,40 en principal par chaque tonneau.	»	15
Armateur pour le grand et le petit cabotage. Droit fixe 0, 25 en principal par chaque tonneau.	»	15
Armes blanches (fabriques d'). Droit fixe 100 fr. en principal.		
Armes de guerre (manufacture d'). Droit 400 en principal.		
Droit proportionnel sur la maison d'habitation et sur les magasins de vente.	»	20
Droit proportionnel sur l'établissement industriel.	»	40
Armurier.	5	20
Armurier à façon et armurier rhabilleur. *	7	40
Arpenteur. *	7	40
Arrimeur.	6	20
Arrosage (Entreprise générale de l').	2	20
— (Entreprise particulière).	6	20
Artificier.	6	20
Artiste en cheveux.	8	40
Artistes dramatiques. *Exempts.*		
Artistes peintres, sculpteurs, graveurs, dessinateurs ne vendant que le produit de leur art. Exempts.		
Assembleur ou brocheur.	8	40
Assortisseur (marchand de petits coupons d'étoffe).	6	20
Assurances non mutuelles : Dont les opérations s'étendent à plus de vingt départements. Droit fixe. 1,200 »	»	15
Dont les opérations s'étendent de six à vingt départements. Droit fixe. 360 »	»	15
Assureur maritime : A Paris. Droit fixe. 250 »	»	10
Dans les villes de 50,000 âmes et au-dessus. Droit fixe. 200 »	»	10
Dans les villes de 30 à 50,000 âmes et dans celles de 15 à 30,000 qui ont un entrepôt réel. Droit fixe. 150 »	»	10
Dans les villes de 15 à 30,000 âmes et dans les villes au-dessous de 15,000 âmes qui ont un entrepôt réel. Droit fixe. 100 »	»	10
Dans toutes les autres communes. Droit fixe. 50 »	»	10
Attelles pour colliers de bêtes de trait (Fabricant et marchand d'). *	7	40
Aubergiste.	4	20
— (ne logeant qu'à pied ou à cheval).	5	20
Avironnier. *	7	40
Avocat.	»	15
Avoué.	»	15

B

PROFESSIONS.	Classe.	Taux du droit proportionnel.
Bac (fermier de). Droit fixe 5 fr. en principal, plus 2 fr. en principal par 1,000 fr. du prix de ferme.	»	15
Badigeonneur. *	7	40
Baies de genièvre (Marchand de).	6	20
Bains publics et douches (Entrepreneurs de).	5	»
Droit proportionnel sur la maison d'habitation.	»	20
Droit proportionnel sur les locaux servant à l'exercice de la profession.	»	40
Bains de rivière en pleine eau, bains de mer ou à la lame (Entrepreneurs de).	6	»
Droit proportionnel sur la maison d'habitation.	»	20
Droit proportionnel sur les locaux servant à l'exercice de la profession.	»	40

PROFESSIONS.	Classe.	Taux du droit proportionnel.
Balais (Marchand expéditeur de).	4	20
Balais de bouleau, de bruyère et de grand millet (Marchand avec voiture ou bête de somme). *	8	40
Balanciers (Marchand de).	5	20
— (Fabricant de) pr son compte.	6	20
— — à façon. *	7	40
Balançons (Marchand de).	6	20
Balayage (Entreprise générale du).	2	20
— (Entreprise partielle du).	6	20
Baleine (Marchand de brins de).	4	20
Ballons pour lampe (Fabricant de) pour son compte. *	7	40
Ballons pour lampe (Fabricant à façon). *	8	40
Bals publics (Entrepreneur de).	5	20
Bandagiste.	6	20
— à façon. *	7	40
Banque de France, y compris ses comptoirs. Droit fixe. 24,000 »	»	15
Banquiers : A Paris. Droit fixe. 1,000 »	»	10
Dans les villes de 50,000 âmes et au-dessous. Droit fixe. 500 »	»	10
Dans les villes de 30 à 50,000 âmes et dans celles de 15 à 30,000 âmes avec entrepôt réel. Droit fixe. 400 »	»	10
Dans les villes de 15 à 30,000 âmes et dans celles inférieures à 15,000 avec entrepôt réel. Droit fixe. 300 »	»	10
Dans toutes les autres communes. Droit fixe. 200 »	»	10
Barbier. *	8	40
Bardeaux (Fabricant de) pr son compte*	7	40
— — à façon. *	8	40
— (Marchand de).	6	20
Baromètres (Fabricant ou marchand de).	6	20
Barques, bateaux ou canots (Constructeur de).	6	20
Barques et bateaux (Entrepreneur de transport de marchandises par). Droit fixe, 5 centimes en principal par tonneau de la capacité brute des barques et bateaux.	»	15
Bas et bonneterie (Marchand de) en gros	1	10
— — — en demi-gros.	2	20
— — — en détail.	4	20
Bateaux à laver (Exploitant de).	6	20
Bateaux à vapeur remorqueurs (Entreprise de). Droit fixe. Principal 150 »	»	15
Bateaux et paquebots à vapeur (Transport des voyageurs, entrepreneur, voyage de long cours). Droit fixe. En principal, 300 »	»	15
Bateaux et paquebots à vapeur (voyageurs et marchandises), sur fleuves, rivières et le long des côtes. Droit fixe 200 en principal.	»	15
Batelier. *	8	40
Bâtier. *	7	40
Bâtiments (entrepreneur de).	3	15
Bâtonnier. *	8	40
Batteur de laines par procédés mécaniques. Droit fixe, 15 fr. en principal, plus 3 fr. en principal par ouvrier. Droit proportionnel sur la maison d'habitation et sur les magasins de vente.	»	20
Droit proportionnel sur l'établissement industriel.	»	40
Batteur d'or et d'argent.	6	20
Battoirs de paume (fabricant de), *	7	40
Baudelier. *	8	40
Baudruche (apprêteur de).	6	20
Bazar de voitures (tenant).	3	15
Bazar d'articles de ménage et de bimbloterie (tenant un).	6	20
Bestiaux (marchand et expéditeur de), droit fixe 60 fr.	»	15
Beurre frais ou salé (march. de) en gros.	1	10
— — En demi-gros.	2	15
— — En détail.	6	20
Biberons (fabricant de) pour son compte.	6	20
— — à façon. *	7	40
Bière (entrepositaire ou marchand en gros de).	3	15
Bière ou cidre (marchand de) en détail.	6	20
Bijoutier (marchand fabricant) ayant atelier et magasin.	2	15
Bijoutier (marchand) n'ayant point d'atelier.	3	15
Bijoutier (fabricant) pour son compte sans magasin.	5	20
Bijoutier (fabricant) à façon. *	7	40
Bijoutier en faux (fabricant pour son compte).	6	20
Bijoutier en faux (fabricant) à façon *	7	40
Bijoux en faux (marchand de).	5	20
Billard (maître de).	4	20
Billards (fabricant de) ayant magasin.	4	20
— — sans magasin.	6	20
Bimbelotier (fabricant) sans boutique ni magasin. *	7	40
Bimbelotier (marchand en gros).	1	10
— (marchand en demi-gros).	3	20
— (marchand en détail). *	7	40
Biscuits de mer (fabrique de), droit fixe 50 fr. en principal.	»	»
Droit proportionnel sur la maison d'habit. et sur les magasins de vente.	»	20
Droit proportionnel sur l'établissement industriel.	»	40
Bisette (fabricant et marchand de).	6	20
Blanc de baleine (raffinerie de), droit fixe 15 fr. en principal plus 3 fr. en principal par ouvrier. Droit proportionnel sur la maison d'habitation et sur les magasins de vente.	»	20

PROFESSIONS.	Classe.	Taux du droit proportionnel.
Droit proportionnel sur l'établissement industriel.	»	25
Blanc de craie (fabricant et marchand de)	6	20
Blanchisserie de toiles, fils, étoffes pour le commerce, par procédés mécaniques ou chimiques. Droit fixe, 15 fr. en principal plus 3 fr. en principal par ouvrier. Droit proportionnel sur la maison d'habitation.	»	20
Droit sur l'établissement industriel.	»	40
Blanchisseur de bas de soie. *	8	40
Blanchisseur de chapeaux de paille. *	7	40
Blanchisseur de fin. *	7	40
Blanchisseur de linge ayant un établissement de buanderie.	6	»
Droit proportionnel sur la maison d'habitation.	»	20
Droit proportionnel sur les locaux servant à l'exercice de la profession.	»	40
Blanchisseuse de linge sans établissement de buanderie. *	8	40
Blanchisserie de toiles et fils pour les particuliers.	5	20
Blanchisseur sur pré. *	7	40
Blatier avec voiture.	5	20
Blatier avec bête de somme.	6	20
Blondes (marchand de), en gros.	1	10
— — en demi-gros.	2	15
— — en détail.	4	20
Bluteaux ou blutoirs (fabricant et marchand de).	6	20
Bobines pour les manufactures (fabrique de). *	8	40
Bœufs (marchand de).	3	15
Bois à brûler (marchand de) celui qui, ayant chantier ou magasin, vend au stère ou par quantité équivalente ou supérieure, et aussi lorsqu'il est adjudicataire de coupes.	1	»
Droit proportionnel sur la maison d'habitation.	»	10
Droit proportionnel sur les locanx servant à l'exercice de la profession.	»	30
Bois à brûler (marchand de) qui n'ayant ni chantier ni magasin, vend sur bateaux, ou sur les ports, au stère ou par quantité équivalente ou supérieure.	2	15
Bois à brûler (marchand de) qui n'ayant ni chantier ni magasin, ni bâteau, vend par voiture au domicile des consommateurs.	5	20
Bois à brûler (marchand de) qui vend à la falourde, au fagot ou au cotret. *	8	40
Bois d'allumettes (fabrique de) par procédés mécaniques. Droit fixe, 15 fr. en principal plus 3 fr. en principal par ouvrier. Droit proportionnel sur la maison d'habitation et sur les magasins de vente.	»	20
Droit proportionnel sur l'établissement industriel.	»	40
Bois de bateaux (Marchand de).	5	20
Bois de boissellerie (Marchand de).	5	20
Bois de brosses (Fabrique de) par procédés mécaniques. Droit fixe. 5 fr. en principal par perçoir. Droit proportionnel sur la maison d'habitation et sur les magasins de vente.	»	20
Droit proportionnel sur l'établissement industriel.	»	40
Bois d'ébénisterie (Marchand de).	3	15
Bois de galoches et de socques (Faiseur de). *	8	40
Bois de marine ou de construction (Marchand de).	1	»
Bois de sciage (Marchand de) en gros.	1	»
Droit proportionnel sur la maison d'habitation.	»	10
Droit proportionnel sur les locaux servant à l'exercice de la profession.	»	30
Bois de sciage (Marchand de), si, ayant chantier ou *magasin, il ne vend qu'aux* menuisiers, ébénistes, charpentiers et aux particuliers.	3	15
Bois de sciage sur pied (Entrepreneur par adjudication de l'abatage et du façonnage des). Droit fixe, 3 fr. en principal, plus 2 fr. en principal par 1,000 fr. du prix de l'entreprise. — Droit proportionnel sur la maison d'habitation seulement.	»	15
Bois de teinture (Marchand de) en demi-gros.	2	15
— — — en détail.	4	20
Bois de volige (Marchand de).	5	20
Bois en grume ou de charronnage (Marchand de).	3	15
Bois feuillard (Marchand de).	5	20
Bois merrains (Marchand de) en gros, s'il vend par bateaux ou charrettes.	1	»
Droit proportionnel sur la maison d'habitation.	»	10
Droit proportionnel sur les locaux servant à l'exercice de la profession.	»	30
Bois merrains (Marchand de), s'il ne vend qu'aux tonneliers et aux particuliers.	6	20
Boiseries (Marchand de vieilles).	6	20
Boisselier. *	7	40
— (Fabricant à façon). *	8	40
— (Marchand en gros).	4	20
— (Marchand en détail).	6	20
Boîtes de pendules en zinc doré ou bronzé (Fabricant ou marchand de).	5	20

PROFESSIONS.	Classe.	Taux du droit proportionnel.
Boîtes et bijoux à musique (Fabricant pour son compte de mécaniques pour)	5	20
Boîtes et bijoux à musique (Fabricant à façon de mécaniques pour). *	7	4
Bombagiste.	6	20
Bombeur de verres.	6	20
Bonbons et confiseries (Revendeur de).*	7	40
Bossetier.	6	20
Bottes remontées (Marchand de). *	7	40
Bottier ou cordonnier (Marchand), celui qui tient magasin de chaussures.	4	20
Bottier ou cordonnier travaillant sur commande.	6	20
Bottier ou cordonnier à façon, celui travaillant pour des maîtres qui lui fournissent la matière.	8	40
Boucher (Marchand).	4	20
Boucher à la cheville, celui qui revend la viande achetée par quartiers.	5	20
Boucher en petit bétail.	6	20
Bouchonnier.	6	20
Bouchons de liége (Fabrique de) par procédés mécaniques. Droit fixe, 1 fr. en principal par lame. Le droit sera réduit de moitié en cas de chômage forcé pendant quatre mois. — Droit proportionnel sur la maison d'habitation et sur les magasins de vente.	»	20
Droit proportionnel sur l'établissement industriel.	»	40
Bouchons (Marchand de) en gros.	3	15
— — en détail.	6	20
Bouchons de flacon (Ajusteurs de). *	8	40
Bouclerie (Fabricant de) pr son compte.	5	20
— — à façon. *	8	40
Boues (Entreprise générale de l'enlèvement des).	2	15
Boues (Entreprise partielle de l'enlèvement des).	6	20
Bougies, cierges, etc. (Fabrique de). Droit fixe, 15 fr. en principal, plus 3 fr. en principal par ouvrier. — Droit proportionnel sur la maison d'habitation et sur les *magasins* de vente.	»	20
Droit proportionnel sur l'établissement industriel.	»	25
Bougies (Marchand de).	5	20
Bouilleur ou brûleur d'eau-de-vie.	6	20
Bouillon et bœuf cuit (Marchand de).	6	20
Boulanger.	5	20
Boules à teinture (Fabricant de).	4	20
Boules vulnéraires, dites d'acier (Fabricant de). *	7	40
Bouquetière (marchande en boutique). *	7	40
Bouquiniste. *	7	4
Bourre de soie (marchand de).	6	20
Bourrelets d'enfants (fabricant et marchand de). *	7	40

PROFESSIONS.	Classe.	Taux du droit proportionnel.
Bourselier.	6	20
Bourses, gants, mitaines et autres ouvrages à maille (fabricant de). *	7	40
Bouteilles de verre (marchand de).	5	20
Boutons de métal, corne, cuir bouilli, etc. (fabricant de) pour son compte.	5	20
Boutons de métal, corne, cuir bouilli, etc. (fabricant de) à façon. *	8	40
Boutons de soie (fabricant de) pour son compte. *	7	40
Boutons de soie (fabricant de) à façon. *	8	40
Boyaudier.	6	20
Brais, goudrons, poix, résines et autres matières analogues (fabrique de). Droit fixe 25 fr. en principal. Droit proportionnel sur la maison d'habitation et sur *les magasins de vente.*	»	20
Droit proportionnel sur l'établissement industriel.	»	25
Brasserie. Droit fixe de 70 centimes en principal par hectolitre de capacité brute de toutes les chaudières, réductible de moitié pour celles qui ne brassent que quatre fois l'an, et d'un quart pour celles qui ne brassent que huit fois. Droit proportionnel sur la maison d'habitation et sur les magasins de vente.	»	20
Droit proportionnel sur l'établissement industriel.	»	40
Brasseur à façon.	6	20
Bretelles et jarretières (fabricant de) pour son compte.	6	20
Bretelles et jarretières (fabricant de) à façon. *	8	40
Bretelles et jarretières (marchand de).	6	20
Brioleur avec bête de somme. *	8	40
Brion (fabricant de).	6	20
Briques (fabrique de). Droit fixe 5 fr. en principal plus 2 fr. en principal par ouvrier. Droit proportionnel sur la maison d'habitation et les magasins de vente.	»	20
Droit proportionnel sur l'établissement industriel.	»	25
Briques combustibles (fabrique de). Droit fixe 15 fr. en principal plus 3 fr. en principal par ouvrier. Droit proportionnel sur la maison d'habitation et sur les magasins de vente.	»	20
Droit proportionnel sur l'établissement industriel.	»	40
Briques (marchand de).	6	20
Briquets phosphoriques et autres (fab. de).	6	20
— — (marchands de). *	7	40
Briquetier à façon. *	8	40
Brocanteur en boutique ou magasin.	5	20

PROFESSIONS.	Classe.	Taux du droit proportionnel.
Brocanteur dans les ventes (sans boutique ni magasin). *	7	40
Brocanteur d'habits en boutique.	6	20
— — sans boutique. *	8	40
Broches et cannelets pour la filature (fabricant de) pour son compte.	5	20
Broches et cannelets pour la filature (fabricant de) à façon. *	8	40
Broches pour la filature (rechargeur de).	7	40
roches ou boudons en bois (fabricant de). Voir Tourneur.	»	»
roderies (Blanchiss. et apprêteur de). *	7	40
— (Dessinateur et imprimeur de).	7	40
— (fab. et marchand de) en gros.	3	20
— (fab. et marchand de) en détail.	5	20
— (fabricant de) à façon. *	7	40
— (fab. et march. de) demi-gros.	4	20
Brodeur sur étoffes en or, en argent.	4	20
Bronze (metteur en) celui qui met en couleur de bronze des pendules, candélabres et autres objets en métaux. *	7	40
Bronzes, dorures et argentures sur métaux (marchand de) en gros.	1	10
Bronzes, dorures et argentures sur métaux (marchand de) en détail.	4	20
Brosses (fabricant de bois pour). *	8	40
Brossier (fabricant) pour son compte.	6	20
— à façon. *	8	40
— (marchand).	6	20
Broyeur à bras. *	8	40
Brunisseur, celui qui brunit les ouvrages d'or et d'argent (D. ad). *	7	40
Buanderie (loueur d'établissement de) celui qui loue à tout venant un établissement de buanderie muni de ses ustensiles et appareils. *	7	40
Bûches, briquettes factices, mottes à brûler (marchand). *	8	40
Buffleterie (fabricant pour son compte). *	7	40
— — à façon. *	8	40
— — (marchand). *	6	20
Buis ou racines de buis (marchand de).	6	20
Bureau de distribution d'imprimés, de cartes de visites, etc. (entrepren. d'un).	5	20
Bureau d'indication pour la vente ou la location des propriétés, bureau de renseignements divers.	5	20
Bureau de placement (tenant un). *	7	40
Bustes en cire pour les coiffeurs (fabricant de). *	7	40
Bustes et figures en plâtre ou en terre (mouleur ou marchand de).	6	20

C

PROFESSIONS.	Classe.	Taux du droit proportionnel.
Cabaretier. Le cabaretier non muni d'une licence n'en est pas moins imposable à la patente (C. 17 février 1843).	7	20
Cabaretier et marchand de bière ou de cidre en détail, ayant billard.	5	20
Cabas (Faiseur de). *	8	40
Cabinet d'aisances public (Tenant un).	6	20
Cabinet de figures de cire (Tenant un). *	7	40
Cabinet de lecture (Tenant un) où l'on donne à lire les journaux et les nouveautés littéraires.	6	20
Cabinet où l'on donne à lire les journaux. *	7	40
Cabinet particulier de tableaux, d'objets d'histoire naturelle ou d'antiquités (Tenant un). *	7	40
Cabriolets (Maître de station de). *	7	40
Cabriolets, fiacres, sous remise ou sur place (Entreprise de). Droit fixe, 10 fr., plus 2 fr. en principal par voiture en circulation, dans les villes de 100,000 âmes; 1 fr. 50 dans celles de 50 à 100,000 âmes, et 1 fr. dans celles audessous de 50,000, le tout jusqu'au maximum de 1,000 fr. — Droit proportionnel sur les locaux consacrés à l'habitation.	»	15
Droit proportionnel sur les locaux servant à l'exercice de la profession.	»	40
Cachemires de l'Inde (Marchand de).	1	10
Cadrans de montres et pendules (Fabricant de) pour son compte.	6	20
Cadrans de montres et pendules (Fabricant de) à façon. *	8	40
Cadres pour glaces et tableaux (Marchand de).	6	20
Cadres (Fabricant de) par les procédés ordinaires pour son compte.	6	20
Cadres (Fabricant de) par les procédés ordinaires à façon. *	8	40
Cadres (Manufacture de) par procédés mécaniques. Droit fixe, 25 fr. en principal, plus 5 fr. en principal par métier. — Droit proportionnel sur la maison d'habitation et sur les magasins de vente.	»	20
Droit proportionnel sur l'établissement industriel.	»	50
Café de chicorée, de glands et autres matières analogues (Fabrique de). Droit fixe, 15 fr. en principal, plus 3 fr. en principal par ouvrier. — Droit proportionnel sur la maison d'habitation et sur les magasins de vente.	»	20

PROFESSIONS.	Classe.	Taux du droit propor-tionnel.
Droit proportionnel sur l'établissement industriel.	»	25
Café-crémerie ou restaurant-crémerie (Tenant un).	6	20
Café naturel et café de chicorée en poudre (Marchand de).	6	20
Café tout préparé (Débitant de). *	8	40
Cafetier.	4	20
Cafetières, bouillottes, marabouts (Fabricant ou marchand de).	6	20
Cafetières, etc. (Fabricant de) à façon.**	8	40
Cages, souricières et tournettes (Fabricant de). *	8	40
Caisse d'escompte (Tenant).	1	10
Caisse ou comptoir d'avances ou de prêts (Tenant).	1	10
Caisse ou comptoir de recettes et de payements (Tenant).	1	10
Caisses de tambours (Facteurs de).	6	20
Calandreurs d'étoffes neuves.	5	20
— de vieilles étoffes ou de chapeaux de paille. *	7	40
Calfat (Radoubeur de navires).	6	20
Calorifères pour le chauffage des maisons, serres, etc. (Entrepreneur de la construction ou fabricant de). Droit fixe, 15 fr. en principal, plus 3 fr. en principal par ouvrier. — Droit proportionnel sur la maison d'habitation et sur les magasins de vente.	»	20
Droit proportionnel sur l'établissement industriel.	»	40
Cambreur de tiges de bottes. *	7	40
Camées faux ou moulés (Fabricant de). *	7	40
Canaux navigables avec péage ou canaux d'irrigation (Concessionnaire). Droit fixe, 200 fr., plus 20 fr. par myriamètre complet en sus du premier.	»	15
Canevas (Dessinateur). *	8	40
Cannelles et robinets en cuivre (Fabricant de) pour son compte.	6	20
Cannelles et robinets en cuivre (Fabricant de) à façon. *	7	40
Cannes (Fabricant de) p^r son compte.**	7	40
— — à façon. *	8	40
— (Marchand de) en boutique.	6	20
Cannetille (Fabricant de). *	7	40
Cantinier dans les prisons, hospices et autres établissements publics.	6	20
Cantiniers attachés à l'armée. Exempts.		
Caoutchouc et autres matières semblables (Établissements mécaniques pour la préparation ou pour l'emploi du). Droit fixe, 15 fr. en principal, plus 3 fr. en principal par ouvrier. — Droit proportionnel sur la maison d'habitation et sur les magasins de vente.	»	20

PROFESSIONS.	Classe.	Taux du droit propor-tionnel.
Droit proportionnel sur l'établissement industriel.	»	40
Caoutchouc, gutta-percha et autres matières semblables (Fabricant ou marchand d'objets confectionnés ou d'étoffes garnies en).	4	20
Caparaçonnier pour son compte.	6	20
— à façon. *	8	40
Capitaines de navires de commerce ne naviguant pas pour leur compte. Ex.		
Capsules métalliques pour boucher les bouteilles (fabricant).	6	20
Capsules ou amorces de chasse (fabricant de). Droit fixe, 50 fr. Droit proportionnel sur la maison d'habitation et sur les magasins de vente.	»	20
Droit proportionnel sur l'établissement industriel.	»	25
Caractères d'imprimerie (fondeur de).	9	15
— — — à façon. *	7	40
— — (graveur en). *	7	40
Caractères mobiles en bois ou en terre cuite (fabricant et marchand de). *	7	40
Caractères mobiles en métal (fabric. de).	5	20
Caramel (fabrique de). Droit fixe, 15 fr. en principal; plus, 3 fr. en principal par ouvrier. Droit proportionnel sur la maison et sur les magasins de vente.	»	20
Droit proportionnel sur l'établissement industriel.	»	25
Carcasses ou montures de parapluies (fabricant de) pour son compte. *	7	40
Carcasses ou montures de parapluies (fabricant de) à façon. *	8	40
Carcasses pour modes (fabricant de). *	8	40
Cardeur de laine, de coton, de bourre de soie, etc. *	7	40
Carreaux à carreler (marchand de).	6	20
Carreleur. *	7	40
Carrés de montres (fabricant de) pour son compte.	6	20
Carrés de montres à façon. *	8	40
Carrières souterraines ou à ciel ouvert (exploitant de). Droit fixe, 5 fr. en principal; 3 fr. en principal par ouvrier. Droit proportionnel sur la maison d'habitation.	»	15
Carrioles (loueur de). *	7	40
Carrossier (fabricant).	2	15
Carrossier (raccommodeur).	5	20
Cartes à jouer (marchand de).	6	20
Cartes de géographie (marchand de).	6	20
Cartier (fabricant de cartes à jouer).	4	20
Carton en feuilles (fabricant de) pour son compte.	6	20
Carton en feuilles à façon. *	7	40
Carton en pâte ou en feuilles (march. de).	6	20

PROFESSIONS.	Classe.	Taux du droit proportionnel.
Carton ou carton-pierre (marchand et fabricant d'ornements en pâte de).	3	15
Cartonnage (fabrique de). Droit fixe, 30 fr. par cuve; moitié pour les fabriques qui sont forcées de chômer. Droit proportionnel sur la maison d'habitation et sur les magasins de vente.	»	20
Droit proportionnel sur l'établissement industriel.	»	40
Cartonnage fin (fabric. et marchand de).	5	20
Cartons pour bureau (fabricant de) pour son compte.	6	20
Cartons pour bureau à façon.	* 8	40
Casquettes, toques, bonnets carrés et autres (fabricant ou marchand de).	6	20
Casquettes (fabricant de) à façon.	* 8	40
Castine et marne (marchand de).	* 8	40
Ceinturonnier pour son compte.	* 7	40
— à façon.	* 8	40
Cendres (laveur de).	6	20
Cendres gravelées (fabrique de). Droit fixe, 25 fr. en principal. Droit proportionnel sur la maison d'habitation et sur les magasins de vente.	»	20
Droit proportionnel sur l'établissement industriel.	»	25
Cendres noires (extracteur de). Droit fixe, 5 fr. en principal; plus, 3 fr. en principal par ouvrier. Droit proportionnel sur la maison d'habitation.	»	15
Cendres ordinaires (marchand de).	* 7	40
Cercles ou cerceaux (marchand de).	6	20
Cercles et sociétés littéraires (entrepreneurs d'établissement pour les).	4	20
Cercles et sociétés (fournisseurs des objets de consommation dans les).	5	»
Droit proportionnel sur la maison d'habitation.	»	20
Cerclier.	8	40
Chaînes de fil, laine ou coton, préparées pour la fabrication des tissus.	6	20
Chaises (empailleur de).	* 8	40
Chaises fines (marchand et fabricant de).	6	20
Chaises communes (marchand et fabricant de).	* 8	40
Chaises (loueur de). Droit fixe, 3 fr. en principal; plus, 2 fr. en principal par 1,000 fr. du prix de ferme. Droit proportionnel sur la maison d'habitation.	»	15
Chaises à porteur (loueur de).	* 8	40
Châles (marchand de) en gros.	1	10
— — en détail.	3	15
Chamoiseur pour son compte.	6	20
— à façon.	* 8	40
Chandeliers en fer et en cuivre (fabricant de) pour son compte.	6	20
Chandeliers en fer et en cuivre (fabricant) à façon.	* 8	40

PROFESSIONS.	Classe.	Taux du droit proportionnel.
Chandelles (fabrique de). Droit fixe, 10 fr. en principal; plus, 3 fr. en principal par ouvrier. Droit proportionnel sur la maison d'habitation et sur les magasins de vente.	»	20
Droit proportionnel sur l'établissement industriel.	»	25
Chandelles (marchand de) en détail.	5	20
Changeur de monnaies.	1	10
Chanvre (marchand de) en détail.	6	20
Chapeaux de feutre, de soie ou de paille (fabricant de).	4	20
Chapeaux de feutre, de soie ou de paille (marchand de) en gros.	1	10
Chapeaux de feutre, de soie ou de paille (marchand de) en demi-gros.	2	15
Chapeaux de paille (march. de) en détail.	5	20
Chapeaux (fabricant de coiffes de).	* 8	40
— (garnisseur de).	* 8	40
— (marchand de vieux) en boutique ou en magasin.	* 8	40
Chapelets (fabricant et marchand de).	* 7	40
Chapelier en fin.	* 5	20
— en grosse chapellerie.	6	20
— à façon.	* 7	40
Chapellerie (marchand de matières premières pour la).	1	10
Chapellerie (marchand de fourn. pour la).	5	20
Charbon de bois (marchand de) en gros.	1	
Droit proportionnel sur la maison d'habitation.	»	10
Droit proportionnel sur les locaux servant à l'exercice de la profession.	»	30
Charbon de bois (marc. de) en demi-gros.	5	20
— — en détail.	* 8	40
Charbon de terre épuré ou non (marchand de) en gros.	1	10
Droit proportionnel sur la maison d'habitation.	»	15
Droit proportionnel sur les locaux servant à l'exercice de la profession.	»	30
Charbon de terre épuré ou non (marchand de) en demi-gros.	5	20
Charbon de terre épuré en détail.	* 8	40
Charbonnier cuiseur.	* 7	40
Charbonnier voiturier.	* 8	40
Charcutier.	4	20
Charcutier revendeur.	6	20
Chardons pour le cardage (marchand de) en gros.	3	15
Chargement et déchargement des bateaux, navires et des voitures de chemin de fer (entrepreneur de).	6	20
Charnières en fer, cuivre ou fer blanc (fabricant de) par les procédés ordinaires, pour son compte.	7	40

PROFESSIONS.	Classe.	Taux du droit proportionnel.
Charnières en fer, cuivre ou fer blanc (fabricant de) par les procédés ordinaires, à façon *	8	40
Charpentier.	6	20
— à façon. *	7	40
— (entrepreneur fournisseur.	4	20
Charpie (fabrique de) par procédés mécaniques. Droit fixe 5 fr. en principal par carde. Droit proportionnel sur la maison d'habitation et sur les magasins de vente.	»	20
Droit proportionnel sur l'établissement industriel.	»	40
Charrée, cendres noires et autres amendements analogues (marchand de).	6	20
Charrettes (loueur de).	8	40
Charron.	6	20
— à façon. *	7	20
Chasse (marchand d'ustensiles de).	5	20
Châsses de lunettes (fabricant de) pour son compte.	6	20
— — à façon.	7	40
Chasublier (marchand).	4	20
— à façon.	7	20
Chaudières en cuivre (fabricant de).	4	20
Chaudronnerie pour les appareils à vapeur à distiller, à concentrer, etc., (fabrique de). Droit fixe 200 fr. en principal. Droit proportionnel sur la maison d'habitation et sur les magasins de vente.	»	20
Droit proportionnel sur l'établissement industriel,	»	40
Chaudronnier (marchand).	5	20
Chaudronnier rhabilleur. *	7	40
Chaussons autres qu'en lisières (fabricant de)	6	20
Chaussons de lisières (marchand de) en gros.	4	20
Chaussons en lisières (fabricant de), *	8	40
Chaussons en lisières et autres (marchand de). *		40
Chaussures (fabricant de) par procédés mécaniques. Droit fixe 15 fr en principal plus 3 fr. en principal par ouvrier. Droit proportionnel sur la maison d'habitation et sur les magasins de vente.	»	20
Droit proportionnel sur l'établissement industriel.	»	40
Chaux (marchand de)	6	20
Chaux artificielle (fabrique de). Droit fixe 1 fr. 50 en principal par mètre cube de la capacité brute des fours; le droit sera réduit de moitié pour les fours dans lesquels on cuira moins de huit fois par an. Droit proportionnel sur la maison d'habitation et sur les magasins de vente.	»	20
Droit proportionnel sur l'établissement industriel.	»	25
Chaux naturelle (fabrique de). Droit fixe, 1 fr. en principal par mètre cube de la capacité brute des fours; le droit sera réduit de moitié pour les fours dans lesquels on cuira moins de huit fois par an. Droit proportionnel sur la maison d'habitation et sur les magasins de vente	»	20
Droit proportionnel sur l'établissement industriel.	»	25
Chefs de pont et pertuis.	6	20
Chefs d'institution, maitres de pension.	»	15
Cheminées dites économiques (fabricant et marchand de).	5	20
Chemins de fer avec péage (concessionnaire de), droit fixe 200 fr. en principal plus 20 fr. par myriamètre en sus du premier. Droit proportionnel sur la maison d'habitation et sur les magasins de vente.	»	20
Droit proportionnel, sur l'établissement industriel.	»	40
Chenille en soie (fabricant de), pour son compte. *	7	40
Chevaux (courtier de). *	7	40
— (loueur de).	5	20
— (marchand de).	4	20
— (tenant pension de).	5	20
Cheveux (marchand de).	5	20
Chevilleur.	8	40
Chèvres et chevraux (marchand de).	7	40
Chiffonnier (marchand) en gros.	4	40
— — en demi-gros.	5	20
— — en détail.	7	40
Chiffonnier au crochet. exempt.		
Chimiste expert.	3	15
Chineur.	7	40
Chirurgien-dentiste.	»	15
Chocolat (fabricant de), avec machine à vapeur ou ouvriers.	3	15
Chocolat (fabricant de), n'employant ni machine à vapeur ni ouvriers.	6	20
Chocolat (marchand de) en gros.	3	15
— — en détail.	5	20
Cidre (marchand de) en gros.	3	15
Cimentier (marchand).	6	20
Cirage et encaustique (fabrique de) avec machine à vapeur ou ouvriers.	3	15
Cire (blanchisserie de), droit fixe 15 fr. en principal, plus 3 fr. par ouvrier. Droit proportionnel sur la maison d'habitation et sur les magasins de vente.	»	20

PROFESSIONS.	Classe.	Taux du droit proportionnel.
Droit proportionnel sur l'établissement industriel.	»	25
Cire à cacheter (fabricant de).	4	20
Cirier (marchand).	4	20
Ciseleur.	6	20
Clinquant (fabricant de) pour son compte.	6	20
Clinquant (fabricant à façon). *	8	40
Clochettes (fondeur de).	6	20
Cloches (fondeur de), sans boutique ni magasin.	6	20
Cloches de toute dimension (march. de).	5	20
Clous et pointes (fabrique de), par procédés mécaniques, 5 fr. en principal par métier. Droit proportionnel sur la maison d'habitation et sur les magasins de vente.	»	20
Droit proportionnel sur l'établissement industriel.	»	40
Cloutier (marchand) en gros.	1	10
— — en demi-gros.	2	15
— — en détail.	5	20
— au marteau, pour son compte. *	7	40
— — à façon. *	8	40
Cloches d'eau (entreprise de). *Droit fixe 100 fr. en principal.*	»	15
Cochons (marchand de).	4	20
Cocons (filerie de). Droit fixe, 1 fr. 50 en principal par bassine au tour. Droit proportionnel sur la maison d'habitation et sur les magasins de vente.	»	20
Droit proportionnel sur l'établissement industriel.	»	40
Coffretier-malletier en bois.	6	20
— — en cuir.	5	20
Coiffes de femmes (faiseuse et march. de).	7	40
Coiffeur.	6	20
Coke (fabrique de). Droit fixe, 15 fr. en principal, plus 3 fr. en principal par four. Droit proportionnel sur la maison d'habitation et sur les magasins de vente.	»	20
Droit proportionnel sur l'établissement industriel.	»	25
Collage et séchage de chaînes et tissus (exploitant un établissement de). Droit fixe, 15 fr. en principal, plus 3 fr. en principal par ouvrier. Droit proportionnel sur la maison d'habitation et sur les magasins de vente.	»	20
Droit proportionnel sur l'établissement industriel.	»	50
Colle de pâte, de peau, de graisse, de gélatine (fabricant ou march. de). *	7	40
Colle forte (fabrique de), droit fixe, 15 fr. en principal, plus 3 fr. en principal par ouvrier. Droit proportionnel sur la maison d'habitation et sur les magasins de vente.	»	20
Droit proportionnel sur l'établissement industriel.	»	25
Colle solide ou en poudre pour la clarification des vins et liqueurs (fabricant de).	5	20
Colle végétale pour la papeterie (fabrique de). Droit fixe, 15 fr. en principal plus 3 fr. en principal par ouvrier. Droit proportionnel sur la maison d'habitation et sur les magasins de vente.	»	20
Droit proportionnel sur l'établissement industriel.	»	25
Collets (fabricant ou marchand de).	6	20
Colleur de chaînes pour fabrication de tissus. *	7	40
Colleur d'étoffes.	5	40
Colleur de papiers peints. *	8	40
Coloriste enlumineur. *	8	40
Colliers de chiens (fabricant et marchand de). *	7	40
Cols, collets et rabats (fabricant de) pour son compte.	6	20
Cols, collets et rabats (fabr. de) à façon. *	8	40
Cols, collets et rabats (marchand de).	6	20
Combustibles (marchand de) en boutique.	6	20
Comestibles (marchand de).	3	15
Commis et toutes personnes travaillant à gages. Exempts.		
Commissaire-priseur	»	15
Commissionnaire accrédité près la douane.	6	28
Commissionnaire au mont-de-piété.	4	20
Commissionnaire de transport par terre, par eau :		
A Paris. Droit fixe 250 fr.	»	10
Dans les villes de 50,000 âmes et au-dessus. Droit fixe 200 fr.	»	10
Dans les villes de 30 à 50,000 âmes, et dans celles de 15 à 30,000 âmes qui ont un entrepôt réel. Droit fixe 150 fr.		
Dans les villes de 15 à 30,000 âmes et dans les villes.	»	10
D'une population inférieure à 15,000 âmes qui ont un entrepôt réel. Droit fixe 100 fr.	»	10
Dans toutes les autres communes. Droit fixe 50 fr.	»	10
Commissionnaire en marchandises à Paris. Droit fixe 400 fr.	»	10
Dans les villes de 50,000 âmes et au-dessus. Droit fixe 300 fr.	»	10
Dans les villes de 30 à 50,000 âmes, et dans celles de 15 à 30,000 âmes qui ont un entrepôt réel. Droit fixe 200 fr.	»	10

PROFESSIONS.	Classe.	Taux du droit proportionnel.
Dans les villes de 15 à 30,000 âmes et dans les villes au-dessous de 15,000 âmes qui ont un entrepôt réel. Droit fixe 150 fr.	»	10
Dans toutes les autres communes. Droit fixe 75 fr.	»	10
Commissaire entrepositaire à Paris. Droit fixe. 250 fr.	»	10
Dans les villes de 50,000 âmes et au-dessus. Droit fixe 200 fr.	»	10
Dans les villes de 30 à 50,000 âmes et dans celles de 15 à 30,000 âmes qui ont un entrepôt réel. Droit fixe 150 fr.	»	10
Dans les villes de 15 à 30,000 âmes et dans celles d'une population inférieure à 15,000 âmes qui ont un entrepôt réel. Droit fixe 100 fr.	»	10
Dans toutes les autres communes 50 fr.	»	10
Commissionnaire entrepositaire de vins à Paris. Droit fixe 250 fr.	»	»
Dans les villes de 50,000 âmes et au-dessus. Droit fixe 200 fr.	»	»
Dans les villes de 30 à 50,000 âmes et dans celles de 15 à 30,000 qui ont un entrepôt réel. Droit fixe 150 fr.	»	»
Dans les villes de 15 à 30,000 âmes et dans celles inférieures à 15,000 âmes qui ont un entrepôt réel. Droit fixe. 100 fr.	»	»
Dans toutes les autres communes. 50 fr.	»	»
Droit proportiounel sur la maison d'habitation.	»	10
Droit sur les locaux servant à l'exercice de la profession.	»	30
Commissionnaire porteur pour les fabricants de tissus.	6	20
Concerts publics (entrepreneurs de). Droit fixe à 3 dixièmes d'une recette complète si les concerts ont lieu plus de trois fois par semaine ; 3 vingtièmes pour tout autre nombre; droit proportionnel sur la maison d'habitation.	»	15
Concessionnaire de mines pour la vente des matières par eux extraites, et pour l'extraction. Exempt.		
Condition pour les soies (entrepreneur ou fermier d'une).	2	15
Confiseur.	3	15
Confiseur en chambre. *	7	40
Conservation du bois, des toiles et des cordages (établissement pour la) au moyen de préparations chimiques. Droit fixe, 10 fr. en principal, plus 25 c. en principal par mètre cube des bassins, cuves ou fosses.— Droit proportionnel sur la maison d'habitation et sur les magasins de vente.	»	20
Droit proportionnel sur l'établissement industriel.	»	40
Conserves alimentaires (fabrique de). Droit fixe, 15 fr. en principal, plus 3 fr. en principal par ouvrier.— Droit proportionnel sur la maison d'habitation et sur les magasins de vente.	»	20
Droit proportionnel sur l'établissement industriel.	»	25
Conserves alimentaires (marchand de).	3	15
Convois militaires (entreprise générale des). Droit fixe. 1,200 »		
Convois militaires (entreprise particulière des) pour une division militaire. 100 »		
Convois militaires (entreprise particulière pour gîtes d'étape). 5 »		
Droit proportionnel sur la maison d'habitation.	»	20
Droit proportionnel sur l'établissement industriel.	»	40
Coquetier avec voiture.	6	20
— avec bêtes de somme. *	7	40
— sans voiture ni bêtes de somme. *	8	40
Coraux (préparateur de).	3	20
— bruts (marchand de).	3	15
Cordes (fabrique de) par procédés mécaniques. Droit fixe pour 500 broches ou fuseaux et au-dessous, 10 fr. en principal; plus 1 fr. en principal pour chaque centaine en sus. — Droit proportionnel sur la maison d'habitation et sur les magasins de vente.	»	20
Droit proportionnel sur l'établissement industriel.	»	50
Cordes harmoniques (fabricant de) pour son compte.	6	20
Cordes harmoniques (fabricant de) à façon. *	7	40
Cordes métalliques (fabricant de) pour son compte.	6	20
Cordes métalliques (fabricant de) à façon. *	7	40
Cordes à puits et liens d'écorces (fabricant de). *	8	40
Cordier (fabricant de câbles et cordages pour la marine et la navigation intérieure).	4	20
Cordier (fabricant de menus cordages).*	7	40
Cordier (marchand).	6	20
Cordons, lacets, tresses, ganses en fil, laine, soie, coton, etc. (fabricant de) pour son compte. *	7	40
Cordons, etc. (fabricant de) à façon. *	8	40

PROFESSIONS.	Classe.	Taux du droit proportionnel.
Corne (apprêteur de) pour son compte.	6	20
— — à façon.	* 8	40
— (fabricant de feuilles transparentes de) pour son compte.	6	20
Corne (fabricant de feuilles transparentes de) à façon.	* 8	40
Cornes brutes (marchand de).	5	20
Corroyeur (marchand).	4	20
— à façon.	* 7	40
Corsets (fabricant et marchand de).	6	20
Cosmétiques (marchand de).	6	20
Cosmorama (directeur de).	6	20
Costumier.	6	20
Cossettes de betterave, de chicorée (fabrique de). Droit fixe, 15 fr. en principal, plus 3 fr. en principal par ouvrier. — *Droit proportionnel sur la maison d'habitation et les magasins de vente.*	»	20
Droit proportionnel sur l'établissement industriel.	»	25
Coton cardé ou gommé (marchand de).	* 7	40
— en laine (marchand de) en gros.	1	10
— filé (marchand de) en gros.	1	10
— — en demi-gros.	2	15
— — en détail.	4	20
Cotrets (débitant de).	* 8	40
— sur bateaux (marchand de).	4	20
Couleurs et vernis (fabricant et marchand de).	4	20
Coupeur de poils (marchand) pour son compte.	6	20
Coupeur de poils à façon.	* 7	40
Courroies (apprêteur de) pr son compte	* 7	40
— — à façon.	* 8	40
Courses de chevaux (entrepreneur d'établissement de).	4	»
Droit proportionnel sur la maison d'habitation.	»	20
Droit proportionnel sur les locaux servant à l'exercice de la profession.	* »	40
Courtier d'assurances de navires ou de marchandises. Droit fixe :		
A Paris. 250 »	»	10
Dans les villes de 50,000 âmes et au-dessus. 200 »	»	10
Dans les villes de 30,000 à 50,000 âmes et dans celles de 15,000 à 30,000 âmes qui ont un entrepôt réel. 150 »	»	10
Dans les villes de 15,000 à 30,000 âmes et dans celles inférieures à 15,000, qui ont un entrepôt réel. 100 »	»	10
Dans toutes les autres communes. 50 »	»	10
Courtiers de bestiaux.	* 7	40
— de monture.	* 7	40
— gourmet piqueur de boissons.	6	20
— en essences.	6	20

PROFESSIONS.	Classe.	Taux du droit proportionnel.
— en soies.	6	20
— en grains.	* 7	40
Coutelier (marchand en détail).	5	20
— à façon.	* 7	40
Coutellerie (fabricant expéditeur de). Droit fixe 5 fr. en principal, plus 3 fr. en principal par ouvrier ou par série d'ouvriers équivalente à un ouvrier. Droit proportionnel sur la maison d'habitation et sur les magasins de vente.	»	20
Droit proportionnel sur l'établissement industriel.	»	40
Coutellerie (fabricant de) non expéditeur. Droit fixe, 4 fr. en principal plus 2 fr. en principal par ouvrier ou par série d'ouvriers équivalente à un ouvrier. Droit proportionnel sur la maison d'habitation et sur les magasins de vente.	»	20
Droit proportionnel sur l'établissement industriel.	»	40
Coutellerie (marchand de) en gros.	1	10
— — en demi-gros.	2	15
Couturière (marchande).	6	20
— — à façon.	* 7	40
Couverts et autres objets en fer battu ou étamé (fabricant et marchand de) en gros, par procédés ordinaires.	4	20
Couverts et autres objets en fer battu ou étamé (fabricant de) en détail.	6	20
Couverts et autres objets en fer battu ou étamé (fabricant de) à façon.	* 8	40
Couverts et autres objets de service de table, en argent ou en alliage (fabrique de) par procédés mécaniques. Droit fixe, 15 fr. en principal plus 3 fr. en principal par ouvrier. Droit proportionnel sur la maison d'habitation et sur les magasins de vente.	»	20
Droit proportionnel sur l'établissement industriel.	»	40
Couvertures de soie, bourre, laine et coton, etc. (marchand de).	4	20
Couvreur entrepreneur.	4	20
— maître.	6	20
— à façon.	* 7	40
— en paille ou en chaume.	* 7	40
Crayons (fabrique de) Droit fixe, 15 fr. en principal, plus 3 fr. en principal par ouvrier. Droit proportionnel sur la maison d'habitation et sur les magasins de vente.	»	20
Droit proportionnel sur l'établissement industriel.	»	25
Crayons (marchand de).	6	20
Crédit foncier de France (société du). Droit fixe 6,000 fr.	»	15

PROFESSIONS.	Classe.	Taux du droit proportionnel.
Crémier-glacier.	5	20
Crémier ou laitier. *	7	40
Crépin en buis (fabrique d'articles de) pour son compte. *	7	40
Crépin en buis (fabrique d'articles de) à façon. *	8	40
Crépins (marchand de).	6	20
Creusets (fabrique de). Droit fixe 25 fr. en principal. Droit proportionnel sur la maison d'habitation et sur les magasins de vente.	»	20
Droit proportionnel sur l'établissement industriel.	»	25
Criblier.	7	40
Crics (fabricant et marchand de).	5	20
Crin (apprêteur, crêpeur ou friseur de) à façon. *	8	40
Crin frisé (apprêteur de).	5	20
— frisé (marchand de) en gros.	1	10
— — en demi-gros.	2	15
— — en détail.	4	20
Crin végétal (fabrique de) par procédés mécaniques. Droit fixe, 5 fr. en principal par machine à peignes.		
Crin végétal. Droit proportionnel sur la maison d'habitation et les magasins de vente.	»	20
Droit proportionnel sur l'établissement industriel.	»	40
Crin plat (marchand de).	6	20
Criniées (fabricant de) pour son compte.	6	20
— — à façon. *	8	40
Cristaux (marchand de). Droit fixe 300 fr. en principal. Droit proportionnel sur la maison d'habitation et sur les magasins de vente.	»	20
Droit proportionnel sur l'établissement industriel.	»	40
Cristaux (manufacture de) en gros.	1	10
— — en demi-gros.	2	15
— — en détail.	5	20
— (tailleur de). *	7	40
Crochets pour les fabriques d'étoffes (fabricant de) pour son compte. *	7	40
Crochets pour les fabriques d'étoffes (fabricant de) à façon. *	8	40
Cuillers d'étain (fondeur ambulant de).*	8	40
Cuir bouilli et verni (fabricant ou marchand d'objets en).	6	20
Cuirs et pierres à rasoirs (fabricant et marchand de).	6	20
Cuirs tannés, corroyés, lissés, vernissés (marchand) en gros.	1	10
Cuirs tannés, corroyés, lissés, vernissés (marchand) en demi-gros.	2	15
Cuirs tannés, corroyés, lissés, vernissés (marchand) en détail.	4	20
Cuirs tannés en vert, étrangers (marchand de) en gros.	1	10
Cuirs tannés en vert, du pays (marchand de) en gros.	3	15
Cuivre de navires (marchand de vieux).	6	20
— vieux (marchand de). *	7	40
Culottier en peau (marchand).	5	20
Cultivateurs (pour la manipulation, et la vente de leur récolte). Exempt.	»	»
Curiosités (marchand en boutique d'objets de).	5	20
Cylindres pour filatures (garnisseur de).*	8	40
— (couvreur et tourneur de).	5	20

D

PROFESSIONS.	Classe.	Taux du droit proportionnel.
Dalles (marchand de).	6	20
Damasquineur.	6	0
Decatisseur.	5	20
Déchets de soie, laine, coton, débris de cocons (marchand).	6	20
Déchireur de chiffons et de vieilles étoffes de laine par procédés mécaniques. Droit fixe 10 fr. en principal par machine. Droit proportionnel sur la maison d'habitation et sur les magasins de vente.	»	20
Droit proportionnel sur l'établissement industriel.	»	40
Déchireur ou dépeceur de bateaux.	5	20
Décors et ornements d'architecture (marchand de).	4	20
Découpeur d'étoffes par procédés mécaniques. Droit fixe 5 fr. en principal. par métier. Droit proportionnel sur la maison d'habitation et sur les magasins de vente.	»	20
Droit proportionnel sur l'établissement industriel	»	40
Découpeur d'étoffes ou de papier *	8	40
— en marqueterie. *	7	40
Découpoirs (fabricant de) pour son compte.	6	20
Découpoirs (fabricant de) à façon. *	8	40
Décrotteur en boutique. *	8	40
Decrueur de fil. *	7	40
Défrichement ou desséchement (compagnie de) droit fixe, 300 fr. en principal.	»	15
Dégraisseur. *	7	40
Degras (fabricant ou marchand de). *	7	40
Déménagements (entrepreneur de), s'il a plusieurs voitures.	3	15
Déménagements (entrepreneur de), s'il a une seule voiture.	6	20
Denrées coloniales (marchand de) en gros.	1	10
Denteleur de scies. *	7	40

PROFESSIONS.	Classe.	Taux du droit proportionnel.
Dentelles (entrepr. de fabrication de).	3	15
— (facteur de).	6	20
— (fabricant de) en gros.	1	10
— (fabricant et marchand de) demi-gros.	2	10
— (fabricant et marchand de) en détail.	»	25
Dentiste non pourvu du diplôme de docteur en médecine ou de chirurgien	* 7	40
Dents et rateliers artificiels (fabricant ou marchand de).	5	20
Dépeceur de voitures.	6	20
Dépolisseur de verres.	* 7	40
Dés à coudre en métal autre que l'or et l'argent (fabricant pour son compte).	5	20
Dés à coudre en métal autre que l'or et l'argent, à façon.	* 8	40
Desséchement (entrepreneur de travaux de). Droit fixe 10 fr. en principal. Droit proportionnel sur la maison d'habitation.	»	15
Dessinateur pour fabrique.	6	20
Dessinateur de parcs et jardins.	6	20
Diamants et pierres fines (marchand de).	1	10
Diamants pour vitriers et miroitiers (monteur de) pour son compte.	6	20
Diamants pour vitriers et miroitiers (monteur) à façon.	* 7	40
Diligences partant à jours et heures fixes (entrepreneur de). Droit fixe 5 fr. en principal, plus pour chaque myriamètre complet 1 fr. en principal pour les voitures ayant 10 places et au-dessous, et 5 fr. en principal pour les voitures ayant plus de 10 places. Droit proportionnel sur la maison d'habitation et sur les magasins.	»	20
Droit proportionnel sur l'établissement industriel.	»	40
Diorama (directeur de)	2	»
Droit proportionnel sur la maison d'habitation.	»	15
Distillateur d'essences et eaux parfumées et médicinales.	5	20
Distillateur liquoriste.	3	15
Docteur en chirurgie.	»	15
Doreur, argenteur et applicateur d'autres métaux que l'or et l'argent.	6	20
Doreur sur bois.	6	20
— sur tranches, sur cuir, sur papier.	* 7	40
Dorures et argentures sur métaux (fabricant ou marchand de) en détail.	4	20
Dorures pour passementeries (marchand de).	4	20
Dragueur (entrepreneur), droit fixe 50 fr. en principal. Droit proportionnel sur la maison d'habitation.	»	15

PROFESSIONS.	Classe.	Taux du droit proportionnel.
Drainage (entrepreneur de).	6	20
Drap feutre (fabricant de) par procédés mécaniques. Droit fixe, 1 fr. en principal par paire de cylindres des machines à feutrer. Droit proportionnel sur la maison d'habitation et sur les magasins de vente.	»	20
Droit proportionnel sur l'établissement industriel.	»	50
Drèche ou marc de l'orge qui a servi à faire la bière (marchand de).	6	20
Drogues (pileur de).	* 7	40
Droguiste (marchand) en gros.	1	10
— en demi-gros.	2	15
— en détail	3	15
E		
Eau (entrepreneur de distribution d') fournisseur de la ville de Paris en tout ou en partie. Droit fixe, 600 fr.	»	»
Fournissant une ville de 50,000 âmes et au-dessus. Doit fixe. 400 fr.	»	»
Fournissant une ville de 30,000 à 50,000 âmes. 200 fr.	»	»
Fournissant une ville de 15,000 à 30,000 âmes. Droit fixe. 150 fr.	»	»
Fournissant une ville au-dessous de 15,000 âmes. Droit fixe. 75 fr.	»	»
Droit proportionnel sur la maison d'habitation.	»	10
Droit proportionnel sur les locaux servant à l'exercice de la profession.	»	40
Eau de vie (marchand d') en gros.	1	10
— — en demi-gros.	2	15
— — en détail.	5	20
Eau filtrée ou clarifiée et dépurée (entrepreneur d'un établissement d').	3	15
Eaux minérales et thermales exploitation. Droit fixe. 150 fr. en principal. Droit proportionnel sur la maison d'habitation et sur les magasins de vente.	»	20
Droit proportionnel sur l'établissement industriel.	»	40
Eaux minérales naturelles ou factices (marchand d').	4	20
Ebéniste (fabricant) pour son compte, sans magasin.	6	20
Ebéniste (fabricant) à façon.	* 7	40
Ebéniste (marchand) ayant boutique ou magasin.	5	20
Ecailles d'ables ou d'ablettes (marchand d').	* 7	40
Echalas (marchand d').	* 7	40
Echelles, fourches, rateaux et rateliers (fabricant et marchand d')	* 7	40
Eclairage à l'huile pour le compte des particuliers (entrepreneurs d').	5	20

PROFESSIONS.	Classe.	Taux du droit proportionnel.
Eclairage à l'huile (entrepreneur d'). Droit fixe, 5 fr. en principal plus 2 fr. en principal par 1,000 fr. des entreprises. *Droit proportionnel sur la maison d'habitation.*	«	15
Ecorces pour la fabrication du papier, (déchireurs d') par procédés mécaniques. Droit fixe, 10 fr. en principal par machine. Droit proportionnel sur la maison d'habitation et sur les magasins de vente.	»	20
Droit proportionnel sur l'établissement industriel.	»	40
Écorces de bois pour tan (marchand d').	4	20
Ecorcheur ou équarrisseur d'animaux*.	7	40
Ecrans (fabricant d') pour son compte.	6	20
— — à façon. *	8	40
Ecritures (entrepreneur d'). *	7	40
Ecrivains publics. Exempt.		
Editeurs de feuilles périodiques. Exempt.		
Elastiques pour bretelles, jarretières, etc. (fabricant d'). *	8	40
Emailleur pour son compte.	6	20
— à façon. *	7	40
Emballeur non layetier.	6	20
Embouchoirs (faiseurs d'). *	7	40
Emeri et rouge à polir (marchand d'). *	8	40
Emplacement pour dépôts de marchandises (exploitant un).	5	20
Encadreur d'estampes. *	8	40
Enclumes, essieux et gros étaux (manufacture d'). Droit fixe, 25 fr. en principal par feu. Droit proportionnel sur la maison d'habitation et sur les magasins de vente.	»	20
Droit proportionnel sur l'établissement industriel.	»	40
Encre à écrire (fabricant et marchand d') en gros.	3	15
— — En détail.	6	20
Encre d'impression (fabricant d'). Droit fixe 15 fr. en principal plus 3 fr. en principal par ouvrier. Droit proportionnel sur la maison d'habitation et sur les magasins de vente	»	20
Droit proportionnel sur l'établissement industriel.	»	25
Encriers perfectionnés (siphoïde, pompe, inoxidables) (fabricant ou marchand d')	4	20
Enduit contre l'oxidation (applicateur).	6	20
Engrais (marchand d'). Droit fixe 30 fr. en principal. Droit proportionnel sur la maison d'habitation et sur les magasins de vente.	»	20
Droit proportionnel sur l'établissement industriel.	»	25
Enlaceurs de cartons.	6	20

PROFESSIONS.	Classe.	Taux du droit proportionnel.
Enjoliveur (marchand).	6	20
Enjoliveur (fabricant pour son compte). *	7	40
— à façon. *	8	40
Entrepôt (concessionnaire exploitant ou fermier des droits d'emmagasinage dans un).	2	»
Droit proportionnel sur la maison d'habitation.	»	15
Eperonnier pour son compte.	5	20
— à façon. *	7	40
Epicier (marchand) en gros.	1	10
— demi-gros	2	15
Epicier en détail	5	20
Epicier regrattier *	7	40
Epileur.	8	40
Epingles (*manufacture d') par procédés mécaniques. Droit fixe 15 fr. en principal* plus 3 fr. en principal par ouvrier. Droit proportionnel sur la maison d'habitation et sur les magasins de vente.	»	20
Droit proportionnel sur l'établissement industriel.	»	40
Epingles (marchand en gros)	1	10
Epingles (fabricant d') par procédés mécaniques à façon. *	8	40
Epingles (marchand d') en demi-gros	2	15
Epinglier grillageur. *	7	40
Eponges (marchand d') en gros.	3	15
— — En détail.	5	20
Equarrisseur de bois. *	7	40
Equipage (maître d').	5	29
Equipements militaires (marchand d'objets d').	3	15
Equipeur monteur *	7	40
Escargots (marchand d'). *	7	40
Escompteur.	1	10
Esprit ou eau-de-vie de vin (fabrique d') Droit fixe 50 fr. en principal; ce droit est réduit de moitié pour les fabricants de moins de 100 hectolites. Droit proportionnel sur la maison d'habitation et sur les magasins de vente.	»	20
Droit proportionnel sur l'établissement industriel.	»	25
Esprit ou eau-de-vie de marc de raisin, cidre, poiré, (fabrique d'). Droit fixe 25 fr. en principal; *ce droit est réduit de moitié pour les fabricants de moins de 100 hectolitres. Droit proportionnel* sur les magasins de vente.	»	20
Droit proportionnel sur l'établissement industriel.	»	25
Esprit ou alcool de fécules, de graines de betteraves, et autres substances analogues (fabrique d'). Droit fixe 0,10 c en principal par hectolitre de la capacité brute des cuves de fermentation,		

PROFESSIONS.	Classe.	Taux du droit propor-tionnel.
et 50 fr. en principal par hectolitre de la capacité brute des chaudières ou colonnes à rectifier, le droit sera réduit de moitié pour les fabriques qui travaillent moins de trois mois par an. Droit proportionnel sur la maison d'habitation et sur les magasins de vente.	»	20
Droit proportionnel sur l'établissement industriel.	»	40
Essayeur de soie.	6	20
Essayeur pour le commerce.	3	15
Essence d'Orient (fabricant d').	7	40
Estaminet (maître d')	4	20
Estampes et gravures (marchand d').	6	20
Estampeur en or, en argent.	4	20
Estampeur ou repousseur en métaux *autres que l'or et l'argent.* *	7	40
Etain (fabricant de feuilles d').	5	20
Etain pour glaces (fabrique d'). Droit fixe 15 fr. en principal, plus 3 fr. par ouvrier. Droit proportionnel sur la maison d'habitation et sur les magasins de vente.	»	20
Droit proportionnel sur l'établissement industriel.	»	25
Etameur ambulant d'ustensiles de cuisine. *	8	40
Etameur de glaces.	6	20
Etoffes (crépeur d').	7	40
Etoupes (marchand d'). *	8	40
Etriers (fabricant d') pour son compte.	5	20
— — à façon. *	7	40
Etrilles (fabricant d') pour son compte.	5	20
— — à façon. *	7	40
Etuis et sacs de papier (fabricant d').	8	40
Eventailliste (fabric. pour son compte). *	7	40
Eventailliste (marchand fabricant) ayant magasin.	6	20
Eventailliste (marchand fabricant) à façon. *	8	40
Expert près les tribunaux (s'il en fait sa profession habituelle).	4	20
Expert visiteur de navires. *	7	40
Expert pour le partage et l'estimation des propriétés.	6	20

F

PROFESSIONS.	Classe.	Taux du droit propor-tionnel.
Fabricant dont la profession est spécialement dénommée au tableau des commerces, des industries ou professions dont le droit fixe est réglé eu égard à la population et d'après un tarif général, lorsqu'il travaille pour le commerce et qu'il occupe plus de dix ouvriers disséminés ou renfermés dans le même établissement. Droit fixe pour les dix ouvriers : 15 fr. en principal. Plus, pour les ouvriers au-dessus de dix : 3 fr. par ouvrier ou par série d'ouvriers. Les droits ci-dessus seront réduits à la moitié pour les fabricants à façon. Droit proportionnel sur la maison d'habitation et sur les magasins de vente.	»	20
Droit proportionnel sur l'établissement industriel.	»	40
Fabricants à métier à façon ayant moins de 10 ouvriers. Exempt.	»	»
Fabrication dans les dépôts de mendicité (entrepreneur de) pour un atelier de 25 détenus et au-dessous. Droit fixe : 15 fr. en principal ; par chaque détenu en sus, 25 cent. Droit proportionnel sur la maison d'habitation.	»	15
Fabrication dans les prisons (entrepreneur de) : pour un atelier de 25 détenus, et au-dessous, droit fixe 25 fr. en principal ; par chaque détenu en sus, 50 cent. jusqu'au maximum de 500 fr. Droit proportionnel sur la maison d'habitation.	»	15
Facteur aux halles de Paris pour les farines, le beurre, les œufs, les fromages et le poisson salé. 150 fr.	»	10
Pour les grains, grenailles, la marée, les huîtres et les cuirs. 100 fr.	»	10
Pour le poisson d'eau douce, la volaille, le gibier, les agneaux, etc., 75 fr.	»	10
Pour le charbon de bois arrivé par terre, ou pour le charbon de terre, 50 fr.	»	10
Pour les fruits et légumes, 25 fr.	»	10
Facteur de denrées et marchandises, partout ailleurs qu'à Paris.	4	20
Facteur aux marchés à bestiaux destinés à l'approvisionnement de Paris, 150 fr.	»	10
Facteur de fabrique.	6	20
Fagots et bourrées (marchand de), vendant par voiture.	6	20
Fagots et bourrées (marchand de), en détail, vendant au fagot. *	8	40
Faïence (manufacture de), droit fixe 25 fr. en principal par four. Droit proportionnel sur la maison d'habitation et sur les magasins de vente.	»	20
Droit proportionnel sur l'établissement industriel.	»	40
Faïence (marchand de) en gros.	1	10
— — en détail.	6	20
Faines (marchand de). *	8	40
Falourdes (débitant de). *	8	40
Fanons ou barbes de baleine (marchand de) en gros.	4	10

PROFESSIONS.	Classe.	Taux du droit propor-tionnel.
Fanons ou barbes de baleine (marchand de) en demi-gros.	2	15
Farines (marchand de) en gros.	4	20
— — en détail.	6	20
Faux et faucilles (fabrique de), droit fixe 15 fr. en principal, plus 3 fr. par ouvrier. Droit proportionnel sur la maison d'habitation et sur les magasins de vente.	»	20
Droit proportionnel sur l'établissement industriel.	»	40
Fécules de pomme de terre (fabrique de), droit fixe 15 fr. en principal plus 3 fr. par ouvrier. Droit proportionnel sur la maison d'habitation et sur les magasins de vente.	»	20
Droit proportionnel sur l'établissement industriel.	»	10
Fécules (marchand de) en gros.	4	20
— — en détail.	6	20
Fendeur de brins de baleine ou de jonc. *	7	40
— en bois. *	7	40
Fer-blanc (fabrique de), droit fixe 50 fr. en principal plus 3 fr. par ouvrier. Droit proportionnel sur la maison d'habitation et sur les magasins de vente.	»	20
Droit proportionnel sur l'établissement industriel.	»	40
Ferblantier-lampiste.	5	20
Ferblantier.	6	20
— en chambre. *	7	40
Fer en barre (marchand de) en gros.	1	10
— — en détail.	4	20
Fers vieux (marchand de) en gros.	4	20
Fer en meubles (marchand de).	3	15
Fermiers et propriétaires de marais salants. exempt.		
Ferrailleur. *	7	40
Ferreur de lacets. *	8	40
Ferronnerie, serrurerie et clous forgés (fabrique de), droit fixe 5 fr. en principal 3 fr. en principal par ouvrier. Droit principal sur la maison d'habitation et sur les magasins de vente.	»	20
Droit proportionnel sur l'établissement industriel.	»	40
Feuilles de blé de Turquie (march. de). *	8	40
— de cuivre imitant l'or battu (marchand de).	6	20
Feutre (fabricant et marchand de) pour la papeterie, le doublage des navires, etc.	6	20
Figures en cire (mouleur de), à façon. *	8	40
Fil de coton, chanvre, lin (retordeur de), à façon, au moyen de moulins; pour chaque moulin 3 fr., au moyen de broches; pour 500 broches et au-dessous, 25 fr. en principal.	»	»

PROFESSIONS.	Classe.	Taux du droit propor-tionnel.
Fil à coudre (fabrique de), droit fixe 15 fr. en principal, plus 3 fr. en principal par ouvrier. Droit proportionnel sur la maison d'habitation et sur les magasins de vente.	»	20
Droit proportionnel sur l'établissement industriel.	»	40
Filasse de nerfs (fabricant de), pour son compte.	6	20
Filasse de nerfs (fabricant de), à façon.*	8	40
Filature de coton et filature de déchets ou de bourre de soie. Droit fixe 3 fr. plus 5 fr. en principal par assortiment de machines à peigner ou à carder, et 1 fr. 50 en principal par chaque centaine de broches. Droit proportionnel sur la maison d'habitation et sur les magasins de vente.	»	20
Droit proportionnel sur l'établissement industriel.	»	40
Filature de laine, de chanvre ou de lin. Droit fixe, 5 fr. plus 4 fr. par assortiment de machines à peigner ou à carder, et 3 fr. par chaque centaine de broches, le tout en principal. Droit proportionnel sur la maison d'habitation et sur les magasins de vente.	»	20
Droit proportionnel sur l'établissement industriel.	»	40
Fil de fer ou de laiton (marchand de) en gros.	1	10
Fil de fer ou de laiton (marchand de) en demi-gros.	2	15
Fil de fer ou de laiton (marchand de) en détail.	4	20
Filets pour la pêche, la chasse, etc. (fabricant de).	6	20
Fileur entrepreneur.	6	20
Filotier.	6	20
Filigraniste.	6	20
Fils de chanvre ou de lin (marchand de) en détail.	4	20
Finisseur en horlogerie. *	7	40
Fleurets et filoselle (marchand de) en gros.	1	10
Fleurets et filoselle (marchand de) en demi-gros.	2	15
Fleurets et filoselle (marchand de) en détail.	4	20
Fleuriste travaillant pour le compte des marchands. *	7	40
Fleurs artificielles (fabricant et marchand de).	5	20
Fleurs artificielles (marchand d'apprêts et papiers pour).	6	20
Fleurs d'oranger (marchand de).	6	20

PROFESSIONS.	Classe.	Taux du droit proportionnel.
Flottage (entrepreneur de), droit fixe en principal 25 fr. Droit proportionnel sur la maison d'habitation.	»	15
Fonctionnaires et employés salariés par l'État, les départements et les communes. Exempts.		
Fonderie de cuivre (entrepreneur de) ayant plusieurs laminoirs, droit fixe en principal, 300 fr. Un laminoir ou plusieurs martinets. Droit fixe en principal, 200 fr. Se bornant à convertir le cuivre rouge en cuivre jaune. Droit fixe en principal 100 fr. Droit proportionnel sur la maison d'habitation et sur les magasins de vente.	»	20
Droit proportionnel sur l'établissement industriel.	»	40
Fonderie de cuivre et bronze (entrepreneur de) :		
Fondant des objets de grande dimension, tels que cylindres ou rouleaux d'impression, pour les manufactures, grandes pièces de mécanique, etc., en principal. 200 fr.		
Ne fondant que des objets d'art ou d'ornementation ou des pièces de mécanique de petite dimension. 100 fr.		
Ne fondant que des objets d'un usage commun et de petite dimension, comme robinets, clochettes, anneaux, etc., en principal. 50 fr.		
Droit proportionnel sur la maison d'habitation et sur les magasins de vente.	»	20
Droit proportionnel sur l'établissement industriel.	»	40
Fonderie de cuivre sans laminoirs ni martinets (exploitant de). Droit fixe 25 fr. par chaufferie, feu, four ou fourneau de fusion. Droit proportionnel sur la maison d'habitation et sur les magasins de vente.	»	20
Droit proportionnel sur l'établissement industriel.	»	40
Fonderie ou affinage de plomb ou de zinc. Droit fixe 20 fr. par chaufferie, feu, four ou fourneau de fusion. Droit proportionnel sur la maison d'habitation.	»	20
Droit proportionnel sur l'établissement industriel.	»	25
Fonderie en fer de seconde fusion (entrepreneur de) fabricant des objets de grande dimension. Droit fixe en principal 200 fr.; ne fabriquant que des objets de petite dimension. Droit fixe en principal 100 fr. Droit proportionnel sur la maison d'habitation et sur les magasins de vente.	»	20
Droit proportionnel sur l'établissement industriel.	»	40
Fondeur en fer, en bronze ou en cuivre (avec des creusets ordinaires).	5	20
Fondeur d'étain, de plomb ou de fonte de chasse.	6	20
Fondeur d'or ou d'argent.	3	20
Fontaines à filtrer (fabricant et marchand de).	6	20
Fontaines en grès à sable (marchand de).	6	20
— publiques (fermier de). Droit fixe 5 fr. en principal, plus 2 fr. par 1,000 fr. du prix de ferme. Droit proportionnel sur la maison d'habitation.	»	15
Fontainier, sondeur et foreur de puits artésiens. Droit fixe en principal 40 fr. Droit proportionnel sur la maison d'habitation.	»	20
Droit proportionnel sur les locaux servant à l'exercice de la profession.	»	40
Forges (fabricant de) pour son compte.	5	20
— — à façon. *	7	40
Forets (fabricant de). *	7	40
Forgeron.	6	20
— de petites pièces (canon, platines).	5	20
Forgeron de petites pièces (à façon). *	7	40
Forges et hauts fourneaux (maître de). Droit fixe par haut fourneau au coke 200 fr. par haut fourneau au bois en principal 100 fr. par forge dite catalane, et par chaufferie, feu, four et fourneau de seconde fusion de toute usine à fer, en principal 25 fr. Ces droits seront réduits de moitié pour les forges lorsqu'il y aura chômage de quatre mois au moins. Droit proportionnel sur la maison d'habitation et sur les magasins de vente.	»	20
Droit proportionnel sur l'établissement industriel.	»	40
Formaire pour la fabrication du papier, pour son compte.	6	20
Formaire pour la fabrication du papier, à façon. *	8	40
Formes à sucre (fabrique de). Droit fixe 15 francs en principal, plus 3 francs par ouvrier. Droit proportionnel sur la maison d'habitation et sur les magasins de vente.	»	20
Droit proportionnel sur l'établissement industriel.	»	25
Formes pour chaussures (fabrique de) par procédés mécaniques. Droit fixe, 15 fr. en principal, plus 3 fr. par ouvrier. Droit proportionnel sur la mai-		

PROFESSIONS.	Classe.	Taux du droit proportionnel.
son d'habitation et sur les magasins de vente.	»	20
Droit proportionnel sur l'établissement industriel.	»	40
Formier. *	7	40
Fosses mobiles inodores (entrepr. de).	4	20
Fouets cravaches (fabricants ou marchands de) pour son compte. *	7	40
Fouets, fabricant à façon. *	8	40
Fouleur de bas et autres articles de bonneterie.	6	20
Fouleur de feutre pour les chapeliers.	6	20
Foulonnier. Droit fixe 3 fr. par pot à fouler ou à laver. Droit proportionnel sur la maison d'habitation et sur les magasins de vente.	»	20
Droit proportionnel sur l'établissement industriel.	»	40
Foulonnier à la mécanique. Droit fixe, 10 fr. en principal par machine à fouler ou à laver. Droit proportionnel sur la maison d'habitation et sur les magasins de vente.	»	20
Droit proportionnel sur l'établissement industriel.	»	40
Fourbisseur (marchand).	6	20
Fournaliste.	6	20
Fourneaux potagers (fabricant et marchand de).	6	20
Fournier ou cuiseur. *	7	40
Fournisseurs généraux de chauffage et de lumière aux troupes. Droit fixe en principal, 1,000 fr.	»	15
Fournisseurs généraux d'objets concernant l'habillement, l'armement, la remonte, l'équipement des troupes, etc. Droit fixe en principal, 1,000 fr.	»	15
Fournisseurs généraux de subsistances aux armées. Droit fixe en principal, 1,000 fr.	»	15
Fournisseur des objets ci-dessus indiqués par division militaire. Droit fixe en principal, 150 fr.	»	15
Fournisseur général dans les prisons et dépôts de mendicité. Droit fixe à forfait et par tête de détenus, pour un nombre de 300 et au-dessous, 150 fr. en principal; plus, 25 fr. en principal par 100 détenus en sus. Droit proportionnel sur la maison d'habitation.	»	15
Fournisseurs de chauffage et de lumière aux troupes dans les garnisons. Droit fixe en principal, 25 fr.	»	15
Fournisseurs de fourrages aux troupes dans les garnisons. Droit fixe en principal, 100 fr.	»	15
Fournisseurs de vivres aux troupes dans les garnisons. Droit fixe en principal, 50 fr.	»	15
Fournisseurs de vivres et fourrages aux troupes dans les gîtes d'étapes. Droit fixe en principal, 25 fr.	»	15
Fourrages (marchand de) par bateaux, charrettes ou voitures.	5	20
Fourrages (débitant de) à la botte ou en petite partie.	6	20
Fourreaux pour sabres et épées, baïonnettes (fabric. de) pour son compte. *	7	40
Fourreaux pour sabres, épées, baïonnettes (fabricant) à façon. *	8	40
Fourreur.	4	20
— à façon. *	7	40
Frangier (marchand).	5	20
— fabricant pour son compte. *	7	40
— — à façon. *	8	40
Frappeur de gaze. *	8	40
Frétin (marchand). *	7	40
Fripier.	6	20
Friseur de draps et autres étoffes de laine. *	7	40
Friturier en boutique. *	7	40
Fromages de pâte grasse (marchand de) en gros.	4	20
Fromages de pâte grasse en détail.	6	20
Fromages de Roquefort et autres fromages secs (fabrique de). Droit fixe en principal, 50 fr. Droit proportionnel sur la maison d'habitation et sur les magasins de vente.	»	20
Droit proportionnel sur l'établissement industriel.	»	25
Fromages (marchand de) en gros.	1	10
— — en demi-gros.	4	20
— — en détail.	6	20
Fruitier oranger.	6	20
Fruitier. *	7	40
Fruits et légumes (marchand expéditeur, par chemin de fer ou par bateaux de). Droit fixe en principal, 50 fr. Droit proportionnel sur la maison d'habitation.	»	15
Fruits et légumes (marchand de) vendant par paniers.	6	20
Fruits secs (marchand de) en gros.	1	10
— en demi-gros.	3	15
— en détail.	6	20
Fruits secs pour boisson (marchand de).	6	20
Fruits sur bateaux (marchand de) droit fixe, en principal 50 fr. Droit proportionnel sur la maison d'habitation.	»	15
Fumiste.	6	20
Fuseaux (fabricant de). *	8	40

PROFESSIONS.	Classe.	Taux du droit proportionnel.
G		
Gabare (maître de). *	7	40
Gainier (fabricant) pour son compte). *	7	40
— — à façon. *	8	40
Galette, gaufres, brioches et gâteaux (marchand) en boutique. *	7	40
Galochier. *	7	40
Galonnier (fabricant) pour son compte.*	7	40
— — à façon. *	8	40
Galonnier (marchand).	5	20
Galvanisation du fer (exploitant une usine pour la). Droit fixe, 50 fr. en principal par chaque four de fusion. Droit proportionnel sur la maison d'habitation et sur les magasins de vente.	»	20
Droit proportionnel sur l'établissement industriel.	»	40
Galvanoplastie (entrepreneur de). Droit fixe, 50 fr. en principal, plus 3 fr. par ouvrier. Droit proportionnel sur la maison d'habitation.	»	20
Droit proportionnel sur l'établissement industriel.	»	40
Gantier (marchand ou fabricant).	3	15
Gantier à façon. *	7	40
Gantier (marchand).	3	20
Gantier-dresseur. *	7	40
Garde de commerce.	4	20
Gardes-malades.	»	»
Gardes-robes inodores (fabricant et marchand).	6	20
Gare (entrepreneur de) droit fixe en principal 100 fr. Droit proportionnel sur la maison d'habitation.	»	15
Gargotier. *	7	40
Garnisseur d'étuis pour instruments de musique. *	8	40
Garnitures de parapluies et cannes (fabricant de). *	8	40
Gaufreur d'étoffes, de rubans, etc. *	7	40
Gaules et perches (marchand de). *	7	40
Gaz pour l'éclairage (fabrique de) pour les usines qui fournissent l'éclairage de tout ou partie de la ville de Paris. Droit fixe, 1 centime en principal par hectolitre de la capacité des gazomètres. Droit proportionnel sur la maison d'habitation.	»	20
Droit proportionnel sur l'établissement industriel.	»	40
Pour les usines qui fournissent l'éclairage de tout ou partie des villes de 50,000 âmes et au-dessus. Droit fixe. 400 »		
Des villes de 30,000 âmes et au-dessus. Droit fixe. 200 »		
Des villes de 15 à 30,000 âmes. Droit fixe. 150 »		
Des villes au-dessous de 15,000 âmes. Droit fixe. 75 »		
Droit proportionnel sur la maison d'habitation.	»	15
Droit proportionnel sur l'établissement industriel.	»	40
(Les tuyaux de conduite ne doivent pas entrer dans la valeur locative).		
Gélatine (fabrique de). Droit fixe, 15 fr. en principal plus 3 fr. en principal par ouvrier. Droit proportionnel sur la maison d'habitation et sur les magasins de vente.	»	20
Droit proportionnel sur l'établissement industriel.	»	25
Géorama (directeur de).	2	»
Droit proportionnel sur la maison.	»	15
Gibernes (fabricant de) pour son compte.	6	20
— — à façon. *	8	40
Glace, eau congelée (marchand de).	6	20
Glaces (manufacture de) droit fixe en principal 400 fr. Droit proportionnel sur la maison d'habitation et sur les magasins de vente.	»	20
Droit proportionnel sur l'établissement industriel. *	»	40
Glaces (marchand en gros).	1	10
— en demi-gros.	2	15
— en détail.	5	20
Glacier.	5	20
Glacier limonadier.	3	15
Glacières (maître de) droit fixe en principal 50 fr. Droit proportionnel sur la maison d'habitation et sur les magasins de vente.	»	20
Droit proportionnel sur l'établissement industriel.	»	40
Globes terrestres et célestes (fabricant et marchand).	6	20
Glucose (fabrique de) Droit fixe, 15 fr. en principal, plus 3 fr. en principal par ouvrier. Droit proportionnel sur la maison d'habitation et les magasins de vente	»	20
Droit proportionnel sur l'établissement industriel.	»	40
Gommeur d'étoffes.	6	20
Goudron fabrique d'huile de (voir huile de goudron).	»	»
Graine de moutarde blanche (marchand de).	6	20
Graine de vers à soie (marchand de).	6	20
Graines fourragères, oléagineuses et autres en demi-gros.	4	20
Graines fourragères, en détail.	7	40

PROFESSIONS.	Classe.	Taux du droit proportionnel.
Grainetier, fleuriste, (expéditeur.)	4	20
— — en détail.	6	20
Grainier ou grainetier.	7	40
Grains (marchand en gros).	4	20
Grains et graines (marchand en détail).	6	20
Grains et farines (commissionnaire en).	4	20
Gravatier. *	7	40
Graveur de musique. *	8	40
Graveur en caractères d'imprimerie. *	7	40
Graveur sur bois. *	8	40
Graveur sur cylindres.	4	20
Graveur sur métaux (fabricant les timbres secs et gravant sur bijoux).	6	20
Graveur sur métaux (se bornant à graver les cachets, etc.) *	7	40
Greffier près les tribunaux.	»	15
Grue (maître de).	6	20
Guêtrier. *	7	40
Guillocheur. *	7	40
Guimperie (fabricant de) par procédés mécaniques. Droit fixe pour cent bouts ou cordes et au-dessous, 10 fr. en principal plus 10 fr. en principal par chaque centaine de bouts ou cordes au dessus de cent. Droit proportionnel sur la maison d'habitation et sur les magasins de vente.	»	20
Droit proportionnel sur l'établissement industriel.	»	40
Guimpier. *	7	40
Gymnase (maître de).	5	
Droit proportionnel sur la maison d'habitation.	»	20
Droit proportionnel sur les locaux servant à l'exercice de la profession.	»	40
H		
Halles, marchés et emplacements sur les places publiques (fermier ou adjudicataire des droits de). Droit fixe, 5 fr. en principal, plus 2 fr. par 1000 du prix de ferme. Droit proportionnel sur la maison d'habitation.	»	15
Hameçons (fabricant d') *	7	40
Harmonicas (facteur d'). *	8	40
Harpes (facteur et marchand de) ayant boutique ou magasin.	6	20
Harpes (facteur de) n'ayant pas de magasin.	6	20
Herboriste expéditeur.	4	20
Herboriste droguiste.	6	20
Herboriste ne vendant que des plantes médicales, fraîches ou sèches. *	7	40
Histoire naturelle (marchand d'objets d').	6	20
Hongreur. *	7	40
Hongroyeur ou hongrieur.	4	20
Horloger.	3	15
Horloger repasseur. *	7	40
Horloger rhabilleur (marchand).	6	20
— — non marchand. *	7	40
Horlogerie (fabricant de pièces d') pour son compte.	6	20
— — à façon. *	7	40
Horlogerie (fabrique de pièces d') par procédés mécaniques. Droit fixe 10 fr. en principal, plus 3 fr. en principal par ouvrier.		
Droit proportionnel sur la maison d'habitation et sur les magasins de vente.	»	20
Droit proportionnel sur l'établissement industriel.	»	40
Horlogerie (marchand de pièces d') en gros.	1	10
Horlogerie (marchand de fournitures d').	4	20
Horloges en bois (fabric. ou march. d').*	7	40
Hotel garni (maître d').	4	»
Droit proportionnel sur la maison d'habitation et sur les locaux autres que ceux loués en garni.	»	20
Droit proportionnel sur les locaux loués en garni.	»	40
Hôtel garni (maître d') tenant un restaurant à la carte.	3	»
Droit proportionnel sur la maison d'habitation et sur les locaux autres que ceux loués en garni.	»	15
Droit proportionnel sur ceux loués en garni.	»	40
Houblon (marchand de) en gros.	3	15
— — en demi-gros.	4	20
Huiles (marchand d') en gros.	1	»
Droit proportionel sur la maison d'habitation.	»	10
Droit proportionnel sur les locaux servant à l'exercice de la profession.	»	30
Huiles (marchand d') demi-gros.	2	15
— — en détail.	4	20
Huissier près les tribunaux.	»	15
Huîtres (marchand expéditeur d') expédiant avec voitures servies par des relais ou par les chemins de fer. Droit fixe, en principal 100 fr. Droit proportionnel sur la maison d'habitation et sur les magasins de vente.	»	20
Droit proportionnel sur l'établissement industriel.	»	40
Huîtres (marchand d').	6	20
Hydromel (fabricant et marchand d').	3	15
I		
Images (fabricant et marchand d').	6	20
Imprimerie (marchand de presses, caractères et ustensiles d').	3	15

PROFESSIONS.	Classe.	Taux du droit proportionnel.
Imprimeur d'étoffes et de fils. Droit fixe pour 25 tables et au-dessous, 50 fr. en principal, plus 3 fr. en principal par table en sus. Droit proportionnel sur la maison d'habitation et sur les magasins de vente.	»	20
Droit proportionnel sur l'établissement industriel.	»	50
Imprimeur en taille douce pour objets dits de ville. *	7	0
Imprimeur libraire.	3	15
— lithographe éditeur.	6	20
— non éditeur. *	7	40
— sur porcelaine, faïence, verre, cristaux, émail, etc. *	7	40
Imprimeur *typographe employant* des *presses ordinaires.*	3	15
Imprimeur employant des presses mécaniques.	3	»
Droit proportionnel sur la maison d'habitation.	»	15
Droit proportionnel sur les locaux servant à l'exercice de la profession.	»	40
Infirmerie d'animaux (tenant une).	6	20
Ingénieur civil.	»	15
Inhumations et pompes funèbres de Paris (entreprise des). Droit fixe en principal 1,000 fr.	»	10
Inhumations et pompes funèbres (entreprise des) dans les autres villes que Paris.	1	10
Instituteurs primaires (*ne tenant pas* pension). Exempts.		
Instruments aratoires (fabricant d').	6	20
— de chirurgie en métal (fabricant et marchand d') en gomme élastique.	6	20
Instruments de mathématiques, d'optique, de physique, etc. (fabricant d') par procédés mécaniques. Droit fixe 15 fr. en principal, plus 3 fr. en principal par ouvrier. Droit proportionnel sur la maison d'habitation et sur les magasins de *vente.*	»	20
Droit proportionnel sur l'établissement industriel.	«	40
Instruments de musique. (Marchand-expéditeur).	3	15
Intsrumenis à vent, en *bois* ou en cuivre (facteur d').	6	20
Instruments de musique en cuivre (facteur de pièces d') pour son compte.	6	20
Instruments de musique en cuivre (facteur de pièces d') à façon. *	7	40
Instruments pour les sciences (facteur et marchand d') ayant boutique.	4	20
Instruments pour les sciences (fact. d') sans boutique ni magasin.	6	20
Instruments pour les sciences (fabricant d') à façon. *	8	40
Ivoire (fabric. d'*objets en*) *p. s. compte.*	6	20
— — à façon. *	7	40
— (marchand d'objets en).	5	20

J

PROFESSIONS.	Classe.	Taux du droit proportionnel.
Jais ou jaiet (fabricant ou marchand d'objets en).	6	20
Jambons (marchand expéditeur de).	3	15
Jardin public (tenant un).	4	20
Droit proportionnel sur la maison d'habitation.	»	20
Droit proportionnel sur les locaux servant à l'exercice de la profession.	»	40
Jaugeage des liquides (adjudicataire des droits de). Droit fixe 3 fr. en principal plus 2 fr. en principal par 1,000 fr. du prix de ferme. Droit proportionnel sur la maison d'habitation.	»	15
Jaugeur-juré pour liquides.	5	20
Jeu de paume (maître de).	5	20
Droit proportionnel sur la maison d'habitation, sur les locaux servant à l'exercice de la profession.	»	40
Jeux et amusements publics, tels que : jeux de quilles ou de mail, manége à chevaux de bois, billard anglais, etc.	6	20
Joaillier (fabricant et marchand) ayant atelier et magasin.	2	15
Joaillier (marchand) n'ayant point d'atelier.	3	15
Joaillier (fabricant) pour son compte.	5	20
— — à façon. *	7	40
Jus de betteraves (fabricant de). Droit fixe 40 fr. en principal par chaque presse de première ou de seconde pression. Droit proportionnel sur la maison d'habitation et les magasins de vente.	»	20
Droit proportionnel sur l'établissement industriel. *	»	40

K

PROFESSIONS.	Classe.	Taux du droit proportionnel.
Kaolin, pétunzé, manganèse (marchand de).	6	20

L

PROFESSIONS.	Classe.	Taux du droit proportionnel.
Lacets et tresses en laine ou coton (fabrique de) par *procédés mécaniques,* pour 500 broches ou fuseaux et au-dessous. Droit fixe, 10 fr. en principal ; plus, 1 fr. 50 par chaque centaine de broches ou de fuseaux en sus. Droit proportionnel sur la maison d'habitation et les magasins de vente.	»	20

PROFESSIONS.	Classe.	Taux du droit proportionnel.
Droit proportionnel sur l'établissement industriel.	»	50
Laine brute ou lavée (marchand de) en gros.	1	10
Laine brute ou lavée (marchand de) en détail.	4	20
Laine filée ou peignée (marchand de) en gros.	1	10
Laine filée ou peignée (marchand de) en demi-gros.	2	15
Laine filée ou peignée (marchand de) en détail.	4	20
Laineur.	4	20
Lait (marchand expéditeur de).	1	10
Lait (marchand de) en gros.	4	20
Lait d'ânesse (marchand de).	* 7	40
Lamier-rotier pour son compte.	* 7	40
— à façon.	* 8	40
Lamier-rotier par procédés mécaniques. Droit fixe, 60 fr. Droit proportionnel sur la maison d'habitation et les magasins de vente.	»	20
Droit proportionnel sur l'établissement industriel.	»	40
Laminerie (entrepreneur de) par paire de cylindres d'un mètre de longueur et au-dessus. Droit fixe, 100 fr.; par paire de cylindres au-dessous d'un mètre de longueur, 50 fr. en principal. Droit proportionnel sur la maison d'habitation et les magasins de vente.	»	20
Droit proportionnel sur l'établissement industriel.	»	40
Lamineur par les procédés ordinaires.	6	20
Lampiste.	5	20
Langueyeur de porcs.	* 8	40
Lanternier.	6	20
Lapidaire en pierres fausses (fabricant ou marchand) ayant boutique ou magasin.	5	20
Lapidaire à façon.	* 7	40
Lattes (marchand de) en gros.	3	15
— — en détail.	6	20
Laveur de laines.	5	20
Lavoir public (tenant un).	6	»
Droit proportionnel sur la maison d'habitation, sur les locaux servant à l'exercice de la profession.	»	40
Layetier emballeur.	5	20
Layetier.	6	20
Layettes d'enfant (marchand de).	* 7	40
Légumes secs (marchand de) en gros.	4	20
— — en détail.	* 7	40
Levure ou levain (marchand de).	6	20
Libraire.	5	20
Libraire éditeur.	3	15
Libraire (agent de).	* 7	40
Liége brut (marchand de) en gros.	1	10

PROFESSIONS.	Classe.	Taux du droit proportionnel.
Lie de vin (marchand de).	* 7	40
Liens de pailles, d'écorces, etc. (fabricant et marchand de).	* 7	40
Limailles (marchand de).	* 8	40
Limes (fabrique de). Droit fixe, 10 fr. en principal; plus, 3 fr. en principal par ouvrier. Droit proportionnel sur la maison d'habitation et les magasins de vente.	»	20
Droit proportionnel sur l'établissement industriel.	»	40
Limes (tailleur de).	* 8	40
Limonadier non glacier.	4	20
Lin (marchand de) en détail.	6	20
Lin ou chanvre (fabricant de).	6	20
Lin ou chanvre brut ou filé (marchand de) en gros.	1	10
Lin ou chanvre brut ou filé (marchand de) en demi-gros.	2	15
Lin ou chanvre (fabrique de) par procédés mécaniques ou chimiques. Droit fixe, 15 fr. en principal, et 3 fr. en principal par ouvrier. — Droit proportionnel sur la maison d'habitation et les magasins de vente.	»	20
Droit proportionnel sur l'établissement industriel.	»	40
Linge de table et de ménage (loueur de).	6	20
Linge (marchand de vieux).	* 7	40
Linger, fournisseur.	3	15
Linger.	5	20
Liqueurs (fabricant de).	3	15
Liqueurs (marchand de) en gros.	1	10
— — en détail.	4	20
Liqueurs et eau-de-vie (débitant de).	* 7	40
Liseur de dessins.	6	20
Lithochrome (imprimeur).	6	20
Lithochromies (marchand de).	6	20
Lithographies (marchand de).	6	20
Lithophanies pour stores (fabricant et marchand de).	6	20
Lits militaires (entreprise générale des). Droit fixe, 1,000 fr. en principal. — Droit proportionnel sur la maison d'habitation et les magasins de vente.	»	20
Droit proportionnel sur l'établissement industriel.	»	40
Livrets (fabricant de) pour les batteurs d'or ou d'argent.	* 8	40
Location d'immeubles (entrepr[r] de).	4	20
Logeur.	* 7	40
Logeur de chevaux et autres bêtes de somme.	* 7	40
Loueur en garni.	6	»
Droit proportionnel sur la maison d'habitation et sur les locaux servant à l'exercice de la profession.	»	40

PROFESSIONS.	Classe.	Taux du droit proportionnel.
Loueur en garni (s'il ne loue qu'une chambre).	* 8	40
Loueur d'abris sur les marchés.	* 8	40
Loueur de bêtes de trait pour le halage et pour le renfort, etc. (sur terre).	* 7	40
Loueur de livres.	* 7	40
Loueur de tableaux et dessins.	6	20
— de voitures suspendues.	5	20
Lunetier (fabricant).	6	20
— (marchand).	5	20
Lunettes (fabricant de verres de).	* 7	40
Lustres (fabricant et marchand de).	4	20
Lustreur de fourrures.	6	20
— de gants.	* 7	40
Lutherie (marchand de fournitures de).	5	20
Luthier (fabricant de) pour son compte.	5	20
— — à façon.	* 7	40

M

PROFESSIONS.	Classe.	Taux du droit proportionnel.
Machines à vapeur, métiers mécaniques, pour la filature, le tissage et autres (constructeur de). Droit fixe, 25 fr. en principal, plus 3 fr. en principal par ouvrier. — Droit proportionnel sur la maison d'habitation et sur les magasins de vente.	»	20
Droit proportionnel sur l'établissement industriel.	»	40
Maçon (maître).	6	20
— à façon.	* 7	40
Maçonnerie (entrepreneur de).	4	20
Madragues (fermier de). Droit fixe, 25 fr. en principal. Droit proportionnel sur la maison d'habitation.	»	15
Magasin de plusieurs espèces de marchandises (tenant un), lorsqu'il occupe habituellement plus de cinq personnes préposées à la vente ; 25 fr. par personne dans les villes d'une population de plus de 100,000 âmes ; 20 fr. dans celles d'une population de 50,000 à 100,000 âmes, et 15 fr. dans les villes d'une population inférieure à 50,000, le tout jusqu'au maximum de 2,000 fr.	»	40
Magasin de vêtements (tenant un), lorsqu'il occupe habituellement plus de cinq personnes préposées à la vente ; 25 fr. par personne, dans les villes d'une population de plus de 100,000 âmes ; 20 fr. dans celles de 50,000 à 100,000 âmes, et 15 fr. dans les villes d'une population inférieure à 50,000, le tout jusqu'au maximum de 2,000 fr.	»	40
Pour ces deux professions :		
Droit proportionnel sur la maison d'habitation.	»	20
Droit proportionnel sur les locaux servant à l'exercice de la profession.	»	40
Magasin général (exploitant un).	2	»
Droit proportionnel sur la maison d'habitation.	»	15
Droit proportionnel sur les locaux servant à l'exercice de la profession.	»	40
Magasinier.	5	»
Droit proportionnel sur la maison d'habitation.	»	15
Droit proportionnel sur les locaux servant à l'exercice de la profession.	»	40
Maillechort et autres compositions métalliques (fabricant et marchand), en gros.	4	20
Maillechort et autres compositions métalliques (fabricant ou marchand), en détail.	6	20
Maillechort et autres compositions métalliques (fabricant d'objets en), à façon.	* 8	40
Maison particulière de retraite (tenant une).	6	»
Droit proportionnel sur la maison d'habitation.	»	20
Droit proportionnel sur les locaux servant à l'exercice de la profession.	»	40
Maison particulière de santé (tenant une), droit fixe 100 fr. en principal.		
Droit proportionnel sur la maison d'habitation.	»	20
Droit proportionnel sur les locaux servant à l'exercice de la profession.	»	40
Mandataire agréé près les tribunaux de commerce.	»	15
Mandataire salarié pour l'administration des faillites.	4	20
Manége d'équitation (tenant un).	4	»
Droit proportionnel sur la maison d'habitation.	»	20
Droit proportionnel sur les locaux servant à l'exercice de la profession.	»	40
Marbre (marchand de), en gros.	3	15
Marbre factice (fabricant et marchand d'objets en).	6	20
Marbreur sur tranches.	* 7	40
Marbrier.	6	20
Malt ou orge germée, servant à la fabrication de la bière (fabrique de). Droit fixe, 15 fr. en principal plus 3 fr. en principal par ouvrier. Droit proportionnel sur la maison d'habitation.	»	20
Droit proportionnel sur l'établissement industriel.	»	40
Marchand forain :		
Avec voiture à un seul collier. Droit fixe. 40 fr.	»	15

PROFESSIONS.	Classe.	Taux du droit proportionnel.
Avec voiture à deux colliers. Droit fixe. 60 fr.	»	15
Avec voiture à trois colliers et au-dessus ou ayant plusieurs voitures. Droit fixe. 120 fr.	»	15
Avec bête de somme. Droit fixe. 15 fr.	»	15
Avec balle. Droit fixe. 8 fr.	»	15
Les droits ci-dessus doivent être réduits de moitié lorsque le marchand forain ne vend que des balais, de la boissellerie, des bouteilles, des pierres à aiguiser, de la poterie ou de la vannerie.	»	»
Marchande à la toilette. *	7	40
Maréchal expert.	5	20
— ferrant.	6	20
Mareyeur expéditeur, par voitures servies par des relais ou par chemin de fer. Droit fixe 100 fr. en principal.		
Droit proportionnel sur la maison d'habitation et sur les magasins de vente.	»	20
Droit proportionnel sur l'établissement industriel.	»	40
Maroquin (fabrique de), avec machines à vapeur ou moteur hydraulique. Droit fixe. 120 fr. en principal.		
Droit proportionnel sur la maison d'habitation et sur les magasins de vente.	»	20
Droit proportionnel sur l'établissement industriel.	»	40
Maroquinier pour son compte.	5	20
— à façon. *	7	40
Marrons et châtaignes (marchand expéditeur de).	5	20
Marrons et châtaignes (marchand en détail). *	8	40
Martinets (maître de). Pour chacun des marteaux mis en mouvement par l'arbre d'engrenage. Droit fixe, 5 fr. en principal, réductible à moitié en cas de chômage de quatre mois au moins. Droit proportionnel sur la maison d'habitation et sur les magasins de vente.	»	20
Droit proportionnel sur l'établissement industriel.	»	40
Masques (fabricant et marchand de).	6	20
Matelassier. *	8	40
Matériaux (marchand de vieux).	8	20
Mâts (constructeur de).	4	20
Mécanicien.	4	20
Mécanicien à façon, travaillant pour des maîtres ou pour des particuliers.	7	40
Mèches pour les mines et les artificiers (fabricant de). Droit fixe, 40 fr. en principal, plus 3 fr. par ouvrier. Droit proportionnel sur la maison d'habitation et sur les magasins de vente.	»	20
Droit proportionnel sur l'établissement industriel.	»	25
Mèches et veilleuses (marchand et fabricant de). *	8	40
Mégissier, pour son compte.	5	20
Mégissier, à façon. *	7	40
Menuisier (entrepreneur).	4	20
Menuisier.	6	20
Menuisier à façon auquel on fournit la matière. *	7	40
Menuisier mécanicien.	5	20
Merceries (marchand de), en gros.	1	40
— en demi-gros.	2	15
— en détail.	4	20
Mercerie (marchand de menue).	6	20
Mesurage (fermier des droits de). Droit fixe, 3 fr. en principal, plus 2 fr. par 1,000 fr. du prix de ferme. Droit proportionnel sur la maison d'habitation.	»	15
Mesures linéaires, règles et équerres (fabricant de) pour son compte. *	7	40
Mesures linéaires, règles et équerres (fabricant de) à façon. *	8	40
Métaux autres que l'or, l'argent, le fer en barre et la fonte (marchand de) en gros.	1	10
Métaux autres que l'or, etc. (marchand de) en demi-gros.	2	15
Métaux autre que l'or, etc. (marchand de) en détail.	4	20
Métiers à bas (forgeur de), pour son compte.	5	20
Métiers à bas (forgeur de) à façon. *	7	40
Métiers (fabrique à). Droit fixe, 3 fr. en principal par métier. Les fabricants à métiers à façon ayant moins de 10 métiers. Exempts.		
Lorsqu'ils ont 10 métiers ou plus, le droit fixe est de la moitié de celui fixé ci-dessus. Droit proportionnel sur la maison d'habitation et sur les magasins de vente.	»	20
Droit proportionnel sur l'établissement industriel.	»	40
Métreur de bâtiments, de bois, de pierres.	7	40
Metteur en œuvre pour son compte.	6	20
Meubles (marchand de).	5	20
Meubles et outils d'occasion (marchand de).	6	20
Meules à aiguiser (fabricant et marchand de).	5	20
Moules de moulin (fabricant de).	4	20
— (marchand de).	5	20
Miel et cire brute (marchand expéditeur de).	4	10

PROFESSIONS.	Classe.	Taux du droit proportionnel.
Miel et cire brute (marchand non expéditeur de).	4	20
Mine de plomb (marchand de) en gros.	4	10
— — en détail.	6	20
Minerai de fer (marchand de) ayant magasin.	5	20
Minières non concessibles et extraction de fer (exploitation de). Droit fixe 5 fr. en principal, plus 3 fr. en principal par ouvrier. Droit proportionnel sur la maison d'habitation.	»	15
Miroitier.	5	20
Modes (marchand de).	3	15
Modiste.	5	20
Modiste à façon.	8	40
Moireur d'étoffes, pour son compte.	6	20
— — à façon.	8	40
Monnaies (directeur des) à Paris. Droit fixe en principal, 1,000 fr. Dans toutes les autres villes 500 fr. Droit proportionnel sur la maison d'habitation.	»	20
Monteur d'agrès et de manœuvres de navires.	5	20
Monteur de boîtes de montres pour son compte.	5	20
Monteur de boîtes de montres à façon.	7	40
Monteur de métiers	6	20
Monteur en bronze.	7	40
Monuments funèbres (entrepreneur de).	5	20
Mosaïques (marchand de).	6	20
Moules de boutons (fabricants de).	8	40
Moulin ou autre usine à battre, triturer, broyer, pulvériser, presser. Droit fixe, 5 fr. en principal par paire de meules ou de cylindres et par presse, et 1 fr. par pilon jusqu'au maximum de 300 fr. Lorsque les meules et les cylindres ne fonctionnent pas par paire, il est dû le droit fixe afférent à la machine et au jeu des machines qui en tiennent lieu, la moitié seulement du droit est dû pour moulins à bras, à manége et à vent, et pour les moulins mus par l'eau qui sont forcés de chômer pendant au moins quatre mois. Droit proportionnel sur la maison d'habitation et sur les magasins de vente.	»	20
Droit proportionnel sur l'établissement industriel.	»	40
(Les usines à bras sont exemptes du droit proportionnel).		
Moulinier en soie (pour son compte ou à façon). Droit fixe, 5 fr. en principal; plus 5 fr. en principal par centaine de tavelles, et 60 cent. en principal par centaine de broches, fuseaux et baguettes ou axes, supportant les bobines et roquets de toute nature. Ce droit est réductible à la moitié pour le moulinier en soie et coton mélangés. Droit proportionnel sur la maison d'habitation et sur les magasins de vente.	»	20
Droit proportionnel sur l'établissement industriel.	»	40
Moulures (fabricant de) pour son compte.	5	20
Moulures (fabricant de) à façon.	7	40
— (marchand de) en boutique.	5	20
Moutardier (marchand en gros).	4	20
— — (en détail).	7	40
Moutons et agneaux (marchand de).	4	20
Muletier.	7	40
Mulets et mules (marchand de).	4	20
Mulquinier.	6	20
Musique (marchand de).	5	20
N		
Nacre brute (marchand de).	3	15
Nacre de perle (fabricant d'objets en) pour son compte.	5	20
Nacre de perle (fabricants d'objets en) à façon.	7	40
Natation (tenant une école de).	5	»
Droit proportionnel sur la maison d'habitation.	»	20
Droit proportionnel sur les locaux à l'exercice de la profession.	»	40
Nattier.	8	40
Naturaliste (marchand).	6	20
— (préparateur) à façon.	7	40
Navetier (fabricant).	7	40
Navires (constructeur de).	3	15
Nécessaires (fabric. de) pour son compte.	5	20
Nécessaires (fabricant de) à façon.	8	40
— (marchand de).	4	20
Négociant (celui qui fait le commerce en gros de plusieurs sortes de marchandises). Droit fixe, à Paris 400 fr.	»	10
Dans les villes de 50,000 âmes et et au-dessus 300 fr.	»	10
Dans les villes de 30,000 à 50,000 âmes et dans celles de 15,000 à 30,000 qui ont un entrepôt réel. 200 fr.	»	10
Dans les villes de 15,000 à 30,000 âmes et dans celles inférieures à 15,000 âmes et qui ont un entrepôt réel. 150 fr.	»	10
Dans toutes les autres communes. 100 fr.	»	10
Néorama (directeur de).	2	»
Droit proportionnel sur la maison d'habitation.	»	15

PROFESSIONS.	Classe.	Taux du droit proportionnel.
Nerfs (batteur de). *	8	40
Noir animal (fabrique de). Droit fixe 50 f. en principal. Droit proportionnel sur la maison d'habitation et sur les magasins de vente.	»	20
Droit proportionnel sur l'établissement industriel.	»	25
Noir de fumée et noir animal (marchand de). *	7	40
Notaire.	»	15
Nougat (fabricant expéditeur de).	4	20
Nourrisseur de vaches et de chèvres pour commerce du lait.	6	20
Nouveautés (marchand de) n'occupant pas plus de cinq personnes préposées à la vente.	2	15
O		
Octroi (adjudicataire des droits d'). Droit fixe, 5 fr. en principal, plus 2 fr. par 1,000 fr. du prix d'adjudication. Droit proportionnel sur la maison d'habitation.	»	15
Œillets métalliques (fabricant d'). *	8	40
Œufs ou volailles (marchand expéditeur d').	1	10
Œufs ou volailles (marchand expéditeur d') en gros.	4	20
Officier de santé.	»	15
Oignons (cuiseur *ou grilleur d'*).	7	40
Oiseleur.	7	40
Omnibus (entreprise d'). Droit fixe, 10 fr. en principal, plus 1 fr. par place des voitures en circulation dans les villes au-dessus de 100,000 âmes; 75 cent. dans celles de 50,000 à 100,000 âmes, et 50 centimes dans celles au-dessous de 50,000 âmes. Le tout jusqu'au maximum de 1,000 fr. Le droit par place doit être réduit de moitié pour les places dont le prix est au-dessous de 20 centimes. Droit proportionnel sur la maison d'habitation.	»	10
Droit proportionnel sur les locaux servant à l'exercice de la profession.	»	40
Opticien.	6	20
Opticien à façon. *	8	40
Or et argent (marchand d').	2	15
Oranges, citrons (marchand expédr d').	4	20
— — (marchand d') en boutique et en détail.	6	20
Orfèvre (marchand fabricant) avec atelier et magasin	2	15
Orfèvre (marchand) sans atelier.	3	15
— (fabricant) pour son compte.	5	20
— — à façon. *	7	40
Orgues d'église (facteur d').	4	20

PROFESSIONS.	Classe.	Taux du droit proportionnel.
Orgue portatives (facteur d') pour son compte.	5	20
Orgues portatives (facteur d') à façon. *	7	40
Oribus (faiseur et marchand d'). *	8	40
Ornemaniste.	4	20
Orthopédie (tenant un établissement d'). Droit fixe, en principal. 100 » Droit proportionnel sur la maison d'habitation.	»	20
Droit proportionnel sur les locaux servant à l'exercice de la profession.	»	40
Os (fabricant d'objets en) pr son compte.	6	20
— — à façon. *	8	40
Os pour la fabrication du noir animal (marchand en gros).	1	10
Osier (marchand d') vendant par voiture ou par bateau.	5	20
Osier (marchand d') vendant à la hotte ou par petites quantités. *	8	40
Ouate (fabricant et marchand de). *	7	40
Ourdisseur de fils. *	8	40
Outils, instruments et harnais à l'usage des ouvriers tisseurs (marchand de).*	7	40
Outres (fabricant d') pour son compte.	6	20
— — à façon. *	7	40
— (marchand d').	6	20
Ouvriers travaillant en chambre avec un seul apprenti de moins de 16 ans. Exempts.		
Ouvriers travaillant chez eux ou chez les particuliers sans avoir d'apprenti, *même lorsqu'ils travaillent pour leur compte* et avec des marchandises à eux appartenant et ayant enseigne et boutique. Exempts.		
Ovaliste. *	7	40
P		
Pacotilleur	3	15
Paillassons (fabricant de) *	8	40
Paille (fabricant de tissus pour les chapeaux de) pour son compte.	6	20
Paille (fabricant de tresses, cordonnets, etc). *	7	40
Paille (fabricant de tissus pour les chapeaux de) à façon. *	7	40
Paille coupée pour chaises (marchand de). *	7	40
Paille teinte (fabricant et marchand de). *	7	40
Paillettes et paillons (fabricant de) pour son compte.	6	20
— à façon. *	8	40
Pain (marchand de) en boutique. *	7	40
Pain d'épices (fabricant ou marchand de) en boutique.	6	20
Pains à cacheter, pains à chanter (fabricant et marchand de).	6	20

PROFESSIONS.	Classe.	Taux du droit proportionnel.
Panorama (directeur de).	2	»
Droit proportionnel sur la maison d'habitation.	»	15
Pantoufles (fabricant de) pour son compte.	* 7	40
— — à façon.	* 8	40
Pantoufles (marchand de).		20
Papeterie à la cuve. Droit fixe par cuve 15 fr. en principal. Ce droit est réduit de moitié pour les papeteries à la cuve qui sont forcées, par manque ou par crue d'eau de chômer pendant une partie de l'année équivalente au moins à quatre mois. Droit proportionnel sur la maison d'habitation et sur les magasins de vente.	»	20
Droit proportionnel sur l'établissement industriel.	»	40
Papeterie à la mécanique. Droit fixe, 50 fr. en principal par machine ne pouvant abriquer que du papier d'un mètre de largeur et au-dessous, et lorsque la machine peut fabriquer du papier plus large, 1 fr. 50 en sus par chaque centimètre de largeur excédant le mètre ; plus par machine servant à la trituration des chiffons et des pâtes, le droit dont elle est passible considérée comme moulin. Le droit est réduit de moitié pour les machines ne séchant pas le papier, et pour celles qui ne servent à fabriquer que du carton ou des papiers gris. Droit proportionnel sur la maison d'habitation et sur les magasins de vente.	»	20
Droit proportionnel sur l'établissement industriel.	»	40
Papetier (marchand) en gros.	1	10
— — en demi-gros.	2	15
— — en détail.	4	20
Papiers de fantaisie, papiers déchiquetés, papier végétal (fabricant pour son compte et marchand de).	6	20
Papiers de fantaisie, papiers déchiquetés, papier végétal (fabricant à façon).*	7	40
Papiers imprimés et vieux papiers (marchand de).	* 7	40
Papiers ou taffetas préparés pour usages médicinaux (fabrique de). Droit fixe en principal 50 fr. Droit proportionnel sur la maison d'habitation et sur les magasins de vente.		20
Droit proportionnel sur l'établissement industriel.	»	25
Papiers ou taffetas préparés pour usages médicinaux (marchand de).	5	20
Papiers peints pour tenture (fabrique de) pour 15 tables et au-dessous. Droit fixe 40 fr. en principal et 3 fr. en principal par table en sus. Droit proportionnel sur la maison d'habitation et sur les magasins de vente	»	30
Droit proportionnel sur l'établissement industriel.	»	40
Papiers peints pour tenture (marchand de).	5	20
Papiers pour emballage et pour sacs (marchand de).	6	20
Papiers verrés ou émerisés (fabricant de).	* 8	40
Parapluies (fabricant et marchand de).	6	20
Parc aux charrettes (tenant un).	5	»
Droit proportionnel sur la maison d'habitation.	»	20
Droit proportionnel sur les locaux servant à l'exercice de la profession.	»	40
Parcheminier pour son compte.	6	20
— — à façon.	* 8	40
Parfumeur (marchand) en gros.	1	10
— — en demi-gros.	2	15
— — en détail.	5	20
Parqueteur menuisier.	6	20
Passementier (marchand).	5	20
Passementier (fabricant), pour son compte, lorsqu'il fabrique des articles dont la confection n'exige point l'emploi de métiers.	* 7	40
Passementier (fabricant à façon).	* 8	40
Le passementier à façon qui emploie dix métiers ou au-dessus est imposable à la moitié des droits qu'il devrait payer s'il fabriquait pour son compte, le passementier qui s'occupe de deux espèces de fabrication est imposable comme le patentable qui a plusieurs établissements.		
Pastel (marchand) en gros.	1	10
— — en détail.	4	20
Pastilleur.	* 7	40
Patachier.	* 7	40
Pâte de rose (fabricant de). Droit fixe 15 fr. en principal, plus 3 fr. en principal par ouvrier. Droit proportionnel sur la maison d'habitation et les magasins de vente.	»	20
Droit proportionnel sur l'établissement industriel.	»	25
Pâtes alimentaires (marchand de).	6	20
Pâtissier expéditeur.	3	15
— non expéditeur.	4	20
— brioleur.	* 7	40
Patouillet ou lavoir de minerai ; pour chaque usine, 15 fr. en principal (ce droit est réduit de moitié pour les patouillets ou lavoirs qui sont forcés de chômer, par crue ou par manque d'eau pendant une partie de l'année		

PROFESSIONS.	Classe.	Taux du droit proportionnel.
équivalente au moins à quatre mois. Droit proportionnel sur la maison d'habitation et les magasins de vente.	»	20
Droit proportionnel sur l'établissement industriel.	»	40
Pavés (marchand de).	5	20
Paveur.	6	20
Péage sur une route (concessionnaire des droits) lorsque la longueur de la route n'excède pas un myriamètre. Droit fixe en principal 15 francs.	»	»
Peaussier (marchand) en gros.	1	10
— — en demi-gros.	2	15
— — en détail.	4	20
Peaux de lièvres et de lapins (marchand de) en boutique.	6	20
Peaux en vert ou crues (marchand de).	4	20
Pêche (adjudicataire ou fermier de). Droit fixe 3 fr. en principal, plus 2 fr. en principal par 1,000 fr. du prix de ferme. Droit proportionnel sur la maison d'habitation.	»	15
Pêcheurs, même lorsque la barque qu'ils montent leur appartient. Exempts.		
Pédicure. *	7	40
Peignerie ou carderie de coton, de laine ou de bourre de soie, par procédés mécaniques. Droit fixe 5 fr. en principal par assortiment de machines à peigner ou à carder. Droit proportionnel sur la maison d'habitation et les magasins de vente.	»	20
Droit proportionnel sur l'établissement industriel.	»	40
Peignes (marchand de) en boutique.	6	20
— en écaille, ivoire, corne, bois, etc. (fabricant de) pour son compte.	6	20
Peignes en écaille, ivoire, corne, bois, etc. (fabricant de) à façon. *	8	40
Peignes à sérancer (fabricant de) pour son compte.	6	20
Peignes à sérancer (fabricant de) à façon.*	8	40
— de soie (marchand de).	5	20
— en cannes ou roseaux pour le tissage (fabricant et marchand). *	8	40
Peigneur de chanvre, lin et laine. *	7	40
— ou gratteur de toiles de coton.*	7	40
Peintre en armoiries, attributs et décors. *	7	40
Peintre en bâtiments, non entrepreneur.	6	20
— vernisseur en voitures ou équipages pour son compte. *	7	40
Peintre vernisseur en voitures ou équipages à façon. *	8	40
Peinture en bâtiments (entrepren. de).	4	20
— sur verre (exploitant un établissement). Droit fixe 30 fr. en principal par four. Droit proportionnel sur la maison d'habitation et les magasins de vente.	»	20
Droit proportionnel sur l'établissement industriel.	»	40
Pelles de bois (fabricant et march. de).*	8	40
Pelleteries et fourrures (marchand de) en gros, s'il tire habituellement des pelleteries de l'étranger ou s'il en envoie.	1	10
Pelleteries et fourrures (marchand de) en détail.	4	20
Pendules et bronzes (marchand de) en gros.	1	10
Pendules et bronzes (marchand de) en détail.	3	15
Pension bourgeoise (tenant).	6	20
— particulière de vieillards (ten.).	6	20
Perceur de perles. *	8	40
Perles fausses (fabricant de) pour son compte.	6	20
Perles fausses (fabricant de) à façon. *	8	40
Perceur de pierres fines et diamants, par procédés mécaniques. Droit fixe, 10 fr. en principal, plus fr. en principal par ouvrier. Droit proportionnel sur la maison d'habitation et les magasins de vente.	»	20
Droit proportionnel sur l'établissement industriel.	»	40
Perles fausses (marchand de).	5	20
Perruquier. *	7	40
Pesage (fermier des droits de). Droit fixe, 3 fr. en principal, plus 2 fr. par 1,000 fr. du prix de ferme. Droit proportionnel sur la maison d'habitation.	»	15
Peseur et mesureur juré.	6	20
Pharmacien.	3	15
Photographe.	6	20
Photographie (fabricant et marchand d'appareils, ustensiles et fournitures pour la) ayant boutique ou magasin.	4	20
Pianos et clavecins (facteurs et march. en boutique ou magasins de).	3	15
Pianos et clavecins (facteur et marchand de) n'ayant ni boutique ni magasin.	6	20
Pianos (loueur de).	6	20
Pierres à brunir (fabricant et marchand).	6	20
Pierres à feu (fabricant expéditeur de). Droit fixe, 25 fr. en principal. — Droit proportionnel sur la maison d'habitation et les magasins de vente.	»	20
Droit proportionnel sur l'établissement industriel.	»	25
Pierre artificielle ou factice (fabricant d'objets en).	4	20
Pierres bleues (marchand de) pour le blanchissage du linge.	6	20

PROFESSIONS.	Classe.	Taux du droit proportionnel.
Pierres brutes.	5	20
Pierres de touche (marchand de).	* 7	40
Pierres fausses (fabricant de).	6	20
— fines (marchand de).	1	10
Pierres lithographiques (marchand de).	5	20
Pierres taillées (marchand de).	6	20
Pinceaux (fabricant de) pr son compte.	6	20
— — à façon.	8	40
Pipes (fabrique de). Droit fixe, 25 fr. en principal par four. — Droit proportionnel sur la maison d'habitation et les magasins de vente.	»	20
Droit proportionnel sur l'établissement industriel.	»	25
Pipes assorties (marchand de).	6	20
Pipes de terre (marchand de) en détail.	* 8	40
Piqueur de cartes de dentelles.	* 8	40
— de cartons.	6	20
— de grès.	* 8	40
Piquonnier.	* 7	40
Plafonnier et plâtrier entrepreneur.	4	20
Plafonneur et plâtrier pour son compte.	6	20
— à façon.	* 7	40
Planches (marchand de) en gros.	1	10
— — en détail.	5	20
Planches ou ifs à bouteilles (fab. de).	* 7	40
Planeur en métaux.	* 7	40
Plants, arbres ou arbustes (march. de).	6	20
Plaqué ou doublé d'or ou d'argent (fabricant et marchand d'objets en).	3	15
Plaqueur.	7	40
Plâtre (fabrique de). Droit fixe, 1 fr. en principal par mètre cube de la capacité brute des fours, réductible à moitié pour les fours pour lesquels on fait moins de huit fournées par an.— Droit proportionnel sur la maison d'habitation et sur les magasins de vente.	»	20
Droit proportionnel sur l'établissement industriel.	»	25
Plâtre (marchand de).	6	20
Plieur de fils de soie à façon.	* 8	40
Plombs de chasse (fabricant ou marchand de).	6	20
Plombier.	5	20
Plumassier (fabricant et marchand).	5	20
— à façon.	* 8	40
Plumeaux (marchand, fabricant de) pour son compte.	* 7	40
Plumeaux (fabricant de) à façon.	* 8	40
Plume et duvet (marchand de) en gros.	1	10
— — — en détail.	3	15
Plumes à écrire (march. expéditeur de).	3	15
— — (marchand non expéditeur de).	5	20
Plumes à écrire (apprêteur de).	* 8	40
— métalliques (fabricant de) par procédés mécaniques. Droit fixe, 15 francs en principal, plus 3 francs en principal par ouvrier. — Droit proportionnel sur la maison d'habitation et les magasins de vente.	»	20
Droit proportionnel sur l'établissement industriel.	»	40
Plumes métalliques (marchand, fab. de).	6	20
Poêlier en faïence, fonte, etc.	6	20
Pointes (fabrique de) par procédés ordinaires. Droit fixe, 10 fr. en principal, plus 3 fr. en principal par ouvrier. — Droit proportionnel sur la maison d'habitation et sur les magasins de vente.	»	20
Droit proportionnel sur l'établissement industriel.	»	25
Poires à poudre (fabricant de) pour son compte.	* 7	40
Poires à poudre (fabricant de) à façon.	* 8	40
Pois d'iris (fabricant de).	* 8	4
Poissons frais (marchand de) expéditeur ou vendant aux détaillants.	5	20
Poissons (marchand de) en détail.	* 7	40
Poisson salé, mariné, sec et fumé, en gros.	1	10
— — — en demi-gros.	3	15
Polisseur d'objets en or, argent, cuivre, acier, écaille, os, corne, etc.	6	20
Polisseur, tourneur ou émouleur, par procédés mécaniques. Droit fixe, 15 francs en principal, plus 3 francs en principal par ouvrier.—Droit proportionnel sur la maison d'habitation et sur les magasins de vente.	»	20
Droit proportionnel sur l'établissement industriel.	»	40
Polytypage (fabricant de).	4	20
Pommes de pin et d'autres arbres résineux (marchand de) en gros.	4	20
Pommes et autres fruits considérés comme n'étant pas des fruits secs (marchand de) en gros.	4	20
Pommes de terre (marchand de) en gros.	4	20
Pompes à incendie (fabricant de).	4	20
Pompes de métal (fabricant de).	5	20
Pompes de bois et pièces pour la conduite des eaux (fabricant de).	* 7	40
Pont (concessionnaire ou fermier de péage sur un). Dans l'intérieur de Paris. 200		
Dans l'intérieur d'une ville de 50,000 âmes et au-dessus. 100		
Dans l'intérieur d'une ville de 20,000 à 50,000 âmes. 75		
Dans les autres communes d'une population inférieure à 20,000 âmes lorsque le pont réunit deux parties d'une route nationale. 75		

PROFESSIONS.	Classe.	Taux du droit proportionnel.
Deux parties d'une route départementale. 50		
Deux parties d'un chemin vicinal de grande communication. 25		
Deux parties d'un chemin vicinal, 15		
Lorsque le pont réunit deux routes ou chemins de classes différentes, le droit fixe est établi d'après la moyenne des taxes afférentes aux deux classes.		
Droit proportionnel sur la maison d'habitation.	»	20
Ponton débarcadère (exploitant de).	6	20
Porcelaine (manufacture de). Droit fixe, 30 fr. en principal par four. Droit proportionnel sur la maison d'habitation et sur les magasins de vente.	»	20
Droit proportionnel sur l'établissement industriel.	»	40
Porcelaine (marchand de) en gros.	1	10
— — demi-gros.	2	15
— — en détail.	5	20
Porses pour les papetiers (fabricant de).	6	20
Portefeuilles (fabricant de) pour son compte.	6	20
Portefeuilles (fabricant de) à façon. *	8	40
— (marchand de).	6	20
Porteur d'eau, avec cheval et voiture. *	8	40
Porteur d'eau à bras sans cheval ni voiture. exempt.		
Poterie (fabrique de). Droit fixe, 5 fr. en principal, plus 2 fr. par ouvrier. Droit proportionnel sur la maison d'habitation et les magasins de vente.	»	20
Droit proportionnel sur l'établissement industriel.	»	25
Poterie de terre (marchand de). *	7	40
Poterie (marchand forain sur bateaux de).		
— pour un bateau. Droit fixe, en principal. 25	»	15
Poterie pour deux bateaux. 50	»	15
— pour trois bateaux et au-dessus 100	»	15
Poteries (marchand de) en gros.	4	20
Potier d'étain.	6	20
Poudre d'or, de bronze et autres métaux (fabricant et marchand de).	6	20
Poudrette (marchand de).	6	20
Poulieur (fabricant de).	6	20
Presseur d'éroffes pour les teintures et les dégraisseurs. *	7	40
Presseur de poissons de mer.	4	20
Presseur de sardines.	4	20
Pressoir (voir moulin).		
Présûrier. *	7	40
Produits chimiques (manufacture de). Droit fixe, 15 fr. en principal, plus 3 fr. en principal par ouvrier. Droit proportionnel sur la maison d'habitation et sur les magasins de vente.	»	20

PROFESSIONS.	Classe.	Taux du droit proportionnel.
Droit proportionnel sur l'établissement industriel.	»	40
Propriétaires ou fermiers de marais salants. exempts.		
Propriétaires ou locataires louant accidentellement une partie de leur habitation. exempts.		
Puits (maître cureur de). *	8	40

Q

PROFESSIONS.	Classe.	Taux du droit proportionnel.
Quincaillerie (fabrique de). Droit fixe, 10 fr. en principal, plus 3 fr. en principal par ouvrier. Droit proportionnel sur la maison d'habitation et sur les magasins de vente.	»	20
Droit proportionnel sur l'établissement industriel.	»	40
Quincaillerie (marchand de) en gros.	1	10
Quincaillerie en demi-gros.	2	15
— en détail.	4	20
Queues de billard (fabricant de) pour son compte.	6	20
Queues de billard (fabricant de) à façon.*	7	40

R

PROFESSIONS.	Classe.	Taux du droit proportionnel.
Ramonage (entrepreneur de).	6	20
Rampiste.	6	20
Raquettes ou volants (fabricant de) pour son compte. *	7	40
Raquettes ou volants (fabricant de) à façon. *	8	40
Raseur de velours *	7	40
Receveur de rentes.	4	20
Référendaire au sceau.	»	15
Registres (fabricant de).	4	20
— — à façon. *	7	40
Régleur de papier. *	8	40
Réglisse (fabrique de). Droit fixe, 15 fr. en principal, plus 3 fr. en principal par ouvrier. Droit proportionnel sur la maison d'habitation et sur les magasins de vente.	»	20
Droit proportionnel sur l'établissement industriel.	»	25
Regrattier. *	7	40
Relais (entrepreneur de).	5	20
Relieur de livres. *	7	40
Remiseur de charrettes à bras et de hottes. *	8	40
Rémouleur ou repasseur de couteaux.*	8	40
Rémouleur ambulant. Exempt.	»	»
Rentrayeur ou conservateur de tapis, de couvertures de laine et de coton. *	7	40
Repasseuse de linge avec ouvrières ou apprenties. *	7	40
Reperceur. *	8	40

PROFESSIONS.	Classe.	Taux du droit proportionnel.
Représentant du commerce (celui qui, n'étant pas courtier et n'ayant ni boutique ni magasin, achète ou vend pour le compte des marchands moyennant une remise proportionnelle au prix des achats ou des ventes).	4	20
Repriseuse de châles. *	8	40
Résines et autres matières analogues (marchand de) en gros.	1	10
Résines et autres matières analogues (marchand de) en demi-gros.	2	15
Résines et autres matières analogues (marchand de) en détail.	5	20
Ressorts de bandages pour les hernies (fabricant de) pour son compte.	6	20
Ressorts de bandages pour les hernies (fabricant de) à façon. *	7	40
Ressorts de montres et de pendules (fabricant de) pour son compte.	6	20
Ressorts de montres et de pendules (fabricant de) à façon. *	7	40
Restaurateur à la carte.	3	15
Restaurateur-traiteur à la carte et à prix fixe.	4	20
Restaurateur à prix fixe.	5	20
Restaurateur sur coches et bateaux à vapeur. Droit fixe en principal, 50 fr. Droit proportionnel sur la maison d'habitation.	»	15
Revendeuse à la toilette pour son compte. *	7	40
ognures de papier (marchand de). *	8	40
— de peaux (marchand de). *	8	40
Rogues ou œufs de morue (marchand de) en gros.	1	10
Rogues ou œufs de morue (marchand de) en détail.	5	20
Roseaux (marchand de). *	7	40
Roseaux préparés pour le tissage (marchand de). *	7	40
Rôtisseur.	5	20
Rouettes ou harts pour lier les trains de bois (marchand de). *	7	40
Rouge végétal (marchand de) en gros.	1	10
— — en détail.	5	20
Roulage (entrepreneur de). Droit fixe : à Paris, 150 fr. Dans les villes de 50,000 âmes et au-dessus, 100 fr. Dans les villes de 30,000 à 50,000 âmes et et dans celles de 15,000 à 30,000 âmes qui ont un entrepôt réel, 75 fr. Dans les villes de 15,000 à 30,000 âmes, et dans les villes au-dessous de 15,000 âmes qui ont un entrepôt réel, 50 fr. Dans toutes les autres communes, 40 fr. Droit proportionnel sur la maison d'habitation.		
Droit proportionnel sur les locaux servant à l'exercice de la profession.	»	40
Rouleaux (tourneur de) pour la filature. *	8	40
Routoir ou fossé à rouir le lin ou le chanvre (exploitant de) *	7	40
Rubans pour modes (marchand de) en gros.	1	10
Rubans pour modes (marchand de) en demi-gros.	2	15
Rubans pour modes (marchand de) en détail.	4	20
Ruches pour les abeilles (fabricant de) pour son compte. *	7	40
Ruches pour les abeilles (fabricant de) à façon. *	8	40
S		
Sable (marchand de). *	8	40
Sabotier (fabricant-expéditeur).	4	20
Sabotier (fabricant). *	8	40
Droit fixe, 15 fr. en principal; plus 3 fr. en principal par ouvrier.		
Droit proportionnel sur la maison d'habitation et sur les magasins de vente.	»	20
Droit proportionnel sur l'établissement industriel.	»	40
Sabots (marchand de) en gros.	4	20
— — en détail.	8	40
— garnis (fabricant ou march. de).	6	20
Sacs de toiles (fabricant et march. de).	6	20
Safran (marchand de) en gros.	1	10
— — en demi-gros.	4	20
Sages-femmes n'ayant pas de pensionnaires. Exemptes.	»	»
Saleur d'olives.	5	20
— de viandes.	3	15
Salpêtrier.	6	20
Sang (marchand de).	5	20
Sangsues (marchand de) en gros.	1	10
— — en demi-gros.	4	20
— — en détail. *	7	40
Sarraux ou blouses (march. de) en gros.	3	15
— — en détail.	6	20
Satineur ou lisseur de papier. *	8	40
Savetiers. Exempts.	»	»
Savon (fabrique de). Droit fixe, 20 fr. en principal; plus 50 c. en principal par hectolitre de capacité des chaudières. Droit proportionnel sur la maison d'habitation et sur les magasins de vente.	»	20
Droit proportionnel sur l'établissement industriel.	»	25
Savon (marchand de), en gros.	1	10
— — en demi-gros.	2	15
— — en détail.	5	20

PROFESSIONS.	Classe.	Taux du droit proportionnel.
Scies (fabrique de). Droit fixe, 10 fr. en principal, plus 3 fr. en principal par ouvrier. Droit proportionnel sur la maison d'habitation et les magasins de vente.	»	20
Droit proportionnel sur l'établissement industriel.	»	40
Scierie mécanique. Droit fixe :		
Pour le sciage des bois de construction, bâtisse et menuiserie. 2 fr. en principal, par lame.		
Pour le sciage des bois de marqueterie et placage. 1 fr.		
Pour le sciage des pierres et du marbre. 50 c.		
(Ces droits se réduisent à la moitié, en cas de chômage forcé de quatre mois au moins).		
Droit proportionnel sur les maisons d'habitation et sur les magasins de vente.	»	20
Droit proportionnel sur l'établissement industriel.	»	40
Scieur de long.	* 7	40
Sciure de bois (marchand de).	* 8	40
Sculpteur en bois, pour son compte.	6	20
Sculpteur graveur artiste.	exempt.	
Sculptures (fabrique de), par procédés mécaniques. Droit fixe, 15 fr. en principal, plus 3 fr. par ouvrier. Droit proportionnel sur la maison d'habitation et sur les magasins de vente.	»	20
Droit proportionnel sur l'établissement industriel.	»	40
Seaux à incendie (fabricant de).	5	20
Seaux ou baquets en sapin (fabricant de), pour son compte.	* 7	40
Seaux ou baquets en sapin (fabricant de), à façon.	* 8	40
Sécheur de garance.	6	20
Sécheur de houblon.	6	20
— de grains, de graines, de café.	6	20
— de morue.	* 4	20
Séchoir à linge (exploitant un).	7	40
Sel (raffinerie de). Droit fixe, 30 fr., plus 3 fr. 60 par ouvrier. Droit proportionnel sur la maison d'habitation et sur les magasins de vente.	»	20
Droit proportionnel sur l'établissement industriel.	»	25
Sel (marchand de), en gros.	1	10
— — en demi-gros.	2	15
— — en détail.	* 7	40
Sellier-carrossier.	3	15
— harnacheur.	5	20
— à façon.	* 7	40
Serrurerie (marchand expéditeur d'objets de).	2	15
Serrurier (entrepreneur).	4	20
— en voitures suspendues.	4	20
— non-entrepreneur.	5	20
— à façon.	* 7	40
Sertisseur ou monteur à façon.	* 7	40
Signaux télégraphiques à l'entrée des ponts (entrepreneur de). Droit fixe, dans les villes de 50,000 âmes et au-dessus. 100 fr.	»	10
Dans les villes de 30,000 à 50,000 âmes qui ont un entrepôt réel. 75 fr.	»	10
Dans les villes de 15,000 à 30,000 âmes et dans les villes au-dessous de 30,000 âmes qui ont un entrepôt réel. 50 fr.	»	10
Dans toutes les autres communes. 25 fr.	»	10
Sirop de fécules de pommes de terre (fabrique de). Droit fixe, 15 fr. en principal, plus 3 fr. en principal par ouvrier. Droit proportionnel sur la maison d'habitation et sur les magasins de vente.	»	20
Droit proportionnel sur l'établissement industriel.	»	25
Société formée par actions pour opérations de banque, de crédit, d'escompte, de dépôts, comptes-courants, etc.	»	»
Droit fixe pour un capital social d'un million et au-dessous, d'après les tarifs, selon la nature et la profession.	»	»
(Se reporter à la profession de banquier, escompteur).		
Pour un capital de un à deux millions. En principal 1,000 fr.		
Pour chaque million en sus. 100 fr.	»	10
Soie (marchand de), en gros.	1	10
— — en demi-gros.	2	15
— — en détail.	3	15
Soies de porcs ou de sanglier (marchand de), en gros.	1	10
Soies de porcs ou de sanglier (marchand de), en demi-gros.	3	15
Soies de porcs ou de sanglier (marchand de), en détail.	5	20
Son, recoupe et remoulage (marchand de).	6	20
Sondes (fabricant de grandes).	4	20
Soudes végétales indigènes (marchand de), en gros.	3	15
Soufflerie de poils pour la chapellerie et autres industries, par procédés mécaniques. Droit fixe, 5 fr. par assortiment de mécaniques à souffler. Droit proportionnel sur la maison d'habitation.	»	20

PROFESSIONS.	Classe.	Taux du droit proportionnel.
Droit proportionnel sur l'établissement industriel.	»	40
Soufflets pour les forgerons, bouchers, etc. (fabricant et marchand de), en gros.	5	20
Soufflets ordinaires (fabricant et marchand de).	* 7	40
Soufre (marchand de), en gros.	1	15
— — en demi-gros.	2	15
— — en détail.	5	20
Souliers vieux (marchand de).	* 8	40
Sparterie pour modes (fabricant de).	5	20
Spectacles (directeur de). Droit fixe : 1° les 3 dixièmes d'une représentation complète dans les théâtres où l'on joue tous les jours ; 2° les 3 vingt. si l'on ne joue pas tous les jours et si la troupe est sédentaire ; 3° lorsque la troupe ne reste pas quatre mois consécutifs dans la même ville, 50 fr. en principal. Droit proportionnel sur la maison d'habitation.	»	15
Spectacles, bals, concerts (fermier des droits à percevoir au profit des pauvres dans les). Droit fixe 5 fr. en principal, plus 2 fr. en principal par 1,000 fr. des prix de ferme jusqu'à 300 fr. Droit proportionnel sur la maison d'habitation.	»	15
Sphères (fabricant de).	6	20
Stores (fabricant ou marchand de).	6	20
Stucateur.	6	20
Sucre brut et raffiné (marchand de) en gros.	1	10
Sucre brut et raffiné (marchand de) en demi-gros.	2	15
Sucre brut et raffiné (marchand de) en détail.	5	20
Sucre de betteraves (fabrique de). Droit fixe. Pour chaque chaudière à déféquer, contenant moins de dix hectolitres, en principal 40 fr. Pour chaque chaudière à déféquer, contenant dix hectolitres et au-dessus 60 fr. Droit proportionnel sur la maison d'habitation et les magasins de vente.	»	20
Droit proportionnel sur l'établissement industriel.	»	40
Sucre (raffinerie de). Ayant moins de 25 ouvriers. Droit fixe en principal 100 fr. ; de 25 à 50 ouvriers 200 fr. ; plus de 50 ouvriers 300 fr. Droit proportionnel sur la maison et sur les magasins de vente.	»	20
Droit proportionnel sur l'établissement industriel.	»	25
Suif (fondeur de). Droit fixe 10 fr. en principal, plus 3 fr. en principal par ouvrier. Droit proportionnel sur la maison et sur les magasins de vente.	»	20
Droit proportionnel sur l'établissement industriel.	»	40
Suif en branches (marchand de).	4	20
— — en demi-gros.	2	15
— — en détail.	3	20
Sumac (marchand de).	6	20
Syndics de faillites.	4	20

T

PROFESSIONS.	Classe.	Taux du droit proportionnel.
Tabac en feuilles (marchand de).	1	10
Table d'hôte (tenant une).	6	20
Tableaux (marchand de).	5	20
— (restaurateur de).	* 7	40
Tabletier (marchand).	6	20
Tabletterie (fabricant d'objets en) pour son compte.	6	20
Tabletterie (fabricant d'objets en) à façon.	* 7	40
— (marchand expéditeur de).	2	15
— (marchand de matières premières pour la).	3	15
Taffetas gommés ou cirés (fabricant de). Droit fixe 60 fr. Droit proportionnel sur la maison d'habitation et sur les magasins de vente.	»	20
Droit proportionnel sur l'établissement industriel.	»	25
Taffetas gommés ou cirés (march. de).	5	20
Taillandier.	5	20
Tailleur (marchand) avec magasin d'étoffes.	3	15
Tailleur sans magasin d'étoffes, fournissant sur échantillons.	5	20
Tailleur d'habits à façon.	* 7	40
Tailleur de pierres.	* 7	40
Tambours, tambourins, grosses caisses, etc (fabricant).	6	20
Tamissier (fabricant et marchand).	6	20
Tan (marchand de).	6	20
Tannerie de cuirs forts et mous. Droit fixe, 10 fr. en principal, plus 25 centimes en principal, par mètre cube de fosses et cuves. Droit proportionnel sur la maison d'habitation et sur les magasins de vente.	»	20
Droit proportionnel sur l'établissement industriel.	»	40
Tapis de laine et tapisseries (march. de).	3	15
— peints ou vernis (fabricant de). Droit fixe 50 fr. en principal. Droit proportionnel sur la maison d'habitation et sur les magasins de vente.	»	20
Droit proportionnel sur l'établissement industriel.	»	25
Tapis peints ou vernis (marchand de).	5	20
Tapisseries à la main (fabrique).	* 7	40

PROFESSIONS.	Classe.	Taux du droit proportionnel.
Tapisseries (marchand).	4	20
— à façon.	6	20
Tartrier.	6	20
Taureaux pour les courses (loueur de).	5	20
Teinture (marchand en gros de matières premières pour la).	1	10
Teinturerie (loueur d'établissement) celui qui loue à tout venant un établissement de teinturerie, muni des appareils et ustensiles. *	7	40
Teinturier pour les fabricants et les marchands. Droit fixe 15 fr. en principal, plus 3 fr. en principal par ouvrier. Droit proportionnel sur la maison d'habitation et sur les magasins de vente.	»	20
Droit proportionnel sur l'établissement industriel.	»	40
Teinturier pour les particuliers.	6	20
Télégraphie privée (entreprise de). Droit fixe 100 fr. en principal. Droit proportionnel sur la maison d'habitation et sur les magasins de vente.	»	20
Droit proportionnel sur l'établissement industriel.	»	40
Terrassier (maître).	6	20
Têtes en carton servant aux marchandes de modes (fabricant de). *	8	40
Thé (marchand de) en gros.	4	10
— — en demi-gros.	2	15
— — en détail.	4	20
Tiges ou empeignes de chaussures (fabricant ou marchand) ayant magasin de vente.	4	20
Tiges ou empeignes de chaussures (fabricant de) travaillant sur commande.	6	20
Tiges ou empeignes de chaussures (fabricant de) à façon. *	8	40
Tir au pistolet (maître de).	5	20
Tireur d'or et d'argent.	6	20
Tissus de laine, de fil, de coton, de soie ou de crin (marchand de), en gros.	1	10
Tissus de laine, de fil, de coton, de soie ou de crin (march. de), en demi-gros.	2	15
Tissus de laine, de fil, de coton, de soie ou de crin (marchand de), en détail.		15
Tissus grossiers et communs (marchand de) sans assortiment.	6	20
Toiles cirées ou vernies (fabricant de). Droit fixe, 50 fr. en principal.— Droit proportionnel sur la maison d'habitation et sur les magasins de vente.	»	20
Droit proportionnel sur l'établissement industriel.	»	25
Toiles cirées et vernies (marchand de).	5	20
— grasses pour emballage (marchand de). *	7	40
Toiles métalliques (fabricant de) pour son compte.	5	20
Toiles métalliques (fabric. de) à façon. *	7	40
Tôle vernie (fabricant d'ouvrages en).	4	20
— — (marchand d'ouvrages en).	5	20
Tôlier.	6	20
— à façon. *	8	40
Tondeur ou presseur de draps et autres étoffes de laine. *	7	40
Tondeur de tapis par procédés mécaniques. Droit fixe 5 fr. en principal par tondeuse. Droit proportionnel sur la maison d'habitation et sur les magasins de vente.	»	20
Droit proportionnel sur l'établissement industriel.	»	40
Tonneaux, barriques, etc. (fabrique de) pour *expéditions maritimes, etc.*	4	20
Tonneaux (marchand de). *	7	40
Tonnelier (maître).	6	20
— — à façon. *	7	40
Tontine (société de). Droit fixe en principal 300 fr.	»	15
Torcher. *	7	40
Tourbe (marchand de) en gros.	4	20
— — En détail. *	8	40
Tourbes carbonisées (fabrique de). Droit fixe 30 fr. en principal. Droit proportionnel sur la maison d'habitation et sur les magasins de vente.	»	20
Droit proportionnel sur l'établissement industriel.	»	25
Tourbières (exploitant de). Droit fixe 5 fr. en principal, plus 3 fr. par ouvrier. Droit proportionnel sur la maison d'habitation.	»	15
Tournerie de Saint-Claude (marchand expéditeur d'articles de).	3	15
Tourneur en bois marchand) vendant en boutique divers objets en bois faits au tour).	7	40
Tourneur en bois (fabricant sans boutique). *	8	40
Tourneur en marbre ou en pierre.	6	20
Tourneur sur métaux.	6	20
Tours et autres ouvrages pour la coiffure en cheveux-soie (fabricant ou marchand de).	6	20
Tourteaux (marchand de) en gros.	3	15
— — — en détail.	6	20
Traçons (maître de)	5	20
Traiteur donnant à manger chez lui ou portant en ville.	3	15
Transport de la guerre (entreprise général du). Droit fixe en principal 1,000 Droit proportionnel sur la maison d'habitation et sur les magasins de vente.	»	20

PROFESSIONS.	Classe.	Taux du droit proportionnel.
Droit proportionnel sur l'établissement industriel.	»	40
Transport de la guerre (entreprise particulière du) pour une division militaire. Droit fixe en principal, 100 fr. Droit proportionnel sur la maison d'habitation et sur les magasins.	»	20
Droit proportionnel sur l'établissement industriel.	»	40
Transport de la guerre (entreprise particulière pour gîtes d'étape). Droit fixe en principal 25 fr. Droit proportionnel sur la maison d'habitation et sur les magasins de vente.	»	20
Droit proportionnel sur l'établissement industriel.	»	40
Transport des détenus (entreprise général pour le). Droit fixe en principal 30 fr. Entreprise pour le transport des détenus du ressort d'une cour d'appel ou moins. Droit fixe en principal 100 fr. Entreprise pour le transport des détenus d'une circonscription moins étendue que celle d'une cour d'appel. Droit fixe en principal 25 fr. Droit proportionnel sur la maison d'habitation et sur les magasins.	»	20
Droit proportionnel sur l'établissement industriel.	»	40
Transports militaires (entreprise générale des). Droit fixe en principal 1,000 Droit proportionnel sur la maison d'habitation et sur les magasins.	»	20
Droit proportionnel sur l'établissement industriel.	»	40
Transports des tabacs (entreprise générale des). Droit fixe en principal 1,000 fr. Droit proportionnel sur la maison d'habitation et les magasins.	»	20
Droit proportionnel sur l'établissement industriel.	»	40
Travaux publics (entrepreneur de). Droit fixe, 5 fr. en principal, plus 1 fr. en principal par 1,000 fr. du montant annuel des entreprises. Droit proportionnel sur la maison d'habitation.	»	15
Tréfilerie en fer ou en laiton. Droit fixe, 25 fr. en principal, plus 3 fr. en principal par bobine. Droit proportionnel sur l'établissement industriel.	»	40
Droit proportionnel sur la maison et les magasins de vente.	»	20
Tréfileur par les procédés ordinaires.	6	20
Treillageur. *	7	40
Tresses en paille (fabricant, voir Paille).		
Tricots à l'aiguille (fabricant ou marchand).	5	20
Trieur de lames par procédés mécaniques. Droit fixe en principal 10 fr. par machine. Droit proportionnel sur la maison d'habitation et les magasins de vente.	»	20
Droit proportionnel sur l'établissement industriel.	»	40
Tripier cuiseur ou échaudeur d'abats, abatis et issues.	7	40
Troupes de passage (entrepreneur du logement des). Droit proportionnel sur la maison d'habitation et sur les locaux servant à l'exercice de la profession.	6	40
Truffes (marchand de).	4	20
Tuiles (fabrique de). Droit fixe, 5 fr. en principal, plus 2 fr. en principal par ouvrier. Droit proportionnel sur la maison et sur les magasins de vente.	»	20
Droit proportionnel sur l'établissement industriel.	»	25
Tuiles (marchand de).	6	20
Tulle (marchand de), en détail.	4	20
Tuyaux en fil de chanvre pour les pompes à incendie et autres (fabricant de).	4	20
Tubes en papier pour filatures (fabrique de), par procédés mécaniques. Droit fixe, 15 fr. en principal, plus 5 fr. en principal par métier. Droit proportionnel sur la maison d'habitation et les magasins de vente.	»	20
Droit proportionnel sur l'établissement industriel.	»	40
Tuyaux en fil de chanvre, en ciment et pour les pompes à incendie, les arrosements (fabricant de).	4	20

U

PROFESSIONS.	Classe.	Taux du droit proportionnel.
Usine à tirer l'or et l'argent (exploitant d'). Droit fixe, 25 fr. en principal, plus 3 fr. en principal par bobine. Droit proportionnel sur la maison d'habitation et les magasins de vente.	»	20
Droit proportionnel sur l'établissement industriel.	»	40
Ustensiles de chasse et pêche.	5	20
Ustensiles de ménage (marchand de vieux). *	7	40
Ustensiles en fer battu (fabrique d'), par procédés mécaniques. Droit fixe, 15 fr. en principal, plus 3 fr. en principal par ouvrier. Droit proportionnel sur la maison d'habitation et les magasins de vente.	2	20
Droit proportionnel sur l'établissement industriel.	»	40

PROFESSIONS.	Classe.	Taux du droit proportionnel.
V		
Vaches ou veaux (marchand de).	4	20
Vaisselle et ustensiles de bois (fabricant et marchand). *	7	40
Vannerie (marchand expéditeur).	4	20
— — en détail.	6	20
Vannier (fabricant) en vannerie fine.	6	20
Vannier (fabricant de vannerie commune). *	8	40
Vannier emballeur pour les vins.	5	20
Varech (marchand de) en gros.	3	15
— — en détail. *	8	40
Ventes à l'encan (directeur d'un établissement de).	1	10
Vérificateur de bâtiments.	6	20
Vernisseur de cuir, feutre, carton et métaux.	6	20
Vernisseur sur cuir, feutre, carton et métaux à façon. *	7	40
Verrerie (exploitant une). Droit fixe, 50 fr. en principal pour chaque four de fusion. Droit proportionnel sur la maison d'habitation et les magasins de vente.	»	20
Droit proportionnel sur l'établissemen industriel.	»	40
Verres à vitre (marchand de).	4	20
Verres blancs et cristaux (marchand de) en gros.	1	10
Verres blancs et cristaux (marchand de) en demi-gros.	2	15
Verres blancs et cristaux (marchand de) en détail.	5	20
Verres bombés (marchand de).	6	20
Verroterie et gobeleterie (marchand de) demi-gros.	2	15
Verroterie et gobeleterie (marchand de) en détail.	6	20
Vétérinaire.	»	15
Viandes (marchand expéditeur de). Droit fixe, en principal 50 fr. Droit proportionnel sur la maison d'habitation.	»	15
Vidange (entrepreneur de).	5	20
Vignettes et caractères à jour (fabricant de) pour son compte.	6	20
Vignettes et caractères à jour (fabricant de) à façon. *	8	40
Vignettes et caractères à jour (marchand de) en boutique.	6	20
Vinaigre (fabrique de). Droit fixe, 25 fr. en principal, ce droit est réduit de moitié pour les fabricants qui fabriquent moins de 100 hectolitres. Droit proportionnel sur la maison d'habitation et les magasins de vente.	»	20
Droit proportionnel sur l'établissement industriel.	»	25
Vinaigre (marchand de) en gros.	1	10
Vinaigrier en détail.	4	20
Vins (marchand de) en gros vendant habituellement des vins par pièces ou paniers de vins fins, soit aux marchands en détail et aux cabaretiers, soit aux consommateurs.	4	»
Droit proportionnel sur la maison d'habitation.	»	40
Droit proportionnel sur les locaux servant à l'exercice de la profession.	»	30
Vin (marchand en détail donnant à boire chez lui et tenant billard).	5	20
Vin (marchand de) en détail, donnant boire chez lui et ne tenant pas billard.	6	20
Vin, bière, cidre (débitant au petit détail), celui qui vend au pot et à la bouteille, et ne donne pas à boire chez lui. *	7	40
Vis (fabricant de) par procédés ordinaires, pour son compte.	6	20
Vis (fabricant de) par procédés ordinaires, à façon. *	8	40
Vis (manufacture de) par procédés mécaniques. Droit fixe, 10 fr. en principal, plus 3 fr. en principal par ouvrier. Droit proportionnel sur la maison d'habitation et les magasins de vente.	»	20
Droit proportionnel sur l'établissement industriel.	»	40
Vitraux (faiseur ou ajusteur de) pour son compte.	6	20
Vitraux (faiseur ou ajusteur de) à façon.*	7	40
Vitrier en boutique.	6	20
Voilier emballeur, celui qui, au débarquement, ouvre les balles ou sacs de marchandises, les répare ou en confectionne de neufs, ou qui fournit des tentes ou des bâches pour abriter les marchandises déposées sur les quais.	5	20
Voilier pour son compte.	3	15
— à façon.	6	20
Voiturier marchand de vins, de bière, de cidre, de sel.	4	20
Voiturier ou roulier ayant plusieurs équipages.	5	20
Voiturier n'ayant qu'un équipage. *	8	40
Volailles ou gibier (marchand de).	6	20
— truffées (marchand de).	4	20
Y		
Yeux artificiels (fabricant d').		2

OBSERVATIONS

Le patentable qui exerce plusieurs commerces, industries ou professions dans le même établissement n'est soumis qu'à un seul droit de patente : ce droit est le plus élevé de ceux qu'il aurait à payer, s'il était assujetti à autant de droits qu'il exerce de professions. (Loi du 25 avril 1844, art. 5 et 11).

Par exemple, le coiffeur dont la patente est de la 6e classe, qui veut exercer en même temps la profession de parfumeur (5e classe), ne paye que la patente de 5e classe.

De même, si un coiffeur veut exercer le commerce de librairie, qui appartient à la 5e classe, n'a à payer que le droit de patente de cette dernière classe. Si la profession déjà exercée appartenait à une classe égale ou supérieure à celle de la profession nouvelle, il va de soi qu'aucun changement ne se produirait dans l'impôt. Lorsque la modification a lieu au cours de l'année, le patenté est tenu de payer le supplément du droit à compter du premier du mois dans lequel le changement a été opéré. (Loi du 25 avril 1844, art. 23).

Notons qu'une seule patente suffit pour le mari et la femme, même séparés de biens, à moins qu'ils n'aient des établissements distincts. (Loi du 25 avril 1844, art. 15).

S'il s'agissait de créer une succursale, il y aurait lieu de soumettre à l'application de la loi du 29 mars 1872, art. 1er, aux termes de laquelle chaque établissement distinct ou succursale est passible d'un droit fixe entier en outre du droit proportionnel déjà dû dans cette hypothèse d'après la loi du 25 avril 1844, art. 11.

Il est bien entendu qu'au droit fixe s'ajoutent les centimes additionnels qui, dans certaines localités, peuvent plus que doubler le principal.

Ainsi, à Paris, ces centimes additionnels sont de 122 fr. 31 par 100 fr.

Enfin, au droit fixe, il faut joindre le droit proportionnel.

L'impôt des patentes étant un impôt de quotité dont chaque patenté est seul débiteur, les pertes ou non-valeurs restent à la charge du trésor.

A ces cinq classes d'impôts, il faut ajouter les différentes taxes qui leur sont assimilées.

6° *Prestations en nature.*— Trois jours au plus (loi du 21 avril 1836). Dues par tout habitant, chef de famille ou d'établissement porté au rôle des contributions directes 1° pour la personne et pour chaque individu mâle valide de dix-huit à soixante ans, membre ou serviteur de la famille; 2° pour chacune des charrettes ou voitures attelées, et en outre pour chacune des bêtes de somme, de trait, de selle, au service de la famille ou de l'établissement dans la commune.

7° *Taxe sur les biens de main-morte* (loi du 20 février 1849).

Il est établi, à partir du 1er janvier 1849, sur les biens immeubles passibles de la contribution foncière appartenant aux départements, communes, hospices, séminaires, fabriques, congrégations religieuses, consistoires, établissements de charité, bureaux de bienfaisance, sociétés anonymes et tous établissements publics légalement autorisés, une taxe annuelle, représentative des droits de transmissions entre vifs et par décès. Cette taxe est calculée à raison de 62 centimes et demi du principal de la contribution foncière.

Portée à 70 centimes par franc et les décimes par la loi du 30 mars 1872, article 4.

Les formes prescrites pour l'assiette et le recouvrement de la contribution foncière seront suivies pour l'établissement de cette taxe.

8° *Contributions sur les voitures et les chevaux* (loi des 2 juillet 1862, 16 septembre 1871 et 23 juillet 1872).

Villes dans lesquelles le tarif est applicable.	Voitures à 4 roues.	Voitures à 2 roues.	Cheval de selle ou d'attelage.
Paris	60 »	40 »	25 »
Communes ayant plus de 40,000 âmes	50 »	25 »	20 »
— de 20,001 à 40,000	40 »	20 »	15 »
— de 3,001 à 20,000	25 »	10 »	10 »
— au-dessous de 3,000	10 »	5 »	5 »

La taxe est réduite de moitié pour les voitures et chevaux imposables, lorsqu'ils sont employés exclusivement au service de l'agriculture ou d'une profession quelconque donnant lieu à l'imposition du droit de patente.

Ne donnent pas lieu au payement de la taxe :

1° Les chevaux et voitures possédés en conformité des règlements militaires ou administratifs et par les ministres des différents cultes ;

2° Les juments et étalons consacrés à la reproduction ;

3° Les voitures et chevaux affectés au service des voitures publiques ;

4° Les chevaux et voitures possédés par les marchands de chevaux et de voitures.

Les possesseurs de chevaux et de voitures sont passibles de la taxe pour l'année entière en ce qui concerne les faits existants au 1er janvier.

Les taxes sont doublées pour les voitures et chevaux qui n'ont pas été déclarés dans le délai de trente jours ou qui auront été déclarés d'une manière inexacte.

Un vingtième du produit de cet impôt est attribué aux communes.

9° *Taxe sur les billards* (loi du 16 septembre 1871).

A Paris	60 fr.	pour billard public ou privé.
Villes au-dessus de 50,000 âmes	30 fr.	— —
De 10,000 à 50,000 âmes	15 fr.	— —
Ailleurs	5 fr.	— —

Cette taxe est doublée en cas de déclaration inexacte. La déclaration doit être faite du 1er octobre au 31 janvier.

10° *Taxe sur les cercles, sociétés et lieux de réunion* (loi du 16 septembre 1871, article 9). — 20 pour 100 des cotisations payées par les membres ou associés.

Cette taxe est doublée en cas de déclaration inexacte, qui doit être faite avant le 31 janvier.

Ne sont pas assujetties à la taxe les sociétés de bienfaisance et de secours mutuels, ainsi que celles exclusivement scientifiques, littéraires, agricoles, musicales, dont les réunions ne sont pas quotidiennes.

La somme due doit être payée en une seule fois.

11° *Taxe municipale sur les chiens.* — De 1 à 10 francs (loi du 2 mai 1855).

1re Catégorie. — Taxe la plus élevée sur les chiens d'agrément ou de chasse.

2e Taxe la moins élevée sur les chiens de garde.

La taxe est due pour les chiens possédés au 1er janvier et déclarés du 1er octobre au 15 janvier.

La taxe est doublée pour déclaration incomplète ou inexacte; elle est triplée pour défaut de déclaration et pour récidive de déclaration incomplète ou inexacte.

Elle est quadruplée pour récidive de non-déclaration.

La jurisprudence place dans la première catégorie :

1° Le chien qui vague en liberté dans les rues; 2° celui qui accompagne son maître dans ses promenades; 3° celui qui est admis au foyer, qui circule dans les appartements; 4° celui qu'on laisse avec les enfants; 5° celui qui est employé pour chercher les truffes; 6° le chien que son état de vieillesse ou d'infirmité rend inutile et qui est constamment renfermé dans l'intérieur.

2e Catégorie. — 1° Le chien qui accompagne son maître à l'extérieur pour les besoins de son commerce et la défense de sa personne : tel est le chien du marchand forain; 2° celui qui est destiné à la garde exclusive de l'écurie d'un loueur de chevaux, à la garde des magasins, à la garde d'une brasserie, d'un étal de boucher, etc., à la garde exclusive d'une ferme, d'une habitation formée de plusieurs corps de bâtiment séparés par une grande cour, lors même qu'il ne sera pas tenu à l'attache; 3° et, en général, celui qui n'a pas d'autre destination que de garder.

12° *Impôt sur le revenu des valeurs mobilières.* (loi du 29 juin 1872). Il est établi une taxe annuelle et obligatoire de 3 p. 0/0 sur les intérêts, dividendes, revenus et tous autres produits des actions de toute nature, des sociétés, compagnies ou entreprises quelconques, financières, industrielles, commerciales ou civiles.

La taxe sur le revenu est avancée par les sociétés, compagnies, entreprises, départements, communes et établissements publics; elle est payée, sous peine d'amende, en quatre termes égaux, dans les vingt premiers jours du mois de janvier, avril, juillet et octobre de chaque année.

Les sociétés sont tenues de déposer, en outre, sous peine d'amende, dans les vingt jours de leur date, les extraits des comptes rendus, délibérations ou autres documents analogues qui ont fixé le dividende distribué.

La taxe payable à chaque trimestre pour les valeurs à revenu variable est liquidée provisoirement sur les quatre cinquièmes du dernier dividende distribué.

Une liquidation difinitive est opérée au moment du dépôt des documents ci-dessus, ou dans les vingt premiers jours du mois de mai, s'il s'agit de sociétés dont le revenu n'est pas fixé par un compte rendu.

Toute contravention ou retard dans le payement est puni d'une amende de 100 fr. à 5,000 fr.

13° *Droits de visite et inspections des laboratoires et officines des pharmaciens, droguistes, épiciers, herboristes, etc.* (loi du 21 germinal an XI).

Pharmaciens.	6 fr.
Epiciers, droguistes herboristes	4 fr.

14° *Chambre de commerce.* Impôt payé par les patentés dont le montant de la patente s'élève à un chiffre supérieur à 500 fr.

Les chambres de commerce sont des lieux de réunion de commerçants chargés de présenter au gouvernement leur vœu sur les moyens d'augmenter la prospérité du commerce et de l'industrie et de l'éclairer sur ce qui peut leur porter préjudice.

15° *Vérification des poids et mesures.* Impôt payé au département par les patentés pour la vérification de leurs poids et mesures.

Vérification des poids et mesures.

Mesures de pesanteur. (Poids en fer.)	Tarif pour chaque unité.
50 kilogrammes.	» 60
20 kilogr., 10 kilogr. et 5 kilogr. chacun.	» 30
2 kilogr., 1 kilogr. et 1/2 kilogr. chacun.	» 12
2 hectogr., 1 hectogr. et 1/2 hectogr. chacun.	» 06
Poids en cuivre.	
20 kilogr., 10 kilogr. et 5 kilogr. chacun.	» 45
2 kilogr., 1 kilogr. et 1/2 kilogr. chacun.	» 18
2 hectogr., 1 hectogr. et 1/2 hectogr. chacun.	» 09
20 grammes, 10 gr., 5 gr., 2 gr. et 1 gr. chacun.	» 09

Instruments de pesage.	Tarif pour chaque unité.
1 balance de magasin.	» 50
1 balance de comptoir.	» 25
1 pont-bascule de 5,000 kilogr., avec 1 fr. d'augmentation pour chaque 1,000 kilogr., en sus. . .	5 »
1 balance-bascule (portée en dessus de 200 kilogr.).	2 40
1 balance-bascule (portée en dessus de 10 kilogr.)	1 20
1 romaine de toute portée, jusqu'à 40 kilogr. (0 fr. 225 en outre pour chaque portée de 20 kilogr., en sus).	» 60
1 romaine de 200 kilogr. jusqu'à 1,000 kilogr. (au-dessus de 1,000 kilogr., la surtaxe de 1er pour chaque augmentation de 1,000 kilogrammes)	3 »

Mesures de capacité (pour les matières sèches).	Tarif pour chaque unité.
1 double hectolitre	1 »
1 hectolitre	» 90
1/2 hectolitre	» 60
Double décalitre	» 18
1 décalitre	» 12
1/2 décalitre	» 9
Double litre, 1 litre et 1/2 litre chacun.	» 6
Double décilitre, 1 décilitre et 1/2 décilitre, chacun	» 6
(Pour les liquides).	
Double décalitre, 1 décalitre et 1/2 décalitre, chacun	» 60
Double litre	» 24
1 litre	» 18
1/2 litre, double décilitre, décilitre jusqu'au centilitre, chacun	» 12
Mesures de capacité en fer blanc.	
Double litre et litre, chacun	» 12

	Tarif pour chaque unité.
1/2 litre, double décilitre et décilitre jusqu'au centilitre, chacun	» 6
Mesures de solidité (membrures pour les bois de chauffage).	
Décastère et 1/2 décastère, chacun	1 »
Double stère, 1 stère, 1/2 stère, chacun	» 90
Mesures agraires et de longueur.	
Double décamètre, 1 décamètre, 1/2 décamètre, chacun	» 30
Double mètre ordinaire ou brisé	» 18
1 mètre simple (ployant ou à charnières) et demi-mètre chacun — pour la vérification 1re	» 5
1 mètre simple (ployant ou à charnières) et demi-mètre chacun — pour la vérification périodique	» 12
Double décimètre et décimètre, chacun	» 6

---

1. Les contributions directes sont exigibles par douzième. — 2. Les propriétaires et principaux locataires des maisons sont tenus, un mois avant le déménagement de leurs sous-locataires, de se faire représenter les quittances de leurs contributions, à peine d'en demeurer responsables. En cas de refus de la part du locataire ou sous-locataire de produire les quittances demandées, le propriétaire ou principal locataire doit immédiatement en prévenir le percepteur, et retirer de lui une reconnaissance par écrit de cet avertissement. — 3. Les contribuables devront représenter leur avertissement au percepteur à chaque payement qu'ils effectueront. — Toute quittance, pour être valable, doit être délivrée sur les coupons que le percepteur détache de son registre à souche; il lui est interdit de se servir de ces coupons pour donner des *duplicatas*, lesquels ne peuvent être délivrés que sur des feuilles de papier ordinaire. — 5. *Les demandes en décharge et réduction doivent être présentées dans les trois mois de la publication des rôles; les demandes en remise ou modération pour pertes occasionnées par des événements extraordinaires, dans les quinze jours qui suivent ces événements; et les demandes en dégrèvement pour vacances totales ou partielles de maisons, ou pour chômages d'usines, dans les quinze jours qui suivent l'année ou le trimestre d'inhabitation ou de chômage. Les délais ci-dessus sont de rigueur.* — 6. Toute réclamation à laquelle ne seraient pas joints l'extrait du rôle et la quittance des termes échus ne sera pas admise. Celles qui ont pour objet une cote moindre de 30 francs ne sont point assujetties au droit de timbre. — 7. Les ordonnances de décharge et réduction seront prises pour comptant et libéreront le contribuable des sommes dont la décharge ou réduction aura été prononcée; aucune somme ne peut être demandée pour une cote annulée ou en sus de la cote réduite.

« Tout propriétaire ou usufruitier ayant « plusieurs fermiers dans la même commune, « et qui voudra les charger de payer à son « acquit la contribution foncière des biens « qu'ils tiennent à ferme ou à loyer, devra « remettre au percepteur une déclaration in- « diquant sommairement la division de son « revenu imposable entre lui et ses fermiers. « Cette déclaration sera signée par le pro- « priétaire et par les fermiers.

« Si le nombre des fermiers est de plus de « trois, la déclaration sera transmise au di- « recteur des contributions directes, qui opé- « rera la division de la contribution, et por- « tera dans un rôle auxiliaire la somme à « payer par chaque fermier.

« Les frais d'impression et de confection « de ce rôle seront payés par les déclarants « à raison de 5 centimes par article. »

Toute pétition pour une cote de 30 fr. et au-dessus doit être rédigée sur papier timbré et adressée à la préfecture pour l'arrondissement, chef-lieu du département et à la sous-préfecture pour les autres arrondissements, on doit expliquer clairement et simplement les faits.

Dire si la valeur de l'objet imposé a été surtaxée, s'il y a eu double emploi, si l'on a été imposé avant la troisième année de la construction, si l'immeuble imposé a été détruit ou s'il a disparu de la matière imposable.

Les demandes en remise ou modération pour pertes occasionnées par des événements extraordinaires tels que grêle, gelée, inondation, incendie, doivent être envoyées dans les quinze jours qui suivent les événements.

Contributions indirectes.

Les contributions indirectes sont tous les impôts assis sur la fabrication, la vente, le transport et l'introduction de plusieurs objets de commerce et de consommation dont le produit avancé par le fabricant au marchand est supporté indirectement par le consommateur (loi du 8 janvier 1790).

1° *Enregistrement, timbre, greffe et hypothèques.* — Les attributions de l'admininistration de l'enregistrement consistent :

Dans l'enregistrement des actes civils publics :
— — sous-seings privés,
— — administratifs ;
— — judiciaires ;
— — extrajudiciaire.
Réception des déclarations de mutation par décès ;
— — de mutations verbales.

A titre onéreux d'immeubles, fonds de commerce avec location verbale d'immeuble.

Perception de droits d'enregistrement, de mutation, de greffe et des amendes applicables à ces actes ou transmissions.

Recouvrement des droits de transmission sur les titres, des sociétés françaises et étrangères. Perception de la taxe sur les assurances maritimes ou contre l'incendie.

Débite du papier timbré, timbres mobiles, passe-ports, et permis de chasse, visa pour timbre, perception des droits et amendes de timbre.

Accomplissement de formalités hypothécaires, inscriptions des créances, et transcription d'actes; *conservation des hypothèques*. Délivrance des états et certificats.

Perception des droits de sceau de chancellerie, recouvrement des amendes de consignation, avance de frais de justice criminelle ou de police et des frais de poursuites.

Domaines. Opérations de trésorerie, recouvrement de l'impôt sur le revenu des valeurs mobilières françaises et étrangères.

Surveillance à exercer en ce qui concerne l'exactitude de certaines obligations imposées aux officiers publics par la loi du 25 ventôse an XI; art. 67, 68, 179 du code commerce 1391—1394 code civil.

2. *Douane*. (loi du 22 août 1791). — Les droits de douane sont des taxes établies sur les marchandises et sur certaines denrées, à leur entrée ou à leur sortie du territoire.

Droits de navigation intérieure. — Les droits de navigation sont des taxes établies pour transport sur mer ou sur rivières françaises, de divers marchandises. (loi du 30 floréal an X).

2e classe. Bois, charbons, écorces, marbres, granits, moellons, cailloux, plâtre, sable, chaux, ciment, briques, tuiles, carreaux, ardoises, minerai, verre cassé, terres, et ocres.

1re classe. Toutes les autres marchandises.

Toute marchandise qui entre en France ou qui en sort doit être déclarée en douane (loi du 16 mai, art. 19).

Les entrepôts sont des emplacements où les marchandises sont déposées jusqu'à ce qu'on les emporte ou qu'on en acquitte les droits pour la consommation intérieure.

Un tarif officiel tenu au courant est déposé dans chaque bureau de douane et est mis à la disposition des rédevables.

Droit de statistique (*douane*), (loi du 22 janvier 1872). — Il est établi pour subvenir aux frais de statistique commerciale, un droit spécial de 10 centimes par colis sur les marchandises en futailles, caisses, sacs ou autres emballages, de 10 centimes par 1000 kilog. ou par mètre cube sur les marchandises en vrac, et de 10 centimes par tête sur les animaux vivants ou abattus des espèces chevaline, bovine, ovine, caprine et porcine. Ce droit indépendant de toute autre taxe sera perçu tant à l'entrée qu'à la sortie quelle que soit la provenance ou la destination.

3° *Droits réunis* (loi du 28 avril 1816). — Il est dû un droit de circulation pour chaque enlèvement ou déplacement des boissons ci-après :

Vins	en cercles à destination des départements de	1re	classe	1.20	l'hectolitre.
	— — —	2e	—	1.60	—
	— — —	3e	—	2 »	—
	en bouteille partout 15 fr. l'hectolitre	4e	—	2.40	—

Taxe de remplacement perçue aux entrées de Paris 8.50 et 15 fr. en bouteilles.

Cidres, poirés, hydromels, 4 fr. l'hectolitre.
Eaux-de-vie, esprits et liqueurs 125 fr. l'hectolitre.
Fabrication des bières { Bière forte 3.60 l'hectolitre. Petite bière 1.20 l'hectolitre.

4° Le droit général de consommation par hectolitre d'alcool pur contenu dans les eaux-de-vie et esprits en cercles est fixé à 125 fr. par hectolitre. L'alcool pur contenu dans les liqueurs, fruits à l'eau-de-vie en bouteilles et absinthe en cercles et en bouteilles est fixé à 175 fr. en principal avec addition des décimes, à Paris, taxe de remplacement 149 et 199 fr. (fausse déclaration punie d'une amende de 500 fr. à 5,000 fr.).

Aucune personne ne peut distiller, fabriquer ou faire un commerce quelconque de boissons sans en avoir fait préalablement la déclaration et qu'après avoir obtenu une licence ; le droit sera payé comptant à quelque époque de l'année que soit faite la déclaration et valable pour un seul établissement et par an :

Amende en cas de contravention, 300 fr.

Bouilleurs et distillateurs . . . . 20 fr.
Marchands en gros . . . . 100 fr.
Brasseurs dans l'Aisne, les Ardennes, Côte-d'Or, Meurthe, Nord, Pas-de-Calais, Rhône, Seine, Seine-Inférieure, Seine-et-Oise, Somme. . . . . 100 fr.
Dans les autres départements. . . 60 fr.

Débitants de boissons dans les communes au-dessous de 4,000 âmes 12 fr.
— — — de 4,000 à 6,000 — 16 fr.
— — — de 6,000 à 10,000 — 20 fr.
— — — de 10,000 à 15,000 — 24 fr.
— — — de 15,000 à 20,000 — 28 fr.
— — — de 20,000 à 30,000 — 32 fr.
— — — de 30,000 à 50,000 — 36 fr.
— — — au-dessus de 50,000 — 40 fr. Paris excepté

Le coût des acquits-à-caution et des passavants est de 50 centimes timbre compris.

Le droit d'entrée sur les vins, cidres, poirés et hydromels est perçu ainsi qu'il suit (loi du 31 décembre 1873) :

POPULATION.	Droit en principal par hectolitre de vin en cercles et en bouteilles dans les départements.				Cidres, poirés, hydromels.
	1re classe.	2e classe.	3e classe.	4e classe.	
De 4,000 à 6,000 habitants	0.45	0.60	0.75	0.90	0.40
De 6,001 à 10,000 —	0.70	0.90	1.15	1.35	0.60
De 10,001 à 15,000 —	0.90	1.20	1.50	1.80	0.75
De 15,001 à 20,000 —	1.15	1.50	1.90	2.25	1 »
De 20,001 à 30,000 —	1.35	1.80	2.25	2.70	1.15
De 30,001 à 50,000 —	1.60	2.10	2.65	3.15	1.35
De 50,001 et au-dessus.	1.80	2.40	3 »	3.60	1.50

Taxe de remplacement aux entrées à Paris :

Pour les vins en cercles	9.50
— en bouteilles	16 »
Pour cidres en cercles et en bouteilles. . . .	4.75

Les propriétaires qui distillent des vins, marcs, cidres, prunes et cerises provenant exclusivement de leur récolte sont dispensés de toute déclaration préalable et sont affranchis de l'exercice (loi du 17 décembre 1875).

Le droit de vente en détail des boissons est fixé à 15 p. 0|0 du prix de la vente pour les vins, cidres, poirés et hydromels. Le prix de vente est affiché dans l'endroit le plus apparent du domicile du débitant.

Le débitant peut se soumettre à payer par abonnement l'équivalent du droit de détail dont il sera estimé passible.

Loi du 9 juin 1875.

Art. 1er. — A partir du 1er juillet 1875, le régime de l'exercice des débits de boissons cessera d'être appliqué dans toutes les agglomérations de dix mille âmes et au-dessus et les droits d'entrée et de détail sur les vins, cidres, poirés et hydromels y seront, par nature de boisson, convertis en une taxe unique, payable à l'introduction dans le lieu sujet ou à la sortie des entrepôts intérieurs. Cette taxe unique sera fixée d'après les bases et dans les conditions déterminées par les lois du 21 avril 1832 et du 25 juin 1841.

Art. 2. — Les débitants des agglomérations où la taxe unique sera établie seront tenus d'acquitter les nouveaux droits ou suppléments de droits sur toutes les quantités qu'ils auront en leur possession au moment du changement de régime.

Art. 3. — Les tarifs des villes déjà rédimées seront immédiatement revisés d'après les prix moyens de la vente en détail dans l'arrondissement durant les années 1872, 1873, 1874.

Art. 4. — Le tarif de la taxe unique sera révisé périodiquement dans toutes les villes rédimées d'après le prix moyen de la vente en détail et d'après les quantités vendues par les débitants.

Le prix moyen de la vente en détail sera celui constaté dans l'arrondissement pendant les trois dernières années.

Les quantités vendues par les débitants seront celles relevées d'après les expéditions et sur les registres de contributions indirectes, en prenant la moyenne des trois dernières périodes annuelles.

Art. 5. — La première révision périodique des taxes uniques prescrite par l'article précédent aura lieu à la fin de l'année 1878, et les nouveaux tarifs en résultant seront appliqués à partir du 1er janvier 1879.

Les révisions auront lieu ensuite successivement de cinq en cinq ans.

Art. 6. — Les vins, cidres, poirés et hydromels expédiés du dehors à destination des villes placées sous le régime de la taxe unique ne pourront circuler qu'en vertu d'acquits-à-caution.

Art. 7. — Les dispositions des lois du 21 avril 1832 et du 25 juin 1841 qui ne sont pas contraires à celles qui précèdent, sont maintenues et rendues applicables aux villes placées sous le régime de la taxe unique par application de la présente loi.

L'alcool pur a 100 degrés centésimaux. Pour connaître la quantité d'alcool pur contenu dans un fût, multiplier la quantité de litres par les degrés centésimaux, diviser par 100.

5° *Vinaigres et acide acétique* (loi du 17 juillet 1875). — Il est établi un droit de consommation intérieure sur les vinaigres de toute nature et sur les acides acétiques fabriqués en France.

Ce droit est fixé ainsi qu'il suit :

Vinaigre contenant :

8 p. 0/0 d'acide acétique et au-dessous	......	4 fr.	par hectolitre.
9 à 12 p. 0/0	— —	6 fr.	—
13 à 16 p. 0/0	— —	8 fr.	—

Acides acétiques et vinaigres contenant :

17 à 30 p. 0/0	— —	15 fr.	—
31 à 40 p. 0/0	— —	20 fr.	—
40 et plus p. 0/0	— —	42 fr.	—

Acide acétique cristallisé ou à l'état solide 50 fr. par 100 kilogr.

Les fabricants de vinaigre ou d'acide acétique sont soumis à un droit annuel de licence de 20 fr. par établissement.

6° *Sels* (loi du 24 avril 1806). — Établissant un droit de deux décimes par kilogrammes de sel sur tous les sels enlevés, soit des marais salants de l'Océan, soit de ceux de la Méditerranée, soit des salines de l'Est, soit de toute autre fabrique de sel. Il ne peut être établi aucune fabrique de sel sans une déclaration préalable.

Nulle exploitation de mine de sel ne peut avoir lieu qu'en vertu d'une concession consentie par l'état.

La loi du 28 décembre 1848 fixe à 10 fr. par 100 kilog. l'impôt du sel.

Les viandes salées étrangères paient indépendamment du droit d'importation 4 fr. par 100 kilog. pour le sel employé (loi du 11 mars 1874).

7° *Sucre* (loi du 13 juin 1851, 22 janvier 1872). Les sucres, sirops, glucose et mélasse de toute origine sont taxés :

Sucre pur indigène,	les 100 kilogr.	50 fr.	(décimes en sus).
Sucre extrait des mélasses,	les 100 kilogr.	25 fr.	—
Mélasse,	les 100 kilogr.	10 fr.	—
Glucoses,	les 100 kilogr.	11 fr.	—

Le droit de licence des fabricants de sucres et glucoses est de 100 fr. par an.

8° *Tabacs* (loi du 28 avril 1816).

L'achat, la fabrication et la vente des tabacs en France a lieu exclusivement par l'État, jusqu'au 1er janvier 1883.

Le prix des tabacs vendus aux consommateurs est de :

Tabac ordinaire, 12 fr. 50 par kilogr.
Supérieur, 16 fr., 20 fr. et 25 fr.
Scaferlati de cantine, 3 fr., 5 fr. et 8 fr.
Tabac destiné aux troupes, 1 fr. 60 et 2 fr.
Cigares, 0 fr. 05, 0 fr. 10, 0 fr. 15, 0 fr. 20, 0 fr. 25 pièce, etc.
Cigarettes (1,000 cigarettes au kilogr.), 25 fr., 35 fr., 30 fr. et 40 fr.
— (par paquet de 20), 0 fr. 50, 0 fr. 70, 0 fr. 80 et 1 fr.

9° *Poudres et salpêtres* (loi du 13 fructidor an V).

La fabrication et la vente des poudres a lieu par l'Etat.

Le prix de la poudre, fixé par la loi du 4 septembre 1871, est de :

Poudre de chasse fine		9.50 le kilogr.	
—	superfine. . . .	12 »	—
—	extra-fine. . . .	15.50	—

Le salpêtre exotique paie à son entrée en France 72.50 par navire français.
— — — — 78.50 par navire étranger.

10° *Poudre de dynamite* (loi du 8 mars 1875).

La dynamite et les explosifs à base de nitro-glycérine peuvent être fabriqués dans des établissements particuliers, moyennant le payement d'un impôt qui ne peut être supérieur à 2 francs par kilogramme, quelles que soient la nature et la proportion des absorbants employés dans la composition. (Droit fixé à 1 fr. 50).

Aucune fabrique ne peut s'établir sans l'autorisation du gouvernement.

Le cautionnement à verser à l'Etat par chaque fabricant est de 50,000 francs.

Ils sont assimilés aux débitants de poudre et soumis à l'inspection par les délégués de l'Etat.

Par décret du 31 mars 1875, le prix de vente par l'administration des contributions indirectes des trois sortes de dynamite qui sont mises à la disposition des consommateurs est fixé à :

Qualité la plus forte,	n° 1	7.50	remise aux débitants	0.60
— intermédiaire,	n° 2	5.50	—	0.40
— la moins forte,	n° 3	4 »	—	0.30

11° *Cartes à jouer* (loi du 28 avril 1876).

Les fabricants de cartes sont soumis au payement annuel d'un droit de licence s'élevant à 100 francs, et devront être autorisés par la régie, sous peine d'une amende de 1,000 à 3,000 francs et d'un mois d'emprisonnement.

Il est dû un droit de 50 centimes par jeu, quel que soit le nombre de cartes dont il se compose et quels que soient la forme et le dessin des figures ; et 70 centimes par jeu au portrait étranger.

Décimes en sus.

12° *Bougies et cierges* (loi du 30 décembre 1873).

Il est établi sur l'acide stéarique et autres matières à l'état de bougies ou de cierges un droit de consommation intérieure fixé en principal à 25 francs les cent kilogrammes.

Tous les mélanges ou composés factices d'acide stéarique et autres substances, les chandelles, bougies à mèche tissée, tressée ou moulinée, ayant subi une préparation chimique, sont passibles de la même taxe.

Les fabricants sont soumis à un droit annuel de licence de 20 francs en principal par établissement.

Toute fabrication non déclarée est punie d'une amende de 300 à 3,000 francs ;
Toute fraude, de 100 à 1,000 francs.

Le type des boîtes et paquets est fixé à :

Bougies ordinaires.	500 grammes
Cierges ordinaires	500 et 1,000 grammes
Bougies et cierges de luxe.	200, 500 et 1,000 grammes.

13° *Allumettes chimiques.*

A partir du 2 août 1872, l'achat, la fabrication et la vente des allumettes chimiques ont été attribués à l'Etat, qui en a concédé le monopole à une compagnie le 4 décembre 1874, moyennant une redevance annuelle de 16,030,000 francs par an, pour les ventes faites jusqu'à concurrence de 40 milliards d'allumettes.

Les allumettes ne peuvent circuler qu'accompagnées d'un acquit-à-caution.

La fabrication frauduleuse est punie d'une amende de 300 à 1,000 francs.

La loi du 28 janvier 1875 a assimilé les allumettes chimiques aux tabacs en matière de fraude, fabrication clandestine, vente et colportage.

COMPAGNIE CONCESSIONNAIRE DES ALLUMETTES CHIMIQUES

RUE DE LA CHAUSSÉE-D'ANTIN, 66, A PARIS

(Société anonyme. — Capital : 40 millions.)

Allumettes en cire.	Nombre d'allumettes.	Prix de vente.
Coulisse type réglementaire :		
au phosphore amorphe.	30	» 10
— ordinaire.	40	» 10
Petit prie-dieu verni	33	» 10
Prie-dieu (grand modèle illustré et verni).	50	» 15
Tabatière — — —	50	» 15
— (double couvercle).	40	» 15
Tiroir (grand modèle)	50	» 15
Grande coulisse vernie.	50	» 15
Boîte cire et amadou, 12 P. A. . . .	25	» 15
— amadou (30 pièces).	30	» 15
Grande coulisse vernie, dite 5 minutes.	40	» 25
Boîte de famille illustrée	500	1 20
Coulisse ménagère illustrée	250	» 70
Allumettes en bois carré *au phosphore amorphe.*		
Portefeuille ordinaire.	50	» 05
— —	100	» 10

Allumettes en bois *au phosphore ordinaire.*	Nombre d'allumettes.	Prix de vente.
Presse { Portefeuille ordinaire.	60	» 05
— —	100	» 10
Paquet.	3500	2 »
1/2 Presse { Boîte ménagère.	500	» 45
Paquet.	500	» 40
—	1000	» 80
Bois rond.		
Portefeuille illustré.	50	» 05
— —	100	» 10
Boîte ménagère.	500	» 45
Allumettes Suédoises *paraffinées au phosphore amorphe.*		
Boîte en bois à coulisse portant frottoir.	50	» 10
Boîte munie d'un frottoir.	250	» 35
— — —	550	» 65
— — —	1000	1 20
Paquet	1000	1 10

14° *Chicorée* (loi du 4 septembre 1871).

La racine de chicorée préparée est soumise à un droit de 30 centimes par kilogramme, décimes compris.

Les fabricants sont tenus de payer la licence dont ils sont tenus de se munir : 20 francs.

Le nombre des types est de 100 grammes, 250 grammes, 500 grammes, 1 kilogramme.

Tous les produits similaires de la chicorée (faux café) sont soumis aux droits ci-dessus.

15° *Papiers* (loi des 4 septembre 1871 et 21 juin 1873).

Il est établi un droit de fabrication sur les papiers de toute sorte : papiers à écrire, à imprimer, à dessiner, papiers d'enveloppe et d'emballage, papier-carton, papiers de tenture et tous autres.

Ce droit est de :

1° Papiers à cigarettes, papier-soie, papier-pelure, papier-parchemin blanc et similaires, 15 francs les 100 kilogrammes.

Papiers à lettres de toute espèce et de tout format, 11 francs les 100 kilogrammes.

2° Papiers à écrire, à imprimer, à dessiner, papiers pour musique et assimilables;

Papiers blancs de tenture, papiers coloriés et marbrés pour reliure et assimilables, 10 francs les 100 kilogrammes.

3° Cartons-papiers, cartons-papiers d'enveloppe et de tenture ou à pâte de couleurs, papiers d'emballage, papiers buvards et tous similaires, 5 francs les 100 kilogrammes.

Droits de douane en sus pour les papiers étrangers.

Les fabricants de papier payent un droit de licence de 20 francs.

Le papier employé à l'impression des journaux et autres publications périodiques assujetties au cautionnement est en outre soumis à un droit de 20 francs par 100 kilogrammes.

16° *Huiles* (loi du 13 décembre 1873).

Il est perçu au profit du Trésor public, sur les huiles de toutes sortes, à l'exception des huiles minérales, qui seront introduites ou fabriquées dans les communes ayant au moins 4,000 habitants, un droit fixé en principal :

Communes ayant une population agglomérée :	De	4,000 à 10,000	6 fr.	les 1,000 kil.
— —	De	10,001 à 20,000	7 fr.	—
— —	De	20,001 à 50,000	8 fr.	—
— —	De	50,001 à 100,000	10 fr.	—
— —	De	100,001 et au-dessus	12 fr.	—

La fraude est punie d'une amende de 200 à 1,000 francs.

Si la fraude a lieu en voiture suspendue, l'amende est de 1,000 à 3,000 francs.

17° *Huiles minérales de production française* (loi du 29 décembre 1873).

Les huiles de schiste et toutes les huiles minérales propres à l'éclairage sont soumises aux droits intérieurs ci-après :

Essence à 700 degrés de densité et au-dessous à la température de 15 degrés, les 100 kilogrammes, 44 fr. 50.

Huiles raffinées à 800 degrés de densité et au-dessus à la température de 15 degrés, les 100 kilogrammes, 34 fr. 50.

Huiles brutes, pour chaque kilogramme d'huile pure à 800 degrés qu'elles contiennent à la température de 15 degrés, 22 centimes; par chaque kilogramme d'essence à 700 degrés qu'elles contiennent à la température de 15 degrés, 15 centimes.

Le droit de 34 fr. 50 par 100 kilogrammes sur les huiles raffinées s'applique d'une manière fixe à l'huile présentée sous forme de raffinée à l'acquit des droits chaque fois que la densité ne sera pas inférieure à 800 degrés. Dans le cas où la densité serait au-dessus de 800 degrés, ce droit serait augmenté de 10 centimes par degré de densité en moins.

18. *Taxe sur le transport des voyageurs et des marchandises,* (loi du 9 vendémiaire an VI). — Il est perçu au profit de l'état un dixième du prix des places dans les voitures exploitées par les entrepreneurs particuliers, voitures publiques, chemins de fer, bateaux à vapeur.

Tout entrepreneur de voitures publiques devra en faire déclaration, et faire connaître le nombre de voitures, la quantité de places et le prix de chaque place.

Il sera déduit pour les places vides un quart du prix total des places.

Pour les voitures partant d'occasion ou à volonté il sera perçu pour tenir lieu du dixième.

Par voiture à 1 ou 2 places. . . .	40 fr.	Ajouter 10 p. 0/0 en plus (loi du 16 sept. 1871).
— à 3 —	60 fr.	
— à 4 —	80 fr.	
— à 5 —	96 fr.	
— à 6 —	110 fr.	

Toute personne autre qu'un entrepreneur qui mettra accidentellement une voiture en circulation, paiera au moment de sa déclaration 15 centimes par place et par jour.

Sur les chemins de fer ce droit se perçoit sur la partie du tarif correspondant au prix du transport.

Il est perçu en outre un dixième du prix payé pour le transport des marchandises.

Ce droit est augmenté de 10 p. 0/0, pour le transport des bagages et messageries à grande vitesse, (loi du 16 septembre 1871).

19. *Droit de garantie sur les matières d'or et d'argent.* (loi du 19 frimaire an VI). — Tous les ouvrages d'orfévrerie et d'argenterie, fabriqués en France, doivent être conformes aux titres prescrits suivant leur nature.

Ces titres ou la quantité de fin contenu dans chaque pièce s'expriment en millièmes.

Il y a trois titres pour les ouvrages d'or :

L'un de 910 millièmes (poinçon ayant pour empreinte un coq et le chiffre 1, 2 ou 3).

— 840 —

— 750 —

Tolérance 3 millièmes.

Il y a deux titres pour les ouvrages d'argent :

L'un de 950 millièmes;

Le second de 800 millièmes.

Tolérance 1 millième.

Le droit de garantie est de (loi du 30 mars 1872) :

30 fr. par hectogramme d'or ;

1 fr. 60 par hectogramme d'argent.

Non compris les frais d'essai et de toucheur, qui sont de 3 fr. par hectogramme d'or et 0,80 centimes par hectogramme d'argent.

L'essai des menus ouvrages d'or, par la pierre de touche, est de 0,09 centimes par décagramme.

Les droits d'argue (tirage et dégrossissement) des lingots d'argent et de doré sont de 0,30 centimes par hectogramme lorsque les propriétaires ont leur filière et 0,45 centimes lorsqu'ils n'ont pas de filières.

Le kilogramme 1er titre, argent, vaut.	208.87
— 2e — —	175.78
Le kilogramme 1er titre, or, vaut	3.151.72
— 2e — —	2.876.76
— 3e — —	2.577.75
Jetons et médailles	3.148.29

TARIF DES MATIÈRES ET ESPÈCES D'OR

Titres.	Valeur au tarif par kilog.	Valeur réelle ou sans retenue.	Titres.	Valeur au tarif par kilog.	Valeur réelle ou sans retenue.
mill.	fr. c.	fr. c.	mill.	fr. c.	fr. c.
1000	3.437 »	3.444 44*	9	30 93	31 »
900	3.093 30	3.100 »	8	27 50	27 56
800	2.749 60	3.755 56	7	24 06	24 11
700	2.405 90	2.411 11	6	20 62	20 67
600	2.062 20	2.066 67	5	17 19	17 22
500	1.718 50	1.722 22	4	13 75	13 78
400	1.374 80	1.377 78	3	10 31	10 33
300	1.031 10	1.033 33	2	6 87	6 89
200	687 40	688 89	1	3 43	3 44
100	343 70	344 44	dix.	fr. c. m.	fr. c. m.
90	309 33	310 »	9	3 09	3 10
80	274 96	275 56	8	2 74	2 75
70	240 60	241 11	7	2 40	2 41
60	206 22	206 67	6	2 06	2 06
50	171 85	172 22	5	1 71	1 72
40	137 48	137 78	4	1 37	1 37
30	103 11	103 33	3	1 03 1	1 03 3
20	68 34	68 89	2	» 68 7	» 68 9
10	34 37	34 44	1	» 34 3	» 3444

TARIF DES MATIÈRES ET ESPÈCES D'ARGENT

mill.	fr. c. m.	fr. c.	mill.	fr. c. m.	fr. c.
1000	220 56	222 22**	9	198 50	2 »
900	198 50	200 »	8	176 44	1 78
800	176 44	177 78	7	154 39	1 56
700	154 39	155 56	6	132 33	1 33
600	132 33	133 33	5	110 28	1 11
500	110 28	111 11	4	88 22	» 89
400	88 22	88 89	3	66 16	» 67
300	66 16	66 67	2	44 11	» 44
200	44 11	44 44	1	12 05 6	» 22
100	22 05 6	22 22	dix.	fr. c. m.	c. m.
90	19 85	20 »	9	19 85	20 »
80	17 64	17 78	8	17 64	17 77
70	15 43 9	15 56	7	15 43 9	15 55
60	13 23 3	13 33	6	13 23 3	13 33
50	11 02 2	11 11	5	11 02 8	11 11
40	8 82 2	8 89	4	8 82 2	8 88
30	6 61 6	6 67	3	6 61 6	6 66
20	4 11	4 44	2	4 11	4 44
10	2 2056	2 22	1	2 20 5	2 22

* Plus 444 millièmes de cent.
** Plus 222 millièmes de cent.

VALEUR ET POIDS LÉGAL DES PIÈCES DE MONNAIE DE FRANCE.

Or.

	POIDS LÉGAL. gr.	VALEUR au kilog.
Pièces de 100 fr., déc. 12 déc. 1854.	32,258	3.093 30
— de 50 — id. —	16,129	
— de 40 — loi 7 germ. an XI. .	12,903	
— de 20 — — — . .	6,451	
— de 10 — décret 3 mai 1848, 12 janv. 1854 et 7 avril 1855.	3,225	
— de 5 — décret 12 janv. 1854 et 7 avril 1855. . .	1,612	

Argent.

	gr.	
Pièces de 5 fr., loi 7 germ. an XI	25,000	184 16
— de 2 — loi 14 juillet 1866.	10,000	
— de 1 — — —	5,000	
— de » 50 c. — —	2,500	
— de » 20 c. déc. 22 mars 1854.	1,000	

Le poids des pièces de monnaie d'*argent* est *établi* en nombres ronds de grammes; ainsi : *une* pièce de 1 franc pèse 5 grammes ; — *une* pièce de 2 francs pèse 10 grammes; — *quatre* pièces de 5 francs, 100 grammes — Un *sac* de 1,000 francs (200 pièces *de* 5 francs) pèse 5 kilogrammes.

155 pièces d'or de 20 fr.; — 310 pièces de 10 fr. — 620 pièces de 5 fr. en *or*, — ou 40 pièces de 5 fr. en *argent*, pèsent 1 kilogramme.

DIAMÈTRE OU MODULE EN MILLIMÈTRES.

Or.

100 fr., 35 millim. — 50 fr., 28 millim. — 40 fr. 26 millim. — 20 fr., 21 millim. — 10 fr., 19 millim. — 5 fr. 17 millim.

Argent.

5 fr., 37 millim. — 2 fr., 27 millim. — 1 fr., 23 millim. — 50 cent., 18 millim. — 20 cent., 15 millim.

Billon, Cuivre ou bronze (L. 6 mai 1852).

10 cent., 30 millim. — 5 cent., 25 millim. — 2 cent., 20 millim. — 1 cent., 16 millim.

L'union monétaire a été établie entre la France, la Belgique, l'Italie et la Suisse, auxquelles sont venus se joindre la Grèce, l'Espagne, la Roumanie, la Suède, l'Autriche, la Colombie, le Pérou, le Chili.

20° *Mines* (loi du 21 avril 1810). — Les masses des substances minérales ou fossiles renfermées dans la terre ou existant à la surface, sont classées relativement aux règles de l'exploitation de chacune d'elles, sous les trois qualifications de mines, minières ou carrières, sont considérées comme mines, celles reconnues pour contenir de l'or, de l'argent, du platine, du mercure, du plomb, du fer, du cuivre, de l'étain, du zinc, de la calamine, du bismuth, du cobalt, de l'arsenic, du manganèse, de l'antimoine, du molybdène, de la plombagine ou autres matières métalliques ;

du soufre, du charbon de terre ou de pierre, du bois fossile, des bitumes, de l'alun et des sulfates à base métallique.

Les minerais comprennent les minerais de fer dits d'alluvion, les terres pyriteuses propres à être converties en sulfate de fer, les terres alumineuses et les tourbes.

Les carrières renfermant les ardoises, les grès, pierres, marbres, granits, les pozzolanes, le trass, les balzates, les laves, les marnes, craies, sables, argiles, kaolin, substances terreuses et cailloux ; les terres pyriteuses regardées comme engrais, le tout exploité à ciel couvert ou avec des galeries souterraines.

Le produit net des mines est imposé d'une redevance fixe et d'une redevance proportionnelle annuelle au profit de l'État, fixées par le comité d'évaluation.

L'abonnement à la redevance proportionnelle des mines peut se régler sur le produit net moyen des cinq dernières années. Cet abonnement sera maintenu pour une durée de cinq ans.

Décimes (loi du 30 décembre 1873).

Il est ajouté aux impôts et produits de toute nature déjà soumis aux décimes par les lois en vigueur :

25 p. 0/0 du principal ou 2 décimes 1/2.

4 p. 0/0 du droit total sur les sucres, les taxes de douanes et autres dont la quotité fixée par la loi comprend à la fois le principal et les décimes.

Cette disposition ne s'applique pas aux droits sur la chicorée, aux places des voyageurs et au transport à grande vitesse, en chemin de fer et en voiture sur terre et par eau.

Toute contribution directe ou indirecte autres que celles autorisées par la loi, à quelque titre que ce soit sont formellement interdites à peine, contre les autorités qui les ordonneraient, contre les employés qui confectionneraient les tarifs et ceux qui en feraient le recouvrement, d'être poursuivis comme concussionnaires sans préjudice de l'action en répétition, pendant trois années contre ceux qui auraient fait la perception.

Postes (loi du 19 avril 1878).

La taxe des lettres pour la France est fixée :

Pour toute lettre de 15 grammes et au-dessous à 0,15 c. non affranchies 0,30 c.

Par chaque 15 grammes en sus 0,15 c.

Par carte postale 0,10 c.

Imprimés sous bande 0,01 par 5 grammes jusqu'à 20 grammes.

Imprimés sous enveloppe ouverte, 0,05 par 50 grammes.

Journaux 0,02 c. jusqu'à 25 grammes, au-dessus 0,01 c. par 25 gr. excédant.

Lettre chargée 0,50 c. en sus de la taxe.

Mandat poste 1 p. 0/0, plus, 0,25 c. pour le timbre, pour les mandats supérieurs à *10* fr.

Valeurs déclarées, 0,10 c. par 100 francs.

Un traité concernant la création d'une union générale des postes, a été conclu à Berne, le 9 octobre 1874. Ci-après le tarif :

Postes, Union postale (loi du 31 octobre 1875).

Allemagne et Héligoland; Autriche-Hongrie; Belgique; Danemarck, avec l'Islande et les îles Feroë; Égypte, Nubie et Soudan; Espagne avec les îles Baléares, les îles Canaries, les colonies ou établissements espagnols de la côte septentrionale d'Afrique, et les établissements de postes espagnols sur la côte occidentale du Maroc; Grande-Bretagne, avec Gibraltar et Malte, Grèce et les îles Ioniennes; Italie et Saint-Martin; Luxembourg; Monténégro; Norwége; Pays-Bas; Portugal, avec Madère et les Açores; Roumanie (Moldavie et Valachie); Russie et le grand duché de Finlande; Serbie; Suède; Suisse; Turquie (d'Europe et d'Asie).

Lettres ordinaires, affranchissement facultatif, 25 cent. par 15 grammes ou fraction de 15 grammes.

Cartes postales, affranchissement obligatoire, 15 cent.

Papiers d'affaires, *échantillons, journaux,* et *autres imprimés,* affranchissement obligatoire, 5 cent. par 50 grammes ou fraction de 50 grammes.

Objets recommandés. — Affranchissement obligatoire. Droit fixe de 50 cent. pour les lettres, et de 25 cent. pour les autres objets de correspondance, en sus de la taxe applicable à un objet affranchi de même nature et du même poids.

Avis de réception des objets recommandés, affranchissement obligatoire. Droit fixe de 20 cent.

ÉTATS-UNIS DE L'AMÉRIQUE DU NORD

Lettres ordinaires, affranchissement facultatif, 35 cent. par 15 grammes ou fraction de 15 grammes.

Cartes postales, affranchissement obligatoire, 20 cent.

Papiers d'affaires, échantillons, journaux et autres imprimés, affranchissement obligatoire, 0,08 cent. par 50 grammes ou fraction de 50 grammes.

Objets recommandés et avis de réception desdits, comme pour les autres pays désignés ci-dessus.

Nota. — Ces taxes sont applicables par tous les bureaux de poste de la France, de l'Algérie et par tous les bureaux de poste français établis en Turquie, en Égypte, à Tunis et à Tanger ; elles devront être toujours acquittées en timbres-poste français.

Lettres chargées. — Taxe des lettres chargées contenant des valeurs déclarées :

1° Allemagne, Belgique, Luxembourg, Suisse ; 25 centimes par 15 grammes, droit fixe de 50 centimes, et droit proportionnel de 10 centimes par 100 francs ou fraction de 100 francs déclarée.

2° Pays-Bas, jusqu'à 800 francs : 25 centimes par 15 grammes.

Au-dessus de 800 francs : 25 centimes par 15 grammes ; 1 fr. 20 cent. pour les premiers 800 francs ; — droit proportionnel de 15 centimes par 100 francs ou fraction de 100 francs excédant de 800 francs.

Maximum des valeurs déclarées pour une seule lettre : Allemagne, Belgique, Pays-Bas, Suisse 10,000 francs ; Luxembourg ; 2,000 francs.

Avis de réception. — L'envoyeur peut obtenir sur avis de réception des lettres chargées en payant préalablement un droit de 15 centimes.

Mandats-Poste. — Taxe : Allemagne, Angleterre, Belgique, Italie, Luxembourg, Pays-Bas, Suisse, 15 centimes par 10 francs ou fraction de 10 francs.

Maximum du mandat : Belgique, Italie, Luxembourg, 200 francs ; Angleterre, 252 francs ; Suisse, 300 francs ; Allemagne, 375 francs ; Pays-Bas, 350 francs.

Télégraphie privée (loi du 29 novembre 1870).

Il est permis à toute personne de correspondre au moyen du télégraphe électrique de l'État, par l'entremise des fonctionnaires de l'administration télégraphique.

La taxe applicable aux correspondances circulant entre deux bureaux du même département est fixée à 50 centimes par dépêche ne dépassant pas 20 mots. (2 décimes en sus).

Entre deux bureaux autres que ceux désignés ci-dessus 1 franc par dépêche ne dépassant pas 20 mots. (4 centimes en sus, loi du 29 mai 1872). Moitié par série ou fragment de série de 10 mots.

La taxe des dépêches transmises par appareil autographique, est fixée à 2 francs pour une surface de 24 centimètres carrés.

On peut employer la voie télégraphique pour faire payer à destination jusqu'à concurrence de 5,000 francs, les sommes déposées dans les bureaux poste, l'expéditeur doit payer en plus le coût de l'avis à donner soit à 0,50 centimes, et les frais d'exprès s'il y a lieu, soit 1 franc pour le premier kilomètre et 50 centimes pour les autres, dans le cas où le destinataire ne réside pas au lieu d'arrivée.

La taxe des dépêches télégraphiques est réduite à partir du 1er mai 1878, pour la France à 5 centimes par mot avec un minimum de 0,50 centimes.

La copie certifiée d'une dépêche est de0,50 centimes.

Récépissé 0,10 centimes (loi du 21 mars 1878).

Dépêches de France pour les colonies ou l'étranger.

Algérie et Tunisie	20 mots.	4 40
Monaco, Alpes-Maritimes	—	1 50
Corse	—	3 »
Des autres départements	—	2 »
Alsace-Lorraine	—	2 »
Allemagne, Ouest du Weser	—	3 »
— Est du Weser	—	4 »
Australie méridionale	—	228 »
Autriche-Hongrie	—	6 »
Belgique, corresp. locale	—	2 »
— — générale	—	3 »
Londres	—	4 »
Angleterre, Écosse, Irlande	—	6 »
talie	—	4 »
Japon	—	147 »
Jacca	—	148 »
Luxembourg, correspondance locale	—	1 »
Luxembourg, correspondance générale	—	2 50
Malte	—	9 »
Monténégro	—	6 50
Norwége	—	8 50
Pays-Bas	—	4 »
Perse	—	29 50
Portugal	—	5 »
Roumanie	—	7 »
Russie d'Europe	—	11 »
Russie du Caucase	—	14 »
Russie d'Asie, 19 fr., 27 fr., et	—	43 »
Serbie	—	7 »
Suède	—	8 »
Suisse, corresp. locale	—	2 »
— — générale	—	3 »
Sumatra	—	96 »
Turquie d'Europe	—	10 »
Turquie d'Asie, 14 fr., et	—	18 »
Amérique du Nord	par mot	2 75
Amérique anglaise, Canada	—	3 75
— — Colombie	—	5 65
Amérique angl., Terre-Neuve	—	2 75
New-York.		
États-Unis	—	3 75
Maryland	—	3 95
Caroline, Kentucky, Louisiane	—	4 60
Missouri, Californie, Texas	—	4 80
Floride	—	5 65
Amérique Centrale.		
Antilles, 72 fr. 50 à	par 10 mots	118 75
Guyane anglaise	par 10 mots	129 10
— —	—	129 10
Nouvelle-Grenade	—	104 50
—	—	115 »
Breul	—	265 »
République Argentine	—	275 50
Chili	—	330 »

Taxes locales ou municipales (loi du 17 juillet 1827).

Les recettes des communes se composent :

1° Des revenus de tous les biens dont les habitants n'ont pas la jouissance en nature.

2° Des cotisations imposées annuellement, sur les ayants droit aux fruits qui se perçoivent en nature.

3° Du produit des centimes ordinaires affectés aux communes par la loi des finances.

4° Du produit de la portion accordée aux communes dans l'impôt des patentes.

5° Du produit des octrois municipaux.

6° Du produit des droits de place perçus dans les halles, foires, marchés, abattoirs.

7° Du produit des permis de stationnement et des locations sur la voie publique, sur les ports et rivières, et autres lieux publics.

8° Du produit des péages communaux, des droits de pesage, mesurage, et jaugeage, des droits de rivières.

9° Du prix des concessions dans les cimetières.

10° Du produit des concessions d'eau, de l'enlèvement des boues et immondices de la voie publique.

11° Du produit des expéditions des actes administratifs et de l'état civil.

12° De la portion que les lois accordent dans le produit des amendes de simple police et police correctionnelle.

13° De la portion des permis de chasse.

14° De la taxe sur les chiens.

Et généralement du produit de toutes les taxes de ville et de police, dont la perception est autorisée par la loi.

Octrois

(Loi du 9 germinal an III, du 11 frimaire an VII et du 28 avril 1876.)

Les droits d'octroi sont établis sur la consommation intérieure des communes, pour subvenir aux dépenses qui sont à leur charge.

Ils portent sur les objets suivants .

1° Boissons et liquides ;

2° Comestibles ;

3° Combustibles ;

4° Fourrages ;

5° Matériaux.

En sont exempts les grains, farines, fruits, beurre, lait et menues denrées.

Ces droit varient en raison des ressources que veut se procurer la ville à l'entrée de laquelle ils sont établis.

Les commissions des employés sont exemptes d'enregistrement.

Les actes de poursuites sont comme ceux des contributions indirectes.

CHAPITRE VII

DOMAINES

Les domaines sont de deux sortes :

Domaine public. — C'est l'ensemble des biens qui, à cause de leur destination et de leur usage actuel, en tant que le public en a la jouissance, tels que chemins, routes, rues, fleuves, rivières navigables et flottables, rivages, lais et relais de mer et généralement toutes les portions du territoire français, qui ne sont pas susceptibles d'une propriété privée, sont considérés comme dépendance du domaine public.

Les portes, murs, fossés, remparts des places de guerre et des forteresses, font aussi partie des domaines publics.

Domaines de l'État. — Biens que l'État possède au même titre que les particuliers, et dont le produit ou les revenus sont versés au trésor pour l'acquit des charges publiques.

Forêts, haras, manufactures nationales, etc.

Rétributions scolaires (loi du 22 août 1874).

Les droits à percevoir pour les rétributions scolaires sont fixés ainsi qu'il suit :

FACULTÉ DES LETTRES.

BACCALAURÉAT.

Examen	40 »
Certificat d'aptitude	20 »
Diplôme	40 »
Total	100 »

LICENCE.

Quatre inscriptions à 10 francs	40 »
Examen	40 »
Certificat d'aptitude	20 »
Diplôme	40 »
Total	140 »

DOCTORAT.

Examen	80 »
Certificat d'aptitude	20 »
Diplôme	40 »
Total	140 »

Inscriptions à 1 ou 2 cours des facultés des lettres obligatoires pour les étudiants des facultés de droit 12 à 10 fr.	120 »

Conférences pour les aspirants à la licence ès lettres 60 fr. par an.

FACULTÉS DES SCIENCES.

CAPACITÉ.

Immatriculation	100 »
8 inscriptions à 10 francs	80 »
2 examens à 60 francs	120 »
Certificat de capacité	75 »
Visa	25 »
Total	400 »

BACCALAURÉAT.

Examen	40 »
Certificat d'aptitude	20 »
Diplôme	40 »
Total	100 »

SCIENCE.

4 inscriptions à 10 francs	40 »
Examen	40 »
Certificat d'aptitude	20 »
Diplôme	40 »
Total	140 »

DOCTORAT.

Examen	80 »
Certificat d'aptitude	20 »
Diplôme	40 »
Total	140 »
Conférences. Rétribution annuelle	60 »

DOCTORAT EN MÉDECINE.

16 inscriptions à 30 francs	480 »
3 examens de fin d'année à 30 francs	90 »
5 examens de fin d'étude à 50 francs	250 »
5 certificats d'aptitude à 40 francs	200 »
Thèse	100 »
Certificat d'aptitude	40 »
Diplôme	100 »
Total	1260 »

CERTIFICATS DE SAGE-FEMME.

2 examens à 40 francs	80 »
Certificat d'aptitude	40 »
Visa	10 »
Total	130 »

Conférence 150 fr. par an.

OFFICIERS DE SANTÉ.

12 inscriptions à 30 francs	360 »
3 certificats d'aptitude à 40 francs	120 »
Diplôme	100 »
Total	580 »

PHARMACIENS DE 1re CLASSE.

12 inscriptions à 30 francs	360 »
Travaux pratiques 100 francs par an	300 »
5 examens semestriels à 30 francs	150 »
3 examens de fin d'étude 80 francs	160 »
3e id.	200 »
3 certificats d'aptitude à 40 francs	200 »
Diplôme	100 »
Total	1390 »

PHARMACIENS DE 2me CLASSE.

4 inscriptions à 30 francs	120 »
Épreuves pratiques	120 »
3 certificats d'aptitude à 40 francs	120 »
Diplôme	100 »
Total	400 »

HERBORISTE DE 1re CLASSE.

Examen	50 »
Certificat d'aptitude	40 »
Visa	10 »
Total	100 »

Conférences 150 fr. par an.

HERBORISTE DE 2me CLASSE.

Certificat d'aptitude	40 »
Visa	10 »
Total	50 »

Un supplément de droit de 10 fr. est perçu chaque année, depuis le 1er janvier 1874, sur chaque 1re inscription (loi du 20 décembre 1873).

FACULTÉS DE DROIT.

CAPACITÉ.

4 inscriptions à 30 francs	120 »
Examen	60 »
Certificat d'aptitude	40 »
Visa	25 »
Total	245 »

BACCALAURÉAT.

8 inscriptions à 30 francs	240 »
2 examens à 60 francs	120 »
2 certificats d'aptitude à 40 francs	80 »
Diplôme	100 »
Total	540 »

LICENCE.

4 inscriptions à 30 francs	120 »
2 examens à 60 francs	120 »
2 certificats d'aptitude à 40 francs	80 »
Thèse	100 »
Certificat d'aptitude	40 »
Diplôme	100 »
Total	560 »

DOCTORAT.

4 inscriptions à 30 francs	120 »
2 examens à 60 francs	120 »
2 certificats d'aptitude	80 »
Thèse	100 »
Certificat d'aptitude	40 »
Diplôme	100 »
Total	560 »

Conférences 60 fr. annuellement.

FACULTÉ DE THÉOLOGIE.

BACCALAURÉAT.

4 inscriptions à 5 francs	20 »
Examen	10 »
Certificat d'aptitude	5 »
Diplôme	10 »
Total	45 »

SCIENCE.

4 inscriptions à 5 francs	20 »
Examen	10 »
Certificat d'aptitude	5 »
Diplôme	10 »
Total	45 »

DOCTORAT.

4 inscriptions à 5 francs	20 »
Examen	10 »
Certificat d'aptitude	10 »
Diplôme	40 »
Total	80 »

Un supplément de droit de 10 fr. est perçu chaque année depuis le 1er janvier 1874 sur chaque première inscription (loi du 20 décembre 1873).

Brevets d'invention (loi du 5 juillet 1844).

Chaque brevet d'invention donne lieu au payement d'une taxe fixée ainsi qu'il suit et qui concerne le Ministère de l'Agriculture et du Commerce.

500 fr. pour un brevet de 5 ans.
1,000 fr. — 10 ans.
1,500 fr. — 15 ans.

Cent francs sont versés d'avance à valoir sur le montant de la taxe du *brevet*.

Cette taxe est payée par annuités de 100 francs, sous peine de déchéance si le breveté laisse écouler un terme sans l'acquitter.

Chaque demande de certificat d'addition donne lieu au payement d'une taxe de 20 francs.

Celui qui prend la qualité de breveté sans y avoir droit, ou qui mentionne sa qualité de breveté sans ajouter ces mots : « Sans garantie du Gouvernement », est puni d'une amende de 50 francs à 1,000 francs.

Le délit de contrefaçon est puni d'une amende de 100 francs à 2,000 francs.

Engagements conditionnels d'un an (loi du 27 juillet 1872).

Les jeunes gens qui ont obtenu des diplômes de bacheliers ès lettres, ès sciences, de fin d'études, des brevets de capacité; ceux qui font partie de l'Ecole centrale des arts et manufactures, des Ecoles des arts et métiers, des beaux-arts, du Conservatoire de musique, des Ecoles vétérinaires et d'agriculture, des mines, des ponts et chaussées, du génie maritime, sont admis, avant le tirage au sort, à contracter dans l'armée de terre des engagements conditionnels d'un an.

Sont admis à contracter un semblable engagement ceux qui satisferont à un des examens exigés par les programmes préparés par le ministre de la guerre et approuvés par décret.

L'engagé volontaire d'un an est habillé, équipé et entretenu à ses frais.

La somme à verser par chaque volontaire d'un an est de 1,500 francs.

Caisse des dépôts et consignations (loi du 28 avril 1816).

La Caisse des dépôts et consignations est établie pour recevoir les dépôts des sommes dont un débiteur veut se libérer nonobstant les empêchements qui arrêtent sa libération.

Les cautionnements des comptables de l'Etat et des officiers publics et ministériels sont versés à cette Caisse.

Cautionnements (loi du 25 nivôse an XIII).

Les cautionnements fournis par les fonctionnaires publics sont affectés par premier privilége à la garantie des condamnations qui pourraient être prononcées contre eux par suite de l'exercice de leurs fonctions; par second privilége au remboursement des fonds qui leur auraient été prêtés pour tout ou partie de leur cautionnement, et subsidiairement au payement, dans l'ordre ordinaire, des créances particulières qui seraient exigibles sur eux.

Les officiers publics et ministériels, les agents de change, courtiers de commerce, etc., et tous les comptables de deniers publics, ne sont admis à prêter serment et à être installés dans les fonctions auxquelles ils ont été nommés, s'ils ne justifient préalablement de la quittance de leur cautionnement.

Ces cautionnements sont versés à la Caisse des dépôts et consignations et sont productibles d'un intérêt de 3 pour 100 par an.

Cautionnements des journaux.

La loi du 6 juillet 1871 établit un cautionnement pour tous les journaux politiques sans exception et pour tous les journaux et *écrits périodiques non politiques* paraissant plus d'une fois par semaine.

Sont exceptées les feuilles quotidiennes ou périodiques ayant pour unique objet la publication des avis, annonces, affiches judiciaires, arrivages maritimes, mercuriales et prix courants, les cours de la Bourse et des halles et marchés.

Le cautionnement, pour les journaux qui y sont assujettis, est de :

24,000 francs dans la Seine, si le journal paraît plus de trois fois par semaine ;

18,000 francs dans la Seine, si la publication n'a lieu que trois fois au plus par semaine.

Dans tous les autres départements, le cautionnement est de 12,000 francs pour les écrits paraissant plus de *trois fois par semaine dans une ville de 50,000* âmes et au-dessus ;

6,000 francs si elle a lieu dans toute autre ville ;

Moitié seulement des sommes ci-dessus pour les écrits ne paraissant que trois fois par semaine au plus.

Le cautionnement est affecté par privilége au payement des frais, dommages-intérêts et amendes auxquels les propriétaires, gérants ou auteurs des articles incriminés pourront être condamnés.

Les entrepreneurs pour le compte de l'Etat versent un cautionnement pour la garantie de l'exécution de leurs travaux.

Tableau des cautionnements (loi du 22 avril 1816).

NOTAIRES résidence des Cours d'appel.		NOTAIRES résidence des tribunaux civils.		NOTAIRES résidence des justices de paix.		COMMISSAIRES-PRISEURS.	
Population au-dessous	Cautionnement.	Population au-dessous	Cautionnements.	Population au-dessous	Cautionnement.	Population au-dessous	Cautionnement.
de 5.000	4.000	de 2,000	3.000	de 2.000	1.800	de 2.500	4.000
5.001 à 6.000	4.500	2.001 à 2.500	3.200	2.001 à 2,500	1.900	2.501 à 3.000	4.200
6.001	5.000	2.501	3.400	2.501	2.000	3.001	4.400
7.001	5.500	3.001	3.600	3.001	2.100	3.501	4.600
8,001	6.000	3.501	3.800	3,501	2.200	4.001	4.800
9.001	6.500	4.001	4.000	4.001	2.300	4.501	5.000
10.001	7.000	4.501	4.200	4.501	2.400	5.001	5.200
12.001	7.500	5.001	4.400	5.001	2.500	5.501	5.400
14.001	8.000	5.501	4.600	5.501	2.600	6.001	5.600
16.001	8.500	6.001	4.800	6.001	2.700	6.501	5.800
18.001	9.000	6.501	5.000	6.501	2.800	7.001	6.000
20.001	9.500	7.001	5.200	7.001	2.900	8.001	6.200
22.001	10.000	7.501	5.400	7.501	3 000	9.001	6.400
24.001	10.500	8.001	5.600	8.001	3.100	10.001	6.600
26.001	11.000	8.501	5.800	8.501	3.200	11.001	6.800
28.001	11.500	9.001	6.000	9.001	3.300	12.001	7.000
30,001	12.000	9.501	6.200	9.501	3.400	13.001	7.200
32.001	12.500	10.001	6.400	10.001	3.500	14.001	7.400
34.001	13.000	11.001	6.600	11.001	3 600	15.001	7.600
36.001	13.500	12.001	6.800	12.001	3.700	16.001	7.800
38.001	14.000	13.001	7,000	13.001	3.800	17.001	8.000
42,001	14 500	14.001	7.200	14.001	3.900	18.001	8.200
46.001	15.000	15.001	7.400	15.001	4.000	19.001	8.400
50.001	15.500	16.001	7.600	16.001	4.100	20.001	8.600
55.001	16.000	17.001	7.800	17.001	4.200	25.001	8.800
60.001	16.500	18.001	8.000	18.001	4.300	30.001	9.000
65.001	17.000	19.001	8.20C	19.001	4.400	35.001	9,200
70.001	17.500	20.001	8.400	20.001	4.500	40.001	9.400
75.001	18.000	25.001	8.6C0	25.001	4.600	50.001	9.600
80,001	18 500	30.001	8.800	30,001	4.700	60.001	9.800
85.001	19.000	35.001	9 000	35.001	4.800	70.001	10.000
90.001	19.500	40.001	9.200	40.001	4.900	80.001	11.000
95.001	20.000	50.001	9.400	50.001	5.000	100.001 et au-dessus.	15.000
100.001 et au-dessus.....	25.000	60.001	9.600	60.001	5.100		
Paris........	50.000	70.001 et au-dessus	12.000	70.001 et au-dessus	5.200	A Paris........	20.000

Cautionnements des avoués, greffiers, huissiers.

Tribunaux composés :		Avoués	Greffiers civils	Huissiers
De 3 juges.	2 supp.	1,800 francs	4,000 francs	600 francs
— 4 —	3 —	2,600 —	5,000 —	900 —
— 7 —	4 —	3,000 —	5,500 —	1,200 —
— 10 —	5 —	5,000 —	6,500 —	1,600 —
A Paris		8,000 —	10,000 —	3,000 —
Cour d'ap. 12, 13 et 14 conseillers		4,000 —	12,009 —	» —
— 20, 21, 22	—	5,000 —	14,000 —	» —
— 31	—	6,000 —	16,000 —	» —
A Paris		10,000 —	20,000 —	» —

Greffiers des tribunaux de commerce : dans les départements, 3,000 francs.
— — à Paris, 8,000 —

Cour de cassation : greffier, 8,000 fr. ; avocat, 7,000 fr.

Greffiers de justices de paix : à Paris, 10,000 fr.
— — à Bordeaux, Lyon, Marseille, 6,000 fr.

Villes d'une population	de 50,001 à 100,000 habitants	4,000 fr.
—	30,000 à 50,000 —	3,000 fr.
—	10,001 à 30,000 —	2,400 f.
—	3,001 à 4,000 —	1,800 fr.
—	3,000 et au-dessous —	1,200 fr.

Cautionnements des conservateurs des hypothèques.

Les conservateurs des hypothèques sont assujettis :

1° A un cautionnement en numéraire affecté à la garantie de leur gestion, vis-à-vis du trésor et égal au double des remises de l'année antérieure à celle de la nomination augmenté d'une somme égale aux salaires de la même année ;

2° A un cautionnement en immeubles ou en rentes sur l'état, destiné à sauvegarder les intérêts des tiers à raison de l'accomplissement des formalités hypothécaires.

La quotité de ce deuxième cautionnement a pour base la moyenne des salaires calculée sur les cinq dernières années en déduisant la plus faible et la plus forte, et en prenant le tiers des trois autres.

Cette quotité est fixée à :

12,500 fr.	en immeubles ou	625 fr.	en rentes sur l'État pour	2,500 fr.	de salaire.
25,000 fr.	—	1,250 fr.	—	2,501 à 5,000	—
37,500 fr.	—	1,875 fr.	—	5,001 à 10,000	—
50,000 fr.	—	2,500 fr.	—	10,001 à 15,000	—
62,500 fr.	—	3,125 fr.	—	15,001 à 20,000	—
75,000 fr.	—	3,750 fr.	—	20,001 à 25,000	—
87,500 fr.	—	4,375 fr.	—	25,001 à 30,000	—
100,000 fr.	—	5,000 fr.	—	30,001 à 35,000	—
112,500 fr.	—	5,625 fr.		35,001 à 40,090	—
125,000 fr.	—	6,250 fr.	—	40,001 à 45,000	—
137,500 fr.	—	6,875 fr.	—	45,001 à 50,000	—
150,000 fr.	—	7,500 fr.	—	50,001 à 55,900	—
162,500 fr.	—	8,125 fr.	—	55,001 à 60,000	—
175,000 fr.	—	8,750 fr.	—	60,001 à 100,000	—
200,000 fr.	—	10,000 fr.	—	100,001 et au-dessus.	—

Directeur de l'enregistrement . . . . 5,000 fr.
Inspecteur . . . . 2,400 fr.
Vérificateur . . . . 1,200 fr.

Gardes-magasin, contrôleurs de comptabilité :

1re classe . . . . 1,200 fr.
2e — . . . . 1,000 fr.
3e — . . . . 900 fr.
Paris . . . . 7,600 fr.

Le cautionnement des receveurs de l'enregistrement est fixé au double en sommes rondes des remises de l'année antérieure, à la nomination ou à l'élévation de classe sur place.

Leurs émoluments varient de 1,400 à 12,000 fr.

Sont receveurs de	6e	classe les bureaux qui produisent	de	1,400 à 1,800 fr.
—	5e	— —	de	1,800 à 2,400 fr.
—	4e	— —	de	2,400 à 3,200 fr.
—	3e	— —	de	3,200 à 4,500 fr.
—	2e	— —	de	4,500 à 6,000 fr.
—	1re	— —	de	6,000 et au-dessus.

Cautionnements des trésoriers-payeurs généraux

(Loi du 31 juillet 1866.)

6 fois le montant de leurs émoluments de toute nature de l'année précédente.

Cautionnement des receveurs particuliers, 5 fois le montant de leurs émoluments de toute nature de l'année précédente.

Cautionnements des percepteurs :

10 0/0 sur les 1ers 100,000 de recettes de l'année précédente ;
6 0/0 sur les 400,000 — suivantes ;
5 0/0 sur toutes sommes excédantes.

Cautionnement du receveur principal des postes à Paris . . . . . 75,000 fr.
Celui de l'agent comptable garde-magasin de postes à Paris . . . 20,000 fr.
— fabricant de timbre . . . . 50,000 fr.
Receveur des postes, minimum . . . . 500 fr.
10 p. 0/0 jusqu'à 50,000 fr. de recettes l'année précédente.
4 p. 0/0 sur les 150,000 fr. suivants.
1 p. 0/0 sur les 800,000 fr. suivants.
1/2 p. 0/0 sur l'excédant.

Nul ne peut être courtier de marchandises sans avoir versé au trésor une somme ne pouvant excéder 3,000 fr. (loi du 24 juillet 1866).

Le cautionnement d'un commissaire du magasin général varie de 20,000 à 100,000 francs.

Le cautionnement des fabricants de dynamite est de 50,000 francs.

ASSURANCES SUR LA VIE GARANTIES PAR L'ÉTAT

Caisse d'assurances en cas de décès.

(Loi du 11 juillet 1868.)

La Caisse d'assurances en cas de décès a pour objet d'assurer aux héritiers ou ayants droit de l'assuré, lors du décès de celui-ci, le payement d'un capital déterminé par le versement d'une *prime unique* ou de *primes annuelles*.

Les primes annuelles peuvent être stipulées payables pendant un nombre d'années déterminé, ou jusqu'au décès de l'assuré.

A toute époque, l'assuré peut convertir les primes qu'il s'est engagé à payer en primes payables pendant un nombre d'années moindre.

Les sommes assurées sur une même tête ne peuvent excéder 3,000 francs. Elles sont insaisissables et incessibles, jusqu'à concurrence de la moitié, sans toutefois que la partie insaisissable et incessible puisse descendre au-dessous de 600 francs.

L'assurance faite moins de deux ans avant le décès de l'assuré demeure sans effet. Dans ce cas, les versements effectués sont restitués aux ayants droit avec les intérêts simples à 4 p. 0/0.

L'assurance peut être contractée sur la tête de toute personne de l'un ou de l'autre sexe âgée de plus de 16 ans et de moins de 60 ans.

Toute personne qui veut s'assurer fait une proposition à l'administration de la Caisse des dépôts et consignations, soit directement, soit par l'intermédiaire des trésoriers payeurs généraux, des receveurs des finances, des percepteurs des contributions directes ou des receveurs des postes.

Cette proposition est toujours accompagnée d'un versement qui comprend la prime entière, si l'assurance se fait par prime unique, ou la première annuité, si l'assurance a lieu par primes annuelles. Elle peut être signée par l'assuré ou par son mandataire spécial dûment autorisé. A l'appui de cette proposition, l'assuré doit produire un extrait de son acte de naissance, ou, à défaut, l'acte de notoriété qui le remplace.

Les primes annuelles autres que la première sont payables chaque année, à l'échéance indiquée par la date du premier versement. Elles peuvent être acquittées par toute personne munie du livret, dans toute localité, entre les mains des comptables susdésignés.

La demande de payement ou de remboursement, après le décès d'un assuré, doit être adressée par les parties intéressées, ou en leur nom, au Directeur général de la Caisse des dépôts et consignations, à Paris, soit directement, soit par l'entremise des préposés et agents désignés pour recevoir les versements. Cette demande doit être accompagnée du *livret-police*, de l'acte de décès de l'assuré, d'un certificat de propriété constatant les droits des réclamants.

PRIMES A PAYER D'APRÈS LES TARIFS POUR UNE ASSURANCE DE 100 FRANCS PAYABLE AU DÉCÈS.

AGES.	PRIMES UNIQUES.	PRIMES ANNUELLES A PAYER PENDANT				
		5 ans.	10 ans.	15 ans.	20 ans.	la durée de la vie.
De 16 à 17 ans....	25.9679	5.63623	3.15223	2.34572	1.95636	1.32283
De 20 à 21........	27.5582	5.98608	3.35240	2.49722	2.08417	1.43231
De 25 à 26........	29.6755	6.44793	3.61497	2.69505	2.24927	1.58514
De 30 à 31........	32.1799	6.99445	3.92395	2.92419	2.44224	1.77723
De 35 à 36........	35.2214	7.65197	4.28798	3.19878	2.68316	2.02879
De 40 à 41........	39.3872	8.55975	4.80886	3.61157	3.05324	2 41063
De 45 à 46........	44.4122	9.67047	5.48563	4.16260	3.55143	2.93995
De 50 à 51........	49.5234	10.8187	6.20426	4.75663	4.10601	3.57499
De 55 à 56........	54.8156	12.0165	6.96580	5.41903	4.77607	4.36616
De 59 à 60........	59.4466	13.0657	7.67653	6.10727	5.50359	5.20604

ASSURANCES COLLECTIVES EN CAS DE DÉCÈS DES SOCIÉTÉS DE SECOURS MUTUELS.

Les sociétés de secours mutuels approuvées sont autorisées à contracter des assurances collectives, à l'effet de s'assurer, au décès de chacun de leurs sociétaires, une somme fixe qui, dans aucun cas, ne peut excéder 1,000 francs.

Ces assurances sont faites *pour une année* et d'après des tarifs spéciaux déduits des règles générales déterminées par la loi. Elles doivent comprendre *tous* les membres de la société.

Le payement des sommes dues à une société, pas suite du décès d'un de ses membres, est effectué entre les mains du trésorier de cette société dûment autorisé.

Caisse d'assurances en cas d'accidents.

(Loi du 11 juillet 1868.)

La Caisse d'assurances en cas d'accidents a pour objet de constituer des pensions viagères aux personnes assurées qui, dans l'exécution de travaux agricoles ou industriels, seront atteintes de blessures entraînant une incapacité permanente de travail, et de donner des secours aux veuves et aux enfants mineurs, ou, à leur défaut, aux pères et mères sexagénaires des personnes assurées qui auront péri par suite d'accidents survenus dans l'exécution desdits travaux.

Les assurances en cas d'accidents ont lieu par année. L'assuré verse, à son choix et pour chaque année, 8 francs, 5 francs ou 3 francs. Il doit être âgé de 12 ans au moins.

Pour le règlement des pensions viagères à concéder, les accidents sont distingués en deux classes :

1° Accidents ayant occasionné une incapacité absolue de travail ;

2° Accidents ayant occasionné une incapacité permanente du travail de la profession.

La pension accordée pour les accidents de la seconde classe n'est que la moitié de celle afférente aux accidents de la première. Le montant de la pension de la première classe ne peut être inférieur à 200 francs, pour la cotisation de 5 francs, et à 150 francs pour celle de 3 francs.

La pension viagère due aux assurés est inscrite au *grand-livre de la dette publique ;* elle peut être touchée aux mêmes caisses que les pensions viagères constituées par la Caisse de retraites pour la vieillesse.

Le secours alloué, en cas de mort par suite d'accidents, à la veuve de l'assuré, et, s'il est célibataire ou veuf sans enfants, à son père ou à sa mère sexagénaire, est égal à deux années de la pension à laquelle il aurait eu droit, aux termes de l'article précédent.

L'enfant ou les enfants mineurs reçoivent un secours égal à celui qui est alloué à la veuve.

Les rentes viagères ainsi constituées sont incessibles et insaisissables.

Les demandes de pensions et de secours sont soumises à un comité institué au chef-lieu de chaque arrondissement, et composé du préfet ou du sous-préfet, d'un ingénieur, d'un médecin et de deux membres des sociétés de secours mutuels, ou, à leur défaut, de deux personnes choisies parmi les chefs d'industrie, les contremaîtres ou les ouvriers des professions les plus répandues dans l'arrondissement.

EXTRAIT DES TARIFS.

COTISATIONS.	PENSIONS ALLOUÉES POUR LES ACCIDENTS ENTRAINANT INCAPACITÉ ABSOLUE DE TRAVAIL ET ARRIVÉS A L'AGE.											
	de 12 ans.	de 15 ans.	de 20 ans.	de 25 ans.	de 30 ans.	de 35 ans.	de 40 ans.	de 45 ans.	de 50 ans.	de 55 ans.	de 60 ans.	de 65 ans et au-dessus.
8 francs.......	290	295	303	311	320	333	351	379	417	462	525	624
5 francs.......	200	200	200	200	200	208	219	237	260	289	328	390
3 francs.......	150	150	150	150	150	150	150	150	156	173	197	234

ASSURANCES COLLECTIVES EN CAS D'ACCIDENTS, AVEC OU SANS CLAUSE DE SUBSTITUTION.

Les administrations publiques, les établissements industriels, les sociétés de secours mutuels peuvent assurer collectivement leurs ouvriers ou leurs membres. Les administrations municipales peuvent assurer de même les compagnies de sapeurs-pompiers.

Ces assurances ont lieu sur la production de listes contenant les noms des personnes assurées; mais il peut être stipulé, au moment où l'assurance est contractée, que, pendant toute sa durée, il sera fait sur ces listes nominatives toutes les substitutions de noms correspondant aux changements survenus dans le personnel assuré.

Caisse de retraite pour la vieillesse.

(Lois des 18 juin 1850, 12 juin 1861 et 4 mai 1864.)

La Caisse de retraites pour la vieillesse a pour objet d'assurer aux déposants une rente payable jusqu'à leur décès, à partir d'une année d'âge fixée à leur choix de 50 à 65 ans. A partir de ce dernier âge, les versements effectués donnent droit à une rente avec jouissance immédiate.

Les versements peuvent être faits au profit de toute personne de l'un et de l'autre sexe âgée de plus de 3 ans.

Le versement fait pendant le mariage par l'un des conjoints profite séparément à chacun d'eux par moitié, sauf dans le cas de séparation de biens ou d'autorisation judiciaire.

Les versements peuvent être faits à *capital aliéné* ou à *capital réservé ;* dans ce dernier cas, ils sont remboursés aux ayants droit du déposant à l'époque de son décès.

Les versements doivent être de 5 *francs* au moins par personne, soit 10 *francs* pour deux conjoints, sans fraction de franc. Ils ne peuvent dépasser 4,000 *francs* dans une année au compte de la même personne.

Tout déposant qui, soit par lui-même, soit par un intermédiaire, opère un premier versement, fait connaître ses nom, prénoms, qualités civiles, âge, profession et domicile.

Il produit un extrait de son acte de naissance, *qui doit lui être délivré gratuitement et est dispensé du timbre.* Il déclare s'il entend faire l'abandon du capital versé, ou s'il veut que ce capital soit remboursé, lors de son décès, à ses ayants droit; à quelle année d'âge accomplie, à partir de la cinquantième, il a l'intention d'entrer en jouissance de la rente viagère.

Si le déposant est marié et non séparé de corps ou de biens, il fait les mêmes productions et déclarations, en ce qui concerne son conjoint.

Le mineur âgé de moins de 18 ans doit justifier de l'autorisation de ses père, mère ou tuteur; en cas d'empêchement, il peut y être suppléé par le juge de paix.

Dans le cas où le versement est effectué par un tiers ou de ses deniers, le tiers donateur doit, indépendamment des déclarations et productions exigées par les articles précédents, faire connaître s'il entend stipuler en sa faveur le retour du capital au décès du titulaire de la rente, ou s'il fait cette réserve au profit des ayants droit de celui-ci. Dans ce dernier cas, il indique dans sa déclaration s'il accorde ou refuse au titulaire le droit d'aliéner le capital versé.

Si le versement a lieu au profit d'une femme mariée, le consentement du mari doit, en outre, être produit.

Les rentes viagères sont inscrites au *grand-livre de la dette publique*, et payables, par trimestre, à Paris, au Trésor public, et dans les départements, aux caisses de ses préposés. Il ne peut être inscrit sur une même tête une rente supérieure à 1,500 francs.

EXEMPLES TIRÉS DES TARIFS

AGE au versement unique ou au premier versement	PRODUIT DE CHAQUE FRANC VERSÉ								PRODUITS DE VERSEMENTS ANNUELS DE 10 FRANCS							
	CAPITAL ALIÉNÉ — Retraite à l'âge				CAPITAL RÉSERVÉ — Retraite à l'âge				CAPITAL ALIÉNÉ — Retraite à l'âge				CAPITAL RÉSERVÉ — Retraite à l'âge			
	de 50 ans	de 55 ans	de 60 ans	de 65 ans	de 50 ans	de 55 ans	de 60 ans	de 65 ans	de 50 ans	de 55 ans	de 60 ans	de 65 ans	de 50 ans	de 55 ans	de 60 ans	de 65 ans
3 ans.	1 1312	1 7362	2 7091	4 8719	0 8652	1 3245	2 1354	3 7467	189 35	295 37	482 57	847 67	143 20	222 15	361 19	631 88
10 ans.	0 7309	1 1189	1 8039	3 1397	0 5820	0 8909	1 4363	2 5000	123 82	195 05	320 83	566 16	91 84	143 52	234 43	411 25
15 ans.	0 5638	0 8631	1 3915	2 4220	0 4387	0 6716	1 0828	1 8847	90 81	144 52	239 38	424 33	65 75	103 59	170 05	299 19
20 ans.	0 4332	0 6632	1 0692	4 8614	0 3282	0 5025	0 8101	1 4101	65 35	105 55	176 55	315 02	46 44	73 57	121 65	214 94
25 ans.	0 3297	0 5048	0 8139	1 4166	0 2437	0 3731	0 6016	1 0471	45 87	75 73	128 46	231 33	31 51	51 17	85 54	152 09
30 ans.	0 2503	0 3832	0 6178	1 0754	0 1795	0 2748	0 4431	0 7712	31 05	53 04	91 89	167 68	20 67	34 58	58 80	105 56
35 ans.	0 1894	0 2900	0 4674	0 8139	0 1308	0 2002	0 3229	0 5620	19 81	35 84	64 16	119 42	12 73	22 41	39 18	71 41
40 ans.	0 1436	0 2198	0 3544	0 6168	0 0939	0 1438	0 2319	0 4037	11 31	22 83	43 18	82 90	6 96	13 59	24 96	46 65
45 ans.	0 1088	0 1666	0 2685	0 4674	0 0660	0 1014	0 1629	0 2837	4 87	12 96	27 27	55 20	2 85	7 30	14 81	28 99
50 ans.	0 0813	0 1245	0 2008	0 3495	0 0449	0 0688	0 1109	0 1930	»	5 54	15 25	34 28	»	2 93	7 76	16 73
55 ans.	»	0 0902	0 1455	0 2533	»	0 0450	0 0725	0 1262	»	»	6 37	18 82	»	»	3 03	8 49
60 ans.	»	»	0 1025	0 1785	»	»	0 0450	0 0784	»	»	»	7 73	»	»	»	3 20
65 ans.	»	»	»	0 1219	»	»	»	0 0451	»	»	»	»	»	»	»	»

Table de mortalité

d'après DUVILLARD.

Employée en France pour les calculs, faits pour les sommes payées au décès des assurés.

Ages.	Vivants.	Ages.	Vivants.	Ages.	Vivants.	Ages.	Vivants.
0	1,000.000	28	451.635	56	248.782	84	15.175
1	767.525	29	444.932	57	240.214	85	11.886
2	671.834	30	438.183	58	231.488	86	9.224
3	624.668	31	431.398	59	222.605	87	7.165
4	598.713	32	424.583	60	213.567	88	5.670
5	583.151	33	417.744	61	204.380	89	4.686
6	573.025	34	410.886	62	195.054	90	3.830
7	565.838	35	404.012	63	185.601	91	3.094
8	560.245	36	397.123	64	176.035	92	2.466
9	555.486	37	390.219	65	166.378	93	1.938
10	551.122	38	383.300	66	156.651	94	1.499
11	546.888	39	376.363	67	146.882	95	1.140
12	542.630	40	369.404	68	137.102	96	850
13	538.255	41	362.419	69	127.347	97	621
14	533.711	42	355.400	70	117.656	98	442
15	528.969	43	348.342	71	108.070	99	307
16	524.020	44	341.235	72	98.637	100	207
17	518.863	45	334.072	73	89.404	101	135
18	513.502	46	326.843	74	80.423	102	84
19	507.949	47	319.539	75	71.745	103	51
20	502.216	48	312.148	76	63.424	104	29
21	496.317	49	304.662	77	55.511	105	16
22	490.267	50	297.070	78	48.057	106	8
23	484.083	51	289.361	79	41.107	107	4
24	477.777	52	281.527	80	34.705	108	2
25	471.366	53	273.560	81	28.886	109	1
26	464.863	54	265.450	82	23.680	110	0
27	458.282	55	257.193	83	19.106		

Explication : sur 1,000,000 individus nés le même jour, à l'âge de 10 ans il n'en reste plus que 551,122.

Table de mortalité

d'après DEPARCIEUX.

Employée en France pour les calculs, faits pour les assurances payables du vivant des assurés.

Ages.	Vivants.	Ages.	Vivants.	Ages.	Vivants.	Ages.	Vivants.
0	1.350	28	750	56	514	84	59
1	1.092	29	742	57	502	85	48
2	1.043	30	734	58	489	86	38
3	1.000	31	726	59	476	87	29
4	970	32	718	60	463	88	22
5	948	33	710	61	450	89	16
6	930	34	702	62	437	90	11
7	915	35	694	63	423	91	7
8	902	36	686	64	409	92	4
9	890	37	678	65	395	93	2
10	880	38	671	66	380	94	1
11	872	39	664	67	364	95	0
12	866	40	657	68	347		
13	860	41	650	69	329		
14	854	42	643	70	310		
15	848	43	636	71	291		
16	842	44	629	72	271		
17	835	45	622	73	251		
18	828	46	615	74	231		
19	821	47	607	75	211		
20	814	48	599	76	192		
21	806	49	590	77	173		
22	798	50	581	78	154		
23	790	51	571	79	136		
24	782	52	560	80	118		
25	774	53	549	81	101		
26	766	54	538	82	85		
27	758	55	526	83	71		

Sur 1,350 individus nés le même jour, on voit combien il en reste après 1 an, 2 ans, etc.

Tables d'annuités (valeur actuelle au taux de 4 p. 0/0).

D'un certain nombre d'annuités de 100 fr. payables à la fin de chaque année.

Années.	Valeur actuelle.	Années.	Valeur actuelle.
1	96.15	26	1.598.28
2	188.61	27	1.632.96
3	277.51	28	1.666.31
4	362.99	29	1.698.37
5	445.18	30	1.729.20
6	524.21	31	1.758.85
7	600.21	32	1.787.36
8	673.27	33	1.814.76
9	743.53	34	1.841.12
10	811.09	35	1.866.46
11	876.05	36	1.890.83
12	938.51	37	1.914.26
13	998.56	38	1.936.79
14	1.056.31	39	1.958.45
15	1.111.84	40	1.979.28
16	1.165.23	41	1.999.31
17	1.216.57	42	2.018.56
18	1.265.93	43	2.037.08
19	1.313.39	44	2.054.88
20	1.359.03	45	2.072.00
21	1.402.92	46	2.088.47
22	1.445.11	47	2.104.29
23	1.485.68	48	2.119.51
24	1.524.70	49	2.134.15
25	1.562.21	50	2.148.22

Valeur actuelle de 100 fr, payable à la fin de chaque année pendant 37 ans.

1,914,26 × 1,00 = 1,914,26.

D'un capital de 1,000 fr. payable au bout d'un certain nombre d'années.

Années.	Valeur actuelle.	Années.	Valeur actuelle.
1	961.54	26	360.69
2	924.56	27	346.82
3	889.00	28	333.48
4	854.80	29	320.65
5	821.93	30	308.32
6	790.31	31	296.46
7	759.92	32	285.06
8	730.69	33	274.09
9	702.59	34	263.55
10	675.56	35	253.42
11	649.58	36	243.67
12	624.60	37	234.30
13	600.57	38	225.29
14	577.48	39	216.62
15	555.26	40	208.29
16	533.91	41	200.28
17	513.37	42	192.57
18	493.63	43	185.17
19	474.64	44	178.05
20	456.39	45	171.20
21	438.83	46	164.61
22	421.96	47	158.28
23	405.73	48	152.19
24	390.12	49	146.34
25	375.12	50	140.71

Valeur actuelle 1 fr. payable dans 37 ans : 0,2343.

Caisse d'Épargne.

La caisse d'épargne est un établissement d'utilité publique, autorisé par le gouvernement pour recevoir les sommes que l'on vient lui confier, en payer les intérêts et les restituer en tout ou en partie à la volonté des déposants.

L'intérêt est ordinairement de 3 75 ou de 4 p. 0/0, il compte à partir du dimanche où le dépôt a été effectué et cesse le dimanche qui précède celui qui est fixé pour le remboursement.

Au 31 décembre de chaque année les intérêts sont ajoutés au capital.

Le compte s'établit par 52 semaines, ce qui donne pour 1 franc à 3 francs 75 un intérêt de 0.00072115 par semaine,

A 4 p. 0/0 0.0007692308 id.

Caisse d'amortissement.

La caisse d'amortissement est chargée de toutes les opérations relatives à l'extinction de la dette publique.

Cour des comptes.

La cour des comptes a été instituée par la loi du 16 septembre 1807, pour vérifier la comptabilité nationale, procéder à l'examen et aux jugements des comptes et des recettes du trésor, des receveurs généraux des départements et des régies et administrations des contributions, des dépenses du trésor et des payeurs. — Des recettes et dépenses, des fonds et revenus spécialement affectés aux dépenses des départements et des communes, dont les budgets sont arrêtés par le chef de l'État.

Dettes de l'État (loi du 24 août 1793.)

3 p. 0/0, 4 1/2 p. 0/0, 5 p. 0/0, bons du trésor.

Les rentes sur l'État français ont été créées le 24 août 1793, toutes les anciennes dettes ont été converties en rentes perpétuelles produisant 5 p. 0/0 d'intérêt.

Depuis cette époque, toutes les fois que l'État n'a pu faire face à ses obligations avec les ressources de l'impôt, de nouveaux titres de rentes ont été inscrits au grand livre de la dette publique.

L'État sert 364 millions de rente 3 p. 0/0 et 346 millions de rente 5 p. 0/0.

Pour calculer le prix de revient d'une rente au cours de la bourse ou le prix que doit produire une rente vendue à un cours donné.

Multiplier la rente par le cours de la bourse et diviser le taux.

TARIF CONCERNANT LA VILLE DE PARIS

Impôt personnel et mobilier pour 1878 (loi des finances du 19 décembre 1877).

Arrondissements.	Foncière.	Personnelle, mobilière.	Portes et fenêtres.	
Paris.	13,430,492 fr.	8,706,693 fr.	5,221,613 fr.	27,358,788
Saint-Denis.	610,740 fr.	554,399 fr.	412,520 fr.	1,577,699
Sceaux.	529,412 fr.	409,368 fr.	293,025 fr.	1,231,805
Totaux.	14,570,644 fr.	9,670,460 fr.	5,927,158 fr.	30,168,352

Le prix de la journée de travail servant de base à la taxe personnelle est fixé à 0.75 c. Le tarif de rachat des prestations en nature pour 1878 est fixé à 0.20 c. le maximum du nombre des centimes extraordinaires que les conseils municipaux pourront voter en 1878 pour en effectuer le produit à des dépenses extraordinaires d'utilité communale.

Centimes le franc des contributions foncières. 15 fr. 446
— des portes et fenêtres. 3 fr. 79

Nombre de centimes additionnels au principal de la contribution des patentes 1,223,135

	Foncier	Portes et Fenêtres	Mobilier	Patentes
Il revient à l'État,	47 p. 0/0	58 p. 0/0	50 p. 0/0	67 p. 0/0
Au département,	25 p. 0/0	13 p. 0/0	22 p. 0/0	12 p. 0/0
Aux communes,	27 p. 0/0	26 p. 0/0	25 p. 0/0	17 p. 0/0
Fonds de secours et de dégrèvement.			le surplus.	

Les droits fixes de patentes sont : pour la 1re classe de 300 fr.
— 2e — 150 fr.
— 3e — 100 fr.
— 4e — 75 fr.
— 5e — 50 fr.
— 6e — 40 fr.
— 7e — 20 fr.
— 8e — 12 fr.

Les locaux d'une valeur matricielle de 400 à 599 fr., et ceux des petits patentés au-dessous de 400 fr. payeront sur le taux de 7 p. 0/0.

De 600 à 699 fr., sur le taux de 8 p. 0/0
De 700 à 799 fr., — 9 p. 0/0
De 800 à 899 fr., — 10 p. 0/0
De 900 à 999 fr., — 11 p. 0/0
De 1,000 et au-dessus, sur le taux de 11.44 p. 0/0

Les individus habitant des locaux d'une valeur matricielle inférieure à 400 fr. seront considérés comme non imposables, par application des articles 12 et 18 combinés avec l'article 20 de la loi du 21 avril 1832 ; toutefois cette exception n'est pas applicable :

1° Aux propriétaires logés dans leur propre maison, ni aux personnes ayant un simple pied-à-terre à Paris ;

2° Aux propriétaires qui, alors même qu'ils n'habitent pas leur propriété, payent à Paris une contribution foncière s'élevant à 300 fr.

Aux patentés dont le loyer d'habitation réuni aux loyers industriels atteint 300 fr.

La division d'un appartement ou d'un local occupé par plusieurs personnes passibles de la contribution personnelle ne pourra avoir pour effet de modifier le montant de la contribution due pour l'ensemble des locaux.

La somme nécessaire pour parfaire avec le produit du rôle le montant du contingent de la ville de Paris, sera prélevée sur le produit de l'octroi.

TABLE DES MATIÈRES

E signifie : Enregistrement.
D — Contributions directes.
I — Contributions indirectes.

PARIS. — IMP. V. GOUPY ET JOURDAN, 71, RUE DE RENNES.

PARIS. — IMP. V. GOUPY ET JOURDAN, 71, RUE DE RENNES.

www.ingramcontent.com/pod-product-compliance
Lightning Source LLC
Chambersburg PA
CBHW071633200326
41519CB00012BA/2282
9782014472356